Schriftenreihe
der Juristischen Schulung

Band 81

Einführung in die juristische Arbeitstechnik

Klausuren – Hausarbeiten – Seminararbeiten – Dissertationen

von

Dr. Thomas Mann

o. Professor an der Universität Göttingen

begründet und bis zur 3. Auflage bearbeitet von

Dr. Peter J. Tettinger †

o. Professor an der Universität zu Köln

5., überarbeitete Auflage 2015

C.H.BECK

www.beck.de

ISBN 978 3 406 67795 3

Wilhelmstraße 9, 80801 München
Druck und Bindung: Nomos Verlagsgesellschaft
In den Lissen 12, 76547 Sinzheim
Umschlaggestaltung und Satz: Druckerei C.H.Beck, Nördlingen

Gedruckt auf säurefreiem, alterungsbeständigem Papier
(hergestellt aus chlorfrei gebleichtem Zellstoff)

Vorwort

Angesichts der guten Aufnahme des Buches war nach etwas mehr als fünf Jahren eine Neuauflage längst überfällig, zumal auch die Bedeutung der elektronischen Medien und die Möglichkeiten der Textverarbeitung sich seit der Vorauflage abermals rasant verändert haben. Ohne die engagierte Unterstützung meiner Lehrstuhl"mannschaft" hätte die Neuauflage nicht realisiert werden können. Mein besonderer Dank gilt daher meinen wissenschaftlichen Hilfskräften *Karen Gebhardt, Katharina Hundertmark und Helen Wienands* ebenso wie meinem „Computerstudenten" *Bastian Lorenz* und Frau stud. iur. *Ronja Hoffmann*, die die Querverweise und das Sachregister erarbeitet hat.

Anregungen, Kritik und Ergänzungswünsche zu diesem Buch sind jederzeit willkommen. Sie erreichen mich unter sekretariatmann@jura.uni-goettingen.de.

Göttingen, im Juni 2015 Thomas Mann

Aus dem Vorwort zur 4. Auflage

Als mich die Anfrage erreichte, ob ich mir vorstellen könne, die „Arbeitstechnik" meines verehrten, doch leider zu früh verstorbenen Lehrers Peter J. Tettinger fortzuführen, habe ich mit meiner Zusage nicht gezögert. Zum einen war ich mir sicher, das Werk in seinem Sinne fortführen zu können – hatte ich doch schon an den ersten beiden Auflagen zunächst als studentische Hilfskraft und später als wissenschaftlicher Mitarbeiter mitwirken dürfen. Zum anderen bin ich überzeugt, dass eine solche Einführung in die juristische Arbeitstechnik unter den heutigen Rahmenbedingungen des juristischen Studiums wertvoller ist als je zu vor: Im dichten Korsett von Vorlesungen, Zwischenprüfungen und Schwerpunktbereichspflichten fehlt den heutigen Studierenden leider immer häufiger die Zeit und Gelegenheit, sich den Grundanforderungen ihres Fachs systematisch zu nähern.

Dabei versteht sich dieses Buch nicht als klassische Methodenlehre, sondern als praktische Hilfe für die Beherrschung des juristischen „Werkzeugkastens" im Studienalltag. Aus diesem Grund richtet es sich auch nicht ausschließlich an die Studienanfänger. Die Abschnitte über die Klausurentechnik und die Ausführungen zur Seminararbeit im Schwerpunktbereich sollen gerade den Studierenden der mittleren Semester helfen, ein weiteres „Tappen im Dunkeln" zu beenden. Im Abschnitt über die Dissertation habe ich darüber hinaus versucht, auf die regelmäßigen Fragen und kleinen methodischen Probleme meiner Doktoranden allgemeingültige Antworten zu formulieren.

Göttingen, im August 2009 Thomas Mann

Inhaltsverzeichnis

Abkürzungsverzeichnis

a. a. O. .... am angegebenen Ort
AbfG .... Abfallgesetz
Abg. .... Abgeordneter
ABl. .... Amtsblatt
a. F. .... alte Fassung
AfK .... Archiv für Kommunalwissenschaften
AfP .... Archiv für Presserecht
AG .... Aktiengesellschaft
AG VwGO .... Gesetz zur Ausführung der Verwaltungsgerichtsordnung
Anm. .... Anmerkung
AöR .... Archiv des öffentlichen Rechts
Art. .... Artikel
AsylVfG .... Gesetz über das Asylverfahren
AT .... Allgemeiner Teil
AtomG .... Atomgesetz
AufenthG .... Aufenthaltsgesetz
AuslG .... Ausländergesetz

BAG .... Bundesarbeitsgericht
BauGB .... Baugesetzbuch
BauNVO .... Baunutzungsverordnung
BayVBl. .... Bayerische Verwaltungsblätter
BB .... Betriebs-Berater
BBG .... Bundesbeamtengesetz
Bbg .... brandenburgisch, Brandenburg
BBodSchG .... Bundes -Bodenschutzgesetz
BDH .... Bundesdisziplinarhof
BFH .... Bundesfinanzhof
BGBl. .... Bundesgesetzblatt
BGE .... Entscheidungen des schweizerischen Bundesgerichts
BGH .... Bundesgerichtshof
BGHZ .... Entscheidungen des Bundesgerichtshofs in Zivilsachen
BImSchG .... Bundesimmissionsschutzgesetz
BLG .... Bundesleistungsgesetz
Bln .... Berlin
BMI .... Bundesminister des Innern
BRAK .... Bundesrechtsanwaltskammer
Brem. .... Bremen
BRRG .... Beamtenrechtsrahmengesetz
BSG .... Bundessozialgericht
BT .... Deutscher Bundestag
BVerfG .... Bundesverfassungsgericht
BVerfGE .... Entscheidungen des Bundesverfassungsgerichts
BVerfGG .... Bundesverfassungsgerichtsgesetz
BVerwG .... Bundesverwaltungsgericht
BVerwGE .... Entscheidungen des Bundesverwaltungsgerichts

CoR .... NJW-Computerreport
ders. .... derselbe

Diss. .... Dissertation
DJT .... Deutscher Juristentag

DNotZ .... Deutsche Notar-Zeitschrift
DÖD .... Der öffentliche Dienst
DÖV .... Die öffentliche Verwaltung
DRiG .... Deutsches Richtergesetz
DRiZ .... Deutsche Richterzeitung
DStR .... Zeitschrift für Praxis und Wissenschaft des gesamten Steuerrechts
DStZ .... Deutsche Steuer-Zeitung
DtZ .... Deutsch-Deutsche Rechts-Zeitschrift
DVBl. .... Deutsches Verwaltungsblatt

EGBGB .... Einführungsgesetz zum Bürgerlichen Gesetzbuch
EGGVG .... Einführungsgesetz zum Gerichtsverfassungsgesetz
EnWG .... Energiewirtschaftsgesetz
EStG .... Einkommensteuergesetz
ESVGH .... Entscheidungssammlung des Hessischen und des Baden Württembergischen Verwaltungsgerichtshofs
EuGRZ .... Europäische Grundrechtszeitschrift
EuR .... Europarecht
EvStL .... Evangelisches Staatslexikon
EWG .... Europäische Wirtschaftsgemeinschaft

Fass. .... Fassung

GastG .... Gaststättengesetz
GeschO BR .... Geschäftsordnung des Bundesrats
GeschO BT .... Geschäftsordnung des Deutschen Bundestags
GewArch. .... Gewerbearchiv
GewO .... Gewerbeordnung
GGO .... Gemeinsame Geschäftsordnung für die Bundesministerien
GMBl. .... Gemeinsames Ministerialblatt
GmS-OGB .... Gemeinsamer Senat der obersten Gerichtshöfe des Bundes
GO .... Gemeindeordnung
GVBl. .... Gesetz- und Verordnungsblatt
GVG .... Gerichtsverfassungsgesetz

Hamb. .... Hamburg
HdUR .... Handwörterbuch des Umweltrechts
HdV .... Handwörterbuch der Volkswirtschaft
HdwO .... Handwerksordnung
HdWW .... Handwörterbuch der Wirtschaftswissenschaften
Hess. .... Hessen
HGB .... Handelsgesetzbuch
h. L. .... herrschende Lehre
h. M. .... herrschende Meinung
HwStR .... Handwörterbuch des Steuerrechts

i. d. F. .... in der Fassung
i. S. d. .... im Sinne des/der

JA .... Juristische Arbeitsblätter
JAG .... Juristenausbildungsgesetz
JAO .... Juristenausbildungsordnung
JöR .... Jahrbuch des öffentlichen Rechts der Gegenwart
JPA .... Justizprüfungsamt
JR .... Juristische Rundschau
JuS .... Juristische Schulung
JZ .... Juristenzeitung

KJB .... Karlsruher Juristische Bibliographie
Komm. .... Kommentar
KommJur .... Der Kommunaljurist
KrWG .... Kreislaufwirtschaftsgesetz

LBauO .... Landesbauordnung
LImSchG .... Landesimmissionsschutzgesetz
LPresseG .... Landespressegesetz
LReg. .... Landesregierung
LSA .... Land Sachsen-Anhalt
LSG .... Landessozialgericht
LT .... Landtag
LVwVfG .... Landesverwaltungsverfahrensgesetz

MBl. .... Ministerialblatt
MDR .... Monatsschrift für Deutsches Recht
MedR .... Medizinrecht
m. M. .... Mindermeinung
M-V .... Mecklenburg-Vorpommern
m. w. N. .... mit weiteren Nachweisen

Nds. .... Niedersachsen
NdsVBl. .... Niedersächsische Verwaltungsblätter
NJAG .... Niedersächsisches Gesetz zur Ausbildung der Juristinnen und Juristen
NJW .... Neue Juristische Wochenschrift
NRW .... Nordrhein-Westfalen
NSOG .... Niedersächsisches Gesetz über die öffentliche Sicherheit und Ordnung
NStZ .... Neue Zeitschrift für Strafrecht
NuR .... Natur und Recht
NVwZ .... Neue Zeitschrift für Verwaltungsrecht
NWVBl. .... Nordrhein-Westfälische Verwaltungsblätter
NZA .... Neue Zeitschrift für Arbeitsrecht
NZV .... Neue Zeitschrift für Verkehrsrecht

OBG .... Ordnungsbehördengesetz
OLG .... Oberlandesgericht
OVG .... Oberverwaltungsgericht
OWiG .... Gesetz über Ordnungswidrigkeiten

PartG .... Parteiengesetz
PolG .... Polizeigesetz
PrALR .... Preußisches Allgemeines Landrecht

RdA .... Recht der Arbeit
RdE .... Recht der Energiewirtschaft
RelKErzG .... Gesetz über die religiöse Kindererziehung
ReOS .... Recht der osteuropäischen Staaten
RGBl. .... Reichsgesetzblatt
RGSt .... Entscheidungen des Reichsgerichts in Strafsachen (Amtliche Sammlung)
RR .... Rechtsprechungs-Report
Rspr. .... Rechtsprechung
Rspr.nachw. .... Rechtsprechungsnachweis

Sächs .... Sächsisch, Sachsen
Sart. .... Sartorius

Schl.-H.	Schleswig-Holstein
Schw.BGE	Entscheidungen des Schweizerischen Bundesgerichts
SGB	Die Sozialgerichtsbarkeit
SKV	Staats- und Kommunalverwaltung
SOG	Gesetz über die öffentliche Sicherheit und Ordnung
SozSich	Soziale Sicherheit
StabG	Gesetz zur Förderung der Stabilität und des Wachstums der Wirtschaft
Sten.Ber.	Stenographischer Bericht
StrWG	Straßen- und Wegegesetz
StuW	Steuer und Wirtschaft
StVG	Straßenverkehrsgesetz
Thür.	Thüringisch, Thüringen
UPR	Umwelt- und Planungsrecht
VA	Verwaltungsakt
VBlBW	Verwaltungsblätter für Baden-Württemberg
VerfGH	Verfassungsgerichtshof
VersG	Versammlungsgesetz
VerwArch.	Verwaltungsarchiv
VGH	Verwaltungsgerichtshof
VO	Verordnung
VSSR	Vierteljahresschrift für Sozialrecht
VVDStRL	Veröffentlichungen der Vereinigung der Deutschen Staatsrechtslehrer
VwGO	Verwaltungsgerichtsordnung
VwVfG	Verwaltungsverfahrensgesetz
WPflG	Wehrpflichtgesetz
WuV	Wirtschaft und Verwaltung
ZaöRV	Zeitschrift für ausländisches öffentliches Recht und Völkerrecht
ZBR	Zeitschrift für Beamtenrecht
ZfB	Zeitschrift für Bergrecht
ZfS	Zentralblatt für Sozialversicherung, Sozialhilfe und Versorgung
ZGB	Schweizerisches Zivilgesetzbuch
ZHR	Zeitschrift für das gesamte Handelsrecht und Wirtschaftsrecht
ZParl	Zeitschrift für Parlamentsfragen
ZPO	Zivilprozessordnung
ZRP	Zeitschrift für Rechtspolitik
ZSR	Zeitschrift für Sozialreform
ZVglRWiss	Zeitschrift für vergleichende Rechtswissenschaft

1. Teil. Einleitung

§ 1. Allgemeine arbeitstechnische Hinweise für das juristische Studium

1 Die Zahl derjenigen, welche sich nach Abschluss ihrer schulischen Ausbildung für ein Jurastudium entscheiden, bleibt weiterhin auf hohem Niveau. Nach den vom Bundesministerium der Justiz publizierten Zahlen[1] sind bundesweit allein im Jahre 2012 (nach neuem Recht) insgesamt 11.580 Kandidaten in der staatlichen Pflichtfachprüfung geprüft worden; im zweiten Staatsexamen waren es 8.994. Die durchschnittliche Studiendauer der zur staatlichen Pflichtfachprüfung zugelassenen Studierenden hat sich gegenüber den Erhebungen, die in der 4. Aufl. 2009 zugrunde lagen – damals 9,9 Semester – erneut, wenn auch nur geringfügig, verschlechtert (2012: 10,2 Semester). Die Prognose aus der Vorauflage, dass die Ersetzung der staatlichen Wahlfachprüfung durch universitäre Schwerpunktbereichsprüfungen zu einer weiteren Verlängerung der Studienzeiten führen wird, hat sich also bewahrheitet.

Nach den Erfahrungen der Justizprüfungsämter erreicht ein erheblicher Prozentsatz der Jurastudierenden das angestrebte Studienziel nicht, sei es, weil die Studierenden schon die recht niedrigen Hürden während des Studiums nicht überwinden oder vor der Examensmeldung „aussteigen" (sog. Schwundquote), sei es, weil die Kandidaten das juristische Staatsexamen nicht erfolgreich absolvieren. Die Jahresstatistik 2012 weist aus, dass insgesamt 28,7 % den staatlichen Pflichtfachteil der Ersten Juristischen Prüfung und 14,3 % die Zweite Juristische Staatsprüfung nicht bestanden haben – Werte, die in Grenzen sogar als positive Nachricht angesehen werden können, lagen die Quoten im Zeitpunkt der Vorauflage dieses Buches doch noch bei 32,3 % bzw. 18,1 %. Zudem scheinen viele der geprüften Rechtskandidaten mit dem Bestehen der Ersten Juristischen Prüfung von einem weiteren juristischen Karriereweg abzusehen, denn die Zahl der eingestellten Referendare (2012: 6.982) liegt deutlich niedriger als die Zahl der Absolventen der Ersten juristischen Prüfung. Die gegenüber der Absolventenzahl geringere Zahl der eingestellten Referendare mag ihre Ursache zu einem gewissen Teil aber auch in einer staatlich gelenkten Verknappungspolitik haben.

2 Die Arbeitsmarktlage für Juristen ist seit Jahren durch den Umstand gekennzeichnet, dass der steigenden Zahl ausgebildeter Juristen nur ein begrenztes Stellenangebot gegenübersteht.[2] Nur ca. 10–15 % der Assessoren werden eine Anstellung im öffentlichen Dienst finden. Auch die Privatwirtschaft beschäftigt mit etwa 10 % nur einen geringen Teil der Juristen. Dass sich daher vielen jungen Juristen die Anwaltschaft als beruflicher Ausweg anbietet, kann nicht überraschen. Der schon in den Vorauflagen hierzu festgestellte Befund gilt unverändert fort: Grob geschätzt ergreifen heute ca. 80 % der ausgebildeten Volljuristen letztendlich den Anwaltsberuf. Nachdem die

---

[1] Abrufbar auf der Homepage des Bundesministeriums der Justiz unter www.bmjv.de/DE/Service/StatistikenFachinformationenPublikationen/Statistiken/Juristenausbildung.

[2] Zur Zahl der Richter und Richterinnen bzw. Staatsanwälte und Staatsanwältinnen vgl. wiederum die auf der Homepage des Bundesministeriums der Justiz (Fn. 1) abrufbare Statistik „Personal – Personalbestand bei den Gerichten und Staatsanwaltschaften".

Zahl der Rechtsanwälte im Jahr 2000 erstmals die Grenze von 100.000 Berufsträgern überschritten hatte, sind zum Stichtag 1.1.2015 inzwischen 163.540 zugelassene Rechtsanwälte zu verzeichnen.[3] Ihnen stehen 20.382 Richter und Richterinnen und 5.231 Staatsanwälte und Staatsanwältinnen in Bund und Ländern[4] sowie 1.506 hauptberufliche Notare (sog. Nur-Notare)[5] gegenüber. Nicht übersehen werden darf allerdings, dass diese Statistiken keine Aussage darüber treffen, inwieweit der Status als Rechtsanwältin oder Rechtsanwalt in manchen Fällen nur eine Beschäftigungslosigkeit verdeckt. Die „stille Arbeitslosigkeit" im Bereich der Anwaltschaft ist ein leider sattsam bekanntes Problem.

3 Diese eher düstere Erkenntnis sollte die Studienanfänger jedoch nicht generell abschrecken oder verunsichern, sondern ihnen lediglich als Mahnung dienen, selbstkritisch ihre Eignung für dieses Studienfach zu überprüfen. Es gilt zu erkunden, was Studieninhalte und -ziele sind und ob die individuellen Neigungen mit diesen Anforderungen in Deckung zu bringen sind. Wer Jura nur studiert, um überhaupt zu studieren und später ein möglichst sicheres Auskommen zu haben, wird kaum das nötige Engagement und den erforderlichen Arbeitseinsatz zur Bewältigung der an ihn gestellten Anforderungen an den Tag legen. Insbesondere sollte sich der angehende Abiturient vor der Entscheidung für ein Jurastudium möglichst frühzeitig bemühen,

– sich Einblicke in das Arbeitsfeld eines Studienanfängers zu verschaffen,

Die meisten Fakultäten bieten Abiturienten die Möglichkeit, sich über das Jurastudium vorab zu informieren und Anfängervorlesungen zu besuchen. Nicht selten werden auch einmal im Jahr sog. Hochschulinformationstage angeboten, an denen die Schüler der Oberstufe die Möglichkeit erhalten, an ein oder zwei Tagen anstatt des Schulbesuchs Präsentationen der Studiengänge und Probevorlesungen beizuwohnen, in denen auch Rechtswissenschaftler ihr Fachgebiet darstellen und für Fragen zur Verfügung stehen. Vertiefend kann auch die Lektüre der engagierten *Radbruch*schen Einführung in die Rechtswissenschaft (1. Aufl. [1909], 13. Aufl., hrsg. v. *Zweigert* [1980]) empfohlen werden, die in immer noch unerreichter Weise einen Eindruck sowohl von rechtsphilosophischen Grundlagen als auch von den Stoffgebieten und der Methodik der Rechtswissenschaft vermittelt.

– einen Überblick über den Ablauf der universitären Juristenausbildung zu gewinnen

Als hilfreich erweist sich insoweit bereits die schlichte Lektüre der landesrechtlichen Juristenausbildungsgesetze und –ordnungen. Das sollte eigentlich eine Pflichtübung für jeden angehenden Juristen sein, die jedoch, wie die Erfahrung im universitären Alltag lehrt, von einer großen Zahl der Studierenden (wenn überhaupt) erst kurz vor dem Examen vorgenommen wird.

– und die Arbeitstechnik des Juristen kennenzulernen.

Hierzu soll dieses Buch – neben vielen anderen – einen Beitrag leisten, indem es sich dem Basismaterial für die juristische Arbeit (Gesetze, Rechtsprechung, Literatur), der Falllösungstechnik beim schriftlichen Rechtsgutachten und der rechtswissenschaftlichen Themenarbeit zuwendet.

Generell ist zu beobachten, dass gerade Studienanfänger sich eher für „geschichtliche, philosophische oder soziale Grundlagen des Rechts"[6] begeistern, um sich hier alsbald

[3] Anwaltszahlen gemäß der „Kleinen Mitgliederstatistik" der Bundesrechtsanwaltskammer mit Stand vom 1.1.2015, abrufbar im Internet unter http://www.brak.de/w/files/04_fuer_journalisten/statistiken/2015/06_anl.2_kleinemgstat_1.1.2015.pdf.

[4] Statistik des Bundesministeriums für Justiz mit Stand vom 2.9.2013, abrufbar im Internet unter https://www.bundesjustizamt.de/DE/SharedDocs/Publikationen/Justizstatistik/Gesamtstatistik.pdf?__blob=publicationFile.

[5] Notarzahlen gemäß der Statistik der Bundesnotarkammer mit Stand vom 30.4.2015, abrufbar im Internet unter http://www.bnotk.de/Notar/Statistik/index.php.

[6] So etwa die Formulierung in § 4 I Nr. 1a NJAG, ähnlich § 2 II 1 JAG NRW: „mit … philosophischen, geschichtlichen und gesellschaftlichen Grundlagen".

auf der Basis ihrer bereits in der Schule erworbenen Allgemeinbildung an akademischen Diskussionen beteiligen zu können. Dagegen ist zunächst einmal nichts einzuwenden, jedoch darf das harte Brot des Erlernens der erforderlichen Rechtskenntnisse und der Technik der Rechtsanwendung auch und gerade in den ersten Semestern nicht gemieden werden. Schließlich bedarf es zunächst eines Mindestmaßes an Kenntnissen, um in adäquater Weise wissenschaftlich argumentieren zu können, und dieses gilt es, sich möglichst rasch anzueignen. Erst danach kommt die Zeit, die den eigentlichen Reiz des Jurastudiums ausmacht. Manche Studierende erreichen diese Phase freilich nie, weil sie die vorangehende Lernarbeit scheuen.

I. Zur wissenschaftlichen Arbeitstechnik im Allgemeinen

Hochschullehrer sollten eigentlich voraussetzen dürfen, dass die Studienanfänger 4
nach acht- oder neunjährigem Besuch einer höheren Schule und der Erlangung des Abiturzeugnisses, mit dem die Hochschulreife amtlich bestätigt wird, die Grundzüge der wissenschaftlichen Arbeitstechnik beherrschen. Sie sollten damit – vereinfacht ausgedrückt – bereits in der Lage sein, effizient zu lernen, indem sie Gedanken Dritter zur Kenntnis nehmen, sie verstehen, komprimiert wiedergeben, in ihre eigenen Überlegungen einordnen und sich mit ihnen kritisch auseinandersetzen können. Anscheinend ist dies jedoch eine von der Realität weit entfernte Erwartungshaltung, da schon die ersten Arbeitsschritte (Lesen, Verstehen, Festhalten) manchem Studienanfänger ungeahnte Schwierigkeiten bereiten. So müssen dann die für ein wissenschaftliches Studium erforderliche Treffsicherheit und Schnelligkeit der Informationsgewinnung, die eigentlich bereits in der Schulzeit hätten eingeübt werden sollen, in den Anfangssemestern erst noch mühsam erworben werden. Hilfe bei diesem Unterfangen bieten allgemeine Einführungen in Lern- und Arbeitstechniken, von denen hier – in alphabetischer Reihenfolge – einige beispielhaft genannt seien:

Bänsch, Wissenschaftliches Arbeiten, 11. Aufl. 2013; *Deppner/Lehnert/Rusche/Wapler*, Examen ohne Repetitor, 3. Aufl. 2011; *Gramm/Wolff*, Jura – erfolgreich studieren, 7. Aufl. 2015; *Lange*, Jurastudium erfolgreich, 7. Aufl. 2011; *Lück/Henke*, Technik des wissenschaftlichen Arbeitens, 10. Aufl. 2009; *Th. M. Möllers*, Juristische Arbeitstechnik und wissenschaftliches Arbeiten, 7. Aufl. 2014; *Standop/Meyer*, Die Form der wissenschaftlichen Arbeit, 18. Aufl. 2008; *Franck/Stary*, Die Technik wissenschaftlichen Arbeitens, 17. Aufl. 2013; *Theisen*, Wissenschaftliches Arbeiten, 16. Aufl. 2013.

Neben der bereits angesprochenen effizienten Lesetechnik sollten dabei namentlich die folgenden fächerübergreifenden Qualifikationen und Ziele angestrebt werden:

- Veränderung der Studieneinstellung von passiver Rezeption zu aktiv-kritischer Mitarbeit,
- Eigenverantwortlichkeit bei den Studienarbeiten,
- Verbesserung der fachbezogenen Kommunikationsfähigkeit, insbesondere bei der Zusammenarbeit mit Kollegen (zu Lerngruppen s. Rn. 12),
- Zielstrebige und realistische Studienverlaufsplanung.

II. Effektive Nutzung universitärer Lehrveranstaltungen

Studienanfänger besuchen regelmäßig zunächst mit großem Eifer die im Studienplan 5
ihrer Juristischen Fakultät angegebenen Lehrveranstaltungen. Mitunter werden sie dabei aber schon alsbald feststellen müssen, dass der von ihnen hieraus gezogene individuelle Nutzen je nach Sachgebiet, didaktischer Fähigkeit des Dozenten oder Anzahl und Vorlesungsverhalten der Mithörer durchaus unterschiedlich ist. Diese

Einsicht dürfte jedoch schon von der Schulzeit her geläufig sein und sollte nicht entmutigen. Wenn man aber kontinuierlich den Eindruck hat, dass etwa die beim Besuch einer bestimmten Vorlesung gewonnenen Erkenntnisse den zeitlichen Aufwand nicht lohnen, sollte man durchaus frühzeitig den Mut fassen, sich den Vorlesungsstoff anhand von Lehrbüchern anzueignen, anstatt nur die Zeit im Hörsaal „abzusitzen", geistig abzuschalten oder gar andere Hörer zu stören. Hierzu ist jedoch eine gewisse Selbstdisziplin nötig: Wird eine Lehrveranstaltung nicht besucht, sollte die dadurch „eingesparte" Zeit auch tatsächlich dem Selbststudium zugute kommen. Eine Kritik an Inhalt und Form universitärer Lehrveranstaltungen sollte allerdings auch den besonderen Typus der jeweiligen Veranstaltung im Auge behalten, aus dem sich regelmäßig auch unterschiedliche Lehr- und Lernziele ergeben. Diese wiederum wirken auf die effektive Nutzung der Veranstaltung und die Organisation des Selbststudiums zurück:

1. Vorlesungen

6 Eine Vorlesung erfüllt in der Gestalt der Einführungs- oder Grundvorlesung die Funktion einer systematischen Darstellung des Rechtsstoffes und ist daher einer Vorbereitung zugänglich und jedenfalls immer der Nachbereitung bedürftig. Zu diesem Zweck wird vom Dozenten in der Vorlesungsankündigung oder der ersten Vorlesungsstunde regelmäßig auf geeignete Studienliteratur hingewiesen werden. Studierende sollten diese Empfehlungen beherzigen, ihnen gleichwohl aber nicht „blind" folgen. Es ist ein allgemeiner Erfahrungssatz, dass nicht jeder gleich gut mit jedem Werk arbeiten kann. Unabhängig von der unterschiedlichen inhaltlichen Dichte der Lehrbücher beeinflussen Sekundärfaktoren wie deren drucktechnische oder optisch-graphische Aufbereitung den individuellen Nutzen für den jeweiligen Leser. Die Literaturhinweise des Dozenten sollten daher zum Anlass genommen werden, vor einer Kaufentscheidung die Werke in der Fachbereichsbibliothek kapitelweise vergleichend Probe zu lesen, um so dass für einen selbst passende Werk auswählen zu können (näher zur Literaturauswahl Rn. 125).

Als Grundlage für eine spätere Nachbereitung ist die Erstellung von Notizen während der Vorlesung ausreichend. Ausführlichere Mitschriften im Sinne eines stenographischen Protokolls halten hingegen nur vom eigenen Mitdenken ab und verdoppeln schlicht die bereits schriftlich vorliegenden Inhalte eines Lehrbuchs. Sinnvoll für ein späteres Repetieren sind hingegen Notizen über Beispiele für einzelne Rechtsprobleme oder das Festhalten von Fragenkreisen, die in der Vorlesung nicht verstanden wurden – sei es zur (selbst)klärenden Nacharbeit oder zum Zwecke einer Rückfrage beim Dozenten in der nächsten Vorlesungsstunde.

Eine effektive Nachbereitung der Vorlesung wird immer auch eine Vertiefung durch Selbststudium enthalten. Hierzu gehört neben der Lehrbuchlektüre und der Erarbeitung eventuell ausgegebener Vorlesungsskripten auch das Nachlesen der in der Vorlesung benannten zentralen Gerichtsentscheidungen – und zwar nicht nur ihrer Leitsätze, sondern der eigentlichen Entscheidungsgründe, zumindest soweit sie das einschlägige Rechtsproblem behandeln. Unter Umständen bedarf es auch der schwerpunktmäßigen Problemvertiefung anhand anderer Lehrbücher und weiterer Spezialliteratur. Verständnisbildend ist vor allem aber auch ein „systematisches Lesen" der involvierten Rechtsvorschriften, bei dem nicht nur ein Satz oder ein Absatz, sondern die *gesamte* Rechtsvorschrift, sinnvoller Weise auch diejenigen im Umfeld der relevanten Norm, in den Blick genommen werden. Hier gilt die alte Juristenweisheit: „Immer eins vor und eins zurück."

Es ist eine Erkenntnis der Lernpsychologie, dass unser Gehirn Informationen umso nachhaltiger abspeichert, je häufiger sie abgefragt werden.[7] Deshalb sollte man sich bereits vom Studienbeginn an darum bemühen, eine vereinfachte Basis für spätere Wiederholungen des Lehrstoffes zu schaffen. Um nicht immer wieder aufs Neue ganze Lehrbücher durchackern zu müssen, sollten zentrale Begriffsdefinitionen sowie zusammenfassende Merksätze zu Rechtsinstituten und Problemfeldern, aber auch Verständnisfragen mit Antworten oder gar Falllösungen auf Karteikarten, Einzelblättern oder mit Hilfe einer selbsterstellten Datenbank[8] gesondert gesammelt werden.

2. Begleitkolleg/Arbeitsgemeinschaft

Einem ähnlichen Zweck dient auch die universitäre *(Pflicht)Arbeitsgemeinschaft*, in 7
manchen Fakultäten auch Begleitkolleg genannt, die einem bestimmten Teilrechtsgebiet aus dem Zivil-, Straf- oder Öffentlichen Recht gewidmet und in Absprache mit dem jeweiligen Dozenten auf die entsprechende Vorlesung abgestimmt ist. Dort sollen die Studierenden unter Anleitung eines erfahrenen wissenschaftlichen Mitarbeiters im relativ kleinen Kreise (möglichst nicht mehr als 20 Personen) lernen, Fälle aus dem in der Vorlesung behandelten Stoffgebiet zu lösen, dabei die wesentlichen Elemente der Norminterpretation und der Rechtsanwendung einzuüben und sich zu strittigen Fragen eine eigene Meinung zu bilden. Dieser Veranstaltungstyp hat gerade für die Studienanfänger besondere Bedeutung, weil sie hier die für ihren Klausurerfolg wichtige Fertigkeit lernen, Fälle unter strenger Anwendung der Gutachtentechnik zu lösen (zur Klausurentechnik eingehend Rn. 152 ff.). Zudem besteht hier viel stärker als in der Vorlesung die Möglichkeit, sich aktiv an der Fallbearbeitung zu beteiligen.

3. Übung

In den *Übungen* sind Rechtsfälle mit Hilfe des in der Vorlesung und beim Selbst- 8
studium erworbenen Sachwissens zu lösen.[9] Daraus ergibt sich, dass Voraussetzung für eine erfolgreiche Teilnahme an einer Übung neben materiellrechtlichen Kenntnissen auch die Beherrschung der Grundelemente juristischer Klausurentechnik ist (dazu im Einzelnen Rn. 150 ff.). Da letzteres aber ein ständiges Training voraussetzt, kann nur mit Nachdruck dazu ermuntert werden, alle in Universitätsübungen angebotenen Klausuren auch tatsächlich mitzuschreiben. Wenn demgegenüber in studentischen Kreisen die Auffassung vorherrscht, es reiche zur Erlangung des Übungsscheines ja bereits die Bearbeitung einer mit (gerade noch) ausreichend bewerteten Klausur aus, folglich seien weitere Anläufe unökonomisch, so ist eine solche Einstellung angesichts der Misserfolgsquoten gerade bei Examensklausuren schlicht unverständlich. Jedes Klausurangebot sollte als Test für den eigenen Wissensstand verstanden und deshalb mitgeschrieben werden. Klausurbesprechung und Randkorrekturen geben Aufschluss über Wissenslücken, Aufbau- und Interpretationsfehler. Sie sollten daher als Chance und Hilfe für eine Verbesserung des eigenen Studienerfolgs verstanden werden.

---

[7] Siehe dazu *Schermer*, Grundriss der Psychologie, Band 10: Lernen und Gedächtnis, 5. Aufl. 2013; *Edenfeld*, Jura 2004, 604 ff.

[8] Siehe dazu noch unten Rn. 55 ff.

[9] An einigen Universitäten werden Vorlesungen und Anfängerübungen auch zu einer einheitlichen Lehrveranstaltung zusammengelegt.

4. Seminar

9 In *Seminaren* erfolgt auf der Grundlage des in Vorlesungen erworbenen Basiswissens eine wissenschaftliche Vertiefung hinsichtlich spezieller Rechtsprobleme. Die meisten Fakultäten verlangen heute eine Teilnahme an einem Seminar als Kernbestandteil der universitären Schwerpunktbereichsprüfung. In (mündlich vorzutragendem) Referat und (schriftlicher) Seminararbeit sollen die Studierenden nachweisen, dass sie in der Lage sind, zu wissenschaftlichen Streitfragen unter Einbeziehung der unterschiedlichsten Rechtsauffassungen und in Anwendung juristischer Argumentationstechnik eigenständig Stellung zu beziehen. Über die Besonderheiten der rechtswissenschaftlichen Themenarbeit informiert speziell der 4. Teil dieses Buches.

5. Klausurenkurs und Uni-Repetitorium

10 In universitären Repetitorien (in einigen Fakultäten auch als „Examinatorien" oder „Examenskurse" bezeichnet) und Examens-Klausurenkursen werden die Studierenden gezielt auf die Anforderungen des Ersten Juristischen Staatsexamens vorbereitet. Sie richten sich daher an Studierende, die bereits das gesamte Lehrangebot absolviert haben und sich nun gezielt der Wiederholung und Vertiefung des erforderlichen Examenswissens zuwenden. Gerade in dieser Phase des Studiums sind angesichts der Fülle des Examensstoffes Frustrationen oftmals nicht zu vermeiden. Generell ist daher anzuraten, insbesondere den Klausurenkurs nicht erst ganz am Ende der Wiederholungsphase zu besuchen, sondern sich bereits frühzeitig dem Druck der Klausurensituation zu stellen. Rückschläge lassen sich psychologisch besser wegstecken, wenn man sich selbst damit beruhigen kann, ja gerade erst am Beginn der Wiederholung seines Examenswissens zu stehen (s. auch Rn. 153, 222).

III. Inanspruchnahme außeruniversitärer Lehr- und Lernangebote

11 In Kontinuität der Überlieferung vergangener Juristengenerationen besitzt der private Repetitor in den Studienplänen vieler Studierenden auch heute noch einen hohen Stellenwert.[10] Diese traditionelle Rolle ist ihm zugewachsen, weil er anders als die Lehrenden an der Universität, die in den Vorlesungen erst die Grundlagen einer juristischen Orientierung bilden müssen, examensrelevantes Spezialwissen in bereits durch die Universität vorgeformte „Wissensschubladen" ablegen kann. Anders als früher bieten inzwischen jedoch auch viele juristische Fakultäten eine breite Palette von Veranstaltungen zur Examensvorbereitung an, die – angefangen von Vorlesungsskripten und sonstigem Begleitmaterial über kostenlose Repetitorien und Examinatorien bis hin zu speziellen Examensklausurenkursen – koordiniert und aufeinander abgestimmt eine vorzügliche Möglichkeit zur Examensvorbereitung bieten, die dazu noch durch „echte" Examensprüfer angeboten wird, welche doch eigentlich am besten wissen sollten, welche Themen examensrelevant sind.

Inwieweit die Studierenden bei der Nacharbeit von Vorlesungen oder allgemein beim Repetieren des Pflichtfachstoffs auf Lehrbücher anerkannter Wissenschaftler oder schriftliches Material privater Repetitoren zurückgreifen, muss der jeweiligen individuellen Einschätzung überlassen bleiben. Zu warnen ist jedoch vor der ausschließlichen, nur vermeintlich beruhigenden Abstützung auf solche Lernprogramme, die bereits nach eigenem Bekunden lediglich Basiswissen bieten und allenfalls Minimalstandards zu genügen vermögen.

---

[10] Zum Status quo des Repetitorwesens im juristischen Studium vgl. *Katzenstein*, Jura 2006, 418 ff.

IV. Private Arbeitsgemeinschaften und Lerngruppen

Nachdrücklich ist weiterhin auf den besonderen Nutzen *privater Arbeitsgemeinschaften* hinzuweisen, mit denen eine Kleingruppe (3 bis maximal 5 Kommilitonen) Informationen austauschen, gemeinsam Vorlesungen nachbereiten, Verständnisprobleme aufklären, Falllösungen diskutieren oder sich auch gegenseitig abfragen kann. Diese Empfehlung mag den Studienanfängern überzogen und „streberhaft" erscheinen, doch kommt solchen Arbeitsgemeinschaften bei der Organisation des Selbststudiums ein hoher Stellenwert zu, da die Studierenden auf solche Weise kontinuierlich zur Rechenschaft über ihren Arbeitseinsatz gezwungen werden, unbefangen rechtswissenschaftliche Kommunikation erlernen und zudem im Vergleich mit den Kollegen noch einen gewissen Aufschluss über ihren Leistungsstand erhalten. Die private Arbeitsgemeinschaft ist daher auch für diejenigen hilfreich, die sich selbst als reine Autodidakten sehen, denn sie dient weniger dem gemeinsamen Lernen, sondern eher der vertiefenden Kontrolle des Gelernten. Üblicherweise erkennen Studierende den Nutzen solcher privater Arbeitsgemeinschaften erst in der Phase ihrer Examensvorbereitung, doch können entsprechende Arbeitstreffen auch bereits im Grundstudium den Studienerfolg verbessern. Freilich gilt es auch hier Fehlentwicklungen frühzeitig zu vermeiden: Die Lerngruppe sollte nicht ausschließlich nach gegenseitiger Sympathie zusammengesetzt sein, weil die Treffen ansonsten sehr leicht in Kaffeekränzchen transformieren, in denen der Fakultätsklatsch dann breitesten Raum einnimmt. Als optimal erweist sich eine von gegenseitigem Respekt getragene Zusammensetzung der privaten Arbeitsgruppe, bei der jedes Mitglied die anderen Kommilitonen für pfiffiger hält als sich selbst. Eine auf diese Weise gut zusammengesetzte und zielstrebige private Arbeitsgemeinschaft kann, wie der Verfasser aus eigener Erfahrung zu berichten weiß, einen Gang zum Repetitor entbehrlich machen.[11] 12

V. Benutzung von Bibliotheken

Für den Studienanfänger sollte neben dem Besuch der universitären Lehrveranstaltungen die Arbeit in den Bibliotheken schon bald zur Selbstverständlichkeit werden. Längere Pausen zwischen den Vorlesungen können so sinnvoll genutzt werden. Vor allem aber in der vorlesungsfreien Zeit bieten die Fachbereichs- oder Universitätsbibliotheken, weil weniger frequentiert, gute Arbeitsmöglichkeiten. Dieser Zeitraum, der für die eigenständige Durcharbeitung des Lernstoffes im Anschluss an oder zur Vorbereitung auf universitäre Lehrveranstaltungen geradezu prädestiniert ist, wird allerdings von Studierenden häufig im Sinne totaler „Semesterferien" missverstanden, in denen primär die Verfolgung reinen Privatvergnügens angesagt ist. Auch wenn die zeitliche Flexibilität im Dasein der Studierenden eine erfreuliche Annehmlichkeit ist, die es durchaus wohldosiert zu nutzen gilt, so sollte doch stets mit ins Kalkül gezogen werden, dass der Studienerfolg nicht unbedingt primär eine Frage der intellektuellen Kapazität, sondern mindestens in gleichem Maße eine Konsequenz von Fleiß und Beharrlichkeit ist. Insofern erscheint die Arbeit in der Bibliothek während der vorlesungsfreien Zeit als kaum ersetzbar. 13

Zur Anfertigung von Haus-, Seminar- und Examensarbeiten, aber auch zur Wiederholung und Vertiefung des Vorlesungsstoffes ist man auf Literatur, Rechtsprechung und spezielle Gesetzessammlungen angewiesen, die unter vertretbarem Zeit- und Kostenaufwand zumeist nur in den Bibliotheken erschlossen werden können. Die Biblio-

[11] Positive Bewertung auch bei *Guhr*, Jura 2006, 740 (741).

theksnutzung sollte darum so effektiv wie möglich gestaltet werden. Nur allzu häufig werden Übungs-, aber auch Examenshausarbeiten nur deshalb nicht abgegeben, weil die Bearbeiter zu lange mit der Literatursuche und -beschaffung beschäftigt waren. Für die eigentliche Ausarbeitung fehlte dann die Zeit. Dies gilt auch und besonders unter Berücksichtigung der vielfältigen Möglichkeiten der Online-Recherche (s. Rn. 40 ff.), denn die meisten Datenbanken „überfluten" den Anfänger, der noch nicht gelernt hat, Wichtiges von Unwesentlichem zu scheiden, mit Informationsangeboten. Trotz der Segnungen elektronischer Datenbanken ist daher auch heute noch, insbesondere bei Anfängerhausarbeiten, vielfach eine nur mangelhafte Literaturverarbeitung erkennbar. Dies ist ein Indiz dafür, dass die Kandidaten mit den zahlreichen Möglichkeiten, eine Bibliothek zu nutzen, noch nicht hinreichend vertraut sind. Eine Reihe von Fakultäten haben auf diesen Missstand reagiert und bieten inzwischen Veranstaltungen zur juristischen Informationskompetenz an, in denen ein effektiver Umgang mit Literatur und Zusatzwissen, wie etwa Kenntnisse über die Beschaffung von vor Ort nicht verfügbarer Literatur mittels Fernleihe (s. Rn. 32), vermittelt werden. Es ist zu empfehlen, derartige Veranstaltungen nach Möglichkeit bereits im ersten Semester zu besuchen.

1. Die Bibliothekenlandschaft

14 Zur erfolgreichen und zweckmäßigen Nutzung von Bibliotheken muss man sich zunächst einmal einen Überblick über die für Juristen überhaupt in Betracht kommenden Bibliotheken des Hochschulortes verschaffen. Nicht selten werden nämlich die Studierenden einen Kommentar oder Aufsatz in der zentralen Bibliothek nicht auffinden können, sei es, weil das entsprechende Werk nicht angeschafft wurde oder gerade verliehen ist. Insbesondere während der Anfängerhausarbeiten kann es auch vorkommen, dass sich ein Buch angesichts der Vielzahl der teilnehmenden Studierenden über mehrere Tage hinweg in anderen Händen befindet. Hier hat derjenige einen Vorteil, der über entsprechende Ausweichmöglichkeiten Bescheid weiß. Folgende Grobskizze zeigt das für den Juristen interessante Bibliothekssystem auf:

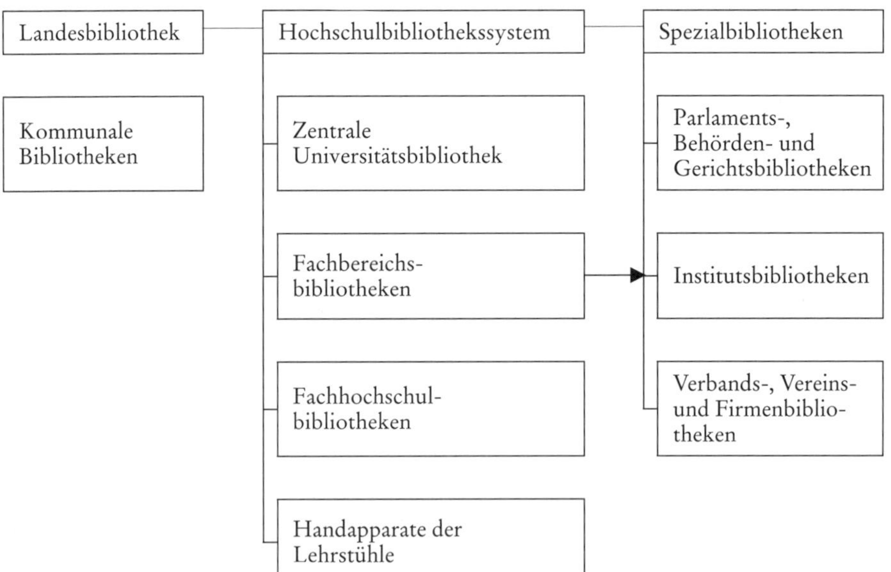

a) Fachbereichsbibliotheken

15 Die Fachbereichsbibliotheken, oftmals als Abteilungs-, Hauptbibliotheken oder Rechtswissenschaftliches Seminar bezeichnet, bilden in der Regel das Rückgrat der rechtswissenschaftlichen Arbeit für die Studierenden. Diese Bibliotheken sind im Allgemeinen um möglichst vollständigen Besitz der für den Fachbereich einschlägigen Literatur bemüht. Hier finden die Studierenden im Idealfall alle für ihre Arbeiten benötigten Gesetzesblätter und -materialien, Entscheidungssammlungen, Zeitschriften, Kommentare, Monographien, Festschriften und die übrige, in § 4 (Rn. 119 ff.) dieses Buches näher aufgeführte juristische Literatur. Die Fachbereichsbibliothek ist regelmäßig eine Präsenzbibliothek, aus der nur in ganz beschränktem Umfang ausgeliehen werden darf, was aber umgekehrt den unbestreitbaren Vorteil hat, dass die gewünschte Literatur während der gesamten Woche von morgens bis abends, oft auch sonnabends und sonntags, durchgehend zugänglich und verfügbar ist. Um sich selbst diesen unschätzbaren Vorteil zu erhalten, sollten alle Benutzer es als selbstverständliche Obliegenheit ansehen, zu Rate gezogene Bücher nach ihrer Benutzung unverzüglich wieder an den Ort zurückzustellen, der ihrer Signatur entspricht. Die demgegenüber gerade während Anfängerhausarbeiten immer wieder zu beobachtende Unsitte, sich durch das Verstellen einzelner Werke oder das Anlegen ganzer „Büchernester" an thematisch entlegenen Orten der Bibliothek einen vermeintlichen Vorteil zu verschaffen, stellt mit Blick auf die Kommilitonen ein unkameradschaftliches und mit Blick auf andere Nutzer darüber hinaus auch ein wissenschaftsfeindliches Verhalten dar, das nach Ansicht des Verfassers durchgängig mit dem Ausschluss von der weiteren Bibliotheksbenutzung sanktioniert werden sollte.

b) Universitätsbibliothek

16 Die zentrale Universitätsbibliothek ist im Gegensatz zur Fachbereichsbibliothek eine wissenschaftliche Universalbibliothek. Sie sammelt auf breiter Basis Literatur aller an der Hochschule vertretenen Fachgebiete. Ihre Ausstattung im Fachbereich Rechtswissenschaft steht an manchen Universitäten, sieht man einmal von spezielleren Werken und Dissertationen ab, den Fachbereichsbibliotheken kaum nach. Nicht selten sind diese Bibliotheken auch im Besitz neuester Auflagen von allgemeinen Lehrbüchern und Kommentaren, für deren Anschaffung der Fachbereichsbibliothek wegen der unterschiedlichen etatmäßigen Ausstattung und wissenschaftlicher Schwerpunktsetzung manchmal das Geld fehlt. Aus der Universitätsbibliothek kann – abgesehen von kleineren Präsenzbeständen und Loseblattsammlungen – in der Regel unbeschränkt ausgeliehen werden. Interessant für Studierende ist vor allem der Zugriff auf die hier vielfach unterhaltene Lehrbuchsammlung, in der Lehrbücher, manchmal auch gängige Kommentare, den Benutzern in Mehrfachexemplaren zur Ausleihe zur Verfügung gestellt werden. Aus dem Aufgabenbereich der Universitätsbibliothek sei des Weiteren noch auf die Führung der zentralen Kataloge für die gesamte Hochschule sowie auf die Beschaffung von Literatur im Wege des auswärtigen Leihverkehrs hingewiesen (s. Rn. 32).

Von den *Fachhochschulbibliotheken* sind für den Juristen regelmäßig die wirtschaftswissenschaftlichen Abteilungen interessant, da diese stets auch einen Bestand juristischer Standardwerke aufweisen und damit eine mitunter schnell zu nutzende Ausweichmöglichkeit für die Literatursuche darstellen.

c) Handapparate

17 Als Handapparate bezeichnet man die vornehmlich zu speziellen Forschungszwecken angeschaffte Literatur, die sich in den Dienstzimmern der Professoren, Dozenten und

Assistenten befindet. Handapparate sind der allgemeinen Benutzung entzogen und somit vielfach auch nicht in den zentralen Katalogen der Hochschule erfasst. Schwerpunktmäßig beinhalten die Handapparate Spezialliteratur, die den wissenschaftlichen Interessengebieten des jeweiligen Lehrstuhlinhabers entspricht. Zwischen den Lehrstühlen eines Instituts oder Fachgebietes ist allerdings eine Koordination und Erfassung des Bestandes zur Vermeidung von Doppelanschaffungen die Regel. Der Handapparat wird den eigenen Seminarteilnehmern meist ohne weiteres zur Verfügung gestellt. Aber auch andere Personen können in begründeten Ausnahmefällen auf ihn zurückgreifen. Eine längere Ausleihe ist regelmäßig nicht möglich, doch wird eine Kurzausleihe zum Zwecke des Kopierens fast überall ermöglicht.

d) Spezialbibliotheken

18 Innerhalb der Spezialbibliotheken sind zunächst die *Institutsbibliotheken* im engeren Sinne zu nennen. Diese sind verselbständigte bibliothekarische Einrichtungen innerhalb der Fachbereiche oder auf der zentralen Ebene der Universität, welche den speziellen Forschungsgebieten gewidmeten Instituten zugeordnet sind. Institutsbibliotheken verfügen zumeist über eigene Arbeitsräume, die von den Studierenden benutzt werden können. Oft herrschen dort noch recht idyllische Zustände, die es bei entsprechenden Themen in Seminar- und Übungsarbeiten angeraten erscheinen lassen, sich dort einen Arbeitsplatz zu suchen.

19 Beachtung verdienen diesbezüglich auch *Parlaments-*, *Behörden-* und insbesondere die *Gerichtsbibliotheken*, deren Ausstattung freilich unterschiedlich ist. Während der Bibliotheksbestand der Bundesgerichte und Oberlandesgerichte bedeutend ist, wird derjenige der Amtsgerichte nicht selten beschränkt sein. Allerdings kann man die für eine Anfänger- oder Fortgeschrittenenhausarbeit erforderliche Literatur und Rechtsprechung regelmäßig auch in den Landgerichtsbibliotheken finden. Nicht überall dürfen jedoch Studierende die Gerichtsbibliotheken benutzen. Für Referendare besteht hingegen an manchen Gerichtsstandorten sogar die Möglichkeit, in beschränktem Ausmaß Mehrfachexemplare auszuleihen.

20 Als Spezialbibliotheken zu nennen sind schließlich auch *Verbands-, Vereins- und Firmenbibliotheken*. Diese sind zwar vorrangig für die jeweiligen Mitglieder bzw. Arbeitnehmer bestimmt. Nicht selten wird jedoch eine liberale Benutzungspolitik betrieben. Beispiele solcher auch juristisch interessanter Bibliotheken sind etwa diejenigen von Arbeitgeberverbänden und Gewerkschaften, örtlichen Mieterschutzvereinen oder größeren juristischen Verlagen. Bei den kommunalen Spitzenverbänden etwa findet man umfassende Bibliotheksbestände zum Kommunalrecht.

Sofern am Hochschulort eine *Verwaltungs- und Wirtschaftsakademie* besteht,[12] deren Zielsetzung die hochschulmäßige berufliche Fortbildung von Angehörigen der öffentlichen Verwaltungen und der Wirtschaft im Abendstudium ist, empfiehlt es sich u. U. auch an die dortige Bibliothek heranzutreten, da dort zumeist rechts- und wirtschaftswissenschaftliches Schrifttum in erstaunlicher Breite zur Verfügung steht.

Auch *kommunale Bibliotheken* wie Kreis- und Stadtbüchereien haben stets einen gewissen Bestand an ausbildungsrelevanter juristischer Literatur. Mitunter finden sich dort auch Kommentare zu zentralen Rechtsgebieten wie dem GG oder dem BGB oder gar die amtlichen Sammlungen der Bundesgerichte. Daher kann insbesondere vor der Anfertigung von Hausarbeiten ein kurzer informatorischer Blick auf das dort vorhandene Material lohnenswert sein.

21 Die deutschen *Landesbibliotheken* sind ihrer Struktur nach geschlossene Bibliotheken und daher häufig nicht leicht benutzbar. Mit ihren Beständen stellen sie insgesamt

---

[12] Bundesweit existieren an über 100 Standorten Verwaltungs- und Wirtschaftsakademien, so dass deren Bibliotheken für nahezu alle Studierenden erreichbar sind, nähere Informationen unter www.vwa.de/studienorte.

ein beachtliches Reservoir dar, insbesondere auf dem Gebiet der Geisteswissenschaften. Da die Nachfrage nach juristischer Literatur dort erfahrungsgemäß nicht allzu groß ist – es sei denn, es handelt sich um eine doppelfunktionale „Landes- und Universitätsbibliothek" – bestehen gute Chancen, hier die an den universitären Bibliotheken vergriffenen Lehrbücher und Kommentare zu erhalten. Mit der am Ort oder in der näheren Umgebung befindlichen Landesbibliothek sollten sich die Studierenden daher ebenfalls vertraut machen.

Um alle diese Bibliotheken zum Zwecke der Literaturbeschaffung im Bedarfsfalle 22
effizient einsetzen zu können, sollten sich die Studierenden schon in den ersten Semestern einen Überblick über die für sie in Frage kommenden Bibliotheken verschaffen. Neben entsprechenden Angaben auf der Homepage der eigenen Universität leistet in den meisten Universitätsstädten auch immer noch ein gedruckter Bibliotheksführer wertvolle Hilfe. Daneben gibt es vielfach Bibliotheksadressbücher in Hochschul- oder Stadtbibliotheken. Oft sind die Sammelschwerpunkte und Öffnungszeiten der universitären Bibliotheken auch im Vorlesungsverzeichnis oder einem speziellen Studienführer des Fachbereichs zusammengestellt.

2. Literaturermittlung und -beschaffung

Neben der Kenntnis der einschlägigen Bibliotheken kommt es auf ein möglichst 23
systematisches und rationelles Verfahren der Literaturermittlung und -beschaffung an. Grundvoraussetzung hierzu ist, dass den Studierenden die individuellen Besonderheiten der jeweils in Anspruch genommenen Bibliothek bekannt sind. Zur ersten Orientierung sind die zumeist bei größeren Bibliotheken vorhandenen Bibliotheks- bzw. Benutzungsführer zu Rate zu ziehen. Falls dies nicht weiterhilft, kann man sich an den Bibliothekar oder die Bibliotheksaufsicht wenden, die bereitwillig Auskunft geben (sollten) oder sich von einem Studierenden älteren Semesters in die Aufstellungssystematik und Eigenarten der Bibliothek einführen lassen. In manchen Universitätsstädten werden in Zusammenarbeit mit der studentischen Fachschaft auch Bibliotheksführungen für Erstsemester angeboten.

Eine für den Studienerfolg nicht zu unterschätzende Einrichtung innerhalb der Bibliothek stellt der *Zeitschriftenlesesaal* dar. Gleichwohl scheinen einige Studierende sich dort nur selten aufzuhalten. Das ist erstaunlich, versetzt das Studium der wichtigsten Periodika die Studierenden doch nicht nur in die Lage, neueste Entwicklungen der höchstrichterlichen Judikatur und der wissenschaftlichen Lehre frühzeitig zu erkennen. Auch mit Blick auf die den Übungs- und Examensarbeiten oft zugrundeliegenden aktuellen Sachverhalte und Fallkonstellationen erscheint es als nahezu grob fahrlässiges taktisches Versäumnis, insoweit verfügbare Informationen nicht zu nutzen.[13] Soweit ein Zeitschriftenlesesaal darüber hinaus große überregionale Tageszeitungen führt, die in aller Regel auch juristisch fachkundige Redakteure beschäftigen, dient er zudem als vorzügliche Vorbereitung auf die in den mündlichen Examensprüfungen (insbesondere im Öffentlichen Recht) beliebten „aktuellen Aufhänger" für die Prüfungsgespräche.

a) Freihandsystem, OPAC, sonstige Kataloge

Noch stärker als von der Kenntnis der konkreten Bibliotheksorganisation hängt die 24
erfolgreiche Literaturermittlung und -beschaffung von den Fähigkeiten zur Informationsrecherche ab. Eine recht einfache Literaturerschließung gelingt dem Benutzer, wenn die Bibliotheksbestände *systematisch aufgestellt* sind und freier Zugang zu den

[13] Vgl. etwa die Fortgeschrittenenklausuren – Zivilrecht: Störung der Geschäftsgrundlage beim Häusertausch von *Klocke* in JuS 2015, 42 ff. (in Anlehnung an *BGH* NJW 2012, 373) und von *Büstgens/Nietner* „Der vorschnelle Falschparker" in JA 2014, 1275 ff. (in Anlehnung an *BGH* NJW 2012, 3373 sowie *BGH* NJW 2012, 528).

Regalen ermöglicht wird (Freihandsystem), was im Zuge der modernen Entwicklung immer häufiger anzutreffen und bei Instituts- und Fachbereichsbibliotheken wohl der Regelfall ist. Bei systematischer Aufstellungsweise werden die Bestände nach einem bestimmten System geordnet; meist werden Fächer in Fächergruppen zusammengefasst und innerhalb dieser Großgruppen wiederum Untergruppen gebildet. Die Aufteilung der Großgruppen (teilweise auch der Untergruppen) kann dann der Standortübersicht entnommen werden, im Übrigen existieren gesonderte Untergruppenverzeichnisse. Hat man sich mit deren Hilfe ein Sachgebiet, z. B. „Gewerberecht, Allgemeiner Teil", erschlossen, so zeigt ein Blick in die Regale, welche Bücher aus diesem Bereich vorhanden sind – eine Vorgehensweise, die besonders dann zu empfehlen ist, wenn die Studierenden die benötigten Standardwerke bereits kennen oder sich das thematische Umfeld einer Aufgabenstellung erschließen wollen.

Ist der Titel oder zumindest der Autor des Werkes bekannt, so führt die Suche im digitalen Katalog, dem sog. *Online Public Access Catalogue*, kurz *OPAC*, in der Regel schnell zum Standort des Buches, denn neben bibliographischen Daten des Buches erscheint im OPAC auch die Signatur, anhand derer sich der Stellplatz des Buches bestimmen lässt. Dieser digitale Katalog ist regelmäßig über die Homepage der betreffenden Bibliothek abrufbar und nach unterschiedlichen Kriterien (Autor, Titel, Körperschaft, Schlagwort, ISBN, Verlag, Erscheinungsjahr) durchsuchbar. Zumeist stehen in den Bibliotheken zur Recherche auch spezielle OPAC-Rechner zur Verfügung. Eine besonders schnelle Suche ermöglichen darüber hinaus bestimmte Webportale, wie etwa der Karlsruher Virtuelle Katalog (KVK),[14] die Suchmöglichkeiten in mehreren in- und ausländischen Bibliothekskatalogen anbieten.

25 Ein *systematischer Katalog* listet die vorhandenen Werke hingegen entsprechend der systematischen Aufstellung der einzelnen Wissensgebiete in einer sachlich logischen Reihenfolge. Er eignet sich deshalb vor allem dazu, eine umfassende Übersicht über das in der Bibliothek vorhandene Schrifttum eines bestimmten Fachgebietes zu gewinnen. In den Bibliotheken, in denen die Bücher in systematischer Reihenfolge aufgestellt sind, ist der *Standortkatalog*, der die Aufstellung des Buchbestandes widerspiegelt, gleichzeitig ein systematischer Katalog.

26 Nur ein begrenzt einsetzbares Hilfsmittel zur planvollen Literaturerschließung ist für den Juristen dagegen der *Schlag- oder Stichwortkatalog*, in dem man die Titel der Bücher nach Schlagwörtern eingeordnet findet, die wiederum zentrale Aspekte aus dem Inhalt der Bücher wiedergeben. Die elektronischen OPAC-Kataloge (Rn. 24) haben ebenfalls eine Funktion, die eine Schlagwortsuche ermöglicht. Der wesentliche Nachteil der Schlagwortkataloge besteht in der beschränkten Anzahl der Schlagworte, ihrer Missdeutbarkeit und darin, dass über den Schlagwortkatalog (gleiches gilt für den systematischen Katalog) durchweg weder Zeitschriftenaufsätze noch Gerichtsentscheidungen ermittelt werden können. Dazu muss man sich vielmehr eines umfangreichen *bibliographischen Apparates* bedienen. Genannt seien hier zunächst die Bibliographien im eigentlichen Sinne, verstanden als nach bestimmten Gesichtspunkten geordnete Verzeichnisse von Druckschriften, unabhängig von deren Vorhandensein in einer Bibliothek.[15]

27 Zu den klassischen Alphabetischen Katalogen gehört neben dem bereits erwähnten Zeitschriftenkatalog noch der sog. Interimskatalog, der (mitunter noch auf Mikrofilm oder Microfiche) die seit dem Erscheinen des letzten Alphabetischen Kataloges neu angeschafften Titel erfasst. Diese ergänzenden Interimskataloge sind in modernen

[14] www.ubka.uni-karlsruhe.de/kvk.html – Vgl. dazu noch u. Rn. 47.

[15] Zu den rechtswissenschaftlichen Bibliographien näher Rn. 147 ff.

OPAC-Katalogen allerdings überflüssig geworden, weil die Neuerwerbungen sogleich in die Datenbank eingepflegt werden.

Wichtig für die praktische juristische Arbeit sind die Bibliographien im weiteren Sinne, zu denen etwa die Karlsruher Juristische Bibliographie (KJB, vgl. Rn. 147f.), Zeitschriftenregister sowie die in Festschriften, Kommentaren, Lehrbüchern und Dissertationen enthaltenen umfangreichen Schrifttums- und Rechtsprechungsnachweise zu zählen sind. Um die neueste Literatur und Rechtsprechung ausfindig zu machen, ist heutzutage ein entsprechender Abruf bei juris (vgl. Rn. 51) oder beck-online (Rn. 52) möglich. Steht einem der Zugang zu diesen elektronischen Datenbanken nicht offen, ist – wie in den Vor-Internet-Zeiten – ein Blick in die letzten Zeitschriftenregister unumgänglich. Sind solche noch nicht erschienen, müssen die Einzelhefte des aktuellen Jahrgangs anhand ihrer Inhaltsübersichten durchsucht werden. Möglicherweise wird man dabei herausfinden, dass der zu bearbeitende Fall an eine vor kurzem veröffentlichte Entscheidung angelehnt ist. 28

Ein weiteres Hilfsmittel zur Literaturerschließung stellen schließlich auch Großkommentare und Lehrbücher mit ihren oft umfangreichen Schrifttums- und Rechtsprechungsnachweisen dar. Der Vorteil bei der Benutzung solcher Werke liegt in der sach- und problemspezifischen Zuordnung der Nachweise, womit die Gefahr reduziert wird, nach letztlich für die Falllösung nicht ergiebigen Entscheidungen und Aufsätzen zu suchen. Ein Nachteil liegt jedoch in der Tatsache begründet, dass gerade Großkommentare in der Regel nur in größeren Zeitabständen in Neuauflagen erscheinen, so dass man naturgemäß auf diese Weise gerade nicht die aktuellen Neuerscheinungen erfassen kann. Insoweit kann sich wiederum glücklich schätzen, wer Zugang zu den ständig aktualisierten Online-Kommentaren hat, wie sie etwa über beck-online bereitgestellt werden. 29

b) Ordnungsstrukturen im Alphabetischen Katalog und im OPAC

Hat man sich auf die vorbezeichnete Weise einen Überblick über die benötigte Literatur und Rechtsprechung verschafft, so kann man deren Standort über den *Alphabetischen Katalog* oder mittels *OPAC* (Rn. 24) ermitteln und sich gleichzeitig über die bisher erschienenen Auflagen und die in der Bibliothek vorhandene Stückzahl der gesuchten Schrift informieren. Zusätzlich kann man auf diese Weise nachschlagen, wie viele und welche Werke eines bestimmten Verfassers im Bibliotheksbestand vorhanden sind. Der Alphabetische Katalog verzeichnet getreu den traditionellen „Preußischen Instruktionen" die in der Bibliothek vorhandenen Bücher nach formalen Gesichtspunkten in alphabetischer Reihenfolge.[16] Die Ordnungswörter, unter denen die Titel im Alphabetischen Katalog verzeichnet werden, können sein: 30

- *Namen von Personen.* Als sogenannte Verfasserwerke gelten alle Schriften mit bis zu drei Verfassern. Bei modernen Personennamen im europäischen Sprachraum besteht der Name im Allgemeinen aus zwei Ordnungsgruppen; der des Familiennamens und der des Vornamens. Für die Ordnungsfolge maßgebend ist der Familienname.
- *Namen von Körperschaften* bilden eine weitere Kategorie von Ordnungswörtern. Erfasst sind neben den gesetzgebenden Körperschaften Deutscher Bundestag und Bundesrat auch sonstige juristische Personen des Öffentlichen Rechts.

---

[16] Maßgebend ist die Buchstabenfolge des deutschen Alphabetes. Die Umlaute ä, ö und ü werden als ae, oe und ue geordnet. Der Buchstabe ß wird wie ss behandelt.

Beispiel: Bundesrechtsanwaltskammer – Schriftenreihe der Bundesrechtsanwaltskammer, Bd. 7: *Tettinger*, Zum Tätigkeitsfeld der Bundesrechtsanwaltskammer, 1985.

– *Sachtitel* dienen als Ordnungswörter bei anonym erschienenen Werken oder solchen mit mehr als drei Verfassern, aber auch bei *Zeitschriftentiteln*, sofern gesonderte Zeitschriftenkataloge (wie im OPAC) nicht bestehen. Beim Ordnungswort „Sachtitel" entfallen der bestimmte oder unbestimmte Artikel am Anfang des Titels.

Beispiel: Verfassungsstaat grundrechtsgeprägter – Der grundrechtsgeprägte Verfassungsstaat (Festschrift für Klaus Stern zum 80. Geburtstag), 2012.

c) Vormerkung und Fernleihe

31 Ist man endlich mit Hilfe des Alphabetischen Kataloges und der Übersicht zum Standort vorgedrungen, so kann es vorkommen, dass das gesuchte Buch bereits entliehen ist. In diesem Fall kann von der Möglichkeit der *Vormerkung* Gebrauch gemacht werden. Bei zeitlich befristeten Seminar- oder Hausarbeiten kann eine Vormerkung allerdings fruchtlos bleiben, weil die Aushändigung des vorgemerkten Buches erst nach Ablauf der aktuellen Entleihfrist und damit häufig erst erfolgt, wenn die eigene Bearbeitungsfrist schon verstrichen ist. Hier hilft nur der folgende Rat: Wer weiß, dass er in der bevorstehenden vorlesungsfreien Zeit die Anfängerhausarbeit im Öffentlichen Recht schreiben wird, die erfahrungsgemäß Probleme des Verfassungsrechts beinhaltet, sollte rechtzeitig vorher die einschlägigen Lehrbücher und Kommentare vormerken lassen, um diese dann während der Bearbeitungszeit der Hausarbeit auch wirklich zur Verfügung zu haben.

32 Bücher, die im universitären und örtlichen Bibliothekssystem nicht nachgewiesen sind, kann sich der Benutzer über die *Fernleihe* (Auswärtiger Leihverkehr) beschaffen lassen. Der Auswärtige Leihverkehr der wissenschaftlichen Bibliotheken der Bundesrepublik Deutschland, dem teilweise ein regionaler Leihverkehr vorgeschaltet ist und der durch einen internationalen Leihverkehr ergänzt wird, ist durch eine von den Kultusministern der Länder erlassene Leihverkehrsordnung (LVO)[17] geregelt. Ausgenommen vom Leihverkehr sind allerdings solche Werke, die im Buchhandel „zu einem geringen Preis" (§ 1 Nr. 3c LVO) erhältlich sind.[18]

Für den Leihverkehr kann durch die nehmende Bibliothek lediglich eine geringe Auslagenpauschale vom Benutzer erhoben werden (§ 19 Abs. 1 LVO). Zeitschriftenaufsätze werden nach Möglichkeit als Fotokopie geliefert; in der Regel sind Kopien von bis zu 20 Vorlagenseiten kostenlos (§ 15 Nr. 2 LVO). Kopien aus Büchern stellt der Leihverkehr nicht zur Verfügung (Ausnahme bei seltenen Nachschlagewerken, Handbüchern oder anderen Präsenzbeständen). Den Leihverkehr von der Bestellung bis zur Ausleihe wickelt stets die Fernleihstelle der Heimatbibliothek ab; im Allgemeinen hat nur eine Bibliothek am Ort eine solche Einrichtung.

Man darf nur solche Bücher und Zeitschriften über den Fernleihverkehr beschaffen lassen, die am Ort nicht vorhanden sind. Daher ist eine Fernleihe grundsätzlich vorhandener, aktuell aber ausgeliehener Literatur nicht möglich. Im Fernleihverkehr ist – je nach gesuchtem Werk – mit durchschnittlichen Wartezeiten von 2–5 Wochen zu rechnen. Ob ein per Fernleihe bestelltes Buch noch während der Bearbeitungsfrist einer Haus- oder Seminararbeit eintrifft, ist also nicht immer sicher.

Besonders schwierig ist im Allgemeinen die Beschaffung von Literatur neueren Datums. Kann man sich bei der Vor- und Nachbereitung von Vorlesungen oftmals noch ohne größere Schäden mit Altlauflagen begnügen, gilt spätestens für die examensrelevanten Arbeiten, dass die Kandidaten die Falllösung stets anhand der neues-

---

[17] Abrufbar unter www.bibliotheksverband.de/dbv/vereinbarungen-und-vertraege/leihverkehr-verordnung.html.

[18] Die Preisgrenze liegt heute bei ca. 10 Euro.

ten Rechtsprechung und Literatur erarbeiten müssen. Erwartet wird dies regelmäßig auch bei der Anfertigung von Übungs- und Seminararbeiten. Sind Neuauflagen weder über Bibliotheken noch über Fernleihe zu erhalten, bleibt – sofern es sich um zentrale Werke handelt – nur noch der Weg zum Buchhandel.

3. Planvolles Fotokopieren

Zu den wichtigsten Benutzungseinrichtungen einer juristischen Bibliothek gehören 33
leistungsfähige und für Studierende preisgünstige Kopiergeräte. Leider ist aber gerade bei Studierenden der Anfangssemester die Unsitte verbreitet, ganze Lehrbücher oder Skripten zu vervielfältigen. Die durch solch unreflektiertes Verhalten verursachten Wartezeiten vor den Kopiergeräten für die anderen Kommilitonen gehören zu den vermeidbaren Negativa der Arbeitsbedingungen in einer Bibliothek. Die Ursache für derartige „Kopierorgien" mag in einem Gefühl der Unsicherheit zu sehen sein, doch lehrt die Erfahrung, dass Bearbeiter durch eine Anfertigung vieler, aus der ex post-Perspektive für die Fallbearbeitung letztlich unbrauchbarer Kopien nicht nur kostbare Bearbeitungszeit verlieren, sondern wegen der erdrückenden Fülle des Materials oftmals auch die Übersicht.

Tipp: Zur effektiven Verwendung der angefertigten Kopien empfiehlt es sich, sie problemspezifisch zu ordnen, die entscheidenden Aussagen der Verfasser oder des Gerichts zum leichteren Auffinden mit Farbstiften zu markieren und bei Aufsätzen aus Fachzeitschriften oder Passagen von Monographien sofort Verfasser und Titel – bei Aufsätzen und Gerichtsentscheidungen auch die Anfangsseitenzahl des Originals – auf den Kopien zu vermerken. Nur so begegnet man der Gefahr, beim späteren Zitieren die Originalfundstelle noch einmal mühevoll nachschlagen zu müssen (vgl. auch Rn. 301 f.).

VI. Der Computer als Arbeitsinstrument

Etwa seit Anfang der achtziger Jahre haben die großen Fortschritte in der Mikroelek- 34
tronik auch die Rechtswissenschaften erreicht. Nach ersten zögerlichen Ansätzen, in denen in den Fakultäten seinerzeit noch ernsthaft diskutiert wurde, ob eine mit dem eigenen PC und einem damals üblichen 24-Nadel-Drucker erstellte Hausarbeit überhaupt den formellen Anforderungen an eine studentische Hausarbeit genügen kann, weil bis dahin die Abgabe einer mittels Schreibmaschine abgefassten Arbeit obligatorisch war, sind ein PC und die Informationsmöglichkeiten des Internets aus dem heutigen studentischen Alltag ebenso wenig wegzudenken wie aus der Arbeitswelt der Juristen allgemein.[19] Zugleich haben die Möglichkeiten der Informations- und Kommunikationstechnik zu neuen Herausforderungen für die universitäre Lehre geführt. Man denke insoweit nur an den Einzug der power-point-Präsentationen in die Hörsäle oder an die noch längst nicht ausgeschöpften Potentiale des E-Learnings.[20] Gerade weil die Innovationsgeschwindigkeit bei der Entwicklung von Informationsmedien, Rechnern und entsprechender Software ständig zunimmt – freilich auch die wirtschaftlichen Schwierigkeiten, mit diesem Tempo Schritt zu halten –, ist ein juristisches Studium ohne PC heute praktisch nicht mehr möglich. So ist eine

---

[19] Vgl. für die Nutzung im Verwaltungssektor etwa *Reinermann/v. Lucke* (Hrsg.), Portale in der öffentlichen Verwaltung, 3. Aufl. 2002; zu Möglichkeiten und Risiken in den rechtsberatenden Berufen siehe z. B. *Lapp* (Hrsg.), Internet für Rechtsanwälte und Notare, 2. Aufl. 2002.

[20] Näher zum E-Learning in der juristischen Ausbildung *Hilgendorf*, Juristenausbildung und neue Medien, JZ 2005, 365 ff.; *Eirich*, E-Learning in der juristischen Ausbildung, Jura 2006, 277 ff. Ein Erfahrungsbericht findet sich bei *Freiheit*, Abschreiben ausgeschlossen, JuS-Magazin, 1/07, 8 ff.

Anmeldung zu Klausuren zumeist nur noch online möglich, Begleitmaterialen zu Vorlesungen erscheinen überwiegend online und Formatierungsvorgaben für Hausarbeiten sind auf den PC zugeschnitten.

Der sichere Umgang mit dem PC und Bürosoftware stellt heutzutage eine wichtige Schlüsselqualifikation dar, deren Vorhandensein in der juristischen Berufswelt bei allen Stellenbewerbern vorausgesetzt wird. Daher sollten Defizite und Lücken spätestens im Studium geschlossen werden. Hierzu werden von den Hochschulen zahlreiche kostenfreie oder kostengünstige Angebote bereitgestellt. Genannt seien an dieser Stelle nur umfangreiche Kursangebote für Studenten zum Thema „Neue Medien", die Gewährung von W-LAN-Internetzugängen auf dem Campus durch das Rechenzentrum der Universität oder die Möglichkeiten zur Anschaffung von Software zu vergünstigten Konditionen. Zudem offerieren einige private Telekommunikationsanbieter den Studierenden, insbesondere auch den BAföG-Empfängern, besondere Studententarife.

Für Studierende, die über keinen eigenen PC verfügen, sind inzwischen an allen Hochschulen mittels einer Anschubfinanzierung durch das „Computer-Investitions-Programm" (CIP) des Bundesministeriums für Bildung und Forschung sog. CIP-Pools oder CIP-Inseln mit vernetzten Rechnern entstanden, in deren Rahmen den Studierenden dauerhaft Zugang zum Internet und verschiedenen Datenbanken, zu Textverarbeitungsprogrammen, anderen Officeanwendungen und zu Scannern, Druckern und weiterem Zubehör gewährt wird. Die Organisation und Ausstattung dieser Einheiten ist von Universität zu Universität verschieden.

1. Textverarbeitung mit dem PC

35 Juristische Arbeit ist in erster Linie Arbeit am Text. Im Gegensatz zur Situation in einigen anderen Fächern müssen die Studierenden der Rechtswissenschaft schon von Beginn ihrer Ausbildung an eine Vielzahl schriftlicher Prüfungen absolvieren. Es handelt sich hierbei um die in dieser Schrift näher in den Blick genommenen Klausuren, Haus- und Themenarbeiten. Vor allem aber verlangen viele Universitäten vor allem im Grundstudium die Anfertigung von Hausarbeiten, die ein rechtswissenschaftliches Gutachten zum Gegenstand haben. Darüber hinaus kommt Themenarbeiten im Rahmen der universitären Schwerpunktbereichsprüfungen eine große Bedeutung zu, weil ihre Bewertung zumeist mit einem hohen Anteil in die Gesamtnote eingeht.[21] Dadurch bekommen Kenntnisse in der Textverarbeitung einen hohen Stellenwert für das juristische Studium. Die Vorteile einer Erstellung von Haus-, Seminar- und Themenarbeiten mittels eigenem PC liegen auf der Hand: Die Arbeiten lassen sich angesichts inzwischen üblicher Notebookarbeitsplätze direkt in der Bibliothek anfertigen und bedürfen nicht mehr einer Transkription aus einem handschriftlichen Manuskript. Damit entfällt auch die früher übliche Abhängigkeit von der Arbeitsleistung Dritter, die als Schreibkräfte nicht nur zusätzliche Kosten verursachten, sondern auch für sonstige Unwägbarkeiten (plötzliche Erkrankung kurz vor Abgabe der Arbeit) verantwortlich sein konnten.

Der Einsatz eines Computers hat aber nicht nur Vorteile: Nicht selten geschieht es gerade in den letzten Tagen vor dem Abgabetermin, dass mühsam eingegebene Texte oder Textteile „verschwunden" sind oder in der falschen Reihenfolge stehen. In solchen Fällen ist es für den unmittelbar Betroffenen dann bitter einzusehen, dass derartige Fehler selbstverschuldet und nicht auf Fehler des Computers oder Druckers

---

[21] Vgl. zu Unterschieden in der Schwerpunktbereichsausbildung die Momentaufnahme von *Rolfs/Rosi-Wilberg*, JuS 2007, 297 ff.

zurückzuführen sind. In Fachkreisen heißt es, dass weit über 90 % der Fehler vor (!) dem Monitor sitzen. Allzu häufig wird übersehen, dass die endgültige Fertigstellung der jeweiligen Arbeit fast immer unter erheblichem Zeitdruck geschieht und es dementsprechend wichtig ist, sich bereits vor Beginn der eigentlichen Bearbeitungszeit genügend mit dem System vertraut gemacht zu haben. Speziell im Bereich der Textverarbeitung haben sich im universitären Arbeitseinsatz u. a. zwei Programme als besonders geeignet erwiesen, nämlich einerseits das vom Marktführer Microsoft vertriebene „Word“, andererseits das von Stardivision angebotene „OpenOffice“. Beide Programme dürften im hier relevanten Bereich als Maßstab bildend zu betrachten sein und bieten außerdem auch noch preislich stark verbilligte Hochschulversionen an oder sind, im Fall von OpenOffice, gar kostenfrei.[22] Die jeweiligen aktuellen Versionen für die einzelnen Plattformen unterscheiden sich mittlerweile hinsichtlich ihrer Grundfunktionen und Bedienungskonzepte kaum mehr voneinander. Sie bieten neben den allgemeinen Textverarbeitungsfunktionen u. a. eine sprachabhängige Rechtschreibprüfung, einen sprachabhängigen Thesaurus und diverse Automatisierungsfunktionen vom automatischen Inhaltsverzeichnis bis hin zur Auto-Korrektur-Funktion – alles durchaus sinnvolle Funktionen, deren Einsatz aber geübt sein will, und zwar **vor** wichtigen Arbeiten.[23]

Die zu beherrschenden Fertigkeiten reichen von grundlegenden Funktionen wie 36
dem Speichern von Dateien und einfacheren Formatierungen bis hin zu komplexeren Funktionen wie dem automatischen Erstellen von Gliederungsübersichten. Durch das Definieren der Textabschnitte kann hierdurch im Zusammenspiel mit Seitenumbrüchen das gesonderte Ausarbeiten eines Inhaltsverzeichnisses erspart und dieses insbesondere automatisch aktualisiert werden, so dass zeitaufwendige Übertragungen bei Veränderungen der Seitenzahlen oder Überschriften entfallen. Von den relevanten Funktionen sind zudem noch die Fußnotenverwaltung (s. Rn. 326 ff., 392 ff.), das Erstellen eines Literaturverzeichnisses (s. Rn. 335, 410) mittels Tabellen oder Tabstopps und das Einfügen von arabischen und römischen Seitenzahlen als für die Erstellung von juristischen Arbeiten stets zu beherrschende Fertigkeiten anzuführen. Von grundsätzlicher und besonderer Bedeutung ist die Datensicherung. Zunächst sollte man sich mit der von dem verwendeten Programm regelmäßig automatisch erstellten Sicherheitskopie der Datei – und insbesondere deren Auffinden – vertraut machen. So können die Auswirkungen vieler „Unfälle“ beim Einsatz des Computers bereits unkompliziert begrenzt werden. Unbedingt ist jedoch zusätzlich eine externe Datensicherung anzuraten. Nur so kann man sich vor einem Totalverlust der bereits geleisteten Arbeit schützen. Zu denken ist hierbei an die Sicherung auf Datenträger wie USB-Sticks bzw. CD-ROMs/DVDs oder aber auch an das Verschicken der Datei als Attachment an eine Mailadresse bei Belassen der Mail auf dem Server des Anbieters. Daneben ist auch auf die Sicherheit bei der Nutzung von EDV im Allgemeinen besonderen Wert zu legen, insbesondere bei der Nutzung eines Notebooks in der Bibliothek oder in Netzwerken. Wer möchte schon seine mühsam erstellte Hausarbeit unfreiwillig auf fremden Rechnern wieder finden oder gar vernichtet wissen?

---

[22] Herunterzuladen unter: www.openoffice.org.

[23] Zum Erlernen des sicheren Umgangs mit den verschiedenen Softwareprogrammen gibt es umfangreiche Literatur. Für Word sei hingewiesen auf *Thuls*, Wissenschaftliche Arbeiten schreiben mit Microsoft Office Word, 2013; *Anderson/Hart-Davis*, Beginning Microsoft Word 2010, Das offizielle Trainingshandbuch, 2013; *Franz*, Wissenschaftliche Arbeiten mit Word, 2013; für OpenOffice sei auf *Krumbein*, OpenOffice 4 – Das Handbuch, 2013 und *Seimert*, OpenOffice 4 für Ein- und Umsteiger, 2013, verwiesen.

2. Offline-Datenbanken

37 Anders als bei Studierenden früherer Zeiten, denen nur ungenügende Informationsmöglichkeiten zur Verfügung standen, befinden sich die Studierenden heute in einer Art umgekehrter „Informationskrise". Die Flut rechtlich relevanter Informationen, von neuen Gesetzen und Rechtsverordnungen über die Rechtsprechung der Verfassungsgerichte, der obersten Bundesgerichte und der übrigen Fachgerichte bis hin zur fast unübersehbaren Fülle rechtswissenschaftlicher Literatur führt dazu, dass es selbst in einem eng umgrenzten Rechtsgebiet häufig nur unter erheblichem zeitlichen Aufwand gelingt, einen umfassenden Überblick zu erlangen. Schließlich setzt die Auswahl unter verfügbaren Informationen eine an der Relevanz orientierte qualitative Vorabbewertung voraus, die für Studierende, insbesondere in den Anfangssemestern, ein äußerst schwieriges Unterfangen darstellt. Hier können elektronische Datenbanken hilfreich sein, doch bleibt zu bedenken, dass Datenbanken keine Rechtsexpertensysteme, sondern schlichte Informationssysteme sind. Sie bieten Informationen für den Experten, ersetzen aber nicht juristisches Denken und Gewichtung.[24] Allzu leicht wird übersehen, dass der Einstieg in ein Problem nach der Sachverhaltserfassung über die Suche nach einschlägigen Normen (dazu Rn. 59 ff., 191 f.) geschieht. Datenbankrecherchen sind daher erst nach einer ersten gedanklichen Skizzierung und Problemfindung sinnvoll. Häufig hat sich das Problem auf dem Weg zur Datenbank schon gelöst – nach dem bekannten Motto: „Ein Blick ins Gesetz erleichtert die Rechtsfindung".

Neben Datenbanken wird den Studierenden heute aber auch eine Vielfalt weiterer online zugänglicher Informationen angeboten, ohne dass es sich dabei um Datenbanken im herkömmlichen Sinne handelt.[25] Zu denken ist hier etwa an Pressemitteilungen der Gerichte zu aktuellen Entscheidungen, Informationen zu Spezialthemen auf den Homepages entsprechend ausgerichteter Lehrstühle oder Anwaltskanzleien oder aber auch an Suchmaschinen. Daneben gibt es aber auch eine große Zahl an *Offline-Datenbanken* und *Offline-Lernprogrammen*, deren Vorteil in ihrer Nutzbarkeit unabhängig vom Vorhandensein eines Internetanschlusses liegt, denen jedoch unter Umständen die notwendige Aktualität fehlen kann (zur Zitierweise s. Rn. 407). Greift man die Unterscheidung zwischen Offline- und Online-Datenbanken auf, so lassen sich folgende Hinweise geben:

38 Unter *Offline-Datenbanken* versteht man solche Informationsquellen, die es ohne einen aktiven Internetzugang ermöglichen auf ein breites Spektrum an Daten zuzugreifen. Zwar erlauben Offline-Datenbanken schnelle Zugriffsgeschwindigkeiten und die Möglichkeit Daten ohne Internet abzurufen, doch ist die Aktualität bei Neuauflagen ein Problem. Ähnlich wie bei einem Buch braucht man zur Aktualisierung eine neue Datenbank oder muss ggf. seine bestehende Datenbank mit Hilfe des Internets aktualisieren. Aufgrund der hohen Datengeschwindigkeit des Internets verlieren die konventionellen Speichermedien für Offline-Datenbanken, CDs und DVDs ebenfalls immer weiter an Bedeutung. PDF-Dateien und eBooks in Kombination mit sogenannten Cloud-Systemen[26] sowie der flächendeckende Zugang zum Internet,

---

[24] Zum kritischen Umgang mit den neuen Informationswegen *Hofer*, Trau schau wem? – Kriterien für den Umgang mit elektronischer Fachinformation für Juristen, Jura 2005, 132 ff.; *Butzer/Epping*, Arbeitstechnik im Öffentlichen Recht, 3. Aufl. 2005, S. 126; *Th. M. Möllers*, Juristische Arbeitstechnik und wissenschaftliches Arbeiten, 7. Aufl. 2014, Rn. 278 f.

[25] Für weitergehende Informationen zu Datenbanken siehe *Kemper/Eickler*, Datenbanksysteme, 9. Aufl. 2013.

[26] Vgl. z. B. http://wirtschaftslexikon.gabler.de/Archiv/1020864/cloud-computing-v7.html (Gabler Lexikon).

unabhängig von Standort und Zeit, verdrängen diese herkömmlichen Speichermedien immer weiter. Daher ist bei der Wahl des passenden Offline-Produktes neben individuellen Faktoren insbesondere auf den Umfang des Informationsangebotes zu achten, damit sich ein preiswert erscheinendes Produkt nicht im Nachhinein als ungeeignet herausstellt. Vor allem ist entscheidungsrelevant, ob für ein Aktualisierungsabonnement eine Mindestbezugsdauer besteht oder aber zusätzliche Services wie Updates oder der Zugriff auf Online-Datenbanken inklusive sind.

Das Angebot an Offline-Datenbanken erstreckt sich von Gesetzessammlungen wie z. B. „Beck'sche Gesetze Digital", das die Gesetze von Bund, Ländern und EU auf drei CD-ROMs erfasst und einen Zugriff auf das inhaltsgleiche Modul in beck-online beinhaltet (Mindestbezugsdauer) über Rechtsprechungssammlungen wie „BVerwGE, Entscheidungen des BVerwG auf CD-ROM", das in der Edition von 2011 die Bände 1- 137 der amtlichen Sammlung des BVerwG voll zitierfähig umfasst, bis hin zu Lern- und Ausbildungssoftware wie z. B. die „Jura-Kartei (JK)" auf CD-ROM, welche sämtliche Jura-Karteikarten des Zivilrechts, Öffentlichen Rechts und Strafrechts seit 1979 vereint und damit eine an Ausbildungsgesichtspunkten orientierte Auswahl von Anmerkungen zu Gerichtsentscheidungen bietet.[27] 39

3. Vorsicht bei Internetseiten!

Ursprünglich war das heute als Internet bekannte System eine rein militärische Einrichtung, die der weltweiten Datenkommunikation zwischen den einzelnen Militärbasen der USA diente.[28] Heute steht das Internet jedermann offen und bietet Informationen aus allen Fach- und Interessengebieten. Inzwischen ist die Internetnutzung vor allem für Schüler und Studenten selbstverständlich geworden. Innerhalb des Internets werden verschiedene Standards verwendet, von denen die bisher erfolgreichste Form der Standardisierung in der Entwicklung der Nutzung des Internets durch World Wide Web (WWW) gesehen werden kann. Genau genommen ist das WWW die graphische Benutzeroberfläche des Internets, jedoch werden im allgemeinen Sprachgebrauch die Begriffe „Internet" und „World Wide Web" inzwischen synonym verwendet. Diesem Sprachgebrauch soll hier gefolgt werden. Für den Juristen ist von Interesse, dass es im Internet z. B. möglich ist, Rechtsinformationen aus aller Welt zu lesen und zu speichern. Die Angebote lassen sich in allgemein zugängliche Quellen und nicht frei zugängliche Online-Datenbanken (Rn. 50 ff.) unterteilen. Die geläufigsten Angebote sollen im Folgenden dargestellt werden.[29] 40

Das vielfältige Angebot juristischer Inhalte im Internet darf nicht dazu verleiten, sich unreflektiert auf die dort verfügbaren Informationen zu verlassen. Wichtig ist, dass sich der Besucher stets der Seriosität der Website vergewissert, denn für die Verlässlichkeit der juristischen Informationen ist es von hoher Bedeutung, ob sie etwa von einer amtlichen Stelle ins Netz gestellt worden sind oder auf dem Sammlungs- und Kommentierungstrieb eines juristischen Laien beruhen. Soweit Internetseiten im Fußnotenapparat als Quelle angegeben werden sollen, ist zu berücksichtigen, dass sich deren Inhalte häufig ändern und das zitierte Dokument daher unter 41

[27] Inzwischen bietet der De Gruyter Verlag die Jura-Kartei-Datenbank auch als Onlineversion an.

[28] Zur Entwicklung des Internets *Kröger/Kuner*, Internet für Juristen, 3. Aufl. 2001, S. 1 ff.

[29] Ausführliche Angaben etwa bei *Kröger/Kuner*, Internet für Juristen, 3. Aufl. 2001 oder *Diringshofen*, Internet für Juristen, 4. Aufl. 2002; ein knapper Überblick findet sich bei *Braun*, JuS 2004, 359 f.

der angegebenen Adresse möglicherweise nicht dauerhaft zur Verfügung stehen wird. Dies führt zu der Empfehlung, Webseiten in den Fußnoten möglichst dann nicht zu zitieren, wenn genauso gut auch eine gedruckte Quelle verfügbar ist. Dies gilt insbesondere für den Nachweis von Gerichtsentscheidungen. Gegen einen zusätzlichen Hinweis („auch abrufbar unter www ...") ist hingegen nichts einzuwenden. Wenn auf eine Webseite verwiesen wird, ist nicht nur auf eine genaue Wiedergabe des Links zu achten, sondern auch zu bedenken, ob es sich nicht um eine lediglich temporär generierte Webseite handelt, bei der ein Quellennachweis später möglicherweise nicht mehr nachvollziehbar sein wird. Wenn es sich nicht um eine allgemein bekannte Startseite handelt, ist daher zu empfehlen, auch das Datum der letzten Überprüfung der Adresse zu nennen („Abruf vom ..."), damit die Aktualität besser eingeschätzt und die Seite notfalls über ein Internetarchiv ausfindig gemacht werden kann (s. auch Rn. 407).

4. Allgemein zugängliche Online-Informationen

42 Zunächst soll dabei auf die für jedermann zugänglichen und kostenlosen Online-Informationen eingegangen werden.

a) Suchmaschinen und Linksammlungen

Zur Informationsbeschaffung über allgemeine Themen dienen sogenannte Suchmaschinen, wie beispielsweise die des Marktführers Google.[30] Diese allgemeinen Suchmaschinen, die sich in jüngerer Zeit zunehmend bemühen, auch wissenschaftliche Ansprüche zu befriedigen,[31] verfügen über ein globales Verzeichnis der angebotenen WWW-Seiten. Eine Suche findet dabei entweder direkt über den Suchbegriff oder über ein Verzeichnissystem statt, durch das man die Suche immer weiter einschränken kann. Wie wichtig es ist, seine Suche von Beginn an einzuschränken, wird deutlich, wenn man nach dem allgemeinen Begriff *BGB* sucht. Da die Suchmaschinen nicht nur in der Titelzeile, sondern auch im gesamten Text der WWW-Seite suchen, erhält man hierzu bei Google mittlerweile 35 Millionen Dokumente nachgewiesen, die diesen Suchbegriff verzeichnen. Inzwischen gibt es auch eine große Anzahl an speziellen juristischen Suchmaschinen.[32] Deren Datenbanken sind zwar wesentlich weniger umfangreich, jedoch beschränkt sich die Suche von Anfang an auf juristische Einträge. Einschränkend ist allerdings anzumerken, dass derzeit noch keine zufriedenstellende, auf die Datenbestände anderer Anbieter zugreifende Suchmaschine (sog. Metasuchmaschine) existiert.[33] Gleichermaßen bleiben auch den juristischen Suchmaschinen zugangsbeschränkte Datenbanken wie juris oder beck-online regelmäßig verborgen.

Hilfreich beim Auffinden einschlägiger Webseiten können auch sog. Link-Sammlungen sein. Hierbei nimmt der Anbieter dem Informationssuchenden einen Teil der Arbeit ab, indem er wichtige Internetadressen zusammengetragen hat und deren Aktualität überwacht. Inzwischen gibt es derartige Angebote auch speziell für den juristischen Bereich.

---

[30] www.google.de. Siehe daneben noch www.yahoo.de bzw. www.altavista.de.

[31] Vgl. z. B. die Teilrubrik „google scholar" als Suchdienst für wissenschaftliche Publikationen.

[32] Als Beispiel sei www.jura-suche.de genannt.

[33] Zu Ansätzen vgl. *Noack/Kremer*, Professionelle Online-Dienste für Juristen, NJW 2006, 3314 f.

Nachstehend eine bewusst kurz gehaltene Auflistung hilfreicher Linksammlungen, Suchmaschinen und Datenbanken: 43

www.bib.uni-mannheim.de

Die Universitätsbibliothek Mannheim bietet einen Überblick über online verfügbare rechtswissenschaftliche Datenbanken an.

http://katalog.ulb.hhu.de

Virtueller Katalog von juristischen Internetquellen und Datenbanken der Universitäts- und Landesbibliothek Düsseldorf.

www.jura.uni-sb.de

Mit dem juristischen Internetprojekt Saarbrücken hat die Universität des Saarlandes eine umfassende Webseite, die neben eigenen Informationen und Materialien auch umfassende Verweise auf einschlägige Webseiten enthält, geschaffen.

http://eur-lex.europa.eu

Dieses seit 2001 kostenlose Portal bietet Zugang zum Amtsblatt der Europäischen Union, Sammlungen für Verträge, internationale Abkommen, geltendes Gemeinschaftsrecht, Vorarbeiten, Rechtsprechung, parlamentarische Anfragen und einen Zugang zum Dokumentationssystem CELEX.[34]

www.dict.leo.org

Hierbei handelt es sich ursprünglich um ein frei verfügbares, umfangreiches Deutsch-Englisch-Wörterbuch, welches inzwischen aber auch Übersetzungen in die französische, spanische, italienische, portugiesische, russische, polnische und chinesische Sprache umfasst.

b) Universitäre Webseiten

Da inzwischen alle rechtswissenschaftlichen Fakultäten der Bundesrepublik Deutschland über das Internet erreichbar sind,[35] können sich die Jurastudierenden auf diesen Seiten über die einzelnen Lehrstühle und ihre Veröffentlichungen informieren, Studienordnungen einsehen, zu Klausuren anmelden, Studienergebnisse abrufen, Informationen zu den Veranstaltungen herunterladen oder einfach nur das aktuelle Vorlesungsverzeichnis finden. Auch werden die Sachverhalte der häuslichen Arbeit im Rahmen der verschiedenen Übungen regelmäßig im Internet veröffentlicht. Ebenso zählen Lernbereiche sowie juristische Lernprogramme zum Angebot einzelner Fakultäten. Hinzuweisen ist schließlich noch auf die in einigen Bundesländern geschaffenen „virtuellen Hochschulen". Von Interesse können insofern die Projekte MARLIS und Fallwerk der virtuellen Hochschule Bayern[36] sein, die – jedenfalls nach vorheriger Anmeldung – kostenlos zur Verfügung stehen.[37] 44

---

[34] Näher zur Suche von Informationen zum Europarecht *Hofer*, Europarecht suchen und finden – die Datenbanken Celex, EurLex und PreLEX, Jura 2005, 803 ff.

[35] Eine Übersicht über die Internetadressen bietet www.juracafe.de/ausbildung/studium/fakultaeten.htm.

[36] www.vhb.org. Zum Ganzen: *Eirich*, E-Learning in der juristischen Ausbildung, Jura 2005, 277 ff.

[37] MARLIS ist ein Projekt zum Strafrecht AT, das in Lernstoff, Wissenstest und Urteilsdatenbank unterteilt ist. Fallwerk ist vor allem eine Datenbank für examensrelevante Fälle zu allen Rechtsgebieten. Die Vermittlung des Stoffes erfolgt hierbei durch die Verwendung moderner Medien, z. B. über die Einfügung von Kurzfilmen oder virtuelle Karteikarten. Zum Projekt Fallwerk vgl. *Hirsch/Hege/Mäsch/Fischer*, Virtuelles Lehren – Das Projekt „Fallwerk" an der LMU München, Jura 2005, 422 ff.

c) Gerichtsentscheidungen im Internet

45 Über die Homepages der betreffenden Gerichte sind inzwischen auch aktuelle Urteile und Beschlüsse im Internet abrufbar. Mitunter finden sich auf diesen Seiten bereits unmittelbar am Tag der Verkündung Pressemitteilungen über die wesentlichen Inhalte der Entscheidungen, was hilfreich sein kann, wenn die endgültig ausformulierten Urteilsgründe erst später veröffentlicht werden. Nachfolgend eine kleine Auswahl wichtiger Webseiten:

www.curia.europa.eu

Entscheidungen und Pressemitteilungen des EuGH und des Gerichts erster Instanz sowie Schlussanträge der Generalanwälte ab 1997.

www.egmr.org

Entscheidungen des Europäischen Gerichtshofs für Menschenrechte.

www.bverfg.de

Entscheidungen und Pressemitteilungen des Bundesverfassungsgerichts.

www.bverwg.de

Entscheidungen und Pressemitteilungen des Bundesverwaltungsgerichts.

www.bgh.de

Entscheidungen und Pressemitteilungen des Bundesgerichtshofs.

www.bundesfinanzhof.de

Entscheidungen und Pressemitteilungen des Bundesfinanzhofs.

www.bundessozialgericht.de

Entscheidungen und Pressemitteilungen des Bundessozialgerichts.

www.bundesarbeitsgericht.de

Entscheidungen und Pressemitteilungen des Bundesarbeitsgerichts.

www.oberverwaltungsgericht.niedersachsen.de

Entscheidungen und Pressemitteilungen des Nds. OVG und Entscheidungsdatenbank der Rechtsprechung der niedersächsischen Verwaltungsgerichte.

www.servat.unibe.ch/dfr/dfr_deutschland

Seite des Projektes „Deutschsprachiges Fallrecht (DFR)“, bei dem u. a. die wichtigsten Entscheidungen aus den amtlichen Sammlungen BVerfGE, BVerwGE, BGHZ und BGHSt seitengenau zitierfähig aufbereitet worden sind.

www.lexetius.com

Bietet einen aktuellen Zugriff auf höchstrichterliche nationale Rechtsprechung sowie die des EuGH und des Europäischen Gerichts erster Instanz, daneben noch aktuelle Nachrichten rund ums Recht und Persönlichkeiten des Rechts.

d) Rechtsnormen im Internet

46 Über das Internet können heute nahezu alle geltenden und teilweise auch die außer Kraft getretenen Rechtsnormen online abgerufen werden. Neben kostenpflichtigen Angeboten gibt es zahlreiche Seiten auf denen gängige wie entlegenere Gesetze kostenlos bereitgehalten werden. Hierbei gilt es jedoch zu beachten, dass immer nur die amtliche Fassung der Rechtsvorschriften aus dem BGBl. oder den GVBl. der Länder verbindlich ist. Der Nutzer muss sich daher bewusst sein, dass Datenbanken Fehler aufweisen können und infolge unregelmäßiger Pflege vielleicht nicht immer

den aktuell gültigen Rechtsstand abbilden (siehe auch Rn. 65). Als Fundstellen seien beispielhaft angeführt

- zum Bundesrecht:

www.bgbl.de

Bundesgesetzblatt ab 1949.

www.bundesrecht.juris.de/index.html bzw. www.gesetze-im-internet.de

Das Bundesministerium der Justiz stellt in Zusammenarbeit mit Juris eine umfassende Sammlung des Bundesrechts bereit – alphabetisch geordnet, mit Suchfunktion, Übersetzung des BGB ins Englische, bei aktuellen Gesetzesänderungen mit Verlinkung ins BGBl.

www.rechtliches.de

Bundesrecht nach Rechtsgebieten geordnet.

www.dejure.org

Umfassende Sammlung wahlweise nach Rechtsgebieten oder alphabetisch geordnet, mit Verlinkungen zu relevanten Rechtsprechungen in den jeweiligen Paragraphen.

www.jura.uni-sb.de

Auf der von der Universität Saarbrücken betriebenen Seite findet sich insbesondere unter *www.jura.uni-sb.de/BIJUS/grundgesetz* eine Übersetzung des Grundgesetzes ins Französische.

www.iuscomp.org/gla/statutes/BGBrest.htm

Auszugsweise Übersetzung des BGB ins Englische.

- zum Landesrecht:

www.niedersachsen.de

Seite der Niedersächsischen Landesregierung, über die sich die Gesetzes- und Verordnungsblätter aller deutschen Länder abrufen lassen.

www.online-rechtsbibliothek.de

Hier findet sich eine Auswahl an Landesgesetzen der Bundesländer.

www.datenschutz.de

Über diesen Link sind die Internetseiten der Landesdatenschutzbeauftragten abrufbar, die Informationsmaterial zum Polizei- und Ordnungsrecht enthalten.

- zum europäischen Recht:

www.eur-lex.europa.eu/de/index.htm

Diese über das Portal der Europäischen Union bereitgestellte Datenbank bietet einen Zugang zu allen Rechtsvorschriften der Europäischen Union.

- zum internationalen Recht:

www.jura.uni-sb.de/internet/Rechtsnormen-int.html

Sammlung von Rechtsnormen aus aller Welt.

- zu den Materialien der Gesetzgebung:

http://www.bundestag.de/dokumente

Drucksachen und Plenarprotokolle des Bundesrates und des Deutschen Bundestages ab der ersten Wahlperiode als PDF-Dateien abrufbar.

www.parlamentsspiegel.de

Umfassende Sammlung von Parlamentaria aus Bund, Ländern und Europa.

e) Fachbücher und Fachzeitschriften

47 Um sich die Fachliteratur als wichtiges Werkzeug juristischen Arbeitens erschließen zu können, war in der Vergangenheit ein Gang in die verschiedensten Fachbibliotheken unumgänglich. Nur dort konnte man durch die vorhandenen Kataloge gezielte Informationen über verfügbare Fachliteratur erhalten. Dies wird nun durch die im Internet abrufbaren OPAC-Kataloge der einzelnen Universitätsbibliotheken erleichtert. Heutzutage ist es möglich, vom heimischen studentischen Arbeitsplatz über das Internet zu erfahren, ob das begehrte Exemplar in der örtlichen Bibliothek vorhanden ist und wie sich der Leihzustand verhält. Zudem besteht die Möglichkeit, in Bibliotheksverbünden nach gezielten Themen zu suchen. Eine wichtige Hilfe stellt in diesem Bereich der Karlsruher-Virtuelle-Katalog (KVK)[38] dar, der u. a. eine Büchersuche in allen Bibliotheksverbünden in Deutschland, Österreich und der Schweiz ermöglicht und darüber hinaus auch noch zahlreiche ausländische Verbundkataloge zugänglich macht. So ist es dort etwa möglich, in den Katalogen der British Library oder in der US-Library of Congress zu stöbern. Sollte eine Fernleihe (Rn. 32) erforderlich werden, lässt sich die Buchbestellung zumeist auch über das Internet abwickeln.

Ein Großteil der Printmedien ist bereits heute im Internet einsehbar. Neben Magazinen und Tageszeitungen sind auch juristische Zeitschriften wie NJW, JuS oder Jura elektronisch präsent. Leider ist das kostenlose Angebot der Verlage sehr begrenzt[39] und kann deshalb nicht den konventionellen Bestand einer juristischen Bücherei ersetzen. Die Studierenden sollten sich aber über das zum Teil recht imposante Angebot von Online-Zeitschriften informieren, das ihnen ihre Universitätsbibliotheken eröffnen, indem sie Campus-Lizenzen erwerben.[40] Darüber hinaus existieren schließlich auch Zeitschriften, die ausschließlich im Internet publiziert werden. Beispielhaft sei hier auf die Online-Zeitschriften „Humboldt Forum Recht“ (HFR)[41], „Goettinger Journal of International Law“ (GoJIL)[42], „Internet-Zeitschrift für Rechtsinformatik und Informationsrecht“ (JurPC)[43] oder „Recht der Osteuropäischen Staaten (ReOS)“[44] verwiesen.

f) Besondere juristische Internetprojekte, Dienste und Lernportale

48 Im Bereich der juristischen Internetprojekte, Dienste und Lernportale gibt es zahlreiche Angebote, aus denen hier nur schlaglichtartig einige benannt werden sollen. Mit Blick auf juristische Internetprojekte herausragend ist das Juristische Internetprojekt Saarbrücken,[45] das eine umfassende Website betreibt, die neben juristischen Informationen und Materialien auch zahlreiche Verweise auf fremde Webseiten enthält. Für eine erste Orientierung genügt manchmal auch bereits das Themenportal Recht der freien Enzyklopädie Wikipedia,[46] auch wenn die dort von fremden Usern einge-

---

[38] www.ubka.uni-karlsruhe.de/kvk.html.

[39] Zum kostenpflichtigen Angebot s. Rn. 50 ff.

[40] Als Beispiel sei auf den Bestand der Niedersächsischen Staats- und Universitätsbibliothek Göttingen verwiesen, der im Verbund mit der Universität Regensburg für die Rechtswissenschaften eine dreistellige Zahl an in- und ausländischen Fachzeitschriften bereitstellt, http://rzblx1.uni-regensburg.de/ezeit/fl.phtml?bibid=SUBGO&colors=7&lang=de¬ation=P

[41] www.humboldt-forum-recht.de.

[42] www.gojil.eu/.

[43] www.jurpc.de.

[44] www.reos.uni-goettingen.de.

[45] www.jura.uni-saarland.de. Eine kritische Auseinandersetzung hierzu unter Berücksichtigung verfassungsrechtlicher Aspekte bietet *Kiesel*, NJW 2006, 801 ff.

[46] http://de.wikipedia.org/wiki/Portal:Recht.

stellten Informationen einer besonders kritischen Prüfung unterliegen sollten (Rn. 41). Innerhalb der Newsletter finden sich kostenlose Angebote wie z. B. Urteilsnewsletter,[47] neben einer großen Zahl kommerzieller Nachrichtendienste, die über Gesetzesvorhaben, Rechtsprechung oder auch Entwicklungen in der Fachliteratur informieren.[48] Stellvertretend für alle Lernportale sei auf das umfassende kostenlose Lernportal Yoorah[49] hingewiesen, dessen Spektrum von Skripten und Materialien für Pflicht- und Wahlfach über Multiple-Choice-Fragen bis hin zu Hinweisen zur Rechtstheorie im Allgemeinen reicht. Über das Internet können sich Studierende schließlich auch mit kostenlosen Klausuren inkl. Falllösungen versorgen. Aus öffentlich-rechtlicher Sicht hervorzuheben sind die über 100 Staats- und Verwaltungsrechtsklausuren mit Falllösungen im Rahmen des Yoorah-Portals, die in der virtuellen Stadt „Saarheim" spielen.[50]

g) Staatliche Organe im Internet

Selbstverständlich sind mittlerweile auch die staatlichen Organe im Internet mit einer 49
eigenen Website präsent. Beispielhaft seien die Seiten www.bundestag.de, www.bundesregierung.de oder www.bundesrat.de genannt (weitere Adressen im *Anhang* zu diesem Buch). Auf die umfangreiche Internetseite der Europäischen Union, http://europa.eu/index_de.htm, wurde vorstehend bereits in verschiedenen Zusammenhängen hingewiesen.

h) Webseiten für Studierende, Internetforen und Jobbörsen

Eine Anzahl an Webseiten – größtenteils kommerzieller Natur – richtet sich gezielt an Studierende der Rechtswissenschaften, indem dort Informationen zu Studium und Ausbildung bereitgestellt und Fragen zum Alltag des Studierenden beantwortet werden.[51] Zudem finden sich dort zum Teil auch Aufsätze, Skripten oder ähnliche Inhalte zum Download bereitgestellt. Einige dieser Angebote enthalten darüber hinaus auch Diskussionsforen, in denen die Studierenden Meinungen austauschen, Fragen hinterlegen oder auf bereits gestellte Fragen reagieren können.[52] Hilfreich für die ein Studium begleitenden Fragen sind schließlich auch die Job- und Praktikabörsen im Internet.[53]

5. Nicht frei zugängliche Online-Datenbanken

Neben den Online-Datenbanken, die einem kostenlosen Zugriff für Jedermann offen- 50
stehen, existieren eine Reihe von nicht frei zugänglichen Online-Datenbanken, die regelmäßig kostenpflichtig sind. Eine gewisse Anzahl von ihnen wird den Studierenden heutzutage über die oben genannten „CIP-Pools" (o. Rn. 34) oder Campus-Lizenzen der Universität (o. Rn. 47) ohne weiteres Entgelt zugänglich gemacht. Die näheren Nutzungsmöglichkeiten und -einschränkungen (insbesondere hinsichtlich der Zugriffszeiten) sind hierbei ebenso wie die verfügbare Anzahl an Datenbanken von Universität zu Universität verschieden. Gegenüber den kostenlosen Angeboten

---

[47] Siehe z. B. www.jurawelt.com/newsletter.

[48] Vgl. *Schulze/Klugmann*, CR 2006, 568 ff. mit einem Überblick zu den Newsdiensten Jurion, RechtsNews und JurisPraxisReport.

[49] www.jura.uni-saarland.de/deutschland/yoorah.

[50] Weitere Empfehlungen finden sich bei *Franosch/Schulz*, Jura 2002, 68.

[51] Vgl. z. B. www.jurawelt.com.

[52] Solche Foren enthält z. B. das Studentenportal www.juracafe.de.

[53] Insoweit ist etwa auf www.acivo.com/links/Studenten/Praktikumsplaetze, www.karriere-jura.de und http://www.iqb.de/myjobportal zu verweisen.

aus dem Internet haben die kostenpflichtigen Datenbanken zumeist den Vorteil eines größeren Angebots an juristischer Literatur im Volltext.[54] Zudem ist ihr Inhalt häufig qualitativ besser aufbereitet, etwa weil er mehrmals überprüft worden ist. Weiterhin wird die Fachliteratur in der Regel in zitierfähiger Form[55] (also z. B. bei Entscheidungen mit der originalen Paginierung der amtlichen Sammlung) bereitgestellt. Den allgemeinen Suchmaschinen (Rn. 42) bleibt der Inhalt dieser kostenpflichtigen Datenbanken üblicherweise verborgen.

Neben den im Folgenden näher in den Blick genommenen führenden[56] juristischen Online-Datenbanken juris, beck-online und LexisNexis existiert noch eine Vielzahl weiterer, mitunter thematisch engerer Datenbanken. Genannt werden soll hier nur die Datenbank Westlaw,[57] die insbesondere umfangreiche Materialien für den angloamerikanischen Rechtskreis bereitstellt und die Literatur-Datenbank Kuselit mit über 3 Millionen Fundstellen aus der von ihr ausgewerteten Literatur.[58]

a) Juris

51 Als wohl umfangreichste deutsche juristische Online-Datenbank mit mehr als 15 Millionen Dokumenten aus Rechtsprechung und Rechtslehre ist „juris“[59] zu nennen. Die juris GmbH (Juristisches Informationssystem der Bundesrepublik Deutschland) wurde im Herbst 1985 gegründet und nahm Anfang 1986 ihre Geschäftstätigkeit auf. Mittlerweile dürften die meisten der in der Bundesrepublik vorhandenen Universitäten an diese Datenbank angeschlossen sein und ihren Studierenden den Zugriff auf juris ermöglichen. Die juris-Datenbank (online) wertet nahezu alle juristisch relevante Literatur und Rechtsprechung der Nachkriegszeit systematisch aus und enthält daher Informationen aus allen denkbaren Rechtsgebieten. Juris umfasst im Jahr 2015 folgende sachbezogenen Datenbanken:

- Rechtsprechung,
- Gesetze/Verordnungen,
- Verwaltungsvorschriften,
- Weitere Vorschriften (z. B. Tarifverträge),
- Literaturnachweise,
- Zeitschriften,
- Kommentare,
- Handbücher,
- Lexika,
- Arbeitshilfen,
- Presse.

Darüber hinaus hat juris in den letzten Jahren die Kooperation mit juristischen Verlagen außerhalb des Beck-Imperiums gesucht und beinhaltet nunmehr zum Beispiel auch den Staudinger-Großkommentar zum BGB aus dem Hause de Gruyter, das mehrbändige „Handbuch des Staatsrechts“ aus dem Verlag C. F. Müller, die Zeit-

---

[54] Einen Überblick über alle im Netz verfügbaren Zeitschriften und deren Verfügbarkeitsstatus bietet die Seite http://rzblx1.uni-regensburg.de/ezeit/.

[55] Zum Zitieren elektronischer Dokumente s. Rn. 49.

[56] Zur Bewertung dieser vier Anbieter vgl. *Schulze/Klugmann*, Mit dem „Google-Prinzip durch die virtuelle Bibliothek?“, CR 2006, 568 (570).

[57] www.westlaw.com. Der speziell für den deutschen Markt entwickelte Dienst WestlawDE wurde im Jahre 2006 aus Wettbewerbsgründen eingestellt.

[58] www.kuselit.de. Die ehemals als offline-Datenbank gestartete Rechtsbibliografie wird seit 2007 nur noch online angeboten.

[59] www.juris.de.

schrift „Gewerbearchiv“ aus dem Gildebuchverlag oder die komplette Entscheidungssammlungen des Reichsgerichts (RGZ, RGSt). Standardwerke aus dem Verlag Dr. Otto Schmidt, die früher über die im Jahr 2001 gegründete Datenbank für Recht, Wirtschaft und Steuern „Legios“ auffindbar waren, sind inzwischen ebenfalls nicht mehr über www.legios.de, sondern über den zentralen juris-Zugang erreichbar.

b) beck-online

Seit Mitte 2001 betreibt der Beck-Verlag unter dem Namen beck-online ein umfassendes Internet-Portal. Diese Online-Datenbank benutzen mittlerweile vor allem zahlreiche Praktiker. Im Rahmen von Kooperationsverträgen können auch alle deutschen Justizverwaltungen sowie Universitäten darauf zugreifen. Die Datenbank umfasst unzählige Zeitschriften mit Archiven z. T. bis zurück ins Jahr 1947 (z. B. NJW, NStZ, NVwZ) und elektronische Versionen zahlreicher juristischer Standardwerke des Verlags C. H. Beck, aber ebenso auch Werke anderer Verlage, wie beispielsweise des Deutschen Anwaltverlages oder des Luchterhand-Verlages oder die Zeitschrift „Der Betriebs-Berater“ der dfv Mediengruppe. Werke des mit C. H. Beck verbundenen Nomos-Verlages sind in der Datenbank NomosOnline gesammelt, die ihrerseits über beck-online verlinkt ist. Insgesamt werden den Benutzern somit Kommentare, Handbücher, Zeitschriften, Vertragsmuster, Millionen Entscheidungen sowie monatlich aktualisierte Gesetze online zur Verfügung gestellt. In den letzten Jahren wurde zudem eine Reihe spezieller, regelmäßig aktualisierter Online-Kommentare (Beck-OK) aufgebaut,[60] von denen nur zum Teil Printversionen existieren und deren Vorteil insbesondere in einer Verlinkung mit den anderen bei beck-online eingestellten Inhalten besteht. Diese Funktion findet man auch im Zeitschriftenmodul, das darüber hinaus bei Aufsätzen und Entscheidungen auch die Einblendung von Verweisen auf mit der Fundstelle verknüpfte Dokumente („zitiert in Aufsätzen“, „zitiert in Rechtsprechung“, „Anmerkungen“) ermöglicht. Insgesamt bietet beck-online mehr als 5 Millionen Dokumente im Volltext. 52

c) LexisNexis/Jurion

Der Online-Dienst LexisNexis[61] wurde bereits 1973 als erster kommerzieller Online-Volltextdienst für Rechtsinformationen gegründet. Seine Anfänge liegen in einer Fachdatenbank für die Bereitstellung insbesondere von Wirtschafts-, Finanz- und Rechtsinformationen aus dem englischsprachigen Raum. Als hilfreich für die Erstellung von Themenarbeiten erweist sich die Möglichkeit, über die „Tochterseite“ Lexis.com eine Recherche in deutschen und ausländischen Presseerzeugnissen durchzuführen. Die Datenbank erfasst neben Agenturmeldungen (z. B. Associated Press; dpa) sowohl Artikel aus Tageszeitungen (z. B. Le Figaro; Frankfurter Rundschau; taz; The Times; Die Welt) als auch aus Magazinen und Zeitschriften (z. B. Capital; Focus; Manager Magazin; Newsweek; Der Spiegel) sowie der Branchenfachpresse. Daneben bietet LexisNexis aber weiterhin vor allem einen guten Zugang zu ausländischen Rechtsinformationen. 53

Seit dem 1. Januar 2011 ist der deutsche Teil LexisNexis/Recht vom Verlag Wolters Kluwer übernommen worden und trägt dort den Namen „Jurion“.[62] In dieser Datenbank finden sich eine Reihe von Zeitschriften der im Konzern Wolters Kluwer beheimateten Verlage, wie etwa das „Deutsche Verwaltungsblatt“ (DVBl.) aus dem 54

---

[60] Erschienen sind bereits 53 Kommentare, z. B. *Pielow* (Hrsg.), Beck-OK Gewerberecht; *Posser/Wolff* (Hrsg.), Beck-OK VwGO.

[61] Die deutsche Plattform ist unter www.lexisnexis.de erreichbar.

[62] www.recht.jurion.de.

Carl Heymanns Verlag oder die „Zeitschrift für das gesamte Familienrecht" (FamRZ) aus dem Gieseking Verlag. Darüber hinaus ist der Zugriff auf zahlreiche Fachbücher und Kommentare der Verlagsgruppe Wolters Kluwer möglich, so etwa auf den Loseblattkommentar von Friauf zur Gewerbeordnung oder den Kommentar von Knack/Henneke zum VwVfG. Besonders hilfreich ist auch die Möglichkeit, über die Jurion-Seite auf die elektronische Version aller amtlichen Entscheidungssammlungen des Bundesgerichtshofs (BGHZ, bislang 202 Bände; BGHSt, bislang 59 Bände) zuzugreifen, um sie seitengenau zitieren zu können.

6. Persönliche Datenbanken

55 Im Rahmen der Anfertigung einer Seminar- oder Hausarbeit, bei der eine umfangreiche Verarbeitung von Schrifttum und Rechtsprechung notwendig ist, erliegen auch fortgeschrittene Studierende immer wieder dem Fehler, ein und denselben Text bei jeder einzelnen Streitfrage stets aufs neue zu lesen und verlieren dadurch wertvolle Zeit. Ursache eines solchen Mankos sind zumeist Fehler im Zuge des Systematisierens verwendeter Literatur und Rechtsprechung.[63] Auch auf diesem Felde kann der Computer hilfreich sein. Mittels spezieller für den rechtswissenschaftlichen Bereich entwickelter Daten- und Literaturprogramme kann eine faktisch unbegrenzte Zahl von Datensätzen, also bspw. Fundstelle, Autorennamen, Titel, Erscheinungsjahr, Sachinhalt und Angaben über die Verwertbarkeit der Schrift in beliebig vielen Datenbanken gespeichert werden. Die Daten können anschließend durch indizierte Suche nach Namen, Fundstelle und Stichworten gefunden werden. Einige Literaturverwaltungsprogramme bieten überdies die Möglichkeit, gespeicherte Informationen in Karteikartenform ausdrucken zu lassen. Im Vordringen begriffenes Literaturverwaltungsprogramm ist das für Microsoft Windows entwickelte Programm Citavi, das für sich beansprucht, Literaturverwaltung, Wissensorganisation und Aufgabenplanung integrieren zu können.

Die Benutzung derartiger Datenbanken kann überdies individuell perfektioniert werden, so z.B., indem in der Vorlesung von dem Dozenten angegebene und später nachgelesene Quellen in diese Datenbank eingearbeitet werden. Neben dem positiven Effekt der mehrmaligen Überarbeitung schafft sich der Studierende dabei eine individuelle Datenbank, auf die er auch im fortgeschrittenen Studium stets zurückgreifen kann und dies aller Erfahrung nach auch tun wird. Besonders hilfreich ist es, wenn divergierende Ansichten bei der Eingabe direkt mit eingearbeitet werden, d. h. der jeweilige Autor, seine Argumentation und die Fundstelle genau bezeichnet werden.

56 Inzwischen werden auch zahlreiche Programme angeboten, die es dem Benutzer ermöglichen, seine Gedanken graphisch darzustellen. Hierdurch kann man z. B. die Beziehung zwischen Begriffen präsentationsgerecht, reproduzierbar und besonders leserlich aufzeichnen. Der Vorteil dieses so genannten „mindmappings" liegt weiterhin in der Beschränkung auf das Wesentliche und der fürs Lernen und Lesen speziell geeigneten Darstellungsweise.[64] Sinnvoll kann der Gebrauch einer elektronischen Karteikartensoftware sein, um der Karteikartenflut Herr werden zu können.[65] Daneben werden Lösungen zum Dokumenten- und Datenmanagement angeboten, die letztlich auf ein digitales Büro – ohne Papierberge – hinauslaufen.[66]

---

[63] Dazu noch ausführlich Rn. 367 ff.

[64] Zum Ganzen, insbesondere zu Programmen *Matzky*, JA 2004, 167 ff.

[65] Zur Nutzung der elektronischen Karteikartensoftware „JurCards" *Franosch/Schulz*, Jura 2002, 68 (70).

[66] Vgl. hierzu *Hofer*, Endlich Ordnung im Papier und Datenchaos?, Jura 2004, 783 ff.

2. Teil. Das Basismaterial für die juristische Arbeit

In seinem Buch über das Handwerkszeug des Juristen hat der schweizerische Jurist *Karl Oftinger* „Gesetz", „Judikatur" und „Literatur" als diejenigen Faktoren bezeichnet, durch welche die wissenschaftliche und praktische Arbeit des Juristen geprägt wird.[67] Damit ist zutreffend das Basismaterial jeder juristischen Arbeit umrissen. 57

Anders als in Ländern des anglo-amerikanischen Rechtskreises, in denen die Rechtsprinzipien des „common law" im Vordergrund der rechtswissenschaftlichen Lehre stehen,[68] ist das Recht in Deutschland durchgängig von vielfältigen gesetzlichen Bestimmungen geprägt. Im Vordergrund der juristischen Tätigkeit steht daher die Arbeit mit dem Gesetz, speziell die Suche nach der einschlägigen Norm und ihre Auslegung. Insofern stellt das *Gesetz* im Rahmen der Juristenausbildung das wichtigste Basismaterial dar. Trotz der in den letzten Jahren verstärkt in Angriff genommenen Versuche zur Deregulierung sehen wir Juristen uns weiterhin, nicht zuletzt infolge europarechtlicher Vorgaben, einer sprichwörtlichen „Normenflut" gegenüber, zu deren Bewältigung neben der Anwendung des Rechts zunehmend die *Gesetzgebungslehre* Berücksichtigung finden sollte. Dies gilt nicht nur in der staatsrechtlichen Praxis, wo die Gesetzgebungslehre als wissenschaftliche Hilfeleistung für den Gesetzgeber dazu beitragen kann, dass bei der Formulierung und Konzeption von Gesetzen auf Verständlichkeit und klare Strukturen geachtet wird,[69] sondern auch in der universitären Ausbildung.[70]

Die *Judikatur* orientiert sodann über die Rechtsanwendung auf konkrete praktische Fälle, indem sie begründete Lösungswege für die Interpretation der Gesetze aufzeigt und so häufig die Grundlage für weiter ausdifferenzierte Entscheidungen in ähnlich gelagerten Fällen bildet.[71] Die *Literatur* schließlich dient der systematischen Erfassung des Rechtsstoffes; sie kommentiert und kritisiert, weist auf Zusammenhänge und Unverträglichkeiten hin, beleuchtet gesetzgeberische Aktivitäten und Rechtsprechung kritisch und zeigt konsequente rechtliche Lösungsmöglichkeiten für neu entstehende Interessenkonflikte und daraus resultierende Rechtsfragen auf. 58

---

[67] *Oftinger*, Vom Handwerkszeug des Juristen und von seiner Schriftstellerei, 7. Aufl. 1986, S. 46; neubearbeitet als *Forstmoser/Ogorek/Schindler*, Juristisches Arbeiten, 5. Aufl. 2014.

[68] Vgl. dazu *Lundmark*, Juristische Technik und Methodik des Common Law, Münster 1998; *Blumenwitz/Fedtke*, Einführung in das anglo-amerikanische Recht, 8. Aufl. 2015.

[69] Vgl. etwa § 42 V der Gemeinsamen Geschäftsordnung für die Bundesministerien (GGO): „Gesetzesentwürfe müssen sprachlich richtig und möglichst für jedermann verständlich gefasst sein." In § 33 I GGO II (a. F.) hieß es zudem noch: „Für jede Vorschrift des Gesetzes ist Klarheit des Ausdrucks anzustreben."

[70] Vgl. etwa *Karpen*, Gesetzgebungslehre – neu evaluiert, 2008; *H. Schneider*, Gesetzgebung, 3. Aufl. 2002; *Schreckenberger/Merten* (Hrsg.), Grundfragen der Gesetzgebungslehre, 2000. Grundlegend *Noll*, Gesetzgebungslehre, 1973; *Rödig* (Hrsg.), Studien zu einer Theorie der Gesetzgebung, 1976.

[71] Über die Präjudiz-Funktion der Judikatur näher *Kriele*, Theorie der Rechtsgewinnung, 2. Aufl. 1976, S. 243 ff.

§ 2. Das Gesetz

59 Für die Studierenden kommt es zunächst darauf an, die für die Lösung eines konkreten Falles oder für die Beantwortung einer abstrakten Rechtsfrage einschlägigen Gesetzesvorschriften (in ihrer aktuell maßgeblichen Fassung) zu ermitteln. Schwierigkeiten ergeben sich dabei weniger im Strafrecht – hier nur im Bereich des sog. Nebenstrafrechts[72] –, mehr schon im Zivilrecht, soweit es um Spezialregelungen außerhalb von BGB und HGB geht. Vor allem aber im Bereich des öffentlichen Rechts mit seinen vielfältigen normativen Regelungen auf Bundes-, Landes- und Kommunalebene, die zudem noch von europarechtlichen Vorgaben überlagert sein können, stellt die Suche nach dem einschlägigen Gesetz eine erste Herausforderung bei der juristischen Falllösung dar.

Zur Feststellung des Sinngehalts einer Gesetzesvorschrift bedarf es mitunter auch einer Heranziehung der Gesetzesmaterialien (Rn. 77 ff.). Das gilt insbesondere bei neuen Gesetzen, also dann, wenn die Tatbestandsmerkmale und Rechtsfolgeanordnungen einer konkreten Norm nicht schon durch Rechtsprechung und literarische Stellungnahmen eine differenzierende Aufschlüsselung erfahren haben.[73]

I. Die Suche nach dem einschlägigen Gesetz

Der für die an Studienanfänger gerichteten Aufgabenstellungen maßgebliche Gesetzestext wird sich in der Regel in allgemeinen Textsammlungen (dazu nachfolgend 1. und 2.) auffinden lassen. Wenn es jedoch auf den tagesaktuellen Stand der Gesetze oder gar einen älteren Gesetzesstand ankommt bzw. wenn entlegene Gesetze eine Rolle spielen, wie das etwa im Bereich der Schwerpunktbereiche der Fall sein kann, werden die Studierenden auch die amtlichen Verkündungsblätter (dazu nachfolgend 3.) heranziehen müssen.

1. Einzelausgaben

60 Für den Vorlesungsbesuch der Anfangssemester, u. U. auch noch für die Anfängerübung im Zivil- und Strafrecht, wird es genügen, neuere Einzelausgaben der Gesetzestexte von BGB und StGB, etwa die entsprechenden beck-Texte im dtv, zur Hand zu haben. Vorrangig für den Vorlesungsgebrauch bestimmt sind kleinere Sammlungen der wichtigsten Gesetze eines Studienfachs,

Beispiele: Textbuch Deutsches Recht, Staats- und Verwaltungsrecht – Bundesrepublik Deutschland, 53. Aufl. 2014, zusammengestellt von *P. Kirchhof/Ch. Kreuter-Kirchhof*; es enthält u. a. GG, BVerfGG, PartG, VereinsG, VwVfG, VwGO, GeschO BT. – Landesrecht Niedersachsen, 23. Aufl. 2015, zusammengestellt von *V. Götz/Chr. Starck*.

während sich umfänglichere oder speziellere Textsammlungen für einzelne Rechtsgebiete vorrangig an den einschlägig tätigen Praktiker oder bestenfalls an Studierende im Schwerpunktbereich richten.

Beispiele: *Kloepfer*, Umweltschutz, Loseblatt-Textsammlung, Stand 12/2014; *Meyer*, Lebensmittelrecht, Loseblatt-Textsammlung, Stand 6/2014.

---

[72] Vgl. dazu die Sammlung *Erbs/Kohlhaas*, Strafrechtliche Nebengesetze, Loseblattsammlung in vier Bänden, Stand 01/2015.

[73] BVerfGE 1, 117 (127); 55, 207 (226 f.); 62, 1 (45).

Wenn aber in einer Klausur auch materielle Bestimmungen in Nebengesetzen oder prozessrechtliche Vorschriften von Bedeutung sind, genügen solche Einzelausgaben der großen Kodifikationen schon nicht mehr. Spätestens bei der vertieften Beschäftigung mit dem Verwaltungsrecht werden solche Einzelausgaben nicht mehr ausreichen. Als Argument dafür, sich frühzeitig die nachfolgend unter 2. genannten großen Loseblattsammlungen oder gebundene Gesetzessammlungen anzuschaffen, spricht, dass man sich auf diese Weise sofort an Aufbau und Schriftbild dieser gängigen Gesetzessammlungen gewöhnt. Psychologisch bedeutsam ist auf der anderen Seite jedoch, dass man gerade in den ersten Semestern nicht als „Streber" erscheinen möchte, indem man eine große Gesetzessammlung in die Vorlesung mitbringt. Hier könnte es jedoch schon weiterhelfen, die wenigen für die Vorlesung relevanten Gesetze aus der heimischen Loseblattsammlung auszuheften, um auf diese Weise „Einzelausgaben" für den Vorlesungsgebrauch zu erstellen.

2. Gesetzessammlungen

Traditionell greifen Studierende wie auch Referendare und Praktiker auf die bewährten von Verlagen betreuten Textsammlungen zurück, in denen für einzelne Rechtsgebiete und -disziplinen die bedeutsamsten Gesetze und Verordnungen zusammengestellt sind. Als wichtigste Loseblattsammlungen seien genannt: 61

Schönfelder und *Schönfelder Ergänzungsband,* Deutsche Gesetze, Sammlung des Zivil-, Straf- und Verfahrensrechts; *Sartorius* und *Sartorius Ergänzungsband*, Verfassungs- und Verwaltungsgesetze; *Sartorius II*, Internationale Verträge – Europarecht – *Nipperdey I*, Arbeitsrecht – *Aichberger* und *Aichberger Ergänzungsband*, Sozialgesetzbuch; *Steuergesetze.*

Für das öffentliche Recht sind daneben vor allem auch die Loseblatt-Textsammlungen des *Landesrechts* eine wertvolle Arbeitsgrundlage. Erwähnt seien hierfür

- Baden-Württemberg: *Dürig*, Gesetze des Landes Baden-Württemberg,
- Bayern: *Ziegler/Tremel*, Gesetze des Freistaates Bayern,
- Berlin: Gesetze des Landes Berlin,
- Brandenburg: Gesetze des Landes Brandenburg,
- Bremen: Vom Senat hrsg. Sammlung des bremischen Rechts, 3 Bände,
- Hamburg: *Ramsauer*, Hamburgische Gesetze,
- Hessen: *Fuhr/Pfeil*, Hessische Verfassungs- und Verwaltungsgesetze,
- Mecklenburg-Vorpommern: Gesetze des Landes Mecklenburg-Vorpommern,
- Niedersachsen: *März*, Niedersächsische Gesetze,
- Nordrhein-Westfalen: *v. Hippel/Rehborn*, Gesetze des Landes Nordrhein-Westfalen,
- Rheinland-Pfalz: *Rumetsch*, Landesrecht in Rheinland-Pfalz, 4 Bände,
- Saarland: *Hümmerich/Kopp*, Saarländische Gesetze,
- Sachsen: Gesetze des Freistaates Sachsen,
- Sachsen-Anhalt: Gesetze des Landes Sachsen-Anhalt,
- Schleswig-Holstein: Gesetze des Landes Schleswig-Holstein,
- Thüringen: Gesetze des Freistaats Thüringen.

Die Loseblattform zwingt einerseits zu häufigerem Einsortieren von Nachtragslieferungen, bietet aber andererseits die Gewähr dafür, dass sich die jeweiligen Gesetzestexte auf neuestem Stand befinden. Der Grad der Aktualität (Stand vom ...) ist in den Ergänzungslieferungen jeweils angegeben. Sofern man allerdings das Nachsortieren der Ergänzungslieferungen und den damit verbundenen Kostenfaktor scheut, bietet es sich an, mittelgroße gebundene Gesetzessammlungen zu besorgen, die aber einen Großteil der für das Studium erforderlichen Gesetze abdecken. Einen größeren Marktanteil hat sich insoweit inzwischen die Reihe „Nomos Gesetze" erobert, deren Benutzung in einigen Ländern auch im Staatsexamen zugelassen ist. 62

Beispiele: Nomos Gesetze, *Strafrecht*, 23. Aufl. 2014; Nomos Gesetze, *Zivilrecht, Wirtschaftsrecht*, 23. Aufl. 2014; Nomos Gesetze *Öffentliches Recht*, 23. Aufl. 2014. Als Reaktion hierauf wird seit 2008 auch vom Beck-Verlag eine gebundene Ausgabe des Schönfelder, Deutsche Gesetze, als kompakte Alternative zur Loseblatt-Textsammlung angeboten.

63 Schließlich gibt es in vielen Großstädten auch amtliche oder verlegerisch betreute Sammlungen des *kommunalen Rechts*, die in der studentischen Ausbildung aber weniger relevant sind.

Beispiel: Kölner Stadtrecht, hrsg. v. d. Stadt Köln.

Gleiches gilt für Textsammlungen von *Verwaltungsvorschriften* auf Bundes- und Landesebene, denn bei diesen handelt es sich um grundsätzlich nur verwaltungsintern wirkende Bestimmungen, denen die Aufgabe zukommt, eine einheitliche Verwaltungspraxis im gesamten Zuständigkeitsbereich einer Behörde sicherzustellen.[74]

Beispiele: *Steuerrichtlinien*, Textsammlung der Verwaltungsvorschriften des Bundes zum Steuerrecht; *Piller/Hermann*, Justizverwaltungsvorschriften; *Rehborn*, Verwaltungsvorschriften des Landes Nordrhein-Westfalen.

64 Besondere Beachtung verdient die im Nomos-Verlag herausgegebene Sammlung „Das Deutsche Bundesrecht", welche in 37 Ordnern und einem zusätzlichen Registerband (mit Stichwortverzeichnis) in Loseblattform einen umfassenden, systematisch gegliederten Überblick über die auf Bundesebene erlassenen Rechtsvorschriften gibt und mitunter auch erläuternde Kommentierungen enthält. Durch eine rasche Folge von Ergänzungslieferungen (24 Ergänzungslieferungen jährlich) ist die Aktualität gewahrt, wodurch die seit 1949 in ununterbrochener Folge erscheinende Sammlung zu einer Art „Bundesgesetzblatt in Loseblattform" geworden ist.[75]

3. Amtliche Verkündungsblätter

65 Bei allen vorgenannten Sammlungen handelt es sich aber durchweg um von privater Seite zusammengestellte Texte von Gesetzen und Verordnungen, die als solche keine amtliche Autorität besitzen. Kommt es auf die Ermittlung spezieller, in solchen Sammlungen nicht enthaltener Vorschriften an, treten Divergenzen hinsichtlich des genauen Textes auf oder geht es um die Feststellung der aktuellsten Fassung einer Gesetzesnorm, die erst in jüngster Zeit geändert wurde, so ist der Blick in die amtlichen Verkündungsblätter unumgänglich (siehe auch o. Rn. 46).

a) Bundesgesetzblatt (BGBl.)

66 Das Bundesgesetzblatt,[76] dessen Schriftleitung in Händen des Bundesministeriums der Justiz liegt,[77] ist ein von der Verfassung (Art. 82 u. 145 III GG) vorausgesetztes amtliches Verkündungsorgan. Es ist ab Mai 1949 an die Stelle des Reichsgesetzblattes

[74] Als Typengruppen sind zu nennen: Auslegungsrichtlinien, Ermessensvorschriften, Beurteilungsrichtlinien, Pauschalierungsvorgaben. Eine besondere Rolle kommt sog. normkonkretisierenden Verwaltungsvorschriften (z. B. Technischen Anleitungen) zu, vgl. nur BVerwGE 72, 300 (320 f.).

[75] „Das deutsche Bundesrecht" gibt es auch auf DVD (s. Rn. 39) und im Internet als ein zusätzliches Modul bei NomosOnline, das wiederum mit beck-online (s. Rn. 52) verlinkt ist.

[76] Näher zu diesem Publikationsorgan insb. *Maunz*, in: Maunz/Dürig, GG, Art. 82 Rn. 7; *H. Schneider*, Gesetzgebung, 3. Aufl. 2002, Rn. 481 ff.; eine kostenlose Leseversion des BGBl. findet sich auch im Internet unter www.bgbl.de, doch ist für die rechtliche Verkündungswirkung allein die Printversion maßgeblich.

[77] Vgl. §§ 58, 61 der Gemeinsamen Geschäftsordnung der Bundesministerien (GGO) i. d. F. der Bekanntmachung v. 26.7.2000 (GMBl. S. 526), zuletzt geändert durch Beschluss v. 17.8.2011 (GMBl. S. 576); Abdruck auch in: *Kahl/Waldhoff/Walter* (Hrsg.), Bonner Kommentar, Bd. 11, Anhang zu Art. 76.

(RGBl.)[78] getreten. Gemäß Art. 82 I 1 GG werden die nach den Vorschriften des Grundgesetzes zustande gekommenen Bundesgesetze im Bundesgesetzblatt verkündet. Das nach dem Gesetzestitel angegebene Datum des Gesetzes benennt den Tag, an dem das Gesetz vom Bundespräsidenten ausgefertigt worden ist. Erst durch die Verkündung im Bundesgesetzblatt wird eine Rechtsvorschrift rechtlich existent.[79] Gleiches gilt vorbehaltlich anderweitiger gesetzlicher Regelung auch für Rechtsverordnungen (Art. 82 I 2 GG). Nach § 1 des Gesetzes über die Verkündung von Rechtsverordnungen[80] können Rechtsverordnungen des Bundes auch im *Bundesanzeiger*[81] oder im *Verkehrsblatt*[82] verkündet werden. In diesem Falle ist auf sie allerdings unter Angabe der Stelle ihrer Veröffentlichung und des Tages ihres Inkrafttretens nachrichtlich im Bundesgesetzblatt hinzuweisen.

Daneben werden des Weiteren im Bundesgesetzblatt noch veröffentlicht:

- Verordnungen, wenn sie nicht nach Absatz 3 Nr. 1 im Bundesanzeiger – Amtlicher Teil – oder nach § 2 des Gesetzes über die Verkündung von Rechtsverordnungen in anderen amtlichen Blättern veröffentlicht wurden,
- Entscheidungen über die sachliche Zuständigkeit nach Art. 129 I GG,
- die Entscheidungsformeln der Urteile des BVerfG nach § 31 II 1 BVerfGG,
- Anordnungen und Erlasse des Bundespräsidenten,
- Bekanntmachungen über innere Angelegenheiten des Bundestages und des Bundesrates,
- andere Bekanntmachungen im Allgemeinen nur dann, wenn es vorgeschrieben ist.[83]

Das Bundesgesetzblatt erscheint in *drei* Teilen: BGBl. I enthält alle genannten Ver- 67
öffentlichungen, soweit sie nicht für Teil II vorgesehen sind; in ihm befindet sich die Großzahl des für den Bürger unmittelbar relevanten Bundesrechts.

Beispiele: Neufassung des Bundeselterngeld- und Elternzeitgesetzes vom 27. Januar 2015 (BGBl. I S. 33); Gesetz zur Verbesserung der Rechtsstellung von asylsuchenden und geduldeten Ausländern vom 23. Dezember 2014 (BGBl. I S. 2439).

Das BGBl. II enthält die Publikationen völkerrechtlicher Verträge, die zu ihrer Inkraftsetzung erlassenen Rechtsvorschriften sowie damit zusammenhängende Bekanntmachungen. Außerdem beinhaltet Teil II Rechtsvorschriften auf dem Gebiet des Zolltarifwesens.[84]

Beispiele: Gesetz zu dem Übereinkommen vom 21. Mai 2014 über die Übertragung von Beiträgen auf den einheitlichen Abwicklungsfonds und über die gemeinsame Nutzung dieser Beiträge vom 17. Dezember 2014 (BGBl. II 2014 S. 1298); Gesetz zu dem Protokoll Nr. 15 vom

---

[78] Dieses erschien in den Jahren 1871–1945 (ab 1922 in zwei Teilen). Preußische Gesetze wurden publiziert in der Preußischen Gesetzessammlung (GS). Für die unmittelbare Nachkriegszeit nach 1945 sind als amtliche Verkündungsblätter vor allem das Amtsblatt der Militärregierung Deutschland (Britisches Kontrollgebiet) und das Gesetzesblatt der Verwaltung des Vereinigten Wirtschaftsgebietes zu erwähnen.

[79] BVerfGE 63, 343 (353); *H. Schneider*, Gesetzgebung, 3. Aufl. 2002, Rn. 482.

[80] Gesetz über die Verkündung von Rechtsverordnungen v. 30.1.1950 (BGBl. I S. 23), *Sartorius* Nr. 70; vgl. ferner das Gesetz über vereinfachte Verkündungen und Bekanntgaben v. 18.7.1975 (BGBl. I S. 1919), *Sartorius* Nr. 71.

[81] Hierbei handelt es sich um ein weiteres Verkündungsblatt, in dem Bekanntmachungen erfolgen, welche aufgrund von Gesetzen, Satzungen oder Verträgen zu veröffentlichen sind (vgl. im Einzelnen §§ 1 I, 5 des Gesetzes über die Verkündung von Rechtsverordnungen und § 76 III GGO). Eine kostenlose Recherche im Bundesanzeiger ermöglicht die Internetseite www.bundesanzeiger.de.

[82] Hierbei handelt es sich um das Amtsblatt des Bundesministeriums für Verkehr und digitale Infrastruktur der Bundesrepublik Deutschland.

[83] So die Aufzählung in § 76 GGO.

[84] Vgl. § 76 II GGO.

24. Juni 2013 zur Änderung der Konvention zum Schutz der Menschenrechte und Grundfreiheiten vom 2. Dezember 2014 (BGBl. II 2014 S. 1034).

In Teil III des BGBl. schließlich wird das als (fort)geltend festgestellte Bundesrecht entsprechend dem Gesetz über die Sammlung des Bundesrechts[85] nach Sachgebieten veröffentlicht. Dieser Teil des Bundesgesetzblattes dient also der Rechtsbereinigung.[86] In ihm sind alle Rechtsvorschriften erfasst, die am 31.12.1963 gültig waren.[87] Mittlerweile gibt es diese Unterreihe nur noch als E-Journal.

Beispiele: Sachgebiet 1, Staats- und Verfassungsrecht, Nr. 100-1: Grundgesetz; Sachgebiet 2, Verwaltung, Nr. 2180-1: Vereinsgesetz; Sachgebiet 3, Rechtspflege, Nr. 303-8: Bundesrechtsanwaltsordnung (BRAO).

Die weiteren Sachgebiete sind Zivil- und Strafrecht (4), Verteidigung (5), Finanzwesen (6), Wirtschaftsrecht (7), Arbeits- und Sozialrecht (8) u. Post- und Fernmeldewesen, Verkehrswesen, Bundeswasserstraßen (9).

68 Hinzuweisen ist in diesem Zusammenhang noch auf die vom Bundesminister der Justiz bislang immer zum Jahresende herausgegebenen *Fundstellennachweise* A und B:

- A – Bundesrecht (ohne völkerrechtliche Vereinbarungen), Beilage zum BGBl. I,
- B – Völkerrechtliche Vereinbarungen, Verträge zur Vorbereitung und Herstellung der Einheit Deutschlands, Beilage zum BGBl. II.

Der Fundstellennachweis A soll dazu dienen, die nach dem 31.12.1963 verkündeten Rechtsvorschriften, nach Sachgebieten gegliedert, aufzuführen. Er führt insofern die Sammlung des Bundesrechts in BGBl. III fort, indem er im Anschluss an diese Sammlung die Fundstellen aller nach dem 31.12.1963 in BGBl. I und II sowie im Bundesanzeiger verkündeten Vorschriften sowie der in BGBl. III aufgeführten und noch geltenden Vorschriften mit den inzwischen eingetretenen Veränderungen enthält.

69 Anders als das Bundesgesetzblatt enthalten die *Amtsblätter der Ministerien* und das *Gemeinsame Ministerialblatt* (GMBl.) regelmäßig keinen Abdruck von Gesetzen, sondern nur Verwaltungsvorschriften, Mitteilungen, Bekanntmachungen und andere fachbezogene Beiträge.[88]

Beispiele: Verkehrsblatt (s. o. Fn. 83); Bundessteuerblatt (Teil I: Veröffentlichungen des Bundesministers der Finanzen und der obersten Finanzbehörden der Länder, Teil II: Entscheidungen des Bundesfinanzhofs).

b) Gesetz- und Verordnungsblätter der Länder

70 Entsprechend den Bestimmungen der jeweiligen Landesverfassungen (vgl. z. B. Art. 71 I, II Verfassung NRW; Art. 45 I 1 Niedersächsische Verfassung) bzw. des einfachen Landesrechts besitzen die Länder ihre eigenen Publikationsorgane für Landesgesetze und Landesrechtsverordnungen.[89] Es sind dies die folgenden Verkündungsblätter:[90]

---

[85] Vom 10.7.1958 (BGBl. I S. 437).

[86] Entsprechende Maßnahmen zur Rechtsbereinigung gibt es auch auf Landesebene; vgl. statt aller nur die Sammlung des bereinigten niedersächsischen Rechts, Bd. I (9.5.1945–31.12.1958) sowie die Sammlung des in Berlin geltenden preußischen Rechts 1806–1945 aus dem Jahre 1966.

[87] Vgl. § 2 des Gesetzes über den Abschluss der Sammlung des Bundesrechts v. 28.12.1968 (BGBl. I S. 1451). Vorschriften, die nicht in die Sammlung aufgenommen wurden, sind am 31. Dezember 1968 außer Kraft getreten.

[88] S. im Einzelnen § 76 IV GGO.

[89] Näher zu diesen Publikationsorganen *Mann*, in: Löwer/Tettinger (Hrsg.), Kommentar zur Verfassung des Landes NRW, 2002, Art. 71 Rn. 9 ff.

[90] Den kostenlosen Zugriff auf eine Online-Datenbank mit aktuellen Gesetzen des Bundes und der Länder eröffnet die Internetseite des Justizministeriums NRW unter https://www.jus-

- Gesetzblatt für Baden-Württemberg (GBl. Bd. Wtt.)
- Bayerisches Gesetz- und Verordnungsblatt (Bay. GVBl.)
- Gesetz- und Verordnungsblatt für Berlin (Berl. GVBl.)
- Gesetzblatt der Freien Hansestadt Bremen (Brem. GBl.)
- Gesetz- und Verordnungsblatt für Brandenburg (Bbg. GVBl.)
- Hamburgisches Gesetz- und Verordnungsblatt (Hamb. GVBl.)
- Gesetz- und Verordnungsblatt für das Land Hessen (Hess. GVBl.)
- Gesetz- und Verordnungsblatt für Mecklenburg-Vorpommern (GVBl. M-V)
- Niedersächsisches Gesetz- und Verordnungsblatt (Nds. GVBl.)
- Gesetz- und Verordnungsblatt für das Land Nordrhein-Westfalen (GV NRW oder GVBl. NRW)
- Gesetz- und Verordnungsblatt für das Land Rheinland-Pfalz (GVBl. Rh. Pf.)
- Amtsblatt des Saarlandes (ABl. Saarl.)
- Gesetz- und Verordnungsblatt für das Land Sachsen-Anhalt (GVBl. LSA)
- Sächsisches Gesetz- und Verordnungsblatt (SächsGVBl.)
- Gesetz- und Verordnungsblatt für Schleswig-Holstein (GVOBl. Schl.-H.)
- Gesetz- und Verordnungsblatt für den Freistaat Thüringen (Thür. GVBl.)

Daneben gibt es für Verwaltungsvorschriften und sonstige Bekanntmachungen auf Landesebene meist noch weitere Publikationsorgane (für Niedersachsen das Niedersächsische Ministerialblatt; für NRW das Ministerialblatt oder das Justizministerialblatt). 71

Beispiel: Verwaltungsvorschrift zur Haushaltssystematik des Landes Niedersachsen – VV-HNds –, Runderlass des Finanzministers vom 6.3.2014 (Nds. MBl. S. 311).

c) Amtsblätter der Kommunen

Amtliche Bekanntmachungen und Veröffentlichungen der kommunalen Selbstverwaltungskörperschaften werden auf der Grundlage kommunalrechtlicher Bestimmungen[91] üblicherweise in speziellen Amtsblättern, die teilweise neben dem rein amtlichen noch einen redaktionellen Teil enthalten und entweder von dem öffentlichen Aufgabenträger selbst oder in seinem Auftrag durch private Druckereien hergestellt werden, oder auch in lokalen Zeitungen publiziert. 72

Beispiele: Erschließungsbeitragssatzungen, gemeindliche Gebührenordnungen, Bebauungspläne.

d) Amtsblatt der Europäischen Union

Für den Bereich des Gemeinschaftsrechts ist auf das Amtsblatt der Europäischen Union[92] hinzuweisen; es publiziert in Teil L (= Legislatio) Rechtsvorschriften (veröffentlichungs- und nichtveröffentlichungsbedürftige Rechtsakte) und in Teil C (= Communicatio) Mitteilungen und Bekanntmachungen aller Gemeinschaftsorgane. Die Inhaltsverzeichnisse des Amtsblattes werden im Bundesanzeiger jeweils nachrichtlich abgedruckt. 73

Beispiele: Richtlinie 2015/121/EU des Rates vom 27. Januar 2015 über das gemeinsame Steuersystem der Mutter- und Tochtergesellschaften verschiedener Mitgliedstaaten (ABl. EU L 21/1 vom 28. Januar 2015); Mitteilung der Kommission 2015/C 28/01 zur Änderung des Anhangs der Mitteilung der Kommission an die Mitgliedstaaten zur Anwendung der Artikel 107 und 108 des Vertrages über die Arbeitsweise der Europäischen Union auf die kurzfristige Exportkreditversicherung (ABl. EU C 28/1 vom 28. Januar 2015).

---

tiz.nrw.de/Bibliothek; eine Stichwortsuche zu Parlamentaria (Drucksachen und Plenarprotokolle) und Gesetzen der Länder im Internet ermöglicht www.parlamentsspiegel.de.

[91] Vgl. etwa für Niedersachsen § 11 I NKomVG, für NRW § 7 IV, V GO NRW.

[92] Siehe hierzu http://eur-lex.europa.eu/oj/direct-access.html?locale=de.

II. Die maßgebliche Gesetzesfassung

74 Der rasche gesellschaftliche, ökonomische und technische Wandel bringt es mit sich, dass moderne Gesetze vielfach in rascher Folge ergänzt, modifiziert, umstrukturiert oder völlig neugefasst werden müssen. Ein Großteil der Rechtsproduktion gilt solchen Novellierungen.

Beispiele: Neunundvierzigstes Gesetz zur Änderung des Strafgesetzbuches – Umsetzung europäischer Vorgaben zum Sexualstrafrecht vom 21. Januar 2015 (BGBl. I S. 10); Achte Verordnung zur Änderung der Tabakverordnung vom 22. Dezember 2014 (BGBl. I S. 2398).

Kommt es nun darauf an, die für einen bestimmten früheren Zeitpunkt maßgebliche Gesetzesfassung[93] zu ermitteln, so bedarf es mitunter einer zeitraubenden Suche anhand der Register des Bundesgesetzblattes. Für die Verwaltungsgerichte, welche sich in den anhängigen Verfahren nicht selten mit einem Rechtsstand aus der Vergangenheit auseinandersetzen müssen,[94] ist dies ein alltägliches Geschäft. Immerhin finden sich in den Änderungsvorschriften stets Hinweise auf die letzte vorangegangene Novellierung.

Beispiel: Art. 1 des Gesetzes zur Änderung des Strafgesetzbuches vom 21. Januar 2015 (BGBl. I S. 10): „Das Strafgesetzbuch in der Fassung der Bekanntmachung vom 13. November 1998 (BGBl. I S. 3322), das zuletzt durch Artikel 1 des Gesetzes vom 23. April 2014 (BGBl. I S. 410) geändert worden ist, wird wie folgt geändert: …“

75 Um sicherzustellen, dass keine maßgebliche Änderung eines Gesetzes übersehen wird, geht man in traditioneller Methode also zunächst von der aktuellen Fassung eines Gesetzes aus und untersucht jeweils die letzte vorangegangene Novellierung, ob insoweit für die Lösung des Falles relevante Änderungen zu verzeichnen sind. Komfortablere Übersichten über die Änderungshistorie der jeweiligen Gesetze bieten inzwischen allerdings die Datenbanken juris (o. Rn. 51) und beck-online (o. Rn. 52). Anhand der dort nachgewiesenen Fundstellen im BGBl. lässt sich die maßgebliche Rechtslage heutzutage wesentlich schneller rekonstruieren als mit dem traditionellen iterativen Suchprozess.[95] Allerdings reichen diese Änderungshistorien nur wenige Jahre, regelmäßig nur bis zur letzten Neubekanntmachung, zurück.

Auch bei den oben in Rn. 61 genannten Gesetzessammlungen in Loseblattform ist man der Sorge hinsichtlich des Auffindens früherer Textfassungen weitgehend enthoben, weil dort die jeweils neueste Fassung entsprechend dem angegebenen Datumsstand der letzten Nachlieferung abgedruckt ist und vor dem Gesetzestext bzw. in Fußnoten die stattgefundenen Änderungen vermerkt sind.

---

[93] Nach Art. 82 II 1 GG soll jedes Gesetz und jede Rechtsverordnung den Tag des Inkrafttretens bestimmen. Hierbei ist darauf zu achten, ob und inwieweit für bestimmte Regelungen oder Gesetzesteile abweichende Geltungsbestimmungen bzw. Übergangsvorschriften bestehen. Im Falle des Fehlens einer Bestimmung über den Tag des Inkrafttretens treten bundesrechtliche Gesetze und Rechtsverordnungen mit dem vierzehnten Tage nach Ablauf des Tages in Kraft, an dem das Bundesgesetzblatt ausgegeben worden ist (Art. 82 II 2 GG).

[94] Gem. BVerwGE 64, 218 (221 f.); 66, 178 (182) bestimmt sich die Sach- und Rechtslage, auf die abzustellen ist, zwar in erster Linie nach dem einschlägigen materiellen Recht, doch gilt im Zweifel die Regel, dass bei der Anfechtung von Verwaltungsakten ohne Dauerwirkung die Sach- und Rechtslage im Zeitpunkt der letzten Verwaltungsentscheidung maßgeblich ist, vgl. BVerwGE 92, 32 (35); 97, 214 (220 f.); Nds. OVG, NdsVBl. 2004, 301.

[95] An dieser Stelle sei nochmals vor dem beliebten Anfängerfehler gewarnt, weniger zuverlässigen Internetseiten, wie etwa thematischen Homepages von Privaten oder Verbänden zu vertrauen, da dort der gültige Rechtsstand mitunter mit großer zeitlicher Verzögerung oder unkorrekt nachgetragen wird.

Aus Gründen der Rechtsklarheit und der Übersichtlichkeit werden im Falle häufiger aufeinander folgender Novellierungen Gesetze in Form einer Neufassung im Bundesgesetzblatt bekanntgemacht. 76

Beispiel: Bekanntmachung der Neufassung des Bundeselterngeld- und Elternzeitgesetzes vom 27. Januar 2015 (BGBl. I S. 33).

In der Folgezeit ist dann das Gesetz in dieser Neufassung (mit u. U. neu durchnummerierter Paragraphenfolge) maßgeblich. Die Bezugnahme auf die vorhergehende Fassung ist zumindest dann, wenn es um eine der revidierten Vorschriften geht, im Falle eines Zitats kenntlich zu machen.

Beispiel: Investitionszulagengesetz i. d. F. v. 3.5.1977 (BGBl. I S. 669).

III. Die Bedeutung der Gesetzesmaterialien

Insbesondere bei jüngeren Gesetzen, zu denen Rechtsprechung und literarische Stellungnahmen noch fehlen,[96] aber auch bei schwierigen Interpretationsfragen im Rahmen älterer Kodifikationen empfiehlt es sich, die Gesetzesgenese (Vorentwürfe, Motive, Verhandlungen, Beratungen, Abänderungen, Streichungen etc.) in die Interpretationsbemühungen einzubeziehen und danach zu forschen, was die „Mütter und Väter des Gesetzes" mit dem Gesamtwerk und seinen einzelnen Vorschriften denn eigentlich regeln wollten. Nach der Rechtsprechung des Bundesverfassungsgerichts gehört eine solche historische Interpretation zu den anerkannten Auslegungskriterien: „Sie schließen einander nicht aus, sondern ergänzen sich gegenseitig, soweit sie auf den objektiven Gesetzesinhalt schließen lassen."[97] 77

1. Bundesgesetzgebung

Um Gesetzesmaterialien zielsicher handhaben zu können, bedarf es zunächst einiger Grundkenntnisse hinsichtlich des im Grundgesetz bzw. in den Landesverfassungen vorgeschriebenen Gesetzgebungsverfahrens; sodann muss man mit den entsprechenden Dokumenten (Drucksachen, Stenographische Parlamentsprotokolle etc.) umzugehen verstehen. 78

a) Grundlinien des Gesetzgebungsverfahrens

Es würde zu weit führen, an dieser Stelle ausführlich auf den Ablauf des Gesetzgebungsverfahrens in Bund und Ländern einzugehen. Für die im Bundesstaat im Vordergrund des Interesses stehenden Bundesgesetze[98] sei auf Art. 76–78 sowie 82 des Grundgesetzes[99] aufmerksam gemacht. Im Übrigen sind neben den verfassungsrechtlichen Vorgaben vor allem die Bestimmungen der parlamentarischen Geschäftsordnungen zu beachten.[100] Es kommt grundsätzlich darauf an, das gesamte Gesetz- 79

---

[96] BVerfGE 1, 117 (127); 55, 207 (226 f.); 62, 1 (45).

[97] BVerfGE 11, 126 (130); s. auch Rn. 237 ff.

[98] Bei historischen Reichsgesetzen sei auf die Art. 2, 5, 7, 16 u. 17 der Reichsverfassung v. 16.4.1871 (BGBl. S. 63) – vgl. dazu *Laband*, Deutsches Reichsstaatsrecht, 7. Aufl. 1919, Neudruck 1969, S. 111 ff. m. w. N.- bzw. auf Art. 68 bis 75 der Weimarer Reichsverfassung v. 11.8.1919 (RGBl. S. 1383) verwiesen. Zu letzterer vgl. die Kommentierung von *Anschütz*, Die Verfassung des Deutschen Reichs vom 11. August 1919, 14. Aufl. 1933; daneben *W. Jellinek*, in: Anschütz/Thoma (Hrsg.) Handbuch des Deutschen Staatsrechts, Bd. II, 1932, S. 163 ff.

[99] Dazu etwa *Stern*, Staatsrecht, Bd. II (1980), S. 613 ff.; *Mann*, in: Sachs (Hrsg.), Grundgesetz, 7. Aufl. 2014, Art. 76 ff.

[100] Auf Bundesebene die Geschäftsordnungen des Deutschen Bundestages (Sart. I Nr. 35) und des Bundesrates (Sart. I Nr. 37), auf Landesebene z. B. die Geschäftsordnung des niedersächsischen Landtags (März, Niedersächsische Gesetze, Nr. 110-1).

gebungsverfahren auf Stellungnahmen zu dem einschlägigen Problemkomplex hin abzuklopfen und deren Bedeutung im Hinblick auf die spätere Gesetzesformulierung zu ermitteln.

80 Dies beginnt mit der Gesetzesvorlage bei der zuständigen parlamentarischen Körperschaft. Der durchweg mit Begründung versehene Gesetzesentwurf wird sich vielfach auf Vorentwürfe (Kabinettsvorlagen) stützen oder gegenüber Alternativentwürfen um Abgrenzung bemüht sein. Im Laufe der parlamentarischen Beratungen in den Ausschüssen und im Plenum werden vor allem zur Grundkonzeption des Entwurfs und zu einzelnen besonders umstrittenen Vorschriften häufig Stellungnahmen abgegeben sowie Zusatz-, Änderungs- oder Streichungsanträge gestellt, wodurch gegebenenfalls der ursprüngliche Entwurf erhebliche Modifizierungen erfährt.

Beispiel: Es ist zu prüfen, ob für ein bestimmtes, bereits seit längerem in der Planung befindliches Bergbauvorhaben eine Umweltverträglichkeitsprüfung erforderlich ist. Maßgebliche Rechtsgrundlage hierfür ist § 57c des Bundesberggesetzes (BBergG) i. d. F. des Änderungsgesetzes v. 12.2.1990 (BGBl. I S. 215) in Verbindung mit der Verordnung über die Umweltverträglichkeitsprüfung bergbaulicher Vorhaben (UVP-V Bergbau) vom 13.7.1990 (BGBl. I S. 1420).

Das Änderungsgesetz vom 12.2.1990 enthält in Art. 2 eine Überleitungsvorschrift, deren endgültiger Text im Gesetzentwurf der BReg. (BT-Drucks. 11/4015, S. 6) so noch nicht formuliert war, vielmehr auf einer Beschlussempfehlung des Wirtschaftsausschusses des Bundestages (BT-Drucks. 11/5601, S. 12) basiert. Nähere Hinweise zu den damit verknüpften Intentionen finden sich im Bericht des Abg. Gerstein (BT-Drucks. 11/5601, S. 15), wo auf die entsprechende Übergangsvorschrift im UVP-Gesetz (dazu BT-Drucks. 11/3919, S. 8, 31, 45 u. 53) verwiesen wird.

Gleiches kann auf Bundesebene auch durch entsprechende Aktionen im Bundesrat und seinen Ausschüssen geschehen. Schließlich ist hier noch auf eventuelle Beratungen im Vermittlungsausschuss zu verweisen, in dem in strittigen Fragen Kompromissformeln gefunden werden können.

b) Drucksachen und Protokolle

81 Fundstellen zum Nachweis entsprechender Entwürfe, Stellungnahmen, Hearings, Diskussionsbeiträge, Anträge und Abstimmungen sind zum einen die *Drucksachen* (BT-Drucks.; BR-Drucks.) als schriftlich niedergelegte Beratungsvorlagen, zum anderen die *Protokolle* (BT-Prot.; BR-Prot.), die – auf stenographischer Mitschrift oder Tonaufnahmen beruhend – die Verhandlungen in Plenum und in den Ausschüssen im Wortlaut wiedergeben. Die Einsichtnahme in die oft sehr materialreichen Ausschussprotokolle kann allerdings, da die Beratungen der Bundestagsausschüsse grundsätzlich (vgl. § 69 I 1 GeschO BT) und die der Bundesratsausschüsse generell (vgl. § 37 II GeschO BR) nicht öffentlich sind, im Falle eines entsprechenden Sperrvermerks (bei Bundestagsausschüssen, vgl. § 73 II 2 GeschO BT) u. U. erheblichen Schwierigkeiten begegnen.

82 Auf Bundesebene sind an Materialien vor allem zu erwähnen:[101]

– *Bundestags-Drucksachen* (BT-Drucks.). Sie erscheinen innerhalb einer Legislaturperiode fortlaufend durchnummeriert, wobei jeweils die Angabe der Legislaturperiode (I–VI, 7–18) vorangestellt wird.

---

[101] Neben der Printversion, die in jeder Fakultätsbibliothek zu finden ist und über die Bundesanzeiger Verlagsgesellschaft mbH, Amsterdamer Str. 192, 50735 Köln bezogen werden kann, sind diese Parlamentaria auch im Internet über http://dip.bundestag.de oder http://www.bundestag.de/dokumente (für den Bund) bzw. www.parlamentsspiegel.de (zu den Ländern) zu recherchieren.

Beispiele: BT-Drucks. 18/3018 vom 3.11.2014: Gesetzentwurf der Bundesregierung, Entwurf eines Gesetzes zur Änderung der Abgabenordnung und des Einführungsgesetzes zur Abgabenordnung; BT-Drucks. 18/3439 vom 3.12.2014: Beschlussempfehlung und Bericht des Finanzausschusses (7. Ausschuss).

- *Bundestags-Plenarprotokolle* (BT-Prot.). Sie erscheinen nach Sitzungstagen innerhalb einer Legislaturperiode durchnummeriert.

Beispiel: BT, 18. Wahlperiode (WP), 73. Sitzung v. 4.12.2014: BT-Prot. 18/73, S. 7020 B ff.: Zweite und dritte Beratung des von der Bundesregierung eingebrachten Entwurfs eines Gesetzes zur Änderung der Abgabenordnung und des Einführungsgesetzes zur Abgabenordnung.

- *Bundesrats-Drucksachen* (BR-Drucks.). Sie werden jährlich neu durchnummeriert. Dabei ist es üblich, die fortlaufende Nummer der Drucksache zuerst zu nennen; danach folgt die Angabe der Jahreszahl. 83

Beispiel: BR-Drucks. 431/14 (Beschluss) vom 7.11.2014 – Stellungnahme des Bundesrates gem. Art. 76 II GG zum Entwurf eines Gesetzes zur Änderung der Abgabenordnung und des Einführungsgesetzes zur Abgabenordnung.

- *Bundesrats-Plenarprotokolle* (BR-Prot.). Sie sind nach der Gesamtzahl der BR-Sitzungen, beginnend mit der 1. Sitzung am 10.9.1949, fortlaufend durchnummeriert.

Beispiel: BR, 927. Sitzung v. 7.11.2014, Prot. S. 350 ff.: Beratung und Abstimmung über eine Stellungnahme des Bundesrates zum Entwuf eines Gesetzes zur Änderung der Abgabenordnung und des Einführungsgesetzes zur Abgabenordnung.

2. Landesgesetzgebung

Auch zum Gesetzgebungsverfahren in den Landtagen lässt sich die Entstehungsgeschichte eines Gesetzes anhand der Drucksachen und Protokolle (geordnet wiederum nach Legislaturperioden) verfolgen. 84

Beispiele: Gesetz zur Regelung des Vollzuges der Freiheitsstrafe und zur Änderung des Jugendstrafvollzugsgesetzes in Nordrhein-Westfalen vom 13.1.2015 (GV. NRW S. 75): Gesetzentwurf der Landesregierung vom 27.3.2014 LT-Drucks. 16/5413; Erste Lesung am 9.4.2014, LT-Plenarprot. 16/56, S. 5480 ff.; Beschlussempfehlung und Bericht des Rechtsausschusses vom 12.12.2014, LT-Drucks. 16/7579; Zweite Lesung am 17.12.2014, LT-Plenarprot. 16/75, S. 7698 ff.; Dritte Lesung am 18.12.2014, LT-Plenarprot. 16/76, S. 7790 ff.

Weiterhin bekommt man im Internet auf den Seiten der deutschen Landtage eine detaillierte Übersicht über das Gesetzgebungsverfahren aller beschlossenen Gesetze und über den derzeitigen Stand bei noch laufenden Verfahren. Hier kann man sich einen umfassenden Überblick über die einzelnen Schritte bis zur Bekanntgabe des Gesetzes verschaffen.[102]

3. Materialien der Wissenschaftlichen Dienste

Für bedeutsame Gesetze publizieren die Wissenschaftlichen Dienste der Parlamente mitunter gesondert die zugehörigen Gesetzesmaterialien oder sie geben Fundstellennachweise zu den Gesetzesmaterialien heraus,[103] bei denen übersichtlich und nach 85

---

[102] Für Niedersachsen etwa www.landtag-niedersachsen.de. Eine Suche in den Parlamentaria aller Bundesländer ermöglicht www.parlamentsspiegel.de.

[103] Weitere Veröffentlichungen gelten den Materialien zu parlamentsrechtlichen und sonstigen gesellschaftspolitisch zentralen Themen (wie Parlamentsreform, Frauenwahlrecht, Umweltpolitik, berufliche Bildung) sowie speziellen Bibliographien (etwa zum Notstandsrecht, Wettbewerbsrecht und Gesundheitswesen). Von den wissenschaftlichen Diensten des Bundestages

Paragraphen geordnet die im Laufe des Gesetzgebungsverfahrens abgegebenen Stellungnahmen zusammengestellt sind.

Beispiele: BT, Abt. Wissenschaftliche Dokumentation, Referat Parlamentsarchiv: – Verwaltungsverfahrensgesetz – VwVfG – v. 25.5.1976; BT, Referat Öffentlichkeitsarbeit: Die Charta der Grundrechte der Europäischen Union, 2001.

4. Spezielle Materialien zum Grundgesetz und zum BGB

86 Für zwei der in Studium und praktischer Ausbildung bedeutsamsten Gesetzgebungswerke seien hier als weiterführende Hinweise zu den Gesetzesmaterialien benannt:

– Grundgesetz

- Verfassungsausschuss der Ministerpräsidenten-Konferenz der westlichen Besatzungszonen, Bericht über den Verfassungskonvent auf Herrenchiemsee v. 10. bis 23.8.1948, o. J. (1948).
- *v. Doemming/Füßlein/Matz*, Entstehungsgeschichte des Grundgesetzes (auf Grund der Verhandlungen des Parlamentarischen Rates), Jahrbuch des öffentlichen Rechts der Gegenwart (JöR) Neue Folge/Bd. 1 (1951).
- Der Parlamentarische Rat 1948–1949, Akten und Protokolle, hrsg. für den Deutschen Bundestag und vom Bundesarchiv unter Leitung von Kurt Georg Wernicke und Hans Booms (bis Bd. 12) sowie von Hans-Joachim Stelzl und Hartmut Weber (ab Bd. 13), z. Zt. 14 Bände, 1975–2010.

– BGB

- Erster Entwurf (E I) von 1888,
- Zweiter Entwurf – Bundesratsvorlage – (E II) von 1895,
- Rechtstagsvorlage (E III) von 1896,
- Motive zu dem Entwurf eines BGB, 5 Bde. 1897–1899,
- Protokolle der Kommissionen zur Ausarbeitung eines BGB (I), 1881 ff., und für die zweite Lesung des Entwurfs eines BGB (II), 1890–1896,
- *Mugdan*, Die gesamten Materialien zum BGB, 5 Bde. u. Register, 1899,
- *Jakobs/Schubert*, Materialien zur Entstehungsgeschichte des BGB, Bd. 1, 1978, S. 27 ff.

Zum Gang der Gesetzgebungsarbeiten ausführlich *Honsell*, in: Staudinger, BGB, Komm., 2013, Einl. Rn. 74 ff.

Hinweise zur Weiterentwicklung des BGB bei *Sprau*, in: Palandt, BGB, 74. Aufl. 2014, Einl. IV, und bei *Honsell*, a. a. O., Rn. 105 ff.

IV. Gesetzeskollisionen

87 Hat sich, wie dies bei der Bearbeitung von Rechtsproblemen durchgängig der Fall sein dürfte, gezeigt, dass nicht nur *eine* Gesetzesvorschrift für die rechtliche Beurteilung von Bedeutung ist, sondern mehrere, die nach ihrem zeitlichen, räumlichen und personellen Geltungsbereich nach erster Durchsicht in gleicher Weise in Frage kommen, so ist zu untersuchen, in welchem Verhältnis diese als einschlägig erkannten Normen zueinander stehen und in welcher Reihenfolge man sinnvoller Weise bei der rechtlichen Prüfung vorgeht. Hier sind normative, logische und praktikabilitätsorientierte Vorgaben zu beachten, auf die im Zusammenhang mit der Klausurentechnik (Rn. 191 ff., 281 ff.) noch näher einzugehen sein wird. Im vorliegenden Kontext soll lediglich das Augenmerk darauf gerichtet werden, wie zu verfahren ist, wenn Widersprüche zwischen verschiedenen Normen auftreten. Bei potentiellen Normkollisio-

---

publiziert werden auch Analysen und Gutachten, die zum Teil unter www.bundestag.de/dokumente/analysen zum Download bereitstehen.

nen ist freilich vorab zu untersuchen, ob wirklich eine Unvereinbarkeit der normativen Aussagen vorliegt oder ob diese nicht interpretatorisch harmonisierbar sind.

Beispiel: § 113 I GO NRW bestimmt: „Die Vertreter der Gemeinde in Beiräten, Ausschüssen, Gesellschafterversammlungen, Aufsichtsräten oder entsprechenden Organen von juristischen Personen oder Personenvereinigungen, an denen die Gemeinde unmittelbar oder mittelbar beteiligt ist, haben die Interessen der Gemeinde zu verfolgen. Sie sind an die Beschlüsse des Rates und seiner Ausschüsse gebunden." Demgegenüber bestimmt das Aktiengesetz (AktG) in § 76 I: „Der Vorstand hat unter eigener Verantwortung die Gesellschaft zu leiten." Sofern eine Gemeinde sich zulässigerweise an einer Aktiengesellschaft beteiligt und einer ihrer Vertreter Mitglied des Vorstands geworden ist, entsteht somit auf den ersten Blick eine Unvereinbarkeit der normativen Vorgaben, da die genannten Regelungen hinsichtlich der Weisungsbefugnis divergierende Aussagen treffen.[104] Dieser scheinbare Widerspruch ist freilich nicht einfach über den Vorbehalt anderweitiger gesetzlicher Regelung in § 113 I 4 GO NRW zu lösen. In Wirklichkeit liegt nämlich gar kein Widerspruch vor, da sich § 113 I GO NRW lediglich auf die Vertretung der Gemeinde in Aufsichtsorganen im weitesten Sinne bezieht. Diese Norm zielt demgegenüber nicht auf Betriebsführungs- bzw. Leitungsorgane ab, also auch nicht auf die Vorstandsmitglieder einer AG. Diese einschränkende Auslegung des § 113 I GO NRW ergibt sich aus dem Zusatz „entsprechenden Organen", so dass nicht pauschal alle Organe einer juristischen Person erfasst werden, sondern nur solche, denen eine Kontrollfunktion zukommt.[105] 88

Wenn allerdings in der Tat ein im Wege der Interpretation nicht behebbarer Widerspruch zwischen zwei Normen auftritt, so sind drei traditionelle Grundeinsichten als Regeln zu beachten, deren Verhältnis untereinander freilich immer noch nicht abschließend geklärt ist:[106]

1. Lex superior derogat legi inferiori

Der Grundsatz „Das ranghöhere Gesetz geht dem rangniedrigeren Gesetz vor" 89
basiert auf der Erkenntnis der Normenhierarchie im Rahmen eines Stufenbaus der Rechtsordnung. Er erfasst sowohl Fälle des Anwendungsvorrangs, bei dem es darum geht, welche der Regelungen vom Rechtsanwender vorrangig heranzuziehen ist, als auch Fälle des Geltungsvorrangs, der besagt, welche Regelung eine andere Norm sogar aufhebt.[107] Ohne hier normtheoretische Einzelheiten zu dieser Terminologie oder auch staatsrechtliche Grundfragen abhandeln zu müssen,[108] sei lediglich auf Art. 1 III, 20 III, 31 und 80 I des Grundgesetzes verwiesen. Danach sind die Verfassungsvorschriften höchstrangig, sodann folgen die einfachen formellen Gesetze. Auf Grund gesetzlicher Ermächtigung und in deren Rahmen können dann die wiederum rangniederen Rechtsverordnungen ergehen.[109] In dieser hierarchisch strukturierten Ordnung müssen weiterhin auch das Völkerrecht[110] (vgl. Art. 24, 25 GG),

---

[104] Allgemein zu den Steuerungsproblemen (Einwirkung und Kontrolle) in kommunalen Gesellschaften *Mann*, Die öffentlich-rechtliche Gesellschaft, 2002, S. 197 ff.

[105] Vgl. *Rehn/Cronauge/Lennep/Knirsch*, Gemeindeordnung für das Land Nordrhein-Westfalen, Loseblatt-Kommentar, Stand: März 2014, § 113 GO Ziff. III 1.

[106] Vgl. nur *Röhl*, Allgemeine Rechtslehre, 3. Aufl. 2008, S. 585; *T. I. Schmidt*, JuS 2003, 649 (650): lex superior-Satz als „Meta-Kollisionsregel".

[107] *T. I. Schmidt*, JuS 2003, 649.

[108] Vgl. insoweit namentlich die Lehren *Hans Kelsens* und der Wiener Rechtsschule; dazu etwa *Merkl*, in: Festgabe Kelsen, 1931, S. 252 ff.; *Walter*, Der Aufbau der Rechtsordnung, 1964; *Öhlinger*, Der Stufenbau der Rechtsordnung, 1975.

[109] Zur Rangordnung der Rechtsquellen im Überblick *Merten*, Jura 1981, 169 ff., 236 ff.; *Maurer*, Allgemeines Verwaltungsrecht, 18. Aufl. 2011, § 4.

[110] Zum Völkerrecht als Zwischenstaatenrecht *Graf Vitzthum*, in: ders. (Hrsg.), Völkerrecht, 1997, Rn. 21 ff.; zu den monistischen und dualistischen Lehren zur Erklärung des Verhältnisses

Europäisches Unionsrecht[111] (vgl. Art. 23 GG), Satzungsrecht von Selbstverwaltungskörperschaften[112], Recht aus der Zeit vor dem Inkrafttreten des Grundgesetzes (Art. 123 ff. GG), Sätze des Gewohnheitsrechts[113], richterrechtliche Direktiven[114] und Verwaltungsvorschriften[115] ihren angemessenen Platz finden.[116]

90 Auf der nationalen Ebene bestimmt die Kollisionsnorm des Art. 31 GG für den Fall, dass zwei verschiedene Gesetzgeber innerhalb der Bundesrepublik (Bund und Land) zum gleichen Thema legislatorisch tätig geworden sind, dass (verfassungsgemäß zustande gekommenes) Bundesrecht Landesrecht bricht.[117] Das ist eine Grundregel, die seit der Föderalismusreform 2006 allerdings für einzelne Sachmaterien der konkurrierenden Gesetzgebung eine Durchbrechung durch die lex posterior-Regel in Art. 72 III 3 GG erfahren hat.

Beispiel: Art. 31 GG kommt etwa zur Anwendung, wenn das Landesrecht in Gestalt des kommunalen Wirtschaftsrechts Anforderungen an öffentliche Unternehmen in Privatrechtsform aufstellt (z. B. die Forderung nach Weisungsbindung entsandter Aufsichtsratsmitglieder), die mit entgegenstehenden Maßgaben des bundesrechtlich geregelten Gesellschaftsrechts (z. B. mit der grundsätzlichen Weisungsfreiheit der Aufsichtsratsmitglieder, wie sie sich aus der allein auf das Unternehmensinteresse auszurichtenden Amtsführung der Aufsichtsratsmitglieder ergibt) konfligieren.[118]

Über die Einhaltung der Verfassungsvorschriften im Rahmen der einfachgesetzlichen Ordnung und bei der Rechtsanwendung durch die Verwaltung wacht das Bundesverfassungsgericht (zu den einschlägigen Verfahrensarten vgl. insbes. Art. 93 GG und die Auflistung in § 13 BVerfGG).

91 Soweit es zu einer Normenkollision zwischen nationalem Recht und Europarecht kommt, muss nationales Recht zurücktreten, was heute allgemein mit der Figur des Anwendungsvorrangs erklärt wird. Im Gegensatz zum Geltungsvorrang ist damit gemeint, dass das mit dem Unionsrecht kollidierende mitgliedstaatliche Recht nur im Anwendungsbereich des Unionsrechts unangewendet bleibt, im Übrigen aber fortbesteht und in Konstellationen ohne unionsrechtlichen Bezug weiter angewendet werden kann.[119] Angesichts der Interpretationskompetenz des EuGH hinsichtlich des Unionsrechts ist kritisch angemerkt worden, dass er, indem er seine Aufgabe zur

---

von Völkerrecht und nationalem Recht im Überblick *Stein/v.Buttlar,* Völkerrecht, 13. Aufl. 2012, S. 54 ff.

[111] Zur Normhierarchie in der europäischen Rechtsordnung s. *Härtel*, Handbuch Europäische Rechtsetzung, 2006, S. 311 ff.; zum Anwendungsvorrang des Unionsrechts gegenüber dem mitgliedstaatlichen Recht s. Rn. 91.

[112] Dazu grundlegend BVerfGE 33, 125 (157 ff.).

[113] Zu seinen Voraussetzungen und seiner Geltungskraft vgl. *Maurer*, Allgemeines Verwaltungsrecht, 18. Aufl. 2011, § 4 Rn. 29 ff.; *T. I. Schmidt*, NVwZ 2004, 930 ff.; als Beispiel s. BayObLG, NJW 1979, 1371 zum vormaligen Züchtigungsrecht an bayerischen Volksschulen.

[114] Dazu etwa *Wank*, Grenzen richterlicher Rechtsfortbildung, 1978; *Classen*, JZ 2003, 693 ff.; *Schramm*, Rechtstheorie 36 (2005), 185 ff.

[115] Dazu umfassend *Ossenbühl*, in: Isensee/Kirchhof (Hrsg.), Handbuch des Staatsrechts, Band V, 3. Aufl. 2007, § 104.

[116] Vgl. die Systembildung bei *Ossenbühl*, in: Isensee/Kirchhof (Hrsg.), Handbuch des Staatsrechts, Band V, 3. Aufl. 2007, § 100 Rn. 38 ff.

[117] Vgl. für den Grundrechtsbereich aber die Sondervorschrift des Art. 142 GG. Zu Art. 31 GG und Art. 142 GG respektive zur Zuständigkeit der Landesverfassungsgerichte für Verfassungsbeschwerden/Grundrechtsklagen gegen Gerichtsentscheidungen in Anwendung von Bundesrecht (hier: Bundesprozessrecht) vgl. BVerfGE 96, 345 ff. (Honecker).

[118] Näher zu solchen Konstellationen *Mann*, Die öffentlich-rechtliche Gesellschaft, 2002, S. 204 ff., 270 ff., 279 ff. sowie *ders.*, Die Verwaltung 35 (2002), 463 (465 f.).

[119] Vgl. näher *Thiele*, Europarecht, 12. Aufl. 2015, Rn. 131 f., 940; *Wegener*, in: Calliess/Ruffert (Hrsg.), EUV/AEUV, 4. Aufl. 2011, Art. 1 AEUV Rn. 16 ff. m. w. N.

Rechtsauslegung deutlich in Richtung richterlicher Rechtsfortbildung erweitere, die ihm durch Art. 19 I EUV zugewiesenen Kompetenzen überschreite.[120] Hierzu findet sich in BVerfGE 75, 225 (243 f.) folgende bemerkenswerte Aussage:

„Zwar ist dem Gerichtshof keine Befugnis übertragen worden, auf diesem Wege Gemeinschaftskompetenzen beliebig zu erweitern; ebenso wenig aber können Zweifel daran bestehen, dass die Mitgliedstaaten die Gemeinschaft mit einem Gericht ausstatten wollten, dem Rechtsfindungswege offenstehen sollten, wie sie in Jahrhunderte langer gemeineuropäischer Rechtsüberlieferung und Rechtskultur ausgeformt worden sind. Der Richter war in Europa niemals lediglich ‚la bouche qui prononce les paroles de la loi'; das römische Recht, das englische common law, das Gemeine Recht waren weithin richterliche Rechtsschöpfungen ebenso wie in jüngerer Zeit etwa in Frankreich die Herausbildung allgemeiner Rechtsgrundsätze des Verwaltungsrechts durch den Staatsrat oder in Deutschland das allgemeine Verwaltungsrecht, weite Teile des Arbeitsrechts oder die Sicherungsrechte im privatrechtlichen Geschäftsverkehr. Die Gemeinschaftsverträge sind auch im Lichte gemeineuropäischer Rechtsüberlieferung und Rechtskultur zu verstehen. Zu meinen, dem Gerichtshof der Gemeinschaften wäre die Methode der Rechtsfortbildung verwehrt, ist angesichts dessen verfehlt."

2. Lex specialis derogat legi generali

Eine weitere Kollisionsregel ist der Grundsatz „Die spezielle Norm geht der allgemeinen vor". Sobald Normkollisionen auf der gleichen Rangstufe, also etwa zwischen zwei Gesetzen oder zwei Rechtsverordnungen auf Bundesebene auftauchen, bildet diese *„lex specialis"*-Regel durchweg das entscheidende Kriterium zur Bestimmung eines Anwendungsvorrangs. Eine spezielle Regelung in diesem Sinn liegt dann vor, wenn sie sämtliche Tatbestandsmerkmale der allgemeinen Regelung und wenigstens noch ein weiteres Merkmal enthält.[121] 92

Beispiele: Die Bestimmungen der Handwerksordnung, die dem selbständigen Betrieb eines Handwerks als stehendes Gewerbe gelten (vgl. § 1 I HwO), gehen, soweit sie einschlägig sind, den allgemeinen gewerberechtlichen Vorschriften über stehende Gewerbe, die in der Gewerbeordnung (GewO) enthalten sind, vor. – Der „lex specialis"-Gedanke ist auch bei der Bestimmung der einschlägigen Ermächtigungsgrundlage im Öffentlichen Recht fruchtbar zu machen: Die Versammlungsgesetze des Bundes und der Länder enthalten spezialgesetzliche Regelungen sowohl für öffentliche Versammlungen unter freiem Himmel als auch für öffentliche Versammlungen in geschlossenen Räumen. Die Rechtmäßigkeit von polizeilichen Maßnahmen, die einen unmittelbaren Eingriff in solche offentliche Versammlungen beinhalten, richtet sich demnach ausschließlich nach den Normen des Versammlungsrechts; eine Abstützung auf Ermächtigungsgrundlagen im landesrechtlich geregelten Polizeirecht scheidet insoweit aus.[122]

Vor einer übereilten Anwendung der „lex specialis"-Regel ist jedoch zu erwägen, ob es nicht gelingt, unterschiedliche, auf den ersten Blick widerstreitende Vorgaben im Geiste der Widerspruchsfreiheit der Rechtsordnung – auf der Verfassungsebene zur Sicherung der „Einheit der Verfassung" – im Wege praktischer Konkordanz zu harmonisieren. 93

3. Lex posterior derogat legi priori

Nach dem Grundsatz „Das spätere Gesetz geht dem früheren vor"[123] hat der Rechtsanwender, wie bereits im Zusammenhang mit der Suche nach der maßgeblichen 94

[120] Vgl. etwa *Thiele*, Europäisches Prozessrecht, 2. Aufl. 2014, § 3 Rn. 23 ff. Zu Grundlagen und Grenzen europäischen Richterrechts s. auch *Calliess*, NJW 2005, 929 ff.

[121] Dazu allgemein *Bydlinski*, Juristische Methodenlehre und Rechtsbegriff, 2. Aufl. 1991, S. 465; *Zippelius*, Juristische Methodenlehre, 11. Aufl. 2012, S. 31 f.; *Wank*, Die Auslegung von Gesetzen, 5. Aufl. 2011, S. 99 f.

[122] Dazu näher *Mann*, in: Tettinger/Erbguth/Mann, Besonderes Verwaltungsrecht, 11. Aufl. 2012, Rn. 618, 761.

[123] BVerwG, DVBl. 1990, 1182 (1183) sieht hierin einen gewohnheitsrechtlich anerkannten Rechtssatz.

Gesetzesfassung betont (Rn. 74 ff.), die für einen rechtlich zu bewertenden Vorgang in der zeitlichen Abfolge einschlägige Fassung einer Norm heranzuziehen. Wenn frühere Regelungen nicht ausdrücklich in den Übergangs- und Schlussbestimmungen oder in einem Einführungsgesetz aufgehoben worden sind, erfolgt ihre Aufhebung in Anwendung dieser „lex posterior"-Regel konkludent aufgrund des Geltungsvorrangs der späteren Regelung. Wurde eine Rechtsvorschrift geändert, so ist vom Inkrafttreten der Neufassung an diese der rechtlichen Beurteilung zugrunde zu legen, es sei denn, das Änderungsgesetz ordnet abweichende (Übergangs-)Bestimmungen an.

Beispiel: Bauherr B in T beantragt im Jahre 2014 zwei Baugenehmigungen. Sowohl in der X-Straße als auch in der Y-Straße möchte er jeweils ein Altenpflegeheim errichten. Der für das Gebiet der X-Straße maßgebliche Bebauungsplan wurde 1987, derjenige für das Gebiet der Y-Straße Ende 2001 erlassen, wobei die relevanten Flächen jeweils als reines Wohngebiet ausgewiesen sind. Damit ist die Zulässigkeit beider Bauvorhaben anhand des § 3 der Baunutzungsverordnung (BauNVO) zu beurteilen. Durch die Vierte VO zur Änderung dieser BauNVO vom 23.1.1990 (BGBl. I S. 127) wurde § 3 IV BauNVO modifiziert. Er legt nunmehr fest, dass zu den nach Abs. 2 zulässigen Wohngebäuden auch solche gehören, „die ganz oder teilweise der Betreuung und Pflege ihrer Bewohner dienen." Damit ist im Bereich des im B-Plan von 2001 als reines Wohngebiet ausgewiesenen Gebietes der Y-Straße die Errichtung eines Altenpflegeheims genehmigungsfähig. Für das Gebiet um die X-Straße gilt gemäß § 25c I BauNVO 1990 jedoch die alte Fassung des § 3 BauNVO fort. Dementsprechend hängt die Genehmigungsfähigkeit des Vorhabens in der X-Straße wegen der Fortgeltung des alten § 3 i. d. F. der BauNVO 1986 davon ab, ob bei dem Altenpflegeheim noch der Begriff des „Wohnens" erfüllt ist (dazu näher: BVerwG, DÖV 1996, 746 f.; *Fickert/Fieseler*, BauNVO, 12. Aufl. 2014, § 3 Rn. 20 ff.).

Für einen begrenzten Anwendungsbereich im Verhältnis von Bundes- und Landesrecht hat die „lex posterior"-Regel seit der Föderalismusreform 2006 auch Eingang in Art. 72 III 3 GG gefunden und bildet insoweit eine Spezialregelung zu dem in Art. 31 GG festgelegten Grundsatz „Bundesrecht bricht Landesrecht".[124]

95 Umgekehrt enthält der „nullum crimen, nulla poena sine lege"-Satz in Art. 103 II GG eine Absicherung dagegen, dass bei der strafrechtlichen Bewertung einer Tat zum Nachteil des Delinquenten ein Strafgesetz zugrunde gelegt wird, das bei Tatbegehung noch nicht galt, sondern erst später erlassen wurde.

4. Verfeinerung der Kollisionsregeln

96 Die vorstehend beschriebenen Normanwendungs- oder Kollisionsregeln sind jedoch nur als generelle Direktiven zu begreifen, die durchaus einer jeweils normzweckorientierten Verfeinerung bedürfen. So basiert der Vorrang der jüngeren Norm (Rn. 94) auf der regelmäßig naheliegenden Vorstellung, dass der Gesetzgeber durch jene neukonzipierten Regelungen entgegenstehende ältere Vorschriften aufheben wollte. Diese Grundregel muss jedoch zurücktreten, wenn zwischen den divergierenden Normen ein Spezialitätsverhältnis (Rn. 92) besteht. Eine ältere Spezialvorschrift setzt sich auch gegen eine jüngere allgemeine Norm durch, sofern nicht die jüngere Regelung als umfassend angelegte Kodifikation zu verstehen ist („lex posterior generalis non derogat legi priori speciali").[125]

---

[124] Vgl. näher etwa *Pieroth*, in: Jarass/Pieroth, GG, 13. Aufl. 2014, Art. 72 Rn. 32 m. w. N.
[125] Dazu etwa *Canaris/Larenz*, Methodenlehre der Rechtswissenschaft, 3. Aufl. 1995, S. 88.

§ 3. Rechtsprechung

97 Nach Art. 92 GG ist die rechtsprechende Gewalt den Richtern anvertraut; sie wird durch das BVerfG, durch die im Grundgesetz vorgesehenen Bundesgerichte und durch die Gerichte der Länder ausgeübt. Gemäß Art. 97 I GG sind die Richter unabhängig und nur dem Gesetz unterworfen. Wenngleich richterliche Entscheidungen lediglich auf einen konkreten Streitfall bezogen sind und ihre Bindungswirkung (Rechtskraft) sich nur auf die Parteien dieses Rechtsstreits erstreckt (vgl. § 235 I ZPO),[126] so übersteigt ihre faktische Bedeutung diesen Rahmen doch beträchtlich.[127] Insbesondere höchstrichterliche Entscheidungen sichern die Einheitlichkeit der Rechtsprechung (vgl. § 137 GVG und § 1 des Gesetzes zur Wahrung der Einheitlichkeit der Rechtsprechung der obersten Gerichtshöfe des Bundes [Schönfelder Nr. 95b]) im Wege sog. Grundsatzentscheidungen.

98 Es wäre jedoch verfehlt, die „Leitsätze" solcher Urteile als quasinormative Formeln aufzufassen und mit ihnen leichthin wie mit gesetzlichen Vorschriften umzugehen. Vielmehr ist stets zu bedenken, dass jene grundsätzlichen Aussagen nur dann zutreffend zu verstehen sind, wenn sie im Zusammenhang mit dem konkreten Tatbestand und den vollständigen Urteilsgründen gesehen werden. Es kann daher nur nachdrücklich davor gewarnt werden, sich pauschal auf Leitsätze der Rechtsprechung zu berufen, ohne zumindest die Parallelität des entschiedenen Falles mit dem konkret zur Entscheidung anstehenden Sachverhalt in allen zentralen Aspekten nachgewiesen zu haben.

I. Vom Nutzen der Rechtsprechung für Studierende

99 Über ihre originäre, Rechtsstreitigkeiten schlichtende Befriedungsfunktion im Einzelfall hinaus kommt der Rechtsprechung für Studierende ein weiterer Nutzen zu, der es lohnt, sich bereits frühzeitig mit Gerichtsentscheidungen zu beschäftigen. Dieser Nutzen wurzelt einerseits in der methodischen, andererseits in der didaktischen Relevanz der Rechtsprechung.

1. Methodische Relevanz der Rechtsprechung

100 Im Hinblick auf die notwendige Durchstrukturierung der gesetzlich fundierten Rechtsordnung erfüllt die Judikatur mehrere bedeutsame Funktionen, insbesondere durch

a) Konkretisierung und Spezifizierung von Normgehalten:

Die Rechtsprechung kann allgemein gehaltene Normaussagen konkretisieren und durch Bildung von Fallgruppen typisieren.

---

[126] Eine Ausnahme gilt für die gesetzeskräftigen Entscheidungen des BVerfG gem. § 31 II BVerfGG. Zur Bindungswirkung bundesverfassungsgerichtlicher Entscheidungen im Übrigen s. § 31 I BVerfGG sowie *Schnapp/Henkenötter*, JuS 1994, 121 ff.; *Sachs*, in: FS Kriele, 1997, S. 431 ff.

[127] So sind etwa Verwaltungsbehörden hinsichtlich der Gesetzesauslegung an die höchstrichterliche Rechtsprechung gebunden vgl. BVerwGE 13, 28 (31 f.). Zu weiteren Differenzierungen vgl. *Rinne/Schlick*, NVwZ-Beilage II 3/2002, 3 ff. (17 ff.).

Beispiel: Konkretisierung der Anwendungsfelder des § 242 BGB:

- Anerkennung von vertraglichen oder vorvertraglichen Nebenpflichten (Verhaltens-, Schutz-, Aufklärungspflichten usw.) wie z. B. Treuepflicht als Verhaltenspflicht bei genehmigungsbedürftigem Verpflichtungsgeschäft; vgl. *BVerwG* NJW-RR 1986, 756 (758); Schutzpflichten bei der Abwicklung eines Vertrages: Jede Partei hat sich dabei so zu verhalten, dass Person, Eigentum und sonstige Rechtsgüter – auch das Vermögen – des anderen Teils nicht verletzt werden; vgl. *BGH* NJW-RR 2004, 481; Aufklärungspflicht beim Verkauf einer Arztpraxis.
- Verbot unzulässiger Rechtsausübung; zur Geltendmachung eines vertraglichen Anspruchs, der unter erkanntem Missbrauch der Vertretungsmacht zustande gekommen ist; vgl. BGHZ 94, 132 (138).
- Verwirkung von Rechten. Die Illoyalität besteht in der verspäteten Geltendmachung eines Anspruchs, wenn der Vertragspartner darauf vertrauen durfte, dass dieser Anspruch nicht mehr geltend gemacht wird; vgl. *BGH* NJW 1984, 1684.
- Wegfall der Geschäftsgrundlage (clausula rebus sic stantibus). Zur Frage, wie einer durch die Wiederherstellung der deutschen Einheit hervorgerufenen Störung des Gleichgewichts von Leistung und Gegenleistung in einem Vertrag zu begegnen ist vgl. BGHZ 127, 212 (217).
- Aktivierung des Grundsatzes von Treu und Glauben auch bei Schuldverhältnissen im öffentlichen Recht. So besteht etwa ein Verbot widersprüchlichen Tuns (venire contra factum proprium) mit der Folge einer Verwirkung von Rechten, wenn ein Anspruchsberechtigter durch sein Verhalten beim Verpflichteten einen derartigen Vertrauenstatbestand geschaffen hat, dass nach Ablauf einer gewissen Zeit eine Geltendmachung jenes Anspruchs als unzulässige Rechtsausübung empfunden werden muss; vgl. BVerwGE 44, 339 (343 f.); 48, 247 (251); OVG NRW OVGE 30, 133 (136); siehe auch BVerfGE 37, 305 (308 ff.) zur Verwirkung der Klagebefugnis. Erläuternd *Sachs*, in: Stelkens/Bonk/Sachs, VwVfG, 8. Aufl. 2014, § 53 Rn. 21 ff. Sein Widerspruchsrecht verwirkt, wer eine seinem Nachbarn erteilte Baugenehmigung nach Fertigstellung der betreffenden Anlage anficht, obwohl er trotz fehlender förmlicher Bekanntgabe sichere Kenntnis von der Erteilung der Bauerlaubnis erlangt hatte; vgl. *BVerwG* NJW 1974, 1260 (1261); *VGH Mannheim* VBlBW 1988, 143 (145).

Beispiel: Konkretisierung des für eine Gewerbeuntersagung nach § 35 I GewO maßgeblichen Begriffs der „Unzuverlässigkeit" durch Fallgruppenbildung[128] wie

- Begehung von Straftaten und Ordnungswidrigkeiten,
- Verletzung steuerrechtlicher Pflichten,
- Verletzung sozialversicherungsrechtlicher Pflichten,
- mangelnde wirtschaftliche Leistungsfähigkeit,
- mangelnde Sachkunde,
- hartnäckiger Verstoß gegen zivilrechtliche Pflichten (wie Wettbewerbsverstöße),
- sonstige beharrliche Verstöße gegen Rechtspflichten,
- sonstige Umstände wie Geisteskrankheit, Trunksucht, Verwahrlosung etc.

b) Aktualisierung des Normverständnisses

101 Die Rechtsprechung hat, sofern der Gesetzgeber noch nicht tätig geworden ist, im Einzelfall über die Subsumtion neuer technischer oder gesellschaftlicher Entwicklungen unter geltende Rechtsvorschriften zu entscheiden.

Beispiele:
- Fernsehen und Videotext als Rundfunk i. S. v. Art. 5 I 2 GG: BVerfGE 12, 205 (226 ff.); 74, 297 (350 ff.).
- Softwaremängel als Sachmängel: BGHZ 102, 135 (140).
- Eigentumsrecht des Mieters aus Art. 14 GG: BVerfGE 89, 1 (6).
- Ehe i. S. v. Art. 6 I GG „als Form einer engen Zweierbeziehung zwischen Mann und Frau", deren Schutz aber der Anerkennung eingetragener Lebenspartnerschaften für gleichgeschlechtliche Paare nicht entgegenstehen soll: BVerfGE 105, 313 (343).

---

[128] Dazu näher *Tettinger/Wank/Ennuschat*, GewO, 8. Aufl. 2011, § 35 Rn. 36 ff. m. w. N.; *Brüning*, in: Beck-OK GewO, § 35 Rn. 23 (Stand: 1.10.2014).

c) Zusammenschau verschiedener Vorschriften

Die Rechtsprechung ist dazu berufen, gesetzliche Regelungen, die einander in wesentlichen Punkten zunächst zu widersprechen scheinen, zu möglichst breiter Konkordanz zu bringen und auf diese Weise dem jeweiligen Normziel weitestgehend Rechnung zu tragen. 102

Beispiele:
- Art. 33 V GG (hergebrachte Grundsätze des Berufsbeamtentums) und Art. 21 II GG (Parteienprivileg); vgl. BVerfGE 39, 334 (357 ff.) – Radikale im öffentlichen Dienst –.
- Allgemeines Persönlichkeitsrecht (Art. 2 I i. V. m. Art. 1 I GG) umfasst das Grundrecht auf Gewährleistung der Vertraulichkeit und Integrität informationstechnischer Systeme (BVerfGE 120, 274 ff.).

Dass dieses hehre Ziel nicht immer mit der nötigen Konsequenz erreicht wird, sondern entsprechende Harmonisierungsversuche der Rechtsprechung oft kritisch beleuchtet werden,[129] ist angesichts unterschiedlicher Wertungsprioritäten und Interessenstandpunkte in einer pluralistischen Gesellschaft nicht verwunderlich.

d) Ausfüllung von Gesetzeslücken

Die Gerichte müssen, da sie unter einem Entscheidungszwang stehen (Rechtsverweigerungsverbot), Rechtsfälle auch dann entscheiden, wenn eine einschlägige Norm nicht unmittelbar auf der Hand liegt. Ohne auf die rechtsmethodischen Probleme einer Lückenfüllung durch Analogie oder per argumentum e contrario an dieser Stelle bereits näher eingehen zu können (näher Rn. 272 ff.), sei nur darauf verwiesen, dass hier ein Schwerpunkt der Herausbildung richterrechtlicher Grundsätze liegt.[130] 103

Beispiel: § 113 I 4 VwGO regelt den verwaltungsgerichtlichen Urteilsausspruch im Falle einer Erledigung des Verwaltungsaktes nach Erhebung der Anfechtungsklage. Der Rechtsgedanke dieser Vorschrift, die Sicherung der Prozessökonomie, legt es nahe, eine Klage auf Feststellung der Rechtswidrigkeit eines erledigten Verwaltungsaktes (Fortsetzungsfeststellungsklage) analog § 113 I 4 VwGO auch für den Fall zuzulassen, dass sich der Verwaltungsakt bereits *vor* Klageerhebung erledigt hat, sofern der Verwaltungsakt im Zeitpunkt seiner Erledigung noch sachlich überprüft werden konnte. Vergleichbares gilt im Falle der Erledigung bei Ablehnung oder Unterlassung eines beantragten Verwaltungsaktes, also im Zusammenhang mit einer Verpflichtungsklage. Hier werden die zu § 113 I 4 VwGO entwickelten Grundsätze ebenfalls analog angewendet, und zwar auch dann, wenn die Erledigung vor Klageerhebung eingetreten ist. Insoweit spricht man dann gar vor einer doppelt analogen Anwendung.[131] 104

e) Ausstrahlungswirkung des Verfassungsrechts

Die Gerichte sind dazu aufgerufen, den im Verfassungsrecht getroffenen Wertentscheidungen auch in der einfachen Rechtsordnung zur Durchsetzung zu verhelfen. Zwar ist eine unmittelbare Drittwirkung der Grundrechte im Privatrechtsverkehr nur bei ausdrücklicher Anordnung in der Verfassung anzuerkennen, wie dies in Art. 9 III 2 GG geschehen ist. Eine mittelbare Drittwirkung ist jedoch nach der Rechtspre- 105

---

[129] Hingewiesen sei hier nur auf die Reaktionen auf den Kruzifix-Beschluss des *BVerfG* (BVerfGE 93, 1 ff.); zustimmend etwa *Thiel*, in: Sachs, GG, 7. Aufl. 2014, Art. 7 Rn. 29; *Sachs*, VerfR II, 2. Aufl. 2003, B 4 Rn. 10; kritisch u. a. *Robbers*, in: v. Mangoldt/Klein/Starck, GG, 6. Aufl. 2010, Art. 7 Rn. 46 ff.; *v. Campenhausen*, AöR 121 (1996), S. 448 ff.; *Dietlein*, FS Stern, 1997, S. 443 ff.; *Hillgruber*, DVBl. 1999, 1155 (1175).

[130] Zum Richterrecht, seiner umstrittenen Qualifizierung als Rechtsquelle und zu Umfang und Grenzen des Richterrechts vgl. nur *Tettinger*, Rechtsanwendung und gerichtliche Kontrolle im Wirtschaftsverwaltungsrecht, 1980, S. 37 ff.; *Ossenbühl*, in: Isensee/Kirchhof, Handbuch des Staatsrechts, Band V, 3. Aufl. 2007, § 100 Rn. 50 ff.

[131] Vgl. aus der Rechtsprechung BVerwGE 16, 194; 26, 161; 52, 316; 61, 134; 69, 110; zum Ganzen im Überblick *Mann/Wahrendorf*, Verwaltungsprozessrecht, 4. Aufl. 2015, § 20 Rn. 7 ff.

chung des Bundesverfassungsgerichts zu bejahen;[132] für das bürgerliche Recht wurde dabei konstatiert, dass sich der Rechtsgehalt der Grundrechte mittelbar durch die privatrechtlichen Vorschriften entfaltet. Er ergreift vor allem Bestimmungen zwingenden Charakters und ist für den Richter vornehmlich über eine entsprechende grundrechtsorientierte Auslegung von Generalklauseln zu realisieren.[133]

Beispiele: Kommunikationsfreiheiten (Meinungsfreiheit gemäß Art. 5 I 1 GG, Pressefreiheit gemäß Art. 5 I 2 GG) und Persönlichkeitsschutz, namentlich Ehrenschutz.[134]

In jüngerer Zeit wächst zunehmend die Bereitschaft, die Entscheidungsgrundlage für Rechtsstreitigkeiten unmittelbar in Verfassungsaussagen zu suchen. Trotz des hohen Respekts vor den Wertentscheidungen der Verfassung scheint insofern allerdings Zurückhaltung geboten. Verfassungsnormen enthalten regelmäßig doch nur recht abstrakte Direktiven, welche nicht leichthin in konkrete Aussagen zu Einzelfragen umzumünzen sind.[135]

2. Didaktische Relevanz der Rechtsprechung

106 Eine frühe Beschäftigung mit gerichtlichen Entscheidungen erscheint auch unter didaktischen Gesichtspunkten sinnvoll. Die erforderliche Praxisnähe des Jurastudiums sichern vor allem die dabei gewinnbaren Einsichten in Bezug auf die

a) Verdeutlichung der Falllösungsmethodik

Anders als etwa in den Wirtschaftswissenschaften geht es bei rechtlichen Regeln nicht nur um eine Aufstellung von Ordnungsmodellen, die der Optimierung festgestellter Interessen dienen. Die Qualität von Rechtsnormen zeigt sich vielmehr darin, dass sie sich als brauchbar erweisen, um auch äußerst fernliegend erscheinende, pathologische Fälle entscheiden zu können. Die Technik der Anwendung solcher Rechtsnormen auf konkrete Fälle lässt sich am besten anhand einzelner Judikate nachverfolgen.

b) Verdeutlichung juristischer Argumentationstechniken

107 Das Lesen von Gerichtsentscheidungen vermittelt den Studierenden einen guten Einblick in die Möglichkeiten einer methodisch geordneten juristischen Argumentation.

Beispiele:
- Zum Verhältnis von EU-Recht und nationalem Verfassungsrecht: BVerfGE 73, 339 (387 ff.) – „Solange II"; BVerfGE 89, 155 ff. – „Maastricht"; BVerfGE 102, 147 ff. – „Bananenmarktordnung"; BVerfGE 123, 267 ff. – „Lissabon".
- Zur Anwendbarkeit von Grundrechten auf juristische Personen des öffentlichen Rechts gemäß Art. 19 III GG: BVerfGE 61, 82 ff.; BVerfGE 68, 87 ff.; *BVerfG* NJW 1990, 1783.
- Zu den verfassungsrechtlichen Anforderungen an eine Enteignung zugunsten von Privatunternehmen: BVerfGE 74, 264 ff. – „Boxberg".
- Zur teleologischen Reduktion[136] des § 181 BGB: BGHZ 56, 97 ff. (100 ff.). Die Bestimmungen dieser Vorschrift sollen danach nicht gelten für Rechtsgeschäfte des geschäftsführenden Alleingesellschafters einer GmbH mit sich selbst.

---

[132] Vgl. BVerfGE 7, 198 ff. (Lüth-Urteil) und 25, 256 ff. (Blinkfüer).

[133] Vgl. BVerfGE 7, 198 (205 f.).

[134] Vgl. dazu etwa *BVerfG* NJW 1994, 2943 f. u. BVerfGE 93, 266 ff. („Soldaten sind Mörder").

[135] Vgl. etwa die Schwierigkeiten der Rechtsprechung, die Frage der rechtlichen Gebotenheit eines Rauchverbots in Amts- und Arbeitsräumen ohne gesetzgeberische Regelung allein im Rückgriff auf Art. 2 I und 2 II GG zu entscheiden: OVG NRW OVGE 36, 154 ff. und NWVBl. 1991, 16 ff.; *Nds. OVG* DVBl. 1989, 935 (936 f.); *LSG Schleswig* NJW 1987, 2958.

[136] Zum teleologischen Auslegungskriterium siehe unten Rn. 240 f., zur am Normzweck ausgerichteten restriktiven Auslegung Rn. 245.

c) Verdeutlichung von Abwägungsvorgängen

Insbesondere das Studium verfassungsgerichtlicher Urteile ermöglicht die Einsicht, dass sich Einzelfälle nicht immer allein durch klare Deduktion aus dem Gesetzeswortlaut lösen lassen, sondern mitunter auch komplexe Abwägungsvorgänge erfordern. 108

Beispiele:
- Abtreibungs-Urteile, BVerfGE 39, 1 ff.; 88, 203 ff. (mit Sondervoten 338 ff., 359 ff.); 98, 265 ff. (mit Sondervoten 329 ff. u. 359 ff.).
- Verhältnis von Presse- und Rundfunkfreiheit zum Persönlichkeitsschutz; dazu BVerfGE 101, 361 ff.

Eine Gefahr für Studierende entsteht aus dem Studium von Gerichtsentscheidungen allerdings dann, wenn sie den bei Gerichtsentscheidungen praktizierten Urteilsstil nachahmen wollen, der die Argumentationsbreite durch seine speziellen Begründungstechniken (so ist es ..., denn ...) verkürzt. Da die Aufgabe der Studierenden in der Übungsarbeit hingegen darin besteht, einen vorliegenden Sachverhalt unter allen sinnvoll in Betracht zu ziehenden rechtlichen Aspekten gutachtlich zu würdigen, ist von den Studierenden in der Klausur hingegen stets der Gutachtenstil zu wählen.[137]

II. Fundstellen zur Rechtsprechung

Für die wissenschaftliche Arbeit der Studierenden kommen im Regelfall allein solche Judikate in Betracht, welche veröffentlicht wurden und daher der interessierten juristischen Öffentlichkeit zugänglich sind. Nur wenn es um die Bearbeitung speziellster Sachkomplexe – etwa im Rahmen einer Dissertation – geht, wird es sich manchmal als erforderlich erweisen, auch auf unveröffentlichte Entscheidungen zurückzugreifen. 109

Beispiel: Die umfangreiche Judikatur zur für die Studienplatzvergabe bei numerus-clausus-Fächern maßgeblichen Kapazitätsermittlung ist nur zu einem geringen Teil in Fachzeitschriften publiziert; auch in Online-Datenbanken sind nicht alle diese Entscheidungen eingestellt; eine Orientierungshilfe bietet aber die vom Sekretariat der Kultusministerkonferenz herausgegebene Entscheidungssammlung zum Hochschulrecht (KMK-HSchR).

In Examens- und Schwerpunktbereichshausarbeiten müssen (noch) nicht veröffentlichte Entscheidungen in vollständiger Kopie beigefügt werden.

1. Amtliche Sammlungen der Bundesgerichte

Die wichtigsten Entscheidungen des BVerfG und der obersten Gerichtshöfe des Bundes sind (jeweils mit vollständigen Entscheidungsgründen) in *amtlichen Sammlungen* publiziert: 110

- Entscheidungen des Bundesverfassungsgerichts (BVerfGE). Siehe daneben auch das als Loseblattwerk herausgegebene *Nachschlagewerk der Rechtsprechung des Bundesverfassungsgerichts*, welches den systematischen Zugriff auf diese Rechtsprechung dadurch erleichtert, dass die wichtigsten Passagen aller bisher veröffentlichten Entscheidungen möglichst wortgetreu den einzelnen Artikeln des Grundgesetzes und den jeweils behandelten Gesetzen zugeordnet werden.
- Entscheidungen des Bundesgerichtshofs in Zivilsachen (BGHZ),
- Entscheidungen des Bundesgerichtshofs in Strafsachen (BGHSt),
- Entscheidungen des Bundesarbeitsgerichts (BAGE),

[137] Zum Erfordernis der Einhaltung des Gutachtenstils in der studentischen Arbeit näher unten Rn. 204 ff.

- Entscheidungen des Bundesverwaltungsgerichts (BVerwGE),
- Entscheidungen des Bundessozialgerichts (BSGE),
- Sammlung der Entscheidungen des Bundesfinanzhofs (BFHE).

Zu erwähnen sind auf Bundesebene ferner noch:

- Entscheidungen des Bundespatentgerichts (BPatGE),
- Entscheidungen des Bundesdisziplinarhofs (BDHE),
- Kammerentscheidungen des Bundesverfassungsgerichts (BVerfGK).

111 Soweit es um ältere Entscheidungen aus vorkonstitutioneller Zeit geht, sind vor allem folgende amtliche Entscheidungssammlungen zu beachten:

- Entscheidungen des Reichsgerichts in Zivilsachen (RGZ),
- Entscheidungen des Reichsgerichts in Strafsachen (RGSt),
- Entscheidungen des Preußischen Oberverwaltungsgerichts (Pr.OVGE).

112 Zur Vereinfachung der Suche nach einschlägigen Entscheidungen werden zu den Rechtsprechungssammlungen zumeist *Register* (am Anfang oder Ende eines jeden Bandes) sowie Generalregister (für mehrere Bände zusammen) herausgegeben.

Beispiele:
- Registerband zu den Entscheidungen des Bundesverfassungsgerichts (BVerfGE) 81–90 (1995); 91–100 (2000); 101–110 (2005);
- Registerband zu den Entscheidungen des Bundesverwaltungsgerichts (BVerwGE) Band 111–120 (2005). In 1999 erschien ein Registerband zu den Entscheidungen des Bundesverwaltungsgerichts Bd. 1–100, der aber nur auf Stichworte verweist.

Die dort enthaltenen Gesetzesregister und alphabetischen Sachregister führen vielfach rascher zu einer gesuchten Entscheidung, doch ist die Benutzung solcher Registerbände heutzutage auch schon beinahe eine antiquierte Kulturtechnik, weil die Möglichkeiten, in Datenbanken wie juris oder beck-online (s. Rn. 51 f.) anhand des Aktenzeichens oder des Datums der Entscheidung präzise nach Entscheidungen zu recherchieren, einen zeitlich schnelleren Zugriff eröffnet.

2. Amtliche Sammlungen der Landesgerichte

113 Von den Entscheidungssammlungen der Gerichte der Länder sei vor allem auf die folgenden hingewiesen:
- Entscheidungen der Verfassungsgerichte der Länder (LVerfGE),
- Entscheidungen des Oberverwaltungsgerichts Berlin (OVGE Bln.),
- Entscheidungen der Oberverwaltungsgerichte für das Land Nordrhein-Westfalen in Münster sowie für die Länder Niedersachsen und (bis 1991) Schleswig-Holstein in Lüneburg mit Entscheidungen des Verfassungsgerichtshofes Nordrhein-Westfalen und des Niedersächsischen Staatsgerichtshofes (OVGE),[138]
- Amtliche Sammlung von Entscheidungen des Oberverwaltungsgerichtes Rheinland-Pfalz und (ab 1959) des Saarländischen Oberverwaltungsgerichts (AS),
- Entscheidungen des Hessischen Verwaltungsgerichtshofs und des Verwaltungsgerichtshofs Baden-Württemberg mit Entscheidungen der Staatsgerichtshöfe beider Länder (ESVGH),
- Sammlung von Entscheidungen des Bayerischen Verwaltungsgerichtshofs mit Entscheidungen des Bayerischen Verfassungsgerichtshofs, des Bayerischen Dienstgerichtshofs für Richter und des Bayerischen Gerichtshofs für Kompetenzkonflikte (VGH n. F.),
- Entscheidungen der Oberlandesgerichte in Zivilsachen (OLGZ),
- Entscheidungen der Oberlandesgerichte zum Straf- und Strafverfahrensrecht (OLGSt),
- Entscheidungen des Bayerischen Obersten Landesgerichts in Strafsachen (BayObLGSt),
- Entscheidungen der Finanzgerichte (EFG).

[138] Das Erscheinen dieser Sammlung wurde im Jahr 2014 eingestellt.

3. Sammlungen des EuGH, EuG und EGMR

Auf der europäischen Ebene sind als amtliche Sammlungen zu erwähnen: 114

- Gerichtshof der Europäischen Union, Sammlung der Rechtsprechung des Gerichtshofs (EuGH Slg.), Bd. I (1954/55) und fortlaufend. Seit 1990 werden auch die Entscheidungen des Gerichts erster Instanz (Slg. II) publiziert.
- Entscheidungen des Europäischen Gerichtshofes für Menschenrechte (EGMR).

4. Nichtamtliche Entscheidungssammlungen

Bei schwierigen Rechtsfragen spezieller Rechtsgebiete wird man sich oft auch weiterer (nichtamtlicher) Entscheidungssammlungen und Nachschlagewerke bedienen müssen. Für den Bereich des öffentlichen Rechts seien hier als wichtigste Titel genannt: 115

- *Buchholz* BVerwG; Sammel- und Nachschlagewerk der Rechtsprechung des Bundesverwaltungsgerichts, mehrbändige Loseblattausgabe mit über 10.000 Seiten. In die mittlerweile achte Folge gelangen nur Entscheidungen, die nach dem 1.1.2006 ergangen sind. In der vorhergehenden siebten Folge finden sich Entscheidungen aus dem Zeitraum vom 1.1.1999 – 31.12.2005 (sechste Folge: 1.1.1994 – 31.12.1998). Es handelt sich um eine umfassende und aktuelle Unterrichtung über die Rechtsprechung des BVerwG, gegliedert nach den verschiedenen Rechtsmaterien, Gesetzen, Vorschriftengruppen und Paragraphen. Die Entscheidungen werden denjenigen Normen zugeordnet, auf die sie sich beziehen.
- *Lammers/Simons*, Die Rechtsprechung des Staatsgerichtshofs für das Deutsche Reich und des Reichsgerichts auf Grund Artikel 13 II der Reichsverfassung, Bd. I (1929) – V (1933).
- Verwaltungsrechtsprechung in Deutschland (*VerwRspr.*), Sammlung obergerichtlicher Entscheidungen aus dem Verfassungs- und Verwaltungsrecht, Bd. I (1949) bis Bd. 32 (1981); seither integriert in NVwZ – Neue Zeitschrift für Verwaltungsrecht.
- Entscheidungen in Kirchensachen, Bd. 1 (1946–1952) bis Bd. 58, 2011.
- *Thiel/Gelzer/Upmeier*, Baurechtssammlung (BRS), Bd. 1 (1945/50) bis Bd. 79, 2014.
- Sammlung Lebensmittelrechtlicher Entscheidungen (LRE), bislang bis Bd. 59, 2010.
- Höchstrichterliche Finanzrechtsprechung (HFR) mit Entscheidungen des BFH, des BVerfG, anderer oberster Bundesgerichte und des EuGH; 1. Jahrgang 1961 bis 54. Jahrgang 2014.
- Ergänzbare Sammlung schul- und prüfungsrechtlicher Entscheidungen (SPE), 3. Folge mit CD Rom, hrsg. v. *Knudsen/Böhm* ab 2000, Loseblatt, Stand: September 2014.

5. Fachzeitschriften

Aktuelle gerichtliche Entscheidungen werden auch in Fachzeitschriften abgedruckt. Mitunter wird zusätzlich im Anschluss an den Entscheidungsabdruck eine kritische oder zustimmende Anmerkung veröffentlicht. 116

Beispiele: Zur Strommengenübertragung nach § 7 Abs. 1b, 1d AtomG *OVG Schleswig-Holstein*, DVBl. 2008, 466 (mit Anm. *Mann*, DVBl. 2008, 466 ff.); Zum Verhältnis von Amtshaftung und KFZ-Haftpflichtversicherung bei Verkehrsunfall eines Zivildienstleistenden *BGH* JR 2002, 64 ff. (mit Anm. *Mann*, JR 2002, 66 f.).

Es ist jedoch zu beachten, dass es sich dort um redaktionelle Bearbeitungen handelt, bei denen der Tatbestand allenfalls in knapper Zusammenfassung und die Entscheidungsgründe nur in gedrängter Form, auf die rechtlich wesentlichen Aussagen beschränkt, dargestellt sind. In Zweifelsfällen ist mithin stets auf die amtlichen Sammlungen zu rekurrieren.

Beispiel: Im zuletzt genannten Beispiel also BGHZ 146, 385 ff. (= JR 2002, 64 ff.).

Für Studierende besonders attraktiv dürfte die Entscheidungswiedergabe in Ausbildungszeitschriften sein, wo die jeweilige Fallproblematik didaktisch aufbereitet durch eine allgemeine Problemeinführung vor der komprimierten Entscheidungswiedergabe 117 sofort in einen klar überschaubaren dogmatischen Zusammenhang gebracht wird. Damit wird dem Leser die durch die konkrete Entscheidung erfolgte Bestätigung bzw. Fortentwicklung der bisherigen Rechtslage deutlich vor Augen geführt. Es ist jedoch zu beachten, dass solche Bearbeitungen in der Fußnote eines rechtswissenschaftlichen Gutachtens nicht als Nachweis für die Aussagen des Gerichts gelten können, denn sie belegen nicht den Wortlaut der Entscheidung, sondern nur die Aufbereitung durch einen Autor (näher unten Rn. 397). Sie sind mithin einer Urteilsanmerkung (o. Rn. 116) vergleichbar.

Beispiele:
- Bundesversammlung – *BVerfG*, Urt. v. 10.6.2014, JuS 2014, 860 ff. *(Sachs)*;
- Wahlfeststellung – *BGH*, Beschl. v. 28.1.2014, JuS 2014, 753 ff. *(Jahn)*;
- Haftung des Unternehmers bei anfänglicher Unmöglichkeit der mangelfreien Herstellung des Werkes –, *BGH*, Urt. v. 8.5.2014, JA 2014, 942 ff. *(Looschelders)*.

6. Auswahlsammlungen für Studierende

118 Darüber hinaus werden speziell auf Studierende zugeschnittene Entscheidungssammlungen herausgegeben, die jeweils eine nach didaktischen Grundsätzen zusammengestellte und thematisch geordnete sowie bisweilen kommentierte Auswahl an Judikaten enthalten. Diese Sammlungen dienen weniger dem Auffinden von Entscheidungen als vielmehr der gezielten Erarbeitung der Entwicklung der Rechtsprechung zu thematischen Eckpunkten.

Beispiele:
- *Bumke/Voßkuhle*, Casebook Verfassungsrecht, 2013;
- *Grimm/Kirchhof/Eichberger*, Entscheidungen des Bundesverfassungsgerichts, Studienauswahl in zwei Bänden, 3. Aufl. 2007;
- *Pechstein*, Entscheidungen des EuGH, Kommentierte Studienauswahl, 8. Aufl. 2014;
- *Schack/Ackmann*, Das Bürgerliche Recht in 100 Leitentscheidungen, 6. Aufl. 2011.

§ 4. Literatur

119 Um die juristische Literatur sachgerecht und ökonomisch handhaben zu können, bedarf es einiger Grundkenntnisse hinsichtlich der herkömmlichen Gestaltungsformen schriftstellerischer Äußerungen.[139] Die unterschiedlichen Ambitionen und Zielsetzungen literarischer Stellungnahmen spiegeln sich nämlich meist bereits in der gewählten Form wieder. Freilich ist vorab darauf hinzuweisen, dass sich in den letzten Jahren die bis dato eingängigen Typen juristisch-literarischer Darstellungsweise mehr und mehr verwischt haben. Während früher die Abgrenzung von Kommentar, Lehrbuch und Fallsammlung kaum Mühe bereitete und sich für die meisten Fachgebiete jeweils ein „Standardkommentar“ und ein „Standardlehrbuch“ durchgesetzt hatten, finden Studierende heutzutage eine wahre Schwemme von Studienmaterial vor. Mitunter lässt sich ohne nähere Befassung auch kaum eine Einordnung im vorgenannten Sinne vornehmen, wie bereits blumige Kennzeichnungen wie „Problemkommentar“, „Studienkommentar“, „Alternativkommentar“, „Grundriss“, „Lehrheft“, „Lernbuch“ und dergleichen oder gar noch nichtssagendere modische Anpreisungen wie „Kurs“, „Skript“ oder „Lernprogramm“ erkennen lassen. Welche inhaltlichen Krite-

[139] Vgl. zu den verfügbaren Publikationsformen für das öffentliche Recht *Schulze-Fielitz*, JöR 50 (2002), 1 (16 ff.).

rien zur idealtypischen Kennzeichnung einer juristischen Darstellung überhaupt angelegt werden können, hat *F.-Chr. Schroeder* bereits vor Jahrzehnten aufgezeigt,[140] worauf hier lediglich verwiesen sei. Was die Darstellungs*typen* angeht, so wird man ohne spezielle Vorkenntnisse, die man entweder durch die Hilfsmittel der Sammelrezension[141] und der Literaturschau[142] oder durch eigene Eindrücke erlangt, jedenfalls allein von der Nomenklatur her oftmals kaum mehr zutreffende Rückschlüsse auf den zu erwartenden Inhalt der Darlegung ziehen können. Nachfolgend sei zur Erleichterung des Verständnisses für Anfangssemester darum lediglich auf die „klassischen" Typenbezeichnungen zurückgegriffen.

I. Kommentare

Die Darstellungsform des Kommentars ist eng an den Aufbau und die Gliederung des kommentierten Gesetzes angelehnt, wobei jeweils dessen Artikel oder Paragraphen in der numerischen Folge abgedruckt und sodann erläutert werden. Im Rahmen dieser Erläuterungen werden dann alle Tatbestandsmerkmale und Rechtsfolgenanordnungen der jeweiligen Vorschrift, namentlich die im einzelnen verwendeten Rechtsbegriffe, interpretiert; außerdem finden sich regelmäßig weiterführende Hinweise auf Rechtsprechung und Schrifttum sowie auf die Entstehungsgeschichte der Norm, vereinzelt auch rechtsvergleichende Hinweise. 120

1. Benutzungshinweise

Insofern eignen sich Kommentare durchweg nicht zur zusammenhängenden Durcharbeitung eines Rechtsstoffes, sondern nur zum Einstieg in konkrete Auslegungsprobleme, etwa wenn man sich im Rahmen einer Haus- oder Themenarbeit einen raschen Überblick über den Streitstand bei kontroversen Rechtsfragen verschaffen möchte. Etwas anderes gilt allenfalls partiell für zusammenschauende Kommentierungen zu ganzen Gesetzesabschnitten, etwa in Form einer Vorbemerkung, oder für allgemeine einleitende Bemerkungen. 121

Beispiele: *Ernst/Zinkahn/Bielenberg/Krautzberger*, Baugesetzbuch, Kommentar, Band IV, Vorbemerkungen zur BauNVO, Stand: Juli 2014; *Mann*, in: Große-Suchsdorf, Niedersächsische Bauordnung, 9. Aufl. 2013, Vorbemerkung vor §§ 1 ff. (Entwicklung des öffentlichen Baurechts); *Sachs*, in: ders., Grundgesetz-Kommentar, 7. Aufl. 2014, Einführung (u. a. Entstehung und Entwicklung des Grundgesetzes).

Der erstrebte Überblick wird jedoch kaum dadurch erreicht, dass man umfängliche Kommentierungen zu einer Norm, die man zur Beantwortung der Fallfrage für irgendwie relevant hält, vollständig liest. Dies verwirrt vielfach mehr, als es nutzt, denn in Kommentaren sind Stellungnahmen zu so vielen Einzelfragen zusammengetragen, dass eine Gesamtlektüre u. U. vom konkreten Fallproblem ablenkt.

Beispiel: In einer öffentlich-rechtlichen Hausarbeit kommt ein Abwehranspruch aus Art. 14 Abs. 1 GG in Betracht. Hier lässt sich die gesamte Kommentierung von *Papier*, in: Maunz/Dürig (rund 160 Seiten) beim Durchlesen kaum gedanklich verarbeiten.

Man sollte zunächst überlegen, auf welche Detailfrage es nach dem Sachverhalt ankommt, und dann den Kommentar unter Zuhilfenahme seiner Gliederungsstruktur 122

---

[140] *F.-Chr. Schroeder*, JuS 1981, 700 ff.

[141] Vgl. etwa die Sammelrezensionen von *Binder*, Gesellschaftsrecht, GPR 2008, 45 ff.; *Kube*, Der Staat 41 (2002), 452 ff.; *Fechner*, Die Verwaltung 34 (2001), 445 f.

[142] Siehe etwa zum Wohnungseigentum *Drasdo*, NZM 2008, 195 ff.; zum Umweltrecht *Hennecke*, Jura 1990, 461 ff.

gezielt aufschlagen, um hierzu weitere Nachweise zu erlangen. Ohne solche Vorüberlegungen kommt es in Übungshausarbeiten immer wieder zu äußerst abstrakt gehaltenen Problemdarstellungen, die weder von der Aufgabe einer Gutachtenerstellung verlangt werden noch zur Lösung beitragen und deshalb insbesondere unter dem Gesichtspunkt der Schwerpunktbildung in der Bewertung zu Punktabzügen führen. Einen raschen Überblick schon zu Beginn der Aufarbeitung der Rechtslage vermitteln freilich – wie bereits betont (Rn. 121) – häufig die Vorbemerkungen zu einer bestimmten Vorschriftengruppe, die die Einzelnorm in einen erweiterten systematischen Zusammenhang stellen.

Zu einem Kommentar sollte man ferner bevorzugt dann greifen, wenn es um die Erörterung prozessualer Fragen geht. Die bewährten Kommentierungen zu den Prozessgesetzen enthalten häufig zugleich auch wichtige Informationen zum materiellen Recht.

Beispiele: *Schoch/Schneider/Bier*, VwGO, Loseblattkommentar, Stand: März 2014 *Eyermann*, Verwaltungsgerichtsordnung, Komm., 14. Aufl. 2014; *Redeker/v. Oertzen*, Verwaltungsgerichtsordnung, Komm., 16. Aufl. 2014.

2. Unterschiedliche Kommentartypen

123 Von der Dimensionierung und der Zielsetzung her zu unterscheiden sind einerseits umfassende, breit angelegte, oft mehrbändige (Groß-) Kommentierungen, welche eine vertiefte wissenschaftliche Durchdringung eines Rechtsstoffes anstreben,

Beispiele: Münchener Kommentar zum Bürgerlichen Gesetzbuch, Großkommentar in 11 Bänden, 6. Aufl. 2011 ff.; Bonner Kommentar (BK), Kommentar zum Bonner Grundgesetz, Loseblattausgabe, Stand: Dezember 2014; *Landmann/Rohmer*, Umweltrecht, Loseblattausgabe, Stand: 11/2014.

und sog. *Kurzkommentare* andererseits. Diese wollen vor allem dem Praktiker Entscheidungshilfe leisten, indem sie eine rasche und sichere Orientierung über den Stand der Rechtsprechung und der herrschenden Lehre zu zentralen Problemfragen vermitteln.

Beispiele: *Versteyl/Mann/Schomerus*, Kreislaufwirtschaftsgesetz, Komm., 3. Aufl. 2012; *Jarass/Pieroth*, Grundgesetz, Komm., 13. Aufl. 2014; *Ennuschat/Wank*, Gewerbeordnung mit Arbeitsschutz-, Arbeitszeit- und Ladenschlussrecht, 9. Aufl. 2015; *Kopp/Schenke*, VwGO, Komm., 21. Aufl. 2015.

Eine besondere Kategorie stellen die sog. *Präjudizienkommentare* dar, welche unter Verzicht auf Einbeziehung literarischer Stellungnahmen die zu den einzelnen Normen ergangene Rechtsprechung eines Gerichts zusammenstellen und zum Abdruck bringen.

Beispiel: *Leibholz/Rinck*, Grundgesetz für die Bundesrepublik Deutschland, Komm., Loseblattsammlung, Stand: Oktober 2014.

Die Möglichkeit zur ständigen Aktualisierung in Nachtragslieferungen bieten *Loseblattkommentare*, wenngleich damit keineswegs auch die Gewissheit der kontinuierlichen Umsetzung verbunden ist.[143]

Beispiel: So stammen die im Jahr 2015 zuletzt ergänzten Bonner Kommentar zum Grundgesetz aktuell enthaltenen Erläuterungen des Art. 19 Abs. 3 GG durch *von Mutius* noch aus dem Jahr 1975.

---

[143] Vgl. hierzu bereits die krit. Hinweise von *Sendler*, NJW 1996, 99 f.

Vornehmlich zu Studienzwecken, etwa als ständige Vorlesungsbegleitung, empfehlenswert sind sog. Hand- oder Taschenkommentare, die auf knappstem Raum die für Studium und Ausbildung wichtigsten Rechtsfragen vereinfacht kommentieren.

Beispiele: *Hömig* (Hrsg.), Grundgesetz, 10. Aufl. 2013; *Wolff/Decker*, Studienkommentar VwGO/VwVfG, 3. Aufl. 2012; *Huck/Müller*, Verwaltungsverfahrensgesetz, 2011.

II. Lehrbücher

Lehrbücher bezwecken üblicherweise die systematische Gesamtdarstellung eines Rechtsgebietes zur Vermittlung der entsprechenden, durch Rechtsprechung und Literatur fortentwickelten Rechtsdogmatik.[144] Von der konkreten Zielsetzung, der Ausführlichkeit der Darstellung und dem anvisierten wissenschaftlichen Level her bestehen jedoch auch bei dieser Literaturgattung erhebliche Unterschiede. Bei grober Einteilung lässt sich differenzieren nach 124

- handbuchartigen Lehrbüchern als Gesamtdarstellung auf hohem wissenschaftlichen Niveau; diese sind als Lernbücher für den Studienanfänger regelmäßig ungeeignet und sollten von ihm nur zur Vertiefung einzelner Rechtsfragen herangezogen werden;

Beispiele: *Stern*, Das Staatsrecht der Bundesrepublik Deutschland (7 Bde.): Bd. I, 2. Aufl. 1984; Bd. II, 1980; Bd. III/1, 1988; Bd. III/2, 1994; Bd. IV/1, 2006, Bd IV/2, 2011; Bd. V, 2000; *Ehlers/Fehling/Pünder* (Hrsg.), Besonderes Verwaltungsrecht (3 Bde.), Bd. I, 3. Aufl. 2012, Bd. II, 3. Aufl. 2013, Bd. III, 3. Aufl. 2013; *Wolff/Bachof/Stober/Kluth*, Verwaltungsrecht (2 Bde.), Bd. I, 13. Aufl. 2015, Bd. II, 7. Aufl. 2010.

- systematischen Darstellungen, die in ähnlicher Weise, aber schon komprimierter und durchaus praxisorientiert einen breitgefächerten Überblick über den Rechtsstoff geben;

Beispiele: *Schmidt-Aßmann/Schoch* (Hrsg.), Besonderes Verwaltungsrecht, 14. Aufl. 2008; *Steiner* (Hrsg.), Besonderes Verwaltungsrecht, 8. Aufl. 2006. *Kloepfer*, Umweltrecht, 3. Aufl. 2004; *Kodal*, Straßenrecht, 7. Aufl. 2010.

- Kurzlehrbüchern, die vor allem auf Studienzwecke abstellen und vorzugsweise als Begleitlektüre zur Vorlesung geeignet sind;

Beispiele: *Maurer*, Allgemeines Verwaltungsrecht, 18. Aufl. 2011; *Götz*, Allgemeines Polizei- und Ordnungsrecht, 15. Aufl. 2015; *Burgi*, Kommunalrecht, 5. Aufl. 2015; *Erbguth/Mann/Schubert*, Besonderes Verwaltungsrecht (Kommunalrecht, Polizei- und Ordnungsrecht, Baurecht), 12. Aufl. 2015.

- Grundrissen oder Einführungen, die zunächst einen knappen Überblick über eine Rechtsmaterie, einen ersten Orientierungsrahmen geben wollen und dabei Unvollständigkeit bewusst in Kauf nehmen. Auf sie sollte man namentlich zurückgreifen, um *vor* intensiverer Beschäftigung mit einem Rechtsgebiet erste Eindrücke zu gewinnen bzw. um bereits erlerntes Wissen neu aufzufrischen.

Beispiele: *Muckel/Ogorek*, Öffentliches Baurecht, 2. Aufl. 2014; *Gersdorf*, Verfassungsprozessrecht, 4. Aufl. 2015; *Mann/Wahrendorf*, Verwaltungsprozessrecht, 4. Aufl. 2015.

Studierende, die zur Einarbeitung, zur Vorlesungsbegleitung oder zur Nacharbeit nach dem für ihre Zwecke am ehesten geeigneten Lehrbuch Ausschau halten, stehen 125

---

[144] Zur Kurzlebigkeit und Langzeitwirkung der Rechtsdogmatik plastisch *Brohm*, FS Maurer, 2001, S. 1079 ff.

angesichts der heutigen Materialfülle vor erheblichen Schwierigkeiten. Sie sollten die Empfehlungen ihres Dozenten als eine Vorauswahl ansehen und danach eine eigenständige Entscheidung treffen, indem sie jeweils ein „Testkapitel" in den Lehrbüchern der Vorauswahl lesen, um herauszufinden, welches der Werke ihren Vorstellungen hinsichtlich der Präsentation der Inhalte am besten entspricht.

III. Monographien

126 Als Monographien bezeichnet man selbständige systematische Darstellungen eines spezifischen Problemkreises durch einen Autor, wobei der Umfang als solcher für diese Charakterisierung unerheblich ist. Es kann sich um sehr umfangreiche, thematisch weit aufgegliederte und tiefgehende Untersuchungen wie etwa Habilitationsschriften handeln,

Beispiele: *Burgi,* Funktionale Privatisierung und Verwaltungshilfe, 1999; *Schwarz*, Vertrauensschutz als Verfassungsprinzip, 2001; *Mann,* Die öffentlich-rechtliche Gesellschaft, 2002; *Schmidt*, Kommunale Kooperation, 2005; *Brosius-Gersdorf*, Demografischer Wandel und Familienförderung, 2011; *Thiele*, Finanzaufsicht, 2014, *Schladebach*, Lufthoheit, 2014.

um eingehende literarische Abhandlungen zu enger eingegrenzten Fragenbereichen

Beispiele: *Lange*, Darlegungs- und Substantiierungspflichten im Verfassungsbeschwerdeverfahren, 2012; *Reißmann*, Äußerungsrechtliche Schutzpflichten, 2012; *Immer*, Rechtsprobleme der Akkreditierung von Studiengängen, 2013; *Mertins*, Der Spannungsfall, 2013; *Kuschminder*, Der sozialrechtliche Schutz von Rentnern im europäischen Sekundärrecht, 2014.

oder auch nur um kurze und gezielte Stellungnahmen zu einem aktuellen Rechtsproblem, etwa auf der Grundlage eines Vortragsmanuskripts.

Beispiele: *Tettinger,* Die Ehre – ein ungeschütztes Verfassungsgut?, 1995; *Thiele*, Das Mandat der EZB und die Krise des Euro, 2013; *Nolte*, Kostenpflicht des Ligaverbandes für Polizeieinsätze bei Bundesligaspielen?, 2014.

Anders als ein Lehrbuch behandelt eine Monographie jedoch üblicherweise nicht ein Rechtsgebiet insgesamt, sondern widmet sich nur einer bestimmten Fragestellung, die allerdings durchaus breit dimensioniert und fächerübergreifend sein kann. Als zusammenhängende Erörterung eines einzelnen Sach- oder Problembereichs ist die Monographie geeignet, die Leser über die Implikationen einer bestimmten Rechtsauffassung umfassend zu unterrichten. Insofern müssen die Studierenden auf sie zur Vertiefung zurückgreifen, wenn Spezialfragen zu untersuchen sind, wie es etwa bei einer Themenarbeit (dazu unten Rn. 340 ff.) im Rahmen eines Schwerpunktbereichsseminars regelmäßig der Fall ist. Außerdem enthalten größere Monographien regelmäßig ein ausführliches Literaturverzeichnis, welches eine umfassende Orientierung über den Streitstand zum Zeitpunkt des Abschlusses der Monographie erlaubt und insoweit die Ausgangsbasis für weitere Forschungen bietet.

Beispiel: *Thiele*, Finanzaufsicht, 2014, S. 581–616.

IV. Schriftenreihen

127 Juristische Monographien erscheinen häufig im Rahmen einer Schriftenreihe. Auf einigen Sachgebieten erfassen Schriftenreihen einen ganz erheblichen Anteil an der gesamten monographischen Literatur. Sie werden von Hochschulinstituten, wissenschaftlichen Vereinigungen, einzelnen Hochschullehrern oder auch von Verlagen

herausgegeben und bieten vielfach eine gute Chance, überdurchschnittliche Dissertationen zum Abdruck zu bringen.

Eine erste Gruppe deckt von ihrer Thematik her entweder ein Studienfach in seiner vollen Breite ab,

Beispiele: Schriften zum Öffentlichen Recht; Schriften zum Sozial- und Arbeitsrecht; Studien zum öffentlichen Recht und zur Verwaltungslehre; Schriften zur Rechtstheorie; Schriften zum Völkerrecht; Neue Kriminologische Schriftenreihe.

oder ist spezielleren Themenbereichen gewidmet.

Beispiele: *Burgi/Gurlit/Mann/Remmert/Storr* (Hrsg.), Schriften zum Öffentlichen Wirtschaftsrecht; *Deinert/Körber/Krause/Spindler* (Hrsg.), Göttinger Schriften zum Wirtschaftsrecht; *Ipsen/Mann/von Mutius/Suerbaum* (Hrsg.), Kommunalrecht-Kommunalverwaltung; *Pielow/Burgi/Cremer u. a.* (Hrsg.), Bochumer Beiträge zum Berg- und Energierecht.

Andere Schriftenreihen sind im Themenbereich nicht auf bestimmte Rechtsgebiete 128
festgelegt. Hierzu gehören namentlich solche, die herausgegeben werden von rechtswissenschaftlichen Fachbereichen,

Beispiele: Göttinger Juristische Schriften, hrsg. v. d. Juristischen Fakultät der Universität Göttingen; Erlanger juristische Abhandlungen, hrsg. v. d. Juristischen Fakultät der Universität Erlangen-Nürnberg; Neue Kölner Rechtswissenschaftliche Abhandlungen, hrsg. v. d. Rechtswissenschaftlichen Fakultät der Universität zu Köln; Münchener Universitätsschriften, hrsg. im Auftrag der Juristischen Fakultät der Universität München von *Canaris/Lerche/Roxin*.

wissenschaftlichen Vereinigungen,

Beispiele: Schriftenreihe der Juristischen Gesellschaft e. V. Berlin; Schriftenreihe der Juristischen Studiengesellschaft Karlsruhe.

öffentlich-rechtlichen Institutionen,

Beispiel: Schriftenreihe der Bundesrechtsanwaltskammer.

Verbänden,

Beispiele: Schriftenreihe des Deutschen Industrie- und Handelstages (DIHK); Schriften des Niedersächsischen Landkreistages.

oder juristischen Fachverlagen,

Beispiele: *NJW-Schriftenreihe*: Die seit 1969 erscheinende NJW-Schriftenreihe ergänzt und erweitert praxisrelevante Themenbereiche in einer Ausführlichkeit, wie dies in Einzelbeiträgen in der „Neuen Juristischen Wochenschrift" nicht geschehen kann, bei denen aber ein Bedürfnis auf Seiten der Richter, Anwälte sowie der in Wirtschaft und Verwaltung tätigen Juristen nach umfassender Darstellung besteht. Diese Personen stellen daher den Hauptadressatenkreis der Schriftenreihe dar, doch können auch Studierende, etwa im Rahmen von Themenarbeiten, mit Gewinn auf solche Bände zurück greifen, die ihnen zu einem Problembereich einen raschen Überblick über die geltende Rechtslage und die bestehende Rechtspraxis geben.

Gesondert aufzuführen sind noch Schriftenreihen, die speziell auf Studium und Aus- 129
bildung sowie auf Fragen der Didaktik und Methodik des Rechtsunterrichts und der Juristenausbildung ausgerichtet sind. Als wohl wichtigste innerhalb dieser Gruppe ist die *JuS-Schriftenreihe* zu nennen, deren Bände sich von ihrer Konzeption her an den Anforderungen der juristischen Ausbildung orientieren und somit der Studienliteratur zuzuordnen sind.[145] Die jeweiligen Darstellungen beschränken sich auf das für die Ausbildung Wesentliche; schwierige Sachverhalte werden den Studierenden und Referendaren in aufbereiteter, verständlicher Form nahegebracht.

---

[145] Vgl. dazu näher unten Rn. 146.

Die JuS-Schriftenreihe umfasst:

(1) *Literatur für das Studium:* In dieser Kategorie erscheinen u. a. (a) Einführende Literatur zur Juristenausbildung und zu Randgebieten der Juristenausbildung wie etwa *Zippelius,* Juristische Methodenlehre, 11. Aufl. 2012. (b) Literatur zum Pflichtfachstoff, z. B. *Grunewald,* Bürgerliches Recht, 9. Aufl. 2014; *Löwisch/Neumann,* Allgemeiner Teil des BGB, 7. Aufl. 2004; *Hilgendorf/Valerius,* Strafrecht – Allgemeiner Teil , 2013. (c) Literatur zum Schwerpunktbereich wie z. B. *Grunewald/Schlitt,* Einführung in das Kapitalmarktrecht, 3. Aufl. 2014.

(2) *Fälle mit Lösungen:* In dieser Kategorie finden sich Klausuren mit ausführlichen Lösungen vom Anfänger- bis zum Examensniveau u. a. *Martinek/Omlor*, Grundlagenfälle zum BGB für Fortgeschrittene, 2. Aufl. 2011; *Muckel/Stemmler*, Fälle zum öffentlichen Baurecht, 7. Auflage 2013; *Höfling*, Fälle zum Staatsorganisationsrecht, 5. Aufl. 2014.

(3) *Ausländisches Recht:* Diese Bände eignen sich für fremdsprachige Vorlesungen und zur Vorbereitung auf Auslandsaufenthalte und die künftige Praxis, u. a. *Blumenwitz/Fedtke,* Einführung in das anglo-amerikanische Recht, 8. Aufl. 2015; *Kindler*, Einführung in das italienische Recht, 3. Aufl 2015; *Rumpf,* Einführung in das türkische Recht, 2. Aufl. 2015; *Wittibschlager*, Einführung in das schweizerische Recht, 2. Aufl. 2015.

(4) *Referendariat:* Diese Bände dienen Referendaren sowohl als nötiges juristisches Handwerkszeug für die einzelnen Stationen des Referendariats als auch zur Vorbereitung auf das Assessorexamen; u. a. *Theimer/Theimer,* Mustertexte zum Zivilprozess, Bd. I, 8. Aufl. 2012; Bd. II, 7. Aufl. 2012; *Kintz*, Öffentliches Recht im Assessorexamen, 8. Aufl. 2012; *Graf,* Mustertexte zum Strafprozess, 9. Aufl. 2015.

Von der Konzeption her ähnlich, aber weniger umfangreich ist die Reihe „Jura-Studienbuch“.

Beispiele: Vgl. z. B. *Petersen*, Die mündliche Prüfung in der ersten juristischen Staatsprüfung, 2. Aufl. 2012; *Lecheler/Gundel*, Übungen im Europarecht, 2. Aufl. 2015.

Hinzuweisen ist zudem auf die Reihe „JA-Sonderhefte“.

Beispiele: *Baumgärtel/Prütting*, Einführung in das Zivilprozeßrecht, 9. Aufl. 2009;

V. Festschriften und Gedenkschriften

130 Eine eigenständige und für die Rechtswissenschaft mittlerweile typische Literaturgattung sind Festschriften und Gedächtnisschriften.

1. Festschriften

Festgaben oder Festschriften stellen Sammlungen kürzerer monographischer Beiträge verschiedener Autoren aus Anlass eines bestimmten festlichen Ereignisses dar, so etwa beim 70. Geburtstag eines anerkannten Wissenschaftlers und bei bedeutsamen Jahrestagen der Tätigkeit von Institutionen.

Beispiele: Festschrift für Hans D. Jarass zum 70. Geburtstag, 2015; Der grundrechtsgeprägte Verfassungsstaat – Festschrift für Klaus Stern zum 80. Geburtstag, 2013; Die Ordnung der Freiheit, Festschrift für Christian Starck zum 70. Geburtstag, 2007; Erscheinungsbilder eines sich wandelnden Verwaltungsrechts, Festschrift für Günter Püttner zum 70. Geburtstag, 2007; Für Sicherheit, für Europa, Festschrift für Volkmar Götz zum 70. Geburtstag, 2005; Verfassungsgerichtsbarkeit in Nordrhein-Westfalen, Festschrift zum 50-jährigen Bestehen des Verfassungsgerichtshofs NRW, 2002.

In ihnen finden sich Darlegungen zu Fachfragen, denen das besondere Interesse des Jubilars gilt bzw. die den Aufgabenbereich der Institution betreffen. Am Ende enthalten Festschriften zudem regelmäßig einen bibliographischen Nachweis aller Schriften des Geehrten.[146]

Beispiele: *Mann,* Erweiterung der Feldes- und Förderabgabenpflicht auf grundeigene Bodenschätze?, in: Kment (Hrsg.), Festschrift für Hans D. Jarass zum 70. Geburtstag, 2015, S. 127 ff.; *ders.*, Interventionsrechte der Landesregierungen gegen Gesetze – Gestaltungsmittel einer Minderheitsregierung?, in: M. Sachs/H. Siekmann (Hrsg.), Der grundrechtsgeprägte Verfassungsstaat, Festschrift für Klaus Stern, 2013, S. 81 ff.; *ders.*, Gesetzgebungsverfahren, in: Kube/Mellinghoff u. a. (Hrsg.), Leitgedanken des Rechts – Paul Kirchhof zum 70. Geburtstag, Band I: Staat und Verfassung, 2013, S. 361 ff.

Eine besondere Form der Ehrung sind anlässlich eines runden Geburtstags erstellte Kompilationen mit bedeutenden Schriften des Jubilars, die das regelmäßig über diverse Zeitschriften verstreute Œuvre in einem Band übersichtlich zusammenführen.

Beispiel: *Hans H. Klein*, Das Parlament im Verfassungsstaat, Ausgewählte Beiträge, hrsg. von M. Kaufmann und K.-A. Schwarz, 2006.

2. Gedächtnisschriften

Ein spezielles Genre stellen daneben Gedächtnisschriften dar. Innerhalb dieser Gruppe finden sich mitunter ursprünglich als Festschriften konzipierte Bände, bei denen der zu Ehrende allerdings plötzlich verstarb. In der Regel handelt es sich jedoch um gesondert zusammengetragene Sammlungen, die der besonderen Ehrung eines früh verstorbenen Wissenschaftlers dienen,

Beispiele: Wissenschaftsrecht im Umbruch, Gedächtnisschrift für Hartmut Krüger, 2001; Wirtschaft und Gesellschaft im Staat der Gegenwart, Gedächtnisschrift für Peter J. Tettinger, 2007; Gedächtnisschrift für Manfred Wolf, 2011.

oder um Werke, die Jahre oder Jahrzehnte nach dem Tode eines Wissenschaftlers Respekt vor dem Weiterwirken seiner Gedanken bezeugen sollen.

Beispiele: Gedächtnisschrift für Gustav Radbruch, 1968; *R. Walter* (Hrsg.), Adolf J. Merkl – Werk und Wirksamkeit, 1990.

3. Studentischer Nutzen

Beiträge in Fest- oder Gedächtnisschriften zeichnen sich nicht immer durch Aktualität ihrer Thematik aus. Dies wird aber zumeist dort der Fall sein, wo die Festschrift von der Anlage her deutliche thematische Schwerpunkte erkennen lässt und eine Präsentation aktueller Forschungsergebnisse bereits vom Sachtitel her indiziert ist.

Beispiele: Wirtschaft im offenen Verfassungsstaat, Festschrift für Reiner Schmidt zum 70. Geburtstag, 2006; Erscheinungsbilder eines sich wandelnden Verwaltungsrechts, Günter Püttner zum 70. Geburtstag, 2007.

Die Berücksichtigung entsprechender Beiträge lohnt sich vor allem bei der Anfertigung von Seminararbeiten. Hilfreich können solche Darlegungen aber – bei spezieller Problematik – auch bereits bei der Hausarbeit in einer Übung für Fortgeschrittene sein.

VI. Handbücher und Enzyklopädien

Eine hervorragende Informationsquelle, die in studentischen Kreisen oft schon aus 131
Furcht vor dem optischen Gewicht der teilweise vielbändigen Werke vernachlässigt

---

[146] Zur zunehmenden Festschriften-Hausse kritisch *Kaiser*, DÖV 1980, 460; *Ulmer*, ZHR 143 (1979), 455 f.; *v. Münch*, NJW 2000, 3253 ff.

bleibt, sind Handbücher, Enzyklopädien, Lexika und Nachschlagewerke. Handbücher sind insbesondere auf solchen Rechtsgebieten unverzichtbar, wo eine Vielzahl von Gesetzen und anderen Rechtsvorschriften die Gewinnung eines systematischen Überblicks erschwert.

Beispiele: *Dauses* (Hrsg.), Handbuch des EU-Wirtschaftsrechts, Loseblattwerk, Stand: Oktober 2014; *Rengeling/Middeke/Gellermann*, Handbuch des Rechtsschutzes in der Europäischen Union, 3. Aufl. 2014; *Mann/Püttner*, Handbuch der Kommunalen Wissenschaft und Praxis (HKWP), 3. Aufl. 2007 ff.; *Lisken/Denninger*, Handbuch des Polizeirechts, 5. Aufl. 2012.

Lexika und Nachschlagewerke enthalten alphabetisch nach Stichworten geordnete Einzeldarstellungen meist unterschiedlicher Verfasser, die in ihrer Summierung den Gesamtkomplex eines Rechtsgebietes bzw. – weiter noch – der gesamten Rechtsordnung oder der Staats- und Gesellschaftsordnung umgreifen und verschaffen das oft unerlässliche Hintergrundwissen, das für eine Entscheidung konkreter Rechtsfragen unter Einbeziehung ihrer gesellschaftlichen Bedeutung notwendig ist. Hervorgehoben seien hier von den umfassenderen Werken vor allem folgende

Beispiele: Staatslexikon, Recht-Wirtschaft-Gesellschaft (Staatslex.), hrsg. v. d. Görres-Gesellschaft, 7 Bde., 7. Aufl. 1985–1995; Evangelisches Staatslexikon (EvStL), hrsg. v. *Heun/Honeker/Morlok/Wieland,* Neuausgabe 2006; Handwörterbuch zur deutschen Rechtsgeschichte (HRG), hrsg. v. *Cordes/Lück/Werkmüller/Schmidt-Wiegand*, 6 Bde., 2. Aufl. 2004 ff.; Handwörterbuch des Umweltrechts (HdUR), hrsg. *v. Kimminich/v. Lersner/Storm*, Band 2, 2. Aufl. 1994, Sp. 2304 ff.

132 Die in diesen Werken enthaltenen Beiträge sind nicht für spezifisch rechtswissenschaftlich vorgebildete Adressaten geschrieben,

Beispiele: Als spezielle juristische Lexika seien genannt: Deutsches Rechtslexikon, 3 Bde., 3. Aufl. 2001; *Creifelds*, Rechtswörterbuch, 21. Aufl. 2014; *Alpmann,* Brockhaus Studienlexikon Recht, 4. Aufl. 2014; *Model/Creifelds*, Staatsbürger-Taschenbuch, 33. Aufl. 2012; *Duden,* Recht A-Z, 2. Aufl. 2010.

sondern wollen in auch für Laien verständlicher Form Informationen über einen bestimmten Sachkomplex liefern. Da diese Artikel zudem auch Literaturhinweise enthalten, bilden sie oft einen geeigneten „Einstieg“ für abstraktere Themenarbeiten, die nicht auf Einzelrechtsprobleme der Anwendung bestimmter Gesetze abzielen, sondern den Hintergrund staatlicher Institutionen oder Ordnungskomplexe beleuchten und problematisieren sollen.

Beispiele: *Hermes*, Art. Wirtschaftsverfassung, in: EvStL, Neuausgabe 2006, Sp. 2748 ff.; *Hesse*, Staatsnotstand und Staatsnotrecht, in: Staatslex. Bd. 5, 1989, Sp. 201 ff.; *Sellner*, Umweltprozessrecht, in: HdUR, Bd. 2, 1994, Sp. 2304 ff.

Soweit es darum geht, wirtschaftswissenschaftliche[147] Erkenntnisse zu verwerten, bieten sich namentlich folgende „klassische“ Nachschlagewerke an:

Gabler, Wirtschaftslexikon, 6 Bde., 18. Aufl. 2014; Vahlens Großes Wirtschaftslexikon, 4 Bde., 2. Aufl. 1994; Handwörterbuch des Bank- und Finanzwesens, 3. Aufl. 2001; Handwörterbuch der Betriebswirtschaft, 3 Bde., 6. Aufl. 2007.

VII. Dokumentationen und Sammelbände

133 Als Dokumentation im bibliographischen Sinne bezeichnet man Zusammenstellungen und Nachweise von Belegstellen.[148] Gemeint sind ganz allgemein zusammenge-

[147] Nachweise zu sozialwissenschaftlichen Grundlagenwerken finden sich bei *Rinken*, Einführung in das juristische Studium, 3. Aufl. 1996, S. 271.

[148] *Oftinger*, Vom Handwerkszeug des Juristen und von seiner Schriftstellerei, 7. Aufl. 1986, S. 69.

fasste *Berichte* von Tagungen, Kongressen und dergleichen, die bestimmten juristischen Fragen gewidmet sind. Auf sie wird vor allem in der Themenarbeit, vornehmlich dann, wenn sie aktuelle Probleme des geltenden Rechts oder rechtspolitische Bereiche betrifft, zurückzugreifen sein.

Beispiele: *Stüer*, Bericht über die 20. Jahresarbeitstagung Verwaltungsrecht vom 24. und 25.1.2014 in Leipzig, DVBl. 2014, 360 ff.; *Thiele*, Tagungsbericht: Zukunftsgestaltung durch Öffentliches Recht, 73. Jahrestagung der Vereingung der Deutschen Staatsrechtslehrer vom 2.-5. Oktober 2012 in Greifswald, JZ 2014, 78 ff.

Daneben stehen *Sammelbände*, in denen als Tagungsdokumentation die Referate einzelner Tagungen und die anschließenden Diskussionen abgedruckt sind,

Beispiele: Veröffentlichungen der Vereinigung der Deutschen Staatsrechtslehrer (VVDStRL); Dokumentationen zu den Deutschen Juristentagen (DJT); *Ipsen* (Hrsg.), Kommunale Gebietsreform in Niedersachsen?, 24. Bad Iburger Gespräche zum Kommunalrecht, 2013.

in denen Beiträge mehrerer Autoren zu einem größeren Themenkreis zusammengetragen sind

Beispiele: *Stern* (Hrsg.), 60 Jahre Grundgesetz, 2010; *Brüning/Suerbaum* (Hrsg.), Die Vermessung der Staatlichkeit, 2013.

oder in denen mehrere thematisch zusammenhängende Aufsätze eines Autors gemeinsam abgedruckt werden.

Beispiele: *Heun*, Verfassung und Verfassungsgerichtsbarkeit im Vergleich, 2014; *Heinig*, Die Verfassung der Religion, 2014.

VIII. Aufsatzliteratur

In Gestalt unselbständiger Veröffentlichungen nimmt die Aufsatzliteratur im modernen Wissenschaftsbetrieb einen breiten Raum ein. Der Aufsatz ist die geeignete Gestaltungsform, Gedanken zu Einzelproblemen der Rechtsordnung zeitnah auf gedrängtem Raum einem breiten Publikum nahezubringen. Von der Wahl des Publikationsorgans hängen dabei Breite und Struktur des Adressatenkreises ab. Eine optimale Verbreitung garantieren vor allem die nachfolgend unter IX. genannten juristischen Fachzeitschriften. Studierende werden sowohl bei der häuslichen Bearbeitung von Übungsfällen wie auch bei der Themenarbeit häufig Aufsatzliteratur einbeziehen müssen. Kommentare, Lehrbücher und oft auch Gerichtsentscheidungen enthalten entsprechende Hinweise. 134

Für Studierende stellt sich aber nicht selten die Frage einer Gewichtung der in Aufsätzen dargelegten Thesen,[149] insbesondere wenn sie von in der Rechtsprechung vertretenen Rechtsauffassungen abweichen. Hier ist grundsätzlich kritische Distanz angebracht, insbesondere dann, wenn aus den Ausführungen hervorgeht, dass mehr oder weniger einseitig bestimmte Interessenstandpunkte vertreten werden.

Hilfreich ist daher stets ein Blick auf die berufliche Provenienz der Autoren. Schließlich kann man etwa von Verbandsfunktionären kaum erwarten, dass sie eine von der „in ihrem Haus" üblichen abweichende Rechtsauffassung vertreten. Dies gilt namentlich für Stellungnahmen in politisch brisanten Fragen, z. B. bei Aufsätzen von Gewerkschaftern in Sachen Mitbestimmung oder Arbeitskampfrecht oder für Beiträge von Juristen der Energiewirtschaft in Fragen des Atomrechts.

---

[149] Dazu unter methodischen Gesichtspunkten näher unten Rn. 314 ff.

In der Auseinandersetzung mit einem breiten Meinungsspektrum werden Studierende in solchen Fällen somit schon früh gezwungen, sich über die Stringenz und Überzeugungskraft divergierender Auffassungen Gedanken zu machen und eine sachorientierte Abwägung vorzunehmen – ein für ihren weiteren Ausbildungsgang eminent wichtiger Schritt.

IX. Fachzeitschriften

135 Die gängigen juristischen Fachzeitschriften lassen sich nur schwer einheitlich klassifizieren, da sie sehr unterschiedliche Funktionen erfüllen. Dies hat seinen Grund vor allem darin, dass die jeweilige Fachzeitschrift einen ganz bestimmten Adressatenkreis, ein ganz bestimmtes Publikum, ansprechen will. Hiervon hängt es auch ab, ob eine mehr praktische oder eine mehr wissenschaftliche Ausrichtung gegeben ist. Größter Vorteil der Fachzeitschriften ist deren Chance zur Aktualität. Sie können rasch auf Neuerungen in der Rechtsentwicklung und neueste Rechtsprechung aufmerksam machen, ja sogar Hinweise auf Gerichtsentscheidungen geben, die gerade erst wenige Tage vorher verkündet wurden, und diese erläutern und kommentieren. Dies gilt insbesondere für sog. Internetzeitschriften.

Beispiele: JurPC – Internetzeitschrift für Rechtsinformatik und Informationsrecht (www.jurpc.de); International Journal of Communications Law and Policy (www.ijclp.net/ojs/index.php/ijclp).

Nachfolgend soll – ohne Anspruch auf Vollständigkeit – eine Auswahl wichtiger Fachzeitschriften unter Angabe des jeweiligen Adressatenkreises vorgestellt werden, woraus sich jeweils der mögliche Nutzen für Studierende ermitteln lässt.

1. Fachzeitschriften für alle Rechtsgebiete

136 Eine erste Gruppe wird von denjenigen Zeitschriften gebildet, die Entscheidungen und Aufsätze zu allen drei juristischen Hauptgebieten veröffentlichen.

– *NJW – Neue Juristische Wochenschrift*[150]

Sie wendet sich bei wöchentlicher Erscheinungsweise mit umfangreichem aktuellem Rechtsprechungsteil namentlich an den Praktiker, den Rechtsanwalt, den Richter und den Justitiar in Wirtschaftsunternehmen und Verbänden.

Der spezielle Nutzen der Lektüre dieser Zeitschrift für Studierende besteht in der Gewährleistung umfassender aktueller Information über neueste Rechtsprechung, wobei allerdings im Schwerpunkt vor allem das Gebiet des Zivilrechts bedient wird, weil für das Strafrecht mit der NStZ und für das Verwaltungsrecht mit der NVwZ im gleichen Verlag speziellere Produkte angeboten werden. Angesichts der durch die wöchentliche Erscheinungsweise garantierten hohen Aktualität bietet sich eine Lektüre der NJW insbesondere zur Vorbereitung auf die mündliche Examensprüfung an.

Abgesehen vom Rechtsprechungsteil enthält die NJW folgende Sparten: Aufsätze, Zur Rechtsprechung, Kommentar, Berichte, Kanzlei und Mandat, Buchbesprechungen sowie zusätzliche Umschlaginformationen mit Stellenanzeigen und aktuellen Nachrichten. Die Beachtung des Aufsatzteils, in dem sich häufig einführende Beiträge zu den durch eine neue Gesetzgebung herbeigeführten Veränderungen der Rechtslage befinden,

Beispiele: *Soltész*, Das neue europäische Beihilferecht, NJW 2014, 3128 ff.; *Richter*, Das Pflegestärkungsgesetz I, NJW 2015, 1271 ff.

[150] www.njw.de.

sowie des Berichtsteiles, der kontinuierliche Übersichten über die Rechtsentwicklung in bestimmten Rechtsbereichen enthält,

Beispiele: *Hoffmann,* Die Entwicklung des Internetrechts bis Ende 2014, NJW 2015, 530 ff.; *Weber,* Die Entwicklung des Kapitalmarktrechts im zweiten Halbjahr 2014, NJW 2015, 212 ff.; *Zundel,* Die Entwicklung des Arbeitsrechts im Jahr 2014, NJW 2015, 134 ff.; *Taeger,* Die Entwicklung des IT-Rechts im Jahr 2014, NJW 2014, 3759 ff.

wird namentlich den fortgeschrittenen Studierenden rasche Orientierung vermitteln können.

Gerade diese Darstellungen sind bei aktuellen Fragen sehr nützlich, da Lehrbücher und Kommentare nicht immer auf dem neuesten Stand sein können und solche zusammenfassenden Aufsätze die Einzelfalljudikatur sofort in einen systematischen Zusammenhang einzuordnen bemüht sind. Auch in den Rubriken „Zur Rechtsprechung" und „Kommentar" finden sich überwiegend Stellungnahmen zu aktuellen Einzelproblemen, die für Studierende höherer Semester lesenswert sind.[151]

Beispiele: *Kühling,* Im Dauerlicht der Öffentlichkeit – Freifahrt für personenbezogene Bewertungsportale!?, NJW 2015, 447 ff.; *Boemke,* Abbruch lebenserhaltender Maßnahmen, NJW 2015, 378 ff.; *Mitsch,* Vorbeugende Strafbarkeit zur Abwehr terroristischer Gewalttaten, NJW 2015, 209 ff.; *Forst,* Steht der vergaberechtliche Mindestlohn vor dem Aus?, NJW 2014, 3755 ff.

Eine Fundgrube aktueller Informationen stellen darüber hinaus die Umschlagseiten der NJW dar. In der Sparte *„NJW-aktuell"* werden vorab Leitsätze neuester Urteile mitgeteilt, deren Entscheidungsgründe erst später in den Fachzeitschriften detailliert wiedergegeben werden. Daneben finden sich Hinweise auf Veranstaltungen, den Stand der Bundesgesetzgebung, gerade erschienene Literatur sowie eine Bücherschau zu verschiedenen Rechtsgebieten, die aus der Karlsruher Juristischen Bibliographie (KJB – dazu unten Rn. 147) entnommen ist. Weiterhin informiert die Sparte „Aktuelle Gesetzgebung" über die im Bundesgesetzblatt I und II, im Bundesanzeiger und in den Gesetzblättern der Länder verkündeten Gesetze, Verordnungen und sonstigen Rechtsakte.

In Ergänzung hierzu gehen der Bericht aus Berlin und der Bericht aus Brüssel in der als Beilage zur NJW erscheinenden *Zeitschrift für Rechtspolitik (ZRP)* gezielt auf rechtspolitische Entwicklungen und in diesem Rahmen auf den Inhalt konkreter Gesetzesentwürfe ein.

Beispiele: *Kudlich,* Ecclestone, Verständigungsgesetz und die Folgen – Reformbedarf für § 153a StPO?, ZRP 2015, 10 ff.; *Rüthers,* Ein Gesetz gegen die Verfassung?, ZRP 2015, 2 ff.; *Benassi,* Kinderrechte ins Grundgesetz – alternativlos!, ZRP 2015, 24 ff.

Seit dem Jahr 2004 liegt der NJW monatlich die *NJW Spezial* bei. Sie enthält aus den praktisch bedeutsamsten Rechtsgebieten kurze Artikel und Zusammenfassungen von Entscheidungen, jedoch keine Entscheidungen im Wortlaut.

Beispiele: *Naucke-Lömker,* Witwenrente und Sterbegeld auch bei Tod durch Sterbehilfe, NJW Spezial 2014, 328; *Tausch,* Unverhältnismäßiger Haftbefehl, NJW Spezial 2015, 90; *Spiekermann,* Ausmaß zumutbarer Geruchsimmissionen im Außenbereich, NJW Spezial 2015, 77.

– JZ – Juristenzeitung[152]

Die Lektüre dieser zweimal im Monat erscheinenden Zeitschrift ist weniger zum Zwecke der raschen und kontinuierlichen Information über die Judikatur angezeigt, 137

---

[151] Nicht zuletzt aus diesem Grund ist die Lektüre der NJW für Examenskandidaten vor der mündlichen Prüfung im ersten Staatsexamen nahezu unerlässlich.

[152] www.mohr.de/nc/zeitschriften/rechtswissenschaft/juristenzeitung-jz/zeitschrift.html.

sondern im Vordergrund stehen hier aktuelle Probleme der Rechtspolitik sowie der Rechtsentwicklung durch neue Gesetzgebung und Rechtsprechung. Der Aufsatzteil enthält vielfach Darlegungen, die über die konkrete Behandlung einer eng begrenzten juristischen Streitfrage hinausgehen und ganze Problembereiche in ihren rechtsdogmatischen und rechtspolitischen Zusammenhängen erörtern. Die JZ greift in ihren Aufsätzen somit zum einen grundlegende Fragestellungen und aktuelle Entwicklungen in Rechtswissenschaft und -praxis auf, bietet zum anderen aber auch Abhandlungen aus den Bereichen Rechtsgeschichte, Rechtsphilosophie, Rechtstheorie, Rechtssoziologie und Methodenlehre einen festen Platz. Stärker als die aktualitätsbezogene NJW dient die JZ damit zugleich der weiterführenden „juristischen Allgemeinbildung", weshalb Studierende auf diese Zeitschrift vor allem im Rahmen von Themenarbeiten mit Gewinn zurückgreifen werden.

Beispiele: *Thym*, Vereinigt die Grundrechte!, JZ 2015, 53 ff.; *Ipsen*, Verfassungsprivatrecht?, JZ 2014, 157 ff.; *Schmahl*, Effektiver Rechtsschutz gegen Überwachungsmaßnahmen ausländischer Geheimdienste?, JZ 2014, 220 ff.; *Shirvani*, Parteiverbot und Verhältnismäßigkeitsgrundsatz, JZ 2014, 1047 ff.

– *MDR – Monatsschrift für Deutsches Recht*[153]

Diese – wie bereits der Titel besagt – monatlich erscheinende Zeitschrift bietet neben einem auf die juristische Praxis bezogenen Aufsatzteil einen breiten Überblick über die Judikatur unter besonderer Berücksichtigung der BGH-Rechtsprechung. Zusätzlich bringt sie Rechtsprechungsübersichten zu Spezialgebieten, wobei ein besonderer Schwerpunkt auf der Spruchpraxis des BGH liegt.

Beispiele: *Elzer*, Die BGH-Rechtsprechung zur Insolvenzanfechtung 2014, MDR 2015, 132 ff.; *Riecke/v. Rechenberg*, Aktuelle Entwicklungen in der Rechtsprechung zum Wohnungseigentumsrecht, MDR 2015, 67 ff.; *Itzel*, Neuere Entwicklungen im Amts- und Staatshaftungsrecht, MDR 2014, 258 ff.

Die Zeitschrift ist insgesamt sehr praxisnah, aber durchaus wissenschaftlich fundiert. Als Informationsquelle ist sie primär für diejenigen Studierenden, die ihre Schwerpunkte im zivilrechtlichen Bereich setzen, empfehlenswert.

– *JR – Juristische Rundschau*[154]

Im Vordergrund dieser Zeitschrift steht die aktuelle Information über diejenige für die Berufspraxis der Rechtsanwälte relevante Rechtsprechung, welche grundsätzliche und richtungsweisende Aussagen enthält. Die JR als Monatsschrift verschafft aber auch Zugang zu BGH-Entscheidungen, die nicht in der amtlichen Sammlung veröffentlicht werden. Wichtig für den öffentlich-rechtlichen Bereich sind vor allem Übersichten zur Entscheidungspraxis des BVerfG und des BVerwG, wobei teilweise sogar Judikate mitgeteilt werden, die an anderer Stelle noch nicht publiziert wurden.

Beispiel: *Neuhöfer*, Soziale Netzwerke: Private Nachrichteninhalte im Strafverfahren, JR 2015, 21 ff.

– *BB – Betriebsberater*[155]

Adressaten dieser wöchentlich erscheinenden Zeitschrift sind vor allem die in der Privatwirtschaft tätigen Juristen, Justitiare, Verbandsgeschäftsführer, Wirtschaftsanwälte, Steuerberater sowie Richter der Zivil-, Arbeits- und Sozialgerichtsbarkeit. Die angebotene Informationsfülle auf den Gebieten Wirtschaftsrecht, Bilanz- und

[153] www.mdr.ovs.de.
[154] www.degruyter.de.
[155] www.betriebs-berater.ruw.de.

Steuerrecht sowie Arbeits- und Sozialrecht kann von Studierenden, die nicht gerade Spezialisten auf diesen Gebieten werden wollen, kaum ständig verarbeitet werden. Wer sich allerdings frühzeitig auf wirtschaftsrechtlichem Gebiet unter Einbeziehung der Praxis und in Ansehung der unverzichtbaren Querverbindungen zwischen Recht und Wirtschaft gediegene Kenntnisse erwerben will, hat hier eine sichere und umfassende Informationsbasis. Der BB präsentiert jeweils Gerichtsentscheidungen, weitere Informationen sowie Abhandlungen in seinen Rubriken Wirtschaftsrecht, Steuerrecht, Bilanz- und Betriebswirtschaftsrecht, Arbeits- und Sozialrecht.

Beispiele: *Eufinger*, Zur Kündigungsbefugnis eines Personalleiters bei Gesamtprokura, BB 2015, 376 ff.; *Hilbert*, BFH: Behandlung der betrieblichen Nutzung eines zum Betriebsvermögen des anderen Ehegatten gehörenden PKW, BB 2015, 357 ff.

Gesonderte Beilagen zum BB behandeln in intensiver Form aktuelle Themen aus den genannten Rechtsgebieten.

Beispiel: *Mann/Wolf*, Erfolgshonorare bei Rechtsanwälten, Steuerberatern und Wirtschaftsprüfern – Kritik an den Ausnahmetatbeständen des Regierungsentwurfs, BB Special 3/2008 Berufsrecht, S. 19 ff.

– *DRiZ – Deutsche Richterzeitung*[156]

Diese vom Deutschen Richterbund herausgegebene Monatsschrift bereitet die für Richter und Staatsanwälte zentralen Rechtsfragen praxisnah auf und thematisiert auch rechtspolitische Überlegungen und Probleme der Juristenausbildung.

Beispiel: *Schulz*, Terrorgefahr in Deutschland – wie soll der Staat reagieren?, DRiZ 2015, 54 ff.; *Roller*, Rechtsschutz bei überlangen Verfahren – eine Zwischenbilanz, DRiZ 2015, 66 ff.

2. Allgemeine Fachzeitschriften für das Öffentliche Recht

Neben den allgemeinen juristischen Zeitschriften, wie sie unter Rn. 136 f. aufgelistet 138
worden sind, existiert eine Vielzahl spezieller Zeitschriften zu den einzelnen Rechtsgebieten. Wegen der Provenienz des Verfassers aus dem öffentlichen Recht soll nachfolgend allein dieser Teilbereich beleuchtet werden. Da gerade das Verwaltungsrecht in kompetenzieller Hinsicht wesentlich stärker als andere Rechtsgebiete durch eine Aufteilung in Bundesrecht und Landesrecht gekennzeichnet ist, tragen die Fachzeitschriften dem durch unterschiedliche Schwerpunktsetzung Rechnung. Aufgeführt seien hier insbesondere:[157]

– *DVBl. – Deutsches Verwaltungsblatt*[158]

Die zweimal im Monat erscheinende Zeitschrift informiert über den gesamten Bereich des öffentlichen Rechts durch Abhandlungen, Berichte über Fachtagungen, Wiedergabe der Rechtsprechung der Verfassungs- und Verwaltungsgerichte, Literaturrezensionen und eine Zeitschriftenübersicht. Die Zeitschrift erscheint für fortgeschrittene Studierende als beinahe unverzichtbare Informationsquelle für das Verwaltungsrecht in seiner gesamten Breite, denn gerade im öffentlich-rechtlichen Bereich ist wegen der Vielzahl der relevanten Normen und den weitverzweigten Problemstellungen eine kontinuierliche, breit angelegte Information erforderlich, die das DVBl. ebenso bietet, wie Beiträge zu speziellen, aus studentischer Perspektive eher fernliegenden Rechtsfeldern.

---

[156] www.driz.de.

[157] Vgl. auch die Auswahl wichtiger Fachzeitschriften für das öffentliche Recht bei *Butzer/Epping*, Arbeitstechnik im öffentlichen Recht, 3. Aufl. 2006, Anhang I.

[158] www.dvbl.de.

Beispiele: *Mann*, Zur Bedeutung des Einvernehmenserfordernisses in § 7 Abs. 1b Satz 2 AtG, DVBl. 2009, 340 ff.; *Schenke*, Rechtsschutz bei Auswahlentscheidungen – Konkurrentenklage, DVBl. 2015, S. 137 ff.

– *DÖV – Die öffentliche Verwaltung*[159]

Diese ebenfalls vierzehntägig erscheinende Zeitschrift für öffentliches Recht und Verwaltungswissenschaft informiert in vergleichbarer Weise über den gesamten Bereich des öffentlichen Rechts (mit den Teilen: Abhandlungen, Berichte, Rechtsprechung, Spruchpraxis, Buchbesprechungen, Bücherschauen, Veranstaltungshinweise), wobei neben Darstellungen zum Bundes- und Landesverfassungsrecht vor allem auch die Diskussion über Themen aus dem Bereich der Verwaltungslehre einen etwas breiteren Raum als im Deutschen Verwaltungsblatt einnehmen.

Beispiele: *Ingold*, „Extremismusklauseln" bei der Vergabe öffentlicher Fördermittel, DÖV 2015, 13 ff.; *Mann*, Verfassungsrechtliche Determinanten bei der Nachrüstung von Kernkraftwerken, DÖV 2013, 295 ff.

– *NVwZ – Neue Zeitschrift für Verwaltungsrecht*[160]

Auch diese seit 1982 erscheinende Fachzeitschrift für den Bereich des gesamten Verwaltungsrechts widmet sich dem gesamten Spektrum des öffentlichen Rechts, wobei der Fokus, wie der Titel nahelegt, auf den vielfältigen Bereichen des Verwaltungsrechts liegt. Die NVwZ erschien bis 2008 im Unterschied zu den vorgenannten Zeitschriften monatlich, wurde 2009 aber auch auf einen vierzehntägigen Rhythmus umgestellt, und ist im Vergleich zu den vorstehend genannten Titeln wohl das am stärksten anwaltsorientiert ausgerichtete Journal. Sie entspricht in ihrer Aufmachung und Darstellungsweise der NJW und enthält die Rubriken: Aufsätze, Zur Rechtsprechung, Kurze Beiträge, Mitteilungen, Literatur und Rechtsprechung. Die NVwZ wird seit 1988 ergänzt durch den *NVwZ-Rechtsprechungs-Report (NVwZ-RR)*, in dem insbesondere die Entscheidungen der Oberverwaltungsgerichte zum Abdruck kommen. Seit dem September 2008 ist das Internetangebot der Zeitschrift zudem um besondere Kurzbeiträge in einer sog. *NVwZ-Extra Aufsätze Online* erweitert worden.

Beispiele: *Haberzettl*, Die Tatsachenfeststellung in Verfahren vor dem BVerfG, NVwZ 2015, 30 ff.; *Martini*, Zeitliche Höchstgrenzen der Forderungsdurchsetzung im öffentlichen Recht als Herausforderung für den Rechtsstaat, NVwZ 2014, 1555.

– *Verwaltungsblätter (BayVBl., VBlBW, NWVBl., NdsVBl., ThürVBl., SächsVBl.)*

139 Eine Reihe von Zeitschriften, die allesamt im Boorberg-Verlag[161] erscheinen, hat sich zur Aufgabe gemacht, insbesondere die Rechtsprechung der Oberverwaltungsgerichte bzw. Verwaltungsgerichtshöfe[162] ausgewählter Länder zu dokumentieren. Auf eine lange Tradition von 146 Jahrgängen (2015) können die *Bayerischen Verwaltungsblätter* (BayVBl.) zurückblicken, die monatlich zweimal erscheinen. Während im Rechtsprechungsteil Entscheidungen des Bayerischen Verwaltungsgerichtshofs und der bayerischen Verwaltungsgerichte überwiegen, enthält der Abhandlungsteil regelmäßig Beiträge, die auch über das bayerische Landesrecht hinaus von Interesse sind. Die Zeitschrift verdient daher Beachtung durch alle speziell am öffentlichen Recht Interessierten, auch außerhalb Bayerns. Gleiches gilt für die jeweils monatlich erscheinenden Verwaltungsblätter in anderen deutschen Ländern, die sich mit der

---

[159] www.doev.de.
[160] www.nvwz.de.
[161] www.boorberg.de.
[162] Zur Terminologie vgl. § 184 VwGO.

Rechtsprechung der Verwaltungsgerichte des betreffenden Landes und Fragen des betreffenden Landesrechts auseinandersetzen. Zu nennen sind insoweit: die *Verwaltungsblätter für Baden-Württemberg (VBlBW)*, die *Nordrhein-Westfälischen Verwaltungsblätter (NWVBl.)*, die *Thüringischen* und die *Sächsischen Verwaltungsblätter (ThürVBl. und SächsVBl.)* sowie die *Niedersächsischen Verwaltungsblätter* (NdsVBl.). Die Abhandlungsteile dieser Verwaltungsblätter nehmen sich gerne Themen des Landesrechts an, behandeln darüber hinaus aber auch bundesweit interessierende Fragestellungen.

Für studentische Leser und Referendare von herausgehobener Bedeutung ist die in allen genannten Verwaltungsblättern zu findende Rubrik „Ausbildung und Prüfung", in der regelmäßig Fallbearbeitungen, häufig auch Original-Examensklausuren, abgedruckt werden. Das Studium dieser Prüfungsfälle und Lösungsskizzen ist eine besondere Hilfestellung für das Examenstraining; gleiches gilt für bisweilen abgedruckte besondere methodische Anleitungen zu Spezialfragen des Referendardienstes.

Beispiele: *Dietlein/Gölt*, Examensklausur im Öffentlichen Recht – Verfassungsmäßigkeit verdachtsloser Waffenkontrolle, NWVBl. 2014, 482 ff.; *Barczak*, Examensklausur: Öffentlich-rechtliche Geschäftsführung ohne Auftrag zur Schiffahrtspolizei und Gewässerreinhaltung, NWVBl. 2014, S. 359 ff.; *Mann/Wienands*, Examensklausur: „Aufgedrängte Satansmesse", NdsVBl. 2015, S. 217 ff.

– *Zeitschrift für öffentliches Recht in Norddeutschland (Nord ÖR)/Landes- und Kommunalverwaltung (LKV)*

Landesspezifischen Themen widmen sich auch die Zeitschrift *NordÖR*, die sich auf die Länder Bremen, Hamburg, Mecklenburg-Vorpommern, Niedersachsen und Schleswig-Holstein und die Rechtsprechung der dort ansässigen Verfassungs- und Verwaltungsgerichte konzentriert, sowie die Zeitschrift *Landes- und Kommunalverwaltung (LKV)*, die als eine entsprechend konfektionierte Monatszeitschrift für die Länder Berlin, Brandenburg, Mecklenburg-Vorpommern, Sachsen, Sachsen-Anhalt und Thüringen figuriert.

– *Verwaltungsarchiv (VerwArch)*

Kaum Urteile, dafür ausführlichere Aufsätze finden sich in den vierteljährlich erschei- 140
nenden Zeitschriften. Zu nennen ist hier zunächst das *Verwaltungsarchiv (VerwArch)*, eine Vierteljahresschrift, die vor allem größere Abhandlungen zur Praxis der Verwaltung und der Verwaltungsgerichtsbarkeit sowie zur Analyse höchstrichterlicher Rechtsprechung bringt. Die behandelten Themen sind für fortgeschrittene Studierende mit besonderem Interesse am öffentlichen Recht von gesteigertem Interesse. Die „Höchstrichterliche Rechtsprechung zum Verwaltungsrecht" enthält nicht selten ausführliche Besprechungen wichtiger Urteile aus den Bereichen Staatsrecht, Allgemeines Verwaltungsrecht und Besonderes Verwaltungsrecht, deren Lektüre wegen der dort unternommenen Einbindung der konkreten Fallproblematik in die allgemeine staats- und verwaltungsrechtliche Dogmatik sich für Studierende als besonders gewinnbringend erweist.

Beispiele: *Lenski*, Flasmobs, Smartmobs, Raids – Sicherheitsrechtliche Antworten auf neue Formen von Kollektivität, VerwArch 103 (2012), 539 ff.; *Mann/Sieven*, Der Atomausstieg und seine Folgeprobleme im Kontext der Energiewende, VerwArch 106 (2015), 184 ff.

– *Die Verwaltung*

Die Zeitschrift „Die Verwaltung" ist eine weitere vierteljährlich erscheinende Zeitschrift für Verwaltungsrecht und Verwaltungswissenschaften, die stärker als das VerwArch organisations-, verwaltungs- und wirtschaftswissenschaftliche Ansatzpunkte thematisiert und daher vor allem für Studierende entsprechender Schwerpunktbereiche bei der Anfertigung von Themenarbeiten eine gewinnbringende Lektüre darstellt.

Beispiele: *Baldus*, Entgrenzungen des Sicherheitsrechts – Neue Polizeirechtsdogmatik?, Die Verwaltung 47 (2014), 1 ff.; *Knauff*, Energieeffizienz als Verwaltungsaufgabe, Die Verwaltung 47 (2014), 407 ff.

– *Archiv des öffentlichen Rechts (AöR)*

Das Archiv des öffentlichen Rechts ist eine traditionsreiche, seit 1886 erscheinende und mit hoher Reputation ausgestattete Zeitschrift, die in vier jeweils am Ende eines Quartals erscheinenden Heften herausgegeben wird. Sie verfolgt die Entwicklung der Staatsrechtslehre und die Praxis des Verfassungs- und Verwaltungsrechts bis hin zum Völker- und Staatskirchenrecht in Abhandlungen, in Berichten über Gesetzgebung und Rechtsprechung sowie in Rezensionen aktueller Veröffentlichungen. Berücksichtigung finden auch das Europarecht und die Rechtslage in anderen Staaten.

Beispiele: *Korte,* Die dienende Funktion der Rundfunkfreiheit in Zeiten medialer Konvergenz, AöR 139 (2014), 384 ff.; *Gross*, Das Ausländerrecht zwischen obrigkeitsstaatlicher Tradition und menschenrechtlicher Herausforderung, AöR 139 (2014), 420 ff.

– *Der Staat*

Ebenfalls vierteljährlich erscheint „Der Staat", eine Zeitschrift für Staatslehre und Verfassungsgeschichte, deutsches und europäisches öffentliches Recht, die in der Rechtswissenschaft ebenfalls hohes Ansehen genießt. Sie enthält die Rubriken „Abhandlungen und Aufsätze", „Berichte und Kritik" sowie „Buchbesprechungen und Buchanzeigen". Studierende werden vor allem im Rahmen von Themenarbeiten von den ausführlichen Abhandlungen zum geltenden Recht und den verfassungsgeschichtlichen Darstellungen profitieren können.

Beispiele: *Schladebach*, Praktische Konkordanz als verfassungsrechtliches Kollisionsprinzip. Eine Verteidigung, Der Staat 53 (2014), 263 ff.; *Kirste,* Das Fundament der Menschenrechte, Der Staat 52 (2013), 119 ff.; *Thiele*, Die Unabhängigkeit des Richters- grenzenlose Freiheit?, Der Staat 52 (2013), S. 415 ff.

– *Jahrbuch des öffentlichen Rechts der Gegenwart (JöR)*

Dieses Jahrbuch ist eine jährlich erscheinende Zeitschrift, deren Schwerpunkt Berichte über die Entwicklungen des Verfassungsrechts im europäischen und außereuropäischen Raum bilden.

Beispiele: *Klement,* Das Schwinden der Legalität, JöR n. F. 61 (2013), 115 ff.; *Görisch,* Verfassungsnotwendige Staatsaufgaben in vergleichender Perspektive, JöR n. F. 61 (2013), 163 ff.

– *Zeitschrift für Parlamentsfragen (ZParl)*[163]

Auf diese Zeitschrift, die vierteljährlich erscheint, werden Studierende bei Übungs- und Themenarbeiten, die den Bereich des Parlamentsrechts betreffen, zurückgreifen können. Sie behandelt in Dokumentationen, Kurzanalysen, Aufsätzen sowie Diskussionsberichten sowohl politikwissenschaftliche als auch rechtliche sowie parlaments- und wahlsoziologische Fragestellungen des parlamentarischen Lebens.

Beispiele: *Austermann*, Die Entwicklung der Entschädigung und der reisebezogenen Ansprüche im deutschen Abgeordnetenrecht, ZParl 2014, 459 ff.; *Rigoll,* NS-Belastung und NS-Verfolgungserfahrung bei Bundestagsabgeordneten, ZParl 2014, 503 ff.

---

[163] www.zparl.de.

– *Europäische Grundrechte Zeitschrift (EuGRZ)*[164]

An diese Zeitschrift sollten Studierende denken, wenn es ihnen darum geht, eine Fundstelle für aktuelle Entscheidungen des Bundesverfassungsgerichts zum Grundrechtsteil des Grundgesetzes zu zitieren, da diese vierzehntägig erscheinende Zeitschrift solche Entscheidungen zumeist als erste zum Abdruck bringt.

3. Spezielle Fachzeitschriften für Teilgebiete des Öffentlichen Rechts

Weitere Fachzeitschriften widmen sich speziellen Rechtsgebieten und richten sich 141
dabei vor allem an diejenigen, die sich beruflich auf eben jene Rechtsgebiete spezialisiert haben und hier praktisch tätig sind. Für Studierende und ihren Ausbildungsinteressen können diese Zeitschriften am Ende des Studiums von gewisser Bedeutung sein, vor allem, wenn es um eine Vertiefung innerhalb des gewählten Schwerpunktbereichs geht. Gerade für solche Gebiete, die nicht im Zentrum des Studiums stehen, haben Zeitschriften als zentrales Forum große Bedeutung, denn in ihnen werden aktuelle Probleme und Fortentwicklungen des jeweiligen Rechtsgebietes mitgeteilt und zur Diskussion gestellt. Außerdem findet man thematisch einschlägige Gerichtsentscheidungen abgedruckt, die ansonsten eventuell nur schwer zugänglich sind. Exemplarisch seien hier lediglich folgende Zeitschriften erwähnt:

– *Kommunalrecht*

Da das Kommunalrecht in jedem Bundesland zu den Pflichtausbildungsinhalten im Öffentlichen Recht gehört, seien hier als bedeutsame kommunalrechtliche Zeitschriften genannt: *Kommunaljurist (KommJur)*, eine monatlich erscheinende Fachzeitschrift, die sich als Rechtsberater für Gemeinden, Landkreise, Gemeindeverbände und kommunale Wirtschaftsunternehmen versteht und Aufsätze und Rechtsprechung zu allen Teilen des Kommunalrechts, darüber hinaus aber auch zu anderen kommunalen Agenden wie dem Baurecht, dem Umweltrecht, dem Ordnungsrecht oder dem Vergaberecht veröffentlicht; *Der Landkreis*, eine monatlich vom Deutschen Landkreistag herausgegebene Zeitschrift für kommunale Selbstverwaltung auf der Kreisebene; *Der Städtetag*, eine vom Deutschen Städtetag alle zwei Monate herausgegebene Fachzeitschrift für die entsprechenden Rechtsfragen im Interesse der kreisfreien Städte; *Städte- und Gemeindebund*, eine vom gleichnamigen kommunalen Spitzenverband herausgegebene Zeitschrift, die sich speziell mit den für die kreisangehörigen Städte und Gemeinden in Deutschland relevanten Themen auseinandersetzt. Neben diesen an den Belangen der Rechtspraxis ausgerichteten Zeitschriften findet sich mit der *Deutschen Zeitschrift für Kommunalwissenschaften (DfK)* – vormals: Archiv für Kommunalwissenschaften (AfK) – auch eine vierteljährlich erscheinende Fachzeitschrift, die nicht rein juristisch ist, sondern sich als Forum für alle kommunalwissenschaftlich relevanten Disziplinen[165] versteht.

– *Baurecht*

Im Bereich des Baurechts bieten die Zeitschrift *Baurecht (BauR)*, die das gesamte öffentliche und zivile Baurecht abdeckt, und die *Neue Zeitschrift für Baurecht und Vergaberecht (NZBau)* jeweils in Gestalt von Aufsätzen und Urteilen den Studierenden einen umfassenden Überblick über die aktuellen Entwicklungen in diesem Rechtsgebiet.

---

[164] www.eugrz.info.

[165] Dazu *Spiegel*, Die Kommunalwissenschaften und ihre Pflege, in: Th. Mann/G. Püttner (Hrsg.), Handbuch der kommunalen Wissenschaft und Praxis (HKWP), Band 1, 3. Aufl. 2007, § 2 (S. 23 ff.).

Im Bereich des Baurechts bieten die Zeitschrift *Baurecht (BauR)*, die das gesamte öffentliche und zivile Baurecht abdeckt, und die *Neue Zeitschrift für Baurecht und Vergaberecht (NZBau)* jeweils in Gestalt von Aufsätzen und Urteilen den Studierenden einen umfassenden Überblick über die aktuellen Entwicklungen in diesem Rechtsgebiet.

– *Öffentliches Wirtschaftsrecht*

Für das Öffentliche Wirtschaftsrecht von zentraler Bedeutung ist die traditionsreiche Zeitschrift *Gewerbearchiv (GewArch)*, die in Berichten, Abhandlungen und aktueller Rechtsprechung nicht nur die Entwicklung im Gewerbe-, sondern auch im sonstigen Wirtschaftsverwaltungsrecht dokumentiert und sich in ihrer Vierteljahresbeilage *Wirtschaft und Verwaltung* regelmäßig jeweils einer speziellen Thematik annimmt. Für die besonderen Teile des öffentlichen Wirtschaftsrechts finden sich daneben mitunter noch Spezialzeitschriften, so etwa für den Bereich des Energierechts die Zeitschriften *Recht der Energiewirtschaft (RdE), Zeitschrift für Neues Energierecht (ZNER)* oder *Zeitschrift für das gesamte Recht der Energiewirtschaft (EnWZ).* Noch weiter spezialisiert auf das Recht des Bergbaus ist die *Zeitschrift für Bergrecht (ZfB).*

– *Umweltrecht*

Für das Umweltrecht stehen mit den Titeln *Umwelt- und Planungsrecht (UPR), Zeitschrift für Umweltrecht (ZUR)* und *Natur und Recht (NuR)* drei gleichwertige Informationsquellen zur Verfügung, die den Studierenden eines entsprechenden Schwerpunktbereichs einen Überblick über aktuelle Rechtsfragen und rechtspolitische Entwicklungslinien vermitteln.

– *Sozialrecht*

Mit Blick auf das Sozialrecht sind aus studentischer Perspektive hervorzuheben: die *Vierteljahresschrift für Sozialrecht (VSSR)* sowie als monatlich erscheinende Journale *Die Sozialgerichtsbarkeit (SGb)*, die Zeitschrift *Sozialrecht in Deutschland und Europa (ZfSH/SGB)* sowie die *Neue Zeitschrift für Sozialrecht (NZS).*

– *Beamtenrecht*

Im Beamtenrecht werden Studierende entsprechend auf die spezialisierte *Zeitschrift für Beamtenrecht (ZBR)* und die Fachzeitschrift *Der öffentliche Dienst (DöD)* zurückgreifen können.

– *Polizeirecht*

Auf das Gebiet des Polizeirechts spezialisiert hat sich die Zeitschrift *Die Polizei*, welche monatlich mit Abhandlungen, Berichten und Kommentaren über den Stand der Diskussion und Rechtsprechung auf allen polizeilich relevanten Gebieten informiert.

– *Steuerrecht*

142 Aus der Fülle der Zeitschriften zum Steuerrecht dürften für die Studierenden der einschlägigen Schwerpunktbereiche insbesondere die wöchentlich erscheinende Zeitschrift *Deutsches Steuerrecht (DStR)*, die vierzehntägig erscheinende *Deutsche Steuer-Zeitung (DStZ)* sowie die vierteljährlich erscheinende Zeitschrift *Steuer und Wirtschaft (StuW)* von Interesse sein.

– *Völker- und Europarecht*

Schließlich können auch diejenigen Studierenden, die ihren Studienschwerpunkt im Völker- und Europarecht gewählt haben, auf Spezialzeitschriften wie das *Archiv des Völkerrechts (AVR)*, die *Zeitschrift für ausländisches öffentliches Recht und Völker-*

recht (ZaöRV) sowie die Zeitschrift *Europarecht (EuR)* zurückgreifen, die jeweils vierteljährlich erscheinen. Neben der bereits unter Rn. 140 genannten EuGRZ, die den Grundrechtsschutz in Europa fokussiert, finden sich weitere Zeitschriften, die sich spezieller Fragen des Europarechts annehmen, wie etwa die ebenfalls zweimal monatlich erscheinende *Europäische Zeitschrift für Wirtschaftsrecht (EuZW)*, die sich u. a. zum Ziel gesetzt hat, alle wichtigen und wirtschaftsrechtlich relevanten EuGH-Urteile in gekürzter Form unter Voranstellung einer präzisen Zusammenfassung zu dokumentieren und durch Anmerkungen in ihren praktischen Auswirkungen zu kommentieren.

X. Spezifische Ausbildungsliteratur

Die Ausbildungsliteratur im juristischen Bereich ist schon fast unüberschaubar geworden. Alle juristischen Fachverlage sind augenscheinlich um eine umfassende Erschließung dieses speziellen Marktes bemüht. An dieser Stelle kann darum gleichfalls wieder nur ein Überblick über die wichtigsten Erscheinungsformen gegeben werden. 143

1. Fachzeitschriften für die Ausbildung

Auf dem juristischen Markt für Ausbildungsliteratur haben sich im Laufe der letzten Jahrzehnte auch spezielle Zeitschriften etabliert, die sich gezielt an Studierende der Rechtswissenschaft richten.

a) JuS, JURA und JA

Als wichtige monatlich erscheinende juristische Ausbildungszeitschriften sind zu 144
nennen:

– *Juristische Schulung (JuS)*[166]

Diese „Zeitschrift für Studium und Referendariat" (so der Untertitel) publiziert monatlich Aufsätze, Entscheidungsrezensionen, speziell für Studienzwecke konzipierte Darstellungen zur Einarbeitung und zur Vertiefung, Beiträge zur Methodik der Fallbearbeitung und zu den Themen des Referendariats, Rechtsprechungsübersichten sowie Berichte und Dokumente. Ein „JuS-Tutorium" genannter Teil listet für einzelne Rechtsfelder zudem die besonders examensrelevanten systematischen Beiträge der JuS seit 2000 auf. Hinzu treten noch Umschlaginformationen, die Veranstaltungshinweise, Pressemitteilungen sowie Aktuelles zur Ausbildungsförderung, Prüfung und Praxis enthalten. Ein für Abonnenten kostenlos gewährter Zugang zum beck-online-Modul „JuS-Direkt" eröffnet weitere Optionen, z. B. eine Datenbank mit den in Beck'schen Lehrbüchern zitierten Urteilen sowie alle JuS-Zeitschriften im Volltext seit dem Jahr 2000.

– *Juristische Ausbildung (JURA)*

Auch in der JURA finden sich ein Aufsatzteil mit didaktisch aufbereiteten Abhandlungen zum Grundstudium und zu den Pflicht- und Schwerpunktbereichsfächern, ein Methodik-Teil mit mindestens drei Fallbearbeitungen (Klausuren, Hausarbeiten, Aktenvorträge) je Heft für Anfänger, Fortgeschrittene oder Referendare sowie ein Repetitoriums-Teil, in dem in konziser Form die Examensschwerpunkte wiederholt werden. Über die in der neueren Rechtsprechung behandelten Fragestellungen informiert die JURA anhand von 16 DIN-A-4 Kartonseiten pro Heft, die in gedrängter Kürze nach schlagwortartiger Umschreibung der jeweiligen Problemstellung den

---

[166] www.jus.beck.de.

Sachverhalt der betreffenden Gerichtsentscheidung und die in ihr gefundene Problemlösung in didaktisch aufbereiteter Form erläutern.

– *Juristische Arbeitsblätter (JA)*

Ebenso wie die vorgenannten Ausbildungszeitschriften enthält auch die JA neben einem ausbildungsorientierten Aufsatzteil zu den einzelnen Rechtsgebieten mit den Rubriken „Übungsblätter Studenten“ und „Übungsblätter Referendare“ zwei Teile, in denen jeweils abgestimmt auf den genannten Personenkreis Lernbeiträge sowie Klausuren, Hausarbeiten und Aktenvorträge abgedruckt werden. Gerichtsentscheidungen aus allen drei großen Rechtsgebieten werden jeweils in kommentierter Form präsentiert, wobei über die frei zugängliche Homepage der JA[167] (vgl. Fn. 171) die Entscheidungen auch im Volltext abrufbar sind. Auf dieser Homepage finden sich zudem noch weitere Inhalte wie die Aufarbeitungen sog. Rechtsprechungs-Klassiker aus zurückliegenden Printversionen der Ausbildungszeitschrift.

b) Inhalte

145 In ihren *Aufsatzteilen* bringen die vorgenannten Ausbildungszeitschriften zunächst regelmäßig Abhandlungen, die zur Einführung in ein Rechtsgebiet oder Rechtsproblem geeignet sind.

Beispiele: *Singbartl/Dziwis*, „Nach dem Spiel ist vor dem Spiel“: Einführung in das Sportrecht am Beispiel des Fußballs, JA 2014, 407 ff.; *Siesenop*, Grundzüge der Abgabenordnung, JuS 2015, 411 ff.

Daneben finden sich weitere Beiträge zur Vertiefung vorhandener Grundkenntnisse, wobei in der Darstellung auf Verständlichkeit, Übersichtlichkeit und didaktische Struktur regelmäßig besonders geachtet wird. Gerade die zum Zwecke des Repetierens abgefassten Beiträge eignen sich daher besonders zur Examensvorbereitung.

Beispiele: *Cremer*, Die Grundfreiheiten des Europäischen Unionsrechts, JA 2015, 39 ff.; *Mann/Worthmann*, Berufsfreiheit (Art. 12 GG) – Strukturen und Problemkonstellationen, JuS 2013, 385 ff.

Im *Rechtsprechungsteil* sind durchgängig nur die für den Ausbildungszweck wichtigsten Entscheidungen abgedruckt, welche in der Regel Zentralprobleme des Prüfungsstoffes betreffen. Dabei wird zunächst in die Problemstellung als solche eingeführt und sodann aufgezeigt, wie das Gericht zu dem jeweiligen Problem Stellung bezogen hat. Weiterführende Hinweise gelten der Einordnung der betreffenden Entscheidung in die bisherige Judikatur sowie den aus ihr folgenden Konsequenzen für die juristische Dogmatik (auch unter Berücksichtigung der in der Literatur eventuell bereits geäußerten Kritik an der Entscheidung).

Beispiele: *Hufen*, Berufsfreiheit und Prüfungsrecht – BVerwG, Urt. v. 29.5.2013 – 6 C 18/12, JuS 2014, 761 ff.; *Muckel*, Protestveranstaltung auf einem Friedhof von Versammlungsfreiheit geschützt, BVerfG, Urt. v. 20.6.2014 – 1 BvR 980/13, JA 2015, 237 ff.; *Schoch*, Rückwirkende Entziehung des Doktortitels wegen Plagiats – VG Freiburg, Urt. v. 23.5.2012 – 1 K 58/12, Jura-Kartei (JK) 7/13, VwVfG § 48 I/1.

Unter den in allen drei Ausbildungszeitschriften enthaltenen Rubriken zur Methodik der *Fallbearbeitung* findet man Klausuren, Hausarbeiten oder Aktenvorträge zu allen Rechtsgebieten (zu öffentlich-rechtlichen Fallbearbeitungen in den Verwaltungsblättern s. Rn. 139) in verschiedenen Schwierigkeitsgraden, die sich an Anfänger, Fortgeschrittene, Examenskandidaten oder Referendare richten. Von besonderer Bedeutung sind solche Musterfallbearbeitungen deshalb, weil sie die gängigen Fehlerquellen

---

[167] www.ja-aktuell.de.

bei der Anfertigung juristischer Gutachten aufzeigen und kommentieren und schon dadurch für Studierende wertvolle Hinweise geben.

Beispiele: *Sickor*, Fortgeschrittenenklausur – Strafrecht: Eigentumsdelikte und Rechtfertigungsgründe, JuS 2014, 807 ff.; *Thomas*, Verlegung einer politischen Versammlung am „Holocaust-Gedenktag“, JURA 2015, 528 ff.; *Klesczewski/Hawickhorst,* Original-Examensklausur: „Angemessenheit ist (k)eine Frage des Kreditrahmens“, JA 2015, 109 ff.

Daneben werden mitunter aber auch allgemeine Hinweise zur Anfertigung von Klausuren oder Themenarbeiten offeriert.

Beispiele: *Beck*, Juristische Klausuren von Anfang an (richtig) schreiben, JURA 2012, 309 ff.; *Kampf*, Die Bearbeitung von Strafrechtsklausuren für Anfänger, JuS 2012, 576 ff.; *Herold/Müller*, „No-Go's“ in Seminaren, JA 2013, 808 ff.

2. Lehrbücher nach der Fallbearbeitungsmethode

Innerhalb der Bücher, die sich zum Ziel gesetzt haben, die juristische Ausbildungsliteratur um Anleitungen zur Fallbearbeitung zu bereichern, lassen sich drei Untergruppen bilden. 146

- Eine erste Gruppe sieht nicht so sehr die Methodik der Fallbearbeitung im Vordergrund, sondern nimmt die Präsentation von Fällen und Lösungen (vielfach in enger Anlehnung an höchstrichterliche Entscheidungen) zum Anlass für die Vermittlung eines möglichst breiten und soliden Sachwissens in einem Studienfach. Hierzu zählen namentlich auch einige Bände aus der JuS-Schriftenreihe und die Reihe „Schwerpunkte“ des C. F. Müller-Verlages.

Beispiele: *Dietlein/Dünchheim*, Examinatorium Allgemeines Verwaltungsrecht, 3. Aufl. 2007; *Michael/Morlok*, Grundrechte, 4. Aufl. 2014; speziell aus der JuS-Schriftenreihe: *Muckel/Stemmler*, Fälle zum öffentlichen Baurecht, 7. Aufl. 2013 (Band 26); *Höfling*, Fälle zum Staatsorganisationsrecht, 5. Aufl. 2014 (Band 92); *Frotscher/Kramer*, Wirtschaftsverfassungs- und Wirtschaftsverwaltungsrecht, 6. Aufl. 2013 (Band 103); speziell aus der Reihe „Schwerpunkte“: *Degenhart*, Staatsrecht I – Staatsorganisationsrecht, 30. Aufl. 2014; *Pieroth/Schlink/Kingreen/Poscher*, Grundrechte – Staatsrecht II, 30. Aufl. 2014; *Ruthig/Storr,* Öffentliches Wirtschaftsrecht, 3. Aufl. 2011; *Erbguth/Mann/Schubert*, Besonderes Verwaltungsrecht, 12. Aufl. 2015.

- Eine zweite Gruppe stellt schwerpunktmäßig gezielt auf methodische Probleme und Grundfragen der Klausurenlehre ab, ohne dass das Ziel verfolgt wird, einzelne Fälle mit einer umfassenden „Musterlösung“ zu versehen.

Beispiele: *Schwerdtfeger*, Öffentliches Recht in der Fallbearbeitung (Grundfallsystematik, Methodik, Fehlerquellen), 14. Aufl. 2012; *Stern/Blanke*, Verwaltungsprozessrecht in der Klausur, 9. Aufl. 2008.

- Eine dritte Gruppe schließlich bietet eine Aneinanderreihung von Klausuren zu Übungszwecken, die ohne Anspruch auf Vollständigkeit mehrere Themengebiete und typische Klausurprobleme thematisieren. Im Rahmen der sachlichen Falllösung werden dann zugleich auch gutachtentechnische Hinweise gegeben. Dieser Technik bedienen sich nicht selten auch die speziellen Studien-, Wiederholungs- und Vertiefungskurse, deren Ziel es ist, das bereits vorhandene Grundwissen aufzufrischen und mit Blick auf die examenstypischen Konstellationen zu festigen. Der Vorteil solcher Publikationen liegt in der schulmäßigen Darstellungsform unter Beherzigung des Gutachtenstils, wodurch zugleich die Methodik juristischer Argumentation eingeübt werden kann.

Beispiele: *Brüning/Suerbaum*, Examensfälle zum Öffentlichen Recht, 2005; *Peine*, Klausurenkurs im Verwaltungsrecht, 5. Aufl. 2013; *Muckel*, Fälle zum Besonderen Verwaltungsrecht, 5. Aufl. 2013; *Preis/Prütting/Sachs/Weigend*, Die Examensklausur, 5. Aufl. 2013.

XI. Bibliographien

147 In einer Zeit, als es die schier unbegrenzten Möglichkeiten der Literaturrecherche im Internet noch nicht gab, waren Bibliographien die zentralen Hilfsmittel der juristischen Quellenarbeit. Aber auch in heutiger Zeit ist ihr Stellenwert nicht gering zu schätzen, da sie – je nach Ausgangsfrage – dem geübten Benutzer einen systematischeren Zugang zum juristischen Quellenmaterial bieten, welcher nicht selten mit einem Zeitvorteil gegenüber dem Abarbeiten der ungeordneten Informationsflut aus den elektronischen Ressourcen einhergeht.

1. Karlsruher Juristische Bibliographie (KJB)

Die wichtigste, seit 1965 in monatlicher Folge erscheinende und darum stets aktuelle juristische Bibliographie ist die *KJB – Karlsruher Juristische Bibliographie*. Sie enthält systematische Nachweise neuer Bücher und Aufsätze aus Recht, Staat und Gesellschaft. Der Literaturnachweis ist umfassend. Alle Arten von Publikationen finden Berücksichtigung, insbesondere auch solche, die außerhalb des Buchhandels vertrieben werden – wie Denkschriften, Dissertationen, Tagungsprotokolle –, wohingegen Rezensionen im Allgemeinen ausgeklammert bleiben. Loseblattsammlungen und Zeitschriften werden nur beim ersten Erscheinen sowie bei Titeländerungen, Fortsetzungs- und Lieferungswerke jeweils bei Vorliegen eines kompletten (Teil-)Bandes und nach Abschluss aufgeführt. Die Bibliographie ist nach folgenden Sachgebieten gegliedert:

1. Recht und Rechtswissenschaft
2. Rechts- und Verfassungsgeschichte
3. Privatrecht
4. Gerichtsverfassung, Allgemeines Prozessrecht und Zivilprozess
5. Strafrecht und Strafverfahren
6. Staats- und Gesellschaftslehre, Politik
7. Staats- und Verfassungsrecht
8. Allgemeines Verwaltungsrecht
9. Besonderes Verwaltungsrecht
10. Wirtschaftsrecht
11. Verkehrsrecht
12. Finanz- und Steuerrecht
13. Arbeitsrecht
14. Sozialrecht
15. Völkerrecht und internationales Recht
16. Kirchenrecht
17. Rechtsinformatik und juristische Informationswissenschaft
18. Anhang: Zeitgeschichte

Im Rahmen dieser Sachgebiete sind die Titel innerhalb einzelner Gruppen alphabetisch nach Verfassern, bei Sachtiteln nach der Wortfolge geordnet. Zur Erleichterung der Handhabung hinsichtlich der systematischen Einordnung werden durch ein alphabetisches Stichwortverzeichnis zusätzliche Hinweise gegeben.

2. NJW-Fundhefte (bis 2006)

148 Eine weitere beachtliche Informationsquelle stellten früher auch die bis zum Jahr 2006 aufgelegten *NJW-Fundhefte* (für Zivilrecht, Öffentliches Recht, Arbeits- und Sozialrecht, jeweils in gesonderten Bänden) dar. Diese jährlich im Herbst/Winter für

den Zeitraum des vorangegangenen Jahres erschienenen Fundhefte enthielten nicht nur Nachweise zur Literatur, sondern auch zur gesamten Rechtsprechung, und zwar geordnet nach Sachgebieten und Gesetzen sowie innerhalb der Gesetze nach Paragraphen. Ein solches Fundheft bietet also auch heute noch einen direkten Zugriff, wenn man zum Beispiel wissen will, welche Urteile, Aufsätze und Bücher im Jahr 2004 zu Art. 12 GG erschienen sind. Für umfassende Arbeiten, die nicht nur auf Tagesaktualität abstellen, bieten sie somit trotz ihrer Einstellung insbesondere durch Zurückverweisungen auf die Fundstellen der jeweils letzten fünf Jahre den Vorteil eines schnellen und recht umfassenden Überblicks.

3. Bibliographie juristischer Festschriften

Von den speziellen Bibliographien seien hier nur auf die vom ehemaligen Bibliotheks- **149**
direktor am Bundesverwaltungsgericht Helmut Dau begründete *„Bibliographie juristischer Festschriften und Festschriftenbeiträge* – Deutschland, Schweiz, Österreich" verwiesen, die in mehreren seit 1962 sukzessive erschienenen Bänden alle Aufsätze in Festschriften, die seit der Stunde Null der deutschen juristischen Festschriftenkultur im Jahre 1864 erschienen sind, auf 22 alphabetisch geordnete Rechtsgebiete verteilt auflistet. Im Jahr 2011 ist der von *Dau/Pannier/Aulich* editierte elfte Band erschienen, der den Berichtszeitraum 2000 bis 2002 abdeckt.[168]

---

[168] Bibliographie juristischer Festschriften und Festschriftenbeiträge – Deutschland, Schweiz, Österreich – Bibliography of Legal Festschriften Titles and Contents Germany, Switzerland, Austria, Band 11: 2000–2002 mit Festschriftenregister 1864–2002, hrsg. v. H. Dau/D. Pannier/A. Aulich, BWV Berliner Wissenschafts-Verlag, Berlin 2011.

3. Teil. Hinweise zur Anfertigung von Klausuren und Hausarbeiten

Den Kern des Ersten (staatlicher Teil) und Zweiten Juristischen Staatsexamens bilden schriftliche Prüfungen, die aus Aufsichtsarbeiten bestehen, welche ein rechtswissenschaftliches Gutachten zum Gegenstand haben. Angesichts dessen ist es selbstverständlich, dass Studierende schon frühzeitig bemüht sein sollten, sich neben dem erforderlichen Sachwissen in den zentralen Studienfächern auch Grundkenntnisse der rechtswissenschaftlichen Arbeitstechnik, speziell mit Blick auf die Anfertigung von Klausuren, anzueignen. Während des Studiums sind an den meisten Universitäten zudem noch Hausarbeiten zu erstellen, in denen ebenfalls Rechtsfälle unter Beachtung des juristischen Gutachtenstils gelöst werden müssen. 150

Die Studienanfänger sehen sich auch insoweit mittlerweile einer wahren Flut von literarischen Hilfen gegenüber, die nach Inhalt, Umfang, didaktischer Zielsetzung und wissenschaftlicher Ambition ganz erheblich voneinander abweichen. Die Auswahl reicht insoweit von Werken, die rechtswissenschaftliche Grundlehren beinhalten,

Beispiele: *Bydlinski*, Juristische Methodenlehre, 2. Aufl. 1991; *Engisch*, Einführung in das juristische Denken (hrsg. u. bearb. von Würtenberger/Otto), 11. Aufl. 2010; *Larenz/Canaris*, Methodenlehre der Rechtswissenschaft, 3. Aufl. 1995; *Schneider/Schnapp*, Logik für Juristen, 7. Aufl. 2015; *Zippelius*, Juristische Methodenlehre, 11. Aufl. 2012.

über Bücher, die sich allgemein mit der juristischen Klausurentechnik beschäftigen,

Beispiele: *Berg/Zimmermann*, Klage, Gutachten und Urteil, 20. Aufl. 2011; *Th. M.Möllers*, Juristische Arbeitstechnik und wissenschaftliches Arbeiten, 7. Aufl. 2014; *Preis/Prütting/Sachs/Weigend*, Die Examensklausur, 6. Aufl. 2012; *Putzke*, Juristische Arbeiten erfolgreich schreiben, 5. Aufl. 2014; *Schimmel*, Juristische Klausuren und Hausarbeiten richtig formulieren, 11. Aufl. 2014; *Valerius*, Einführung in den Gutachtenstil, 3. Aufl. 2009.

bis hin zu Werken, die speziell auf die Bereiche des Zivil-, Straf- und Öffentlichen Rechts bezogene Hinweise zur Lösung von Klausurfällen geben.

Beispiele zum Zivilrecht: *Diederichsen/Wagner*, Die BGB-Klausur, 9. Aufl. 1997; *Körber*, Zivilrechtliche Fallbearbeitung in Klausur und Praxis, JuS 2008, 289 ff.; *Olzen/Wank*, Zivilrechtliche Klausurlehre mit Fallrepetitorium, 7. Aufl. 2012; *Wörlen*, Anleitung zur Lösung von Zivilrechtsfällen, 9. Aufl. 2009; *zum Strafrecht: Arzt*, Die Strafrechtsklausur, 7. Aufl. 2006; *Wohlers*, Fallbearbeitung im Strafrecht, 3. Aufl. 2009; *zum Öffentlichen Recht: Butzer/Epping*, Arbeitstechnik im Öffentlichen Recht, 3. Aufl. 2006; *Schwerdtfeger*, Öffentliches Recht in der Fallbearbeitung, 14. Aufl. 2012; *Stern/Blanke*, Verwaltungsprozessrecht in der Klausur, 9. Aufl. 2008.

Es wäre völlig verfehlt, nun etwa das Gros der hier nur exemplarisch genannten Schriften und Aufsätze durcharbeiten zu wollen. Studierende sollten sich freilich bemühen, bereits in den ersten Semestern durch Lektüre einer einschlägigen Schrift sowie den Besuch einer entsprechenden Einführungsvorlesung und/oder Arbeitsgemeinschaft methodische Grundkenntnisse zu erwerben und sich mit der Klausurentechnik vertraut zu machen. Auch ist es kein Geheimnis, dass in allen Rechtsgebieten „klassische" Klausurthemen in unterschiedlichsten Gewändern immer wieder auftauchen, so dass es sich durchaus lohnt, sich mit den Standardproblemen und 151 typischen Fallkonstellationen in den zentralen juristischen Rechtsgebieten vertraut zu machen.[169] Auch erlernt man die Technik der Fallbearbeitung leichter unter Rückgriff auf Musterbearbeitungen, wie sie regelmäßig in den Ausbildungszeitschriften (s. Rn. 144 f.) präsentiert werden. Darüber hinaus veröffentlichen auch einige Fachzeitschriften Original-Examensklausuren mit den amtlichen Lösungshinweisen, so etwa kontinuierlich die Nordrhein-Westfälischen Verwaltungsblätter (NWVBl.) für in Nordrhein-Westfalen gestellte Aufsichtsarbeiten aus dem öffentlichen Recht.

152 Begeben sich Studienanfänger erstmals in die Nähe der juristischen Fakultätsbibliothek (des Haupt- oder Zentralseminars), so werden sie zunächst verwundert registrieren, wie jeweils Gruppen von Studienkollegen zusammenstehen und engagiert, vielfach kontrovers und lautstark über Rechtsfälle diskutieren. Die Lösung konkreter Rechtsprobleme nach Maßgabe eines vorgegebenen Sachverhalts stellt denn auch angesichts der vorstehend genannten geltenden Prüfungsbestimmungen die zentrale Aufgabe der Jurastudierenden dar. Sie setzt neben einem ausreichenden materiellen Wissen auch formale Fertigkeiten voraus, nämlich das Beherrschen der Technik der Falllösung. Um nicht missverstanden zu werden: Es ist nicht etwa so, dass diese Formaltechnik im Vordergrund der juristischen Studien zu stehen hat (auch wenn entsprechende Vorurteile gegenüber der Arbeit des Juristen gerne propagiert werden). Es handelt sich hierbei lediglich um ein Hilfsmittel, das allerdings unverzichtbar ist. Denn diese Formaltechnik versetzt den Bearbeiter in die Lage, sichergehen zu können, alle einschlägigen normativen Regelungen und Entscheidungsaspekte beachtet zu haben und die für die Falllösung und ihre Qualität letztlich entscheidenden Rechtsausführungen nach Maßgabe zwingender rechtlicher Direktiven, logischer Zusammenhänge und praktischer Überlegungen ordnen zu können. Erst wer diese Technik souverän beherrscht und ihre Grundelemente erkennt, ist in der Lage, sich bei gegebenem Anlass aus triftigen Gründen auch einmal über vermeintlich starre Regeln hinwegsetzen zu können.

Nachfolgend seien pointiert einige generell gültige Hinweise zur Anfertigung von Klausuren und Hausarbeiten zusammengestellt. Diese Hinweise trennen zwischen den Grundschritten bei der Erarbeitung einer Falllösung (§ 5) und der juristischen Methodik in Klausur und Hausarbeit (§ 6). Bei der häuslichen Bearbeitung von Rechtsfällen ergeben sich durch die notwendige Einbeziehung von Schrifttum und Rechtsprechung spezifische Anforderungen, die einer gesonderten Betrachtung bedürfen (§ 7).

§ 5. Die Grunderfordernisse einer Falllösung

153 In der Klausur, sei es in der Anfänger- oder Fortgeschrittenen-Übung, sei es im Staatsexamen, ist man gezwungen, innerhalb eines vorgegebenen Zeitraumes (der von den Studierenden regelmäßig als zu knapp bemessen empfunden wird) und nur auf den Gesetzestext gestützt, sein Sachwissen in einer Weise zu präsentieren, dass möglichst alle im Sachverhalt direkt oder indirekt angesprochenen Rechtsprobleme mit überzeugender Begründung einer zutreffenden Lösung zugeführt werden. Unabhängig vom materiellen Inhalt der Prüfung ist diese Stresssituation bei jeder Examensklausur unausweichlich. Studierende sollten sich das klar machen und deshalb

---

[169] Diesbezüglich finden sich immer wieder geeignete Überblicksaufsätze in den Ausbildungszeitschriften, z. B. *Kuhn*, Was im Examen wirklich geprüft wird – Zivilrecht, JuS 2012, 970 ff.; *Kröpil*, Was im Examen wirklich geprüft wird – Strafrecht, JuS 2012, 596 ff.

nicht nur auf das Lernen von materiellen Inhalten setzen, sondern sich schon frühzeitig darum bemühen, durch vermehrtes Klausurenschreiben eine gewisse handwerkliche Routine und ein Gespür für die richtige Zeiteinteilung zu erwerben, die dann in den entscheidenden Examensklausuren zumindest technische Sicherheit vermittelt.[170]

Tipp: Bei Übungen sollten darum nicht nur **eine**, sondern **alle** angebotenen Klausuren mitgeschrieben werden. Dieser Mehraufwand wird sich im Laufe des Studiums auszahlen. Unbedingt sollte jedoch frühzeitig (min. 1 Jahr) vor dem 1. Staatsexamen mit der Teilnahme am Examensklausurenkurs begonnen werden.[171] Ein anfängliches Scheitern darf dabei durchaus hingenommen werden; immerhin ist es im Falle des Misserfolgs psychologisch besser, sich noch damit trösten zu können, dass man erst am Beginn der Examensvorbereitung steht. Ein Scheitern zu einem Zeitpunkt, zu dem man den Prüfungsstoff bereits weitgehend repetiert hat, erhöht hingegen lediglich die Unsicherheit (s. auch Rn. 10, 222).

I. Überblick

Eine erfolgreiche Klausurbearbeitung setzt die Erfüllung mehrerer Grundanforderungen voraus: Neben einer richtigen und vollständigen Erfassung des Sachverhalts (dazu Rn. 155 ff.) ist auf ein korrektes Verständnis der gestellten Fallfragen (dazu Rn. 180 ff.) zu achten und auf eine Prüfung aller als relevant erkannten Rechtsprobleme (dazu Rn. 191 ff.) Bedacht zu nehmen. Die letztgenannte Anforderung verlangt ihrerseits wiederum eine Beherrschung des Gutachtenstils (dazu Rn. 204 ff.). Daneben gilt es noch, sich spezifische Fertigkeiten bei der Darstellungsweise im Rahmen einer Klausur anzueignen (dazu Rn. 227 ff.).[172] **154**

Was die zeitliche Abfolge der Arbeitsschritte während der Klausur betrifft, so versteht es sich von selbst, dass es den vorstehenden Anforderungen entsprechend zunächst um die Sachverhaltserfassung und sodann um das korrekte Verständnis der Fallfrage(n) geht. Die Empfehlung, noch vor der Sachverhaltserfassung die Fallfrage und den eventuell vorhandenen Bearbeitervermerk zu lesen, damit der Sachverhalt dann auch ergebnisorientiert erfasst werden kann,[173] mag im straf- und zivilrechtlichen Klausuren mit vielen Beteiligten einen Effektivitätsgewinn bringen, verleitet aber zu dem Fehler, den Sachverhalt nicht mehr in seiner vollen Dimension aufzunehmen, sondern nur noch selektiv zu lesen. Im anschließenden dritten Schritt geht es um die Prüfung der relevanten Rechtsfragen. *Diederichsen/Wagner* gliedern diesen Punkt weiter auf und empfehlen als sukzessive Schritte

(1) Einkreisen der Fallprobleme,
(2) Anfertigung der Lösungsgliederung,
(3) Nochmalige Überprüfung der Lösung,
(4) Schriftliche Falllösung.[174]

---

[170] Ebenso *Fleck/Arnold*, Die Klausur im Zivilrecht – Struktur, Taktik, Darstellung und Stil, JuS 2009, 881 (886); *Körber*, Zivilrechtliche Fallbearbeitung in Klausur und Praxis, JuS 2008, 289 f.

[171] In diesem Sinne auch *Butzer/Epping*, Arbeitstechnik im Öffentlichen Recht, 3. Aufl. 2006, S. 72 ff.

[172] Die Bedeutung der „richtigen" Klausurbearbeitung wird durch eine Vielzahl von Aufsätzen zu diesem Thema aus den letzten Jahren untermauert. Hierzu liefern *Beck*, JURA 2012, 262 ff.; *Czerny/Frieling*, JuS 2012, 877 ff.; *Fleck/Arnold*, JuS 2009, 881 ff.; Kampf, JuS 2012, 309 ff. einen guten Überblick.

[173] So der Ratschlag von *Th. M. Möllers*, Juristische Arbeitstechnik und wissenschaftliches Arbeiten, 7. Aufl. 2014, Rn. 92.

[174] *Diederichsen/Wagner*, Die BGB-Klausur, 9. Aufl. 1997, S. 19.

Dem kann insofern zugestimmt werden, als in der Tat nicht sofort nach der ersten Ausarbeitung des für richtig erachteten Lösungsweges mit der Niederschrift begonnen werden sollte. Es ist stets ein Kontrollgang ratsam, der sich sowohl auf die Sachverhaltserfassung und das korrekte Verständnis der Fallfrage(n) als auch auf die Prüfung der relevanten Rechtsfragen zu beziehen hat. Da die Einteilung der für die Klausurbearbeitung verfügbaren Zeit aber von den unterschiedlichsten Faktoren abhängt (Länge und Kompliziertheit des Sachverhalts, Anzahl der gestellten Fragen, Sachgebiet, Menge und Schwierigkeitsgrad der anzusprechenden Probleme etc.), sei hier auf detailliertere Vorschläge zum Zeitmanagement verzichtet.[175]

II. Richtige und vollständige Erfassung des Sachverhalts

155 Nach der Entgegennahme des „Fall-Textes" – er besteht aus den dem Bearbeiter mitgeteilten Tatsachen, die es rechtlich zu würdigen gilt (Sachverhalt), sowie der daran anknüpfenden, möglicherweise verdeckten und noch aufzuklärenden Fragestellung (Fallfrage) – beginnt die erste wichtige Arbeitsphase bei der Anfertigung von Klausuren. Grundvoraussetzung für eine richtige Lösung ist zunächst einmal das Verstehen des Sachverhalts in tatsächlicher Hinsicht. Denn eine Lösung kann naturgemäß nicht richtig sein, wenn bereits der Sachverhalt falsch aufgefasst wird. Die Fallbearbeitung hat daher mit dem Bemühen um die richtige und vollständige Erfassung des Sachverhalts zu beginnen.[176]

Erstaunlich viele Fehler resultieren erfahrungsgemäß nicht nur aus der falschen Anwendung von Rechtsnormen oder aus dem Verkennen ihrer rechtlichen Bedeutung, sondern bereits aus dem mangelhaften Verstehen und Verarbeiten des Sachverhalts. Viele Bearbeiter scheitern daran, dass dieser ersten Station bei den Überlegungen in der Klausur zu wenig Beachtung geschenkt wird. Ihnen ist deshalb zu empfehlen, gerade dieser Arbeitsphase während der Bearbeitungszeit erhöhte Aufmerksamkeit zu widmen, um den „Blick auf das Wesentliche" richten zu können.

Gelegentlich wird der „Sachverhalt" auch „Tatbestand" genannt. Das entspricht zwar einem verbreiteten – auch juristischen – Sprachgebrauch, die Begriffe sollten aber zur Vermeidung von Missverständnissen unterschieden werden. Als „Sachverhalt" bezeichnet man die gestellte Aufgabe: eine aus dem Leben gegriffene Schilderung, die sich abgespielt hat bzw. hätte abspielen können. Auf diesen Lebens-Sachverhalt soll der Bearbeiter das Recht anwenden. Mit „Tatbestand" bezeichnet man dagegen die Summe der Merkmale einer Rechtsnorm, den in der Rechtsnorm typisierten Lebenssachverhalt, an den das Eintreten einer Rechtsfolge geknüpft ist.[177]

---

[175] *Butzer/Epping*, Arbeitstechnik im Öffentlichen Recht, 3. Aufl. 2006, S. 23 und *Gramm/Wolff*, Jura – erfolgreich studieren, 6. Aufl. 2012, S. 170, empfehlen, für die Erarbeitung der Lösungsskizze ca. ein Drittel der Bearbeitungszeit zu verwenden, dann aber mit der Niederschrift zu beginnen; *Schramm/Strunk*, Staatsrechtliche Klausuren und Hausarbeiten, 6. Aufl. 1992, S. 11 raten an, bei einer fünfstündigen Klausur eine halbe Stunde für die Sachverhaltserfassung, eineinhalb Stunden für die Lösungsskizze und drei Stunden für die Ausarbeitung und Niederschrift zu verwenden.

[176] *Haft*, Einführung in das juristische Lernen – Unternehmen Jurastudium, 6. Aufl. 1997, S. 396 f. Umfassend zur Sachverhaltsauswertung s. auch *Olzen/Wank*, Zivilrechtliche Klausurenehre, 7. Aufl. 2012, S. 4 ff.

[177] Vgl. nur *Engisch*, Einführung in das juristische Denken (hrsg. u. bearb. von Würtemberger/Otto), 11. Aufl. 2010, S. 45 – Dieser Begriff des Tatbestandes darf nicht verwechselt werden mit dem – nach rechtlichen Gesichtspunkten gefilterten – Urteilstatbestand, der notwendiger Bestandteil von zivilgerichtlichen und verwaltungsgerichtlichen Urteilen ist, vgl. § 313 I Nr. 5 ZPO, §§ 117 II Nr. 4 VwGO. Welchen Inhalt der Tatbestand in zivilgerichtlichen und verwaltungsgerichtlichen Urteilen haben soll, ist in § 313 II ZPO bzw. in § 117 III VwGO normiert. Die Abfassung von Urteilstatbeständen wird erst während des juristischen Vorbereitungsdienstes erlernt; vgl. dazu *Anders/Gehle*, Das Assessorexamen im Zivilrecht, 11. Aufl. 2013, Rn. A-39 ff., B-27; *Sattelmacher/Sirp/Schuschke*, Bericht, Gutachten und Urteil, 34. Aufl.

Den Sachverhalt hat der Bearbeiter als für ihn verbindlich anzunehmen und nicht in Frage zu stellen.

Beispiel: Geht es in einem Fall um eine Subvention und ist im Aufgabentext mitgeteilt, dass der Landeshaushaltsplan einen entsprechenden Titel enthält, so hat es keinen Sinn nachzuforschen, ob dies nach der den Studierenden bekannten Gliederungssystematik des Landeshaushaltsplans zutreffen kann und – bei einem negativen Ergebnis – daran die Folgerung zu knüpfen, es fehle für die Subvention an einer Ermächtigungsgrundlage. Vielmehr ist davon auszugehen, dass ein entsprechender Titel besteht.

Eine Ausnahme darf nur gemacht werden, wenn es sich um den höchst seltenen Fall eines unbewussten Fehlers in den mitgeteilten Tatsachen handelt.

Beispiel: Tippfehler bei Datenangaben oder Personenbezeichnungen.

Auch wenn der Bearbeiter die Sachverhaltsangaben für wenig wahrscheinlich oder gar lebensfremd hält, sollte er diese als wahr unterstellen und die Richtigkeit einzelner Angaben nicht in Zweifel ziehen; denn er soll ja einen zu Übungs- oder Examenszwecken speziell ausgedachten Fall nach Maßgabe der geltenden Rechtsnormen lösen. Für den Nachweis dieser Fähigkeiten spielen Spekulationen um die Lebensnähe des Aufgabentextes keine Rolle.

Beispiel: Heißt es in einem Fall: „Der zweijährige A wirft einen Ball gegen ein Auto des B. Dadurch zersplittert die Frontscheibe des Wagens …", so ist im Gutachten keinesfalls anzuzweifeln, dass durch den Ballwurf die Frontscheibe zerstört worden ist. Erörterungen darüber, ob durch den Ballwurf eines Zweijährigen überhaupt die Sicherheitsglasscheibe eines modernen Pkw zerstört werden kann, sind in einer *juristischen* Klausur fehl am Platz.[178]

Gleichwohl ist vereinzelt zu beobachten, dass die Bearbeiter insbesondere bei Hausarbeiten die unglaublichsten Spekulationen mit dem Sachverhalt anstellen.[179]

Beispiel: Schon *E. Schneider*[180] berichtete von einem Fall, in dem ein dressierter Hase vorkam. Anstatt nun daran keinen überflüssigen Gedanken zu verschwenden, stellte ein Bearbeiter ausgedehnte Ermittlungen darüber an, ob es möglich sei, Hasen zu dressieren. Experten hätten ihm glaubhaft versichert, dies sei nicht möglich. Der Gedanke, bei seiner Bearbeitung etwas derart Unmögliches zugrunde legen zu müssen, hielt den Kandidaten von einer konzentrierten Arbeit ab.

Möglicherweise werden bestimmte Informationen vom Aufgabensteller auch wegge- **156**
lassen, weil sie für die Falllösung nicht relevant sind. Wenig sinnvoll, weil für die Lösung nicht förderlich, ist daher auch eine zuweilen zu beobachtende polemische Kritik des Bearbeiters am Sachverhalt.

Beispiel: „Man sollte eigentlich erwarten dürfen, dass hierzu nähere Angaben erfolgen."

Stattdessen sollten, wenn es denn überhaupt angebracht ist, besser sachliche Feststellungen getroffen werden. Wenn eine Angabe zu einem Gegenstand der Prüfung fehlt, darf man den Regelfall unterstellen, indem man etwa formuliert: „Da der Sachverhalt hierzu schweigt, ist nicht anzunehmen, dass …" oder „Obwohl der Sachverhalt dies nicht ausdrücklich sagt, muss davon ausgegangen werden, dass …".[181]

2008, Rn. 493 ff.; *Pietzner/Ronellenfitsch*, Das Assessorexamen im öffentlichen Recht, 13. Aufl. 2014, S. 251.

[178] So richtig *Fahse/Hansen*, Übungen für Anfänger im Zivil- und Strafrecht, 9. Aufl. 2000, S. 9 f.

[179] Vgl. auch die Beobachtungen von *Schwerdtfeger*, Öffentliches Recht in der Fallbearbeitung, 14. Aufl. 2012, Rn. 796.

[180] *E. Schneider*, Zivilrechtliche Klausuren und Hausarbeiten, 2. Aufl. 1963, S. 24.

[181] Strikt gegen solche Wendungen *Butzer/Epping*, Arbeitstechnik im Öffentlichen Recht, 3. Aufl. 2006, S. 22.

Beispiel: Das kann etwa der Fall sein, wenn in öffentlich-rechtlichen Klausuren keine Angaben zu Frist oder Formerfordernissen gemacht werden. Hier zu unterstellen, die Klage wäre verfristet, käme einem klausurtaktischen Eigentor gleich.

„Juristisches Harakiri" stellt es gar dar, den Sachverhalt nach eigenem Gutdünken willkürlich abzuändern (sog. „Sachverhaltsquetsche"); aus der Sicht des Prüfers werden solche „Sachverhaltskreativisten" nicht selten als Klausurquerulanten eingestuft.[182]

Beispiele: Richtet sich – nach dem Sachverhalt – eine Ordnungsverfügung an den Mieter eines Pkw, so darf der Bearbeiter aus dem Mieter keinen Eigentümer machen. Wochentage dürfen nicht abgeändert werden, weil dann vielleicht die Verfristung eines Rechtsbehelfs anders zu bewerten ist. Eine kreisfreie Stadt darf nicht in eine kreisangehörige Gemeinde, die Kommunalaufsicht nicht in eine Fachaufsicht „umgewandelt" werden.

Wird der Sachverhalt dennoch willkürlich verändert, ist das Gutachten schon deshalb unzulänglich, weil eben nicht die gestellte Aufgabe gelöst, sondern der Bearbeitung vollkommen andere Tatsachen zugrunde gelegt wurden, so dass eine andere, wenngleich möglicherweise auch „hochinteressante" Aufgabe bearbeitet worden ist. Eine solche Sachverhaltsabänderung kann aber weder durch ein wissenschaftliches Interesse noch durch die Qualität der späteren Falllösung gerechtfertigt werden. Der Bearbeiter darf ausschließlich den ihm vorgelegten Sachverhalt zum Gegenstand seiner rechtlichen Prüfung machen. Er hat ihn so zu nehmen und zu würdigen, wie er vorgegeben worden ist, ohne Sachverhaltselemente zurechtzurücken, wegzulassen, abzuwandeln oder zu unterstellen, u. U. mit der Folge, dass die einzige oder eine wesentliche Schwierigkeit der Aufgabe beseitigt oder umgekehrt der Fall unnötig kompliziert wird.

Wichtig ist, dass sich der Bearbeiter hinreichend Zeit lässt, um sich mit dem Sachverhalt vertraut zu machen.[183] Insbesondere die Zeitknappheit bei Klausuren – jede Minute ist oft wichtig und sollte daher nicht verschenkt werden – und die dadurch entstehende Stresssituation, die ein im Vergleich zu einer Hausarbeit wesentlich höheres Maß an konzentriertem Arbeiten verlangt, darf – auch wenn es schwer fällt und die Verlockung, schnell erkannte rechtliche Probleme anzugehen, verständlich ist – nicht dazu verleiten, sich nach einem nur flüchtigen (diagonalen) Lesen des Sachverhalts in die vermeintliche rechtliche Lösung des Falles zu stürzen. Um zur richtigen Lösung zu gelangen, muss der Sachverhalt vielmehr sorgfältig durchgearbeitet und bis ins Detail verstanden werden. Die gründliche Kenntnis des Sachverhalts ist das Fundament jeder Falllösung;[184] wer hier Zeit zu sparen versucht, tut das an der falschen Stelle. Gerade bei Klausuren ist eine einmal vollzogene Sachverhaltsfehlinterpretation angesichts der Kürze der zur Verfügung stehenden Zeit meist kaum mehr korrigierbar.

1. Analyse des Sachverhalts

157 Zu Beginn der Bearbeitung ist es deshalb erforderlich, den Sachverhalt wiederholt, mindestens zweimal konzentriert zu lesen und sich ihn fest einzuprägen. Beim Studium des Sachverhalts muss der Bearbeiter ihn Satz für Satz gründlich durchlesen

---

[182] Vgl. etwa *Valerius,* Einführung in den Gutachtenstil, 3. Aufl. 2009, S. 44 f.; vgl. auch *Klöhn*, Jura 2007, 104 (107).

[183] *Brühl,* Die juristische Fallbearbeitung in Klausur, Hausarbeit und Vortrag, 3. Aufl. 1992, S. 108.

[184] *Schwerdtfeger*, Öffentliches Recht in der Fallbearbeitung, 14. Aufl. 2012, Rn. 774 ff.; *Valerius,* Einführung in den Gutachtenstil, 3. Aufl. 2009, S. 41.

und Wort für Wort prüfen. Kein Detail darf übersehen werden, keine Sachverhaltspartie darf missverstanden werden. In der Aufgabe zitierte Gesetzesparagraphen sollten nachgelesen werden.

Beispiel: In einer Hausarbeit im Öffentlichen Recht für Anfänger konnte bereits aus der Formulierung, dass ein Bußgeldbescheid „unter Hinweis auf § 10 des LImSchG NRW" zugestellt worden ist, geschlossen werden, dass hier ein möglicher Problempunkt des Falles lag. Kommt dann noch die eigentlich vorauszusetzende Kenntnis von der Existenz eines Bundesimmissionsschutzgesetzes hinzu, ist es bei der Prüfung der Verfassungsmäßigkeit von § 10 LImSchG im Rahmen einer Verfassungsbeschwerde nur ein kleiner Schritt zu der Frage, ob eine Gesetzgebungskompetenz des Landes Nordrhein-Westfalen besteht. Zahlreiche Bearbeiter konnten jedoch diese Problematik trotzdem nicht entdecken. Indem sie ausführten, man könne davon ausgehen, dass § 10 LImSchG vom zuständigen Gesetzgeber erlassen worden sei, offenbarten sie nicht nur einen mangelnden Blick für rechtliche Zusammenhänge, sondern begingen zudem den Fehler, das nicht unproblematische Vorliegen rechtlicher Voraussetzungen zu unterstellen.

Auch scheinbar unwichtige, insbesondere in Adjektiven, kleinen Nebensätzen und Einschüben versteckte Einzelheiten können bedeutsam sein, da rechtserhebliche Tatsachen, die für die rechtliche Lösung des Falles – gelegentlich auch an mehreren Stellen – von Belang sind, von den Aufgabenstellern häufig in dieser Form indirekt übermittelt werden.[185] Besonders zu beachten sind mitgeteilte Daten und Zahlen.

Beispiele: Heißt es etwa „der Grundschüler A", so ist damit klargestellt, dass A noch minderjährig (Schüler) und jedenfalls noch nicht 14 Jahre alt ist, was für die Frage der Religionsmündigkeit von Bedeutung ist (§ 5 S. 2 RelKErzG). – Heißt es etwa „der ortsansässige FC Spielfrei Göttingen e. V.", so ist damit klargestellt, dass es sich um eine juristische Person (§§ 21, 55 ff. BGB) mit Sitz im Inland handelt, was für die Frage einer Grundrechtsberechtigung (Art. 19 III GG) von Bedeutung ist.

Wird dies übersehen, kann die Fallbearbeitung schon hier misslingen.

Beispiele: Es kann von rechtlich entscheidender Bedeutung sein, ob ein Beteiligter verheiratet oder verwitwet ist. – Die Angabe eines Ortes oder ein sonstiger geographischer Hinweis kann für die Art des anzuwendenden Rechts, eine Altersangabe für die Frage der Grundrechtsmündigkeit oder der Hinweis auf die Staatsangehörigkeit für die Frage der Grundrechtsfähigkeit einer Person von Bedeutung sein. – Von einem nachlässigen Umgang mit dem mitgeteilten Sachverhalt zeugt es auch, wenn nach den Erfolgsaussichten eines zukünftig noch zu erhebenden Rechtsbehelfs gefragt wird und Bearbeiter davon sprechen, dass „Form und Frist gewahrt" wurden, oder – bei einer Verfassungsbeschwerde –, „dass die gem. § 93a BVerfGG erforderliche Annahme zur Entscheidung seitens einer Kammer des Bundesverfassungsgerichts als erfolgt unterstellt wird."

Dem Bearbeiter werden die Erfassung der Fallfrage und die rechtsgutachtliche Würdigung leichter fallen, wenn er sich in den Sachverhalt regelrecht „einlebt". Er muss dabei das Geschehen als Einheit in sich aufnehmen und auf die logische Verbindung der einzelnen Sachverhaltselemente achten. Denn bei einer später schrittweise erfolgenden Subsumtion werden oft Fragen auftreten, die sich nur unter Berücksichtigung des Gesamtgeschehens zuverlässig beantworten lassen.[186]

Beispiel: Kenntnisstand des Begünstigten bzw. Erkennbarkeit der Rechtswidrigkeit eines Verwaltungsaktes hinsichtlich der Rücknahme nach § 48 II VwVfG.

2. Beachtung der Interessenlage

Der Bearbeiter muss bemüht sein, sich in die Interessenlage der ihm im Sachverhalt 158
begegnenden Personen hineinzuversetzen und ihre Rolle mitzuerleben. Er wird dann

[185] *Fahse/Hansen*, Übungen für Anfänger im Zivil- und Strafrecht, 9. Aufl. 2000, S. 10 f.

[186] *Roxin/Schünemann/Haffke*, Strafrechtliche Klausurenlehre mit Fallrepetitorium, 4. Aufl. 1982, S. 7.

imstande sein, den Tatsachenstoff sowohl objektiv als auch subjektiv aus der Sicht der einzelnen Personen wiederzugeben und so den Sinn der jeweiligen Verhaltensweise besser verstehen können.[187] Um zu erkennen, wo die Probleme der ihm gestellten Aufgabe liegen, muss er sich klarmachen, worüber die Parteien streiten, was sie voneinander wollen. Nicht nur, aber insbesondere bei Zivilrechtsfällen ist es für das Verständnis der juristischen Fragestellung unerlässlich, den Sachverhalt auch in seiner ökonomischen Dimension zu erfassen und die wirtschaftlichen Zielvorstellungen der Parteien vor Auge zu haben.[188] Ohne ein solch tieferes Eindringen in den Sachverhalt bleibt sonst auch die Fallfrage oftmals dunkel, vor allem dann, wenn sie nicht spezifiziert ist.

Beispiel: Wer etwa Ansprüche gegen zwei Personen hat, von denen einer ein wohlhabender Geschäftsmann, der andere ein Sozialhilfeempfänger ist, der wird selbstverständlich vornehmlich an dem Anspruch gegen den wohlhabenden Geschäftsmann als solventer Schuldner interessiert sein. Das sollte bei der Falllösung bedacht werden; im Zweifel sind diese Ansprüche daher vorweg zu behandeln, um den wirtschaftlichen Gegebenheiten gerecht zu werden.

Aber auch im Öffentlichen Recht sollte der Bearbeiter seine Aufmerksamkeit darauf richten, was die Beteiligten sinnvollerweise zu erreichen suchen.

Beispiel: Wenn ein Hundehalter nach Rechtsschutzmöglichkeiten gegen eine örtliche Hundeanlein-Verordnung fragt, so ist vorrangig an einen Weg zu denken, bei dem er nicht zunächst ein Bußgeld in Kauf nehmen muss, um so eine Inzidentkontrolle der Vorschriften zu erreichen; stattdessen ist lebensnah zu überlegen, ob ein Antrag auf verwaltungsgerichtliche Normenkontrolle (§ 47 VwGO) oder eine Feststellungsklage (§ 43 VwGO) zulässig ist.

Für die ansprechende Bearbeitung einer Klausur oder Hausarbeit ist das aktive Interesse an der Bewältigung der übernommenen Aufgabe erforderlich. Keinesfalls sollte man sich beim Erfassen des Sachverhalts taktische Gedanken darüber machen, ob der vorliegende Fall ein „guter" oder ein „schlechter" Fall ist, ob zu viele Probleme darin enthalten sind oder zu wenige. Der Bearbeiter muss gewillt sein, die Probleme des Falles mit Engagement zu lösen. Eine unentschlossene Haltung, insbesondere die Überlegung, ob man nicht besser „aussteigen" und auf die nächste Klausur setzen sollte, ist eine denkbar ungünstige Voraussetzung für das Gelingen einer Arbeit, kostet Nervenkraft und bedeutet Zeitverlust. Nicht nur bei universitären Übungen und Examensklausuren ist die Hoffnung, im nächsten Anlauf eine leichtere Arbeit zu erhalten, meistens trügerisch.

159 Der erforderlichen unbefangenen Aufnahme des Sachverhalts und einem Durchdenken der Aufgabe auch in tatsächlicher Hinsicht steht bei Klausuren oft entgegen, dass manche Bearbeiter bereits nach einem nur oberflächlichen Durchlesen des Aufgabentextes glauben, das Problem des Falles in einer bekannten Gerichtsentscheidung oder einem bekannten Streitstand gefunden zu haben. Hier besteht die verständliche Neigung, den Sachverhalt als „alten Bekannten" zu begrüßen und erleichtert die geläufige „Lösung" herunter zu schreiben.[189]

Beispiele: In einer Übungsklausur war zu prüfen, ob ein Einwohner Anspruch auf Aufnahme in eine kommunale Linkliste hat, was nach den kommunalrechtlichen Vorschriften der Länder voraussetzt, dass es sich bei der Linkliste um eine „öffentliche Einrichtung" der Gemeinde handelt. Allein die Erwähnung des Wortes „Stadthalle" im Sachverhalt hat jedoch dazu geführt, dass drei Bearbeiter die Besonderheiten des Falles völlig negiert haben und stur die typische

---

[187] *Schwerdtfeger*, Öffentliches Recht in der Fallbearbeitung, 14. Aufl. 2012, Rn. 780.

[188] *Medicus*, Bürgerliches Recht, 24. Aufl. 2013, Rn. 5.

[189] *Brühl*, Die juristische Fallbearbeitung in Klausur, Hausarbeit und Vortrag, 3. Aufl. 1992, S. 113, 123.

Klausurkonstellation geprüft haben, in der ein Anspruch auf Zulassung zur Benutzung der Stadthalle als „öffentliche Einrichtung“ zu prüfen ist.[190]

In einer Examensklausur, in der es um eine Maßnahme der Kommunalaufsicht ging, haben drei Bearbeiter in Verkennung der Aufgabenstellung das gesamte Wissensprogramm „abgespult“, das üblicherweise in Fällen eines kommunalen Organstreits (Kommunalverfassungsstreit) in einer Klausur zu präsentieren ist.[191]

Der Bearbeiter läuft somit Gefahr, durch einen Kurzschluss in der Sachverhaltserfassung das eigentlich nahe liegende Verständnis des Sachverhalts so zu verändern, dass von einer „Sachverhaltsquetsche“[192] gesprochen werden kann. Gelöst wird dann allerdings ein anderer Fall als der vorgelegte; der Bearbeiter spart sich die Suche nach einer zum Ziel führenden Norm durch Manipulation am Sachverhalt. Seine Aufgabe ist es jedoch nicht, für eine Norm einen passenden Sachverhalt zu finden, sondern umgekehrt, für einen konkreten Sachverhalt, der rechtlich relevante soziale Probleme aufweist, die passende Norm zu finden. Es ist offensichtlich, dass schon kleine Sachverhaltsänderungen eine deutliche Problemverlagerung zur Folge haben können. Da ein solches Vorgehen zu völlig unbrauchbaren Arbeiten führen kann, sollte die Suche nach dem schon bekannten, ähnlichen Fall bei der Sachverhaltserfassung auf jeden Fall vermieden werden. Auch wenn der Bearbeiter die rechtliche Hauptproblematik beim ersten Durchlesen des Aufgabentextes zu erkennen glaubt, ist bei der weiteren Bearbeitung ein ebenso genaues, kühles und systematisches Arbeiten notwendig, als wenn der Sachverhalt völlig neu wäre.

Daher ist auch davon abzuraten, bestimmte als „Klassiker“ bezeichnete Fälle auswendig zu lernen, um die Lösung in der Prüfungssituation „einfach abspulen“ zu können. Denn gerade in der stressbedingten Prüfungssituation wird dann schnell eine kleine Abwandlung zum Originalfall übersehen, da der Leser sofort davon ausgeht, den Fall zu kennen, weshalb es nicht mehr möglich ist, den Fall aufmerksam zu lesen.

Nicht nur bei Klausuren, sondern auch bei Hausarbeiten taucht dieser nicht mehr auszugleichende Fehler in modifizierter Form auf. Auch hier kommt es vor, dass Bearbeiter in der ihnen gestellten Aufgabe sofort einen bestimmten, bereits entschiedenen Fall wittern und daraufhin sogleich alle greifbaren Kommentare und Entscheidungssammlungen durchsuchen. Damit verbauen sie sich jedoch jede Möglichkeit zu einer unbefangenen Prüfung der Sach- und Rechtslage. Jeder Vergleich mit anderen Fällen kann im ersten Stadium der Sachverhaltserfassung nur ablenken und in die Irre führen. Erst wenn dem Bearbeiter die Einzelheiten des Falles völlig vertraut sind und er in der Lage ist, die Besonderheiten dieses zu bearbeitenden Falles gegenüber anderen – scheinbar gleichgelagerten – Fällen abzugrenzen, wird er die eigentlichen Probleme „seines“ Falles erkennen können. Er vermeidet so wahlloses Herumblättern in Kommentaren und das Lesen mancher Entscheidung, auf die es letztlich nicht ankommt, und spart viel überflüssige Arbeit und Zeit. Eine intensive Sachverhaltserfassung macht sich somit erst recht bei der Hausarbeit bezahlt.

3. Erinnerungsnotizen

Beim Durchlesen des Sachverhalts sollte sich der Bearbeiter nicht scheuen, spontan alles, was ihm an möglicherweise Relevantem zur Falllösung einfällt, auf einem gesonderten Merkblatt aufzuschreiben oder am Textrand zu notieren (kurze Erinne- 160

---

[190] Ausführlicher Klausurtext nebst Lösungsskizze und Fehleranalyse bei *Mann*, NdsVBl. 2007, 26 ff.

[191] Dazu *Erbguth/Mann/Schubert*, Besonderes Verwaltungsrecht, 12. Aufl. 2015, Rn. 181 ff. – zum kommunalaufsichtlichen Rechtsstreit demgegenüber ebda., Rn. 362 ff.

[192] Vgl. *Diederichsen/Wagner*, Die BGB-Klausur, 9. Aufl. 1997, S. 23; *Schwerdtfeger*, Öffentliches Recht in der Fallbearbeitung, 14. Aufl. 2012, Rn. 793.

rungsnotiz).[193] Anvisiert sind dabei alle – wenn auch nur vermeintlich – einschlägigen Rechtsnormen.

Beispiel: Die Städtereklame GmbH stellt einen Antrag auf Erteilung einer Baugenehmigung für die Errichtung einer 3 × 5m großen freistehenden Werbetafel auf einem ihr gehörenden Grundstück in einem laut Flächennutzungsplan als „allgemeines Wohngebiet" ausgewiesenen Stadtteil. Der Antrag wird unter Hinweis auf § 50 IV NBauO abgelehnt, wonach kommerzielle Werbeanlagen in allgemeinen Wohngebieten außerhalb der Stätte der Leistung verboten seien. Nach erfolglosem Widerspruchsverfahren wird die auf Erteilung der Baugenehmigung gerichtete Klage in allen Instanzen abgewiesen. Daraufhin erhebt die Städtereklame GmbH Verfassungsbeschwerde mit der Begründung, § 50 IV NBauO verletze ihre Grundrechte aus Art. 12, 14 und 5 I GG. Außerdem habe der Landesgesetzgeber nicht die Kompetenz, in der LBauO festzulegen, welche Bauvorhaben in einem allgemeinen Wohngebiet zulässig seien, da dies bereits in der BauNVO bundesrechtlich abschließend geregelt sei.
Hat die Verfassungsbeschwerde Aussicht auf Erfolg?[194]

Stichworte: Fallfrage: Zulässigkeit und Begründetheit der Verfassungsbeschwerde prüfen.
Zulässigkeit:

- Antragsberechtigung einer GmbH mit Sitz im Inland; Art. 19 III GG. Zumindest für Art. 12 und 14 GG zu bejahen.
- Beschwerdegegenstand = Akt der öffentlichen Gewalt; Verwaltungsentscheidung, Widerspruchsbescheid oder Gerichtsurteil? Oder alle zusammen? Jedenfalls aber nicht § 50 IV NBauO abstrakt.
- Beschwerdebefugnis, d. h. Möglichkeit der Verletzung der im Sachverhalt genannten Grundrechte (Art. 12, 14, 5 I GG); problematisch für Art. 5 GG. – Pressefreiheit auch für Werbung?
- Rechtswegerschöpfung liegt vor.

Begründetheit:

- Zu Art. 12 GG: Schutzbereich umfasst Gewerbe- und Unternehmerfreiheit; Dreistufentheorie; § 50 IV NBauO als Ausübungsregelung? Zweck der Regelung? Verhältnismäßigkeit? Verfassungsmäßigkeit der Grundrechtsschranke, insbes. Kompetenz des Landes; darin: Art. 74 I Nr. 18, 30, 31 GG; ansonsten Landeskompetenz (beachte Art. 72 III GG).
- Zu Art. 14 GG: Schutzbereich umfasst Baufreiheit sowie Recht am eingerichteten und ausgeübten Gewerbebetrieb (letzteres str.) § 50 IV NBauO als Inhalts- und Schrankenbestimmung? Grenze zur Enteignung?
- Zu Art. 5 I GG: Schutzbereich der Pressefreiheit?; darin § 7 I Nds. PresseG („Druckwerke" – formaler Pressebegriff), hier anwendbar? Fraglich für Werbung; vgl. dazu Zeitungen, Zeitschriften, die neben redaktionellem Teil auch Werbung enthalten. Umfassender Grundrechtsschutz schließt wohl auch Werbetafeln ein. § 50 IV NBauO als allg. Gesetz i. S. v. Art. 5 II GG?

Ergebnis: Verfassungsbeschwerde ist zulässig, aber unbegründet, da keine Grundrechtsverletzung vorliegt.

161 Dass bei einer solchen zunächst weitgehend intuitiven Arbeit – der Methode des „brainstorming" als Verfahren kreativer Problemlösung vergleichbar – naturgemäß auch ein erheblicher Anteil später als überflüssig oder falsch erkannter Gedankensplitter zu Papier gebracht wird, kann leicht verschmerzt und durch die später erfolgende Sichtung und Ordnung des Materials korrigiert werden. Der Bearbeiter schafft sich immerhin freien Kopf für weiteres Nachdenken und befreit sich zudem von der Angst, dass wichtige Einfälle wieder vergessen werden. Er kann sich vor allem selbst kontrollieren, ob nicht nahe liegende, von ihm zunächst erkannte Gesichtspunkte bei der späteren ausgearbeiteten Lösung übersehen worden sind, nur weil sie in der Hektik der Fallbearbeitung nicht richtig untergebracht werden konn-

---

[193] *Th. M. Möllers,* Juristische Arbeitstechnik und wissenschaftliches Arbeiten, 7. Aufl. 2014, Rn. 94.

[194] Ausführliche Fallbesprechung mit Musterlösung bei *Kämper*, JuS 1987, L 29 ff.

ten. Rein technisch sollte die Empfehlung beherzigt werden, dass Notizen sofort durchzustreichen sind, sobald der Einfall entweder in einem nachfolgenden Entwicklungsstadium verarbeitet oder als unbrauchbar verworfen worden ist, da auf diese Weise bereits optisch ein besserer Überblick über den jeweiligen Stand der Überlegungen erzielt werden kann.

Wenn ein Verwaltungsakt im Aufgabentext auf mehrere Begründungen gestützt wird, der daraufhin erhobene Widerspruch Gegenargumente nennt und dagegen im Widerspruchsbescheid wiederum andere Gründe vorgebracht werden, kann es sich auch empfehlen, diese auf einem besonderen Blatt möglichst geordnet festzuhalten, damit bei der endgültigen Fallbearbeitung kein Aspekt übersehen wird. Nach der den Referendaren empfohlenen Technik kann dazu etwa das Blatt in der Mitte in Längsrichtung geteilt und die aufeinander bezogenen Argumente und Gegenargumente jeweils nebeneinander notiert werden.[195] Häufig genügt es aber auch, Begründungen, Gegenargumente etc. schon im gedruckt vorliegenden Aufgabentext beim wiederholten Durchlesen mit Nummern zu versehen oder mehrfarbig zu unterstreichen.

Eine weitere Möglichkeit, die im Zuge des „brainstormings" entwickelten Ideen festzuhalten, ist die Erstellung eines „Clusters". Bei dieser Methode wissenschaftlicher Strukturierungshilfe und Problemanalyse werden Einfälle zeichnerisch dargestellt und prägen sich dem Bearbeiter somit besonders gut ein.[196]

4. Zeittabelle und Personenskizze

Sofern sich im Sachverhalt mehrere Zeitangaben befinden oder in einem Fall mehrere 162
historisch zu trennende Handlungsstränge zusammengefasst sind, empfiehlt sich die Anfertigung eines Zeitstrahls, bei mehreren beteiligten Personen die Anfertigung einer Personenskizze, zur lückenlosen Erfassung des Sachverhalts.[197] Auf einem solchen Zeitstrahl werden in chronologischer Ordnung mit Daten und Stichworten Ereignisse skizziert, um über die Reihenfolge ihres Ablaufs Klarheit zu gewinnen, ehe man zu rechtlichen Überlegungen übergeht. Die exakte Zeitabfolge kann insbesondere für verfahrens- und prozessrechtliche Probleme bedeutsam sein.

Beispiele: Fallkonstellation der Fortsetzungsfeststellungsklage mit Erledigung vor Klageerhebung; Ermittlung, ob Widerspruch und Klage gegen einen belastenden Verwaltungsakt rechtzeitig erhoben worden sind.

Aber auch die materiell-rechtliche Lösung hängt nicht selten von Zeitkomponenten ab.

Beispiele: Fristberechnung bei der Rücknahme eines rechtswidrigen Verwaltungsaktes (§ 48 IV VwVfG) oder bei der Entlassung eines Beamten auf Probe (§ 31 III BBG).

Die prägnante Erfassung komplexer Sachverhalte kann ferner durch das Erstellen 163
einer *Skizze* erleichtert werden. Insbesondere wenn mehrere neben- und/oder nacheinander handelnde Personen in einem Sachverhalt auftreten – was vor allem bei zivilrechtlichen Aufgaben zu beobachten ist –, verschafft eine solche Skizze den nötigen Überblick und verhindert, dass man Personen verwechselt oder wichtige Beziehungen übersieht.

---

[195] Zu dieser Technik *Anders/Gehle*, Das Assessorexamen im Zivilrecht, 11. Aufl. 2013, Rn. A-23.

[196] Zur Methode des „Clustering" vgl. näher *Lahnsteiner*, Jura 2011, 580 (582).

[197] *Czerny/Frieling*, Meine erste Zivilrechts-Klausur: Die vier Phasen der Klausurerstellung, JuS 2012, 877; ebenso *Fleck*, Die Klausur im Zivilrecht – Struktur, Taktik, Darstellung und Stil, JuS 2009, 881.

Beispiel: Es wird übersehen, dass von drei Klägern einer keinen Widerspruch eingelegt hat und seine Anfechtungsklage vor dem Verwaltungsgericht mit Blick auf § 68 I VwGO bereits deshalb unzulässig ist.

So können vor allem bei Aufgaben, in denen es um die Rechtsbeziehungen zwischen mehreren Beteiligten geht, die Ansprüche in den zugrunde zu legenden Zweierbeziehungen (Anspruchsteller – Anspruchsgegner: Wer will was von wem woraus? – sog. konstruktive Methode)[198] besser herausgearbeitet werden.[199] Im öffentlichen Recht kann eine entsprechende Grafik etwa bei den im Baurecht nicht seltenen Dreiecksverhältnissen zwischen Bauaufsichtsbehörde, Bauherrn und Nachbarn hilfreich sein. Auch bei Fällen aus dem Polizei- und Ordnungsrecht, in denen Rechtsfragen der Störerauswahl eine Rolle spielen,[200] können Zeichnungen das Verständnis des Sachverhalts erleichtern. In einer solchen Zeichnung sollte dann mit fortschreitenden Lösungsbemühungen bereits in Stichworten oder mit bloßen Paragraphenangaben sukzessiv die Falllösung skizziert werden.

Beispiel: Der Bundesbeamte B missachtet auf einer Dienstfahrt grob fahrlässig die Vorfahrt des A und verursacht dadurch einen Totalschaden an dessen PKW. Daraufhin verlangt A Schadensersatz von B oder dessen Dienstherrn D. D möchte – im Falle seiner Zahlungsverpflichtung – Rückgriff bei B nehmen.

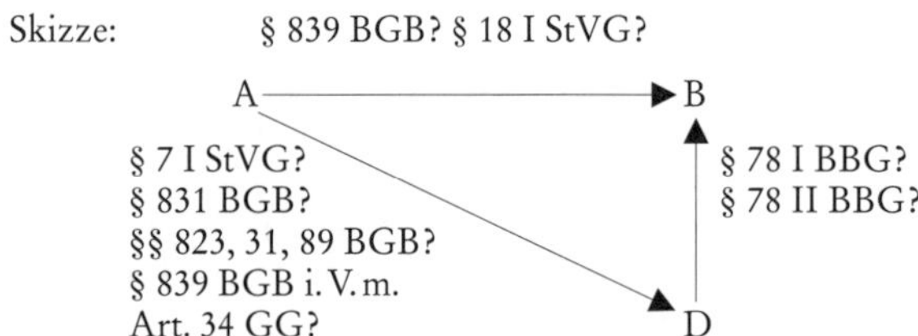

Bei öffentlich-rechtlichen Fällen aus dem Bau- und Planungsrecht oder dem Ordnungsrecht empfiehlt sich gegebenenfalls auch die Anfertigung eines *Lageplans*, um eine genauere Vorstellung von den im Sachverhalt umschriebenen räumlichen und örtlichen Verhältnissen zu bekommen.

Beispiel: Enthält ein Sachverhalt aus dem Gebiet des Baurechts präzise und differenzierte Angaben über Art und Maß der baulichen Nutzung innerhalb eines im Zusammenhang bebauten Ortsteils, so können diese Ortsangaben zeichnerisch verdeutlicht werden, um sich Klarheit über bauordnungsrechtlich relevante Zustände oder darüber zu verschaffen, ob ein nach § 34 II BauGB relevantes Baugebiet der BauNVO vorliegt.

Für alle Skizzen, Zeittafeln, Lagepläne etc., welche vom Bearbeiter angefertigt wurden, gilt, dass diese lediglich der eigenen Hilfe dienen und nicht zu Bestandteilen einer Klausurlösung gemacht werden können.[201]

5. Identifizierung von Rechtsansichten

164 Zuweilen sind im Aufgabentext auch Rechtsansichten von Beteiligten mitgeteilt. Anders als bei den Fakten ist der Bearbeiter ebenso wie ein Richter jedoch nicht an diese – vielfach irrigen – Rechtsausführungen gebunden („Da mihi facta, dabo tibi

[198] Dazu Rn. 196.

[199] *Th. M. Möllers,* Juristische Arbeitstechnik und wissenschaftliches Arbeiten, 7. Aufl. 2014, Rn. 94.

[200] Dazu *Erbguth/Mann/Schubert*, Besonderes Verwaltungsrecht, 12. Aufl. 2015, Rn. 534 ff.

[201] *Butzer/Epping,* Arbeitstechnik im Öffentlichen Recht, 3. Aufl. 2006, S. 15.

ius"). Sie stellen daher auch in der Klausur nur einen Hinweis auf bestimmte erörterungsbedürftige Fragen dar, mit denen sich der Bearbeiter nach Ansicht des Aufgabenstellers besonders auseinanderzusetzen hat, auf die er also eingehen soll.[202] Derartige Hinweise dürfen aber nicht überbewertet werden. Selten erschöpft sich hierin die dem Bearbeiter abverlangte Fallbearbeitung. Er sollte es daher vermeiden, *nur* auf diese Meinungen einzugehen und sich mit ihnen auseinanderzusetzen, nach weiteren Problemen aber überhaupt nicht mehr zu forschen.

Ergibt eine nähere Prüfung geäußerter Rechtsansichten, dass sie offensichtlich abwegig sind oder an den wirklichen Problemen vorbeigehen, so brauchen sie nicht allein deshalb, weil sie im Sachverhalt erwähnt sind, detailliert erörtert zu werden. Man kann vielmehr u. U. in einem knappen Satz an passender Stelle auf die Unhaltbarkeit der betreffenden Meinung hinweisen.[203]

Bei der Sachverhaltserfassung sollte man ferner darauf achten, dass in der Äußerung bestimmter Rechtsansichten, vor allem bei privatrechtlichen Fallgestaltungen, die Abgabe von Willenserklärungen verborgen sein kann.

Beispiel: Äußert A in einem Schreiben an die Behörde B, es lägen ihm jetzt erst neue Beweismittel vor, die zu einer Aufhebung des gegen ihn ergangenen belastenden Verwaltungsakts führen müssten, so kann in diesem Schreiben, wenn der Verwaltungsakt bereits unanfechtbar ist, ein Antrag auf Wiederaufgreifen des Verwaltungsverfahrens gem. § 51 VwVfG gesehen werden.

Mitunter ist es allerdings schwierig, in den Äußerungen von Beteiligten zum Ausdruck kommende bloße Rechtsansichten und darin enthaltene ergänzende Sachverhaltsangaben auseinander zu halten. Nichtsdestoweniger sind die Ansichten der Parteien scharf von ihren tatsächlichen Angaben zu trennen, da die Bearbeiter nur letztere der rechtlichen Bewertung zugrunde zu legen haben, Rechtsansichten aber nicht wie Tatsachen als wahr unterstellt werden dürfen.

Beispiele: Trägt der Adressat eines Verwaltungsaktes vor, dieser sei nicht wirksam zugestellt worden, so ist das seine Rechtsansicht. Bringt er aber vor, der Bedienstete der Behörde habe das Schreiben einfach in das offen stehende Küchenfenster geworfen, so dass es nicht wirksam zugestellt worden sei, so ist letztere Schlussfolgerung eine bloße Rechtsansicht, erstere Aussage aber als Faktizität hinzunehmen und, sofern keine gegenteilige Angaben vorhanden sind, entsprechend rechtlich zu würdigen. – Weist ein Beamter darauf hin, der Oberbürgermeister habe an ihn ein Schreiben gerichtet, in dem es u. a. wörtlich heißt: „Mit ihrer baldigen Beförderung kann gerechnet werden ...", hieraus schließe er (der Beamte), dass ihm die verbindliche Zusicherung einer Beförderung erteilt worden sei, so steht hiernach für den Bearbeiter des Falles lediglich fest, dass der Beamte ein Schreiben mit dem genannten Inhalt erhalten hat. Dessen Folgerungen hieraus sind jedoch eine den Bearbeiter nicht bindende Rechtsansicht.[204]

6. Zum Purismus der Sachverhaltsangaben

Der in vielen Anleitungsbüchern zur Fallbearbeitung[205] hervorgehobene Grundsatz, 165
dass sämtliche im Sachverhalt mitgeteilten Tatsachen für die rechtliche Falllösung von Belang seien und dementsprechend das gesamte Sachverhaltsgeschehen juristisch ausgewertet werden müsse, ist grundsätzlich zutreffend. Dennoch gibt es bisweilen Aufgabensteller, die eine juristische Kunst darin erblicken, dass sich der Prüfling aus einer Unmenge von Angaben die für die Lösung relevanten herauspicken muss.

---

[202] *Valerius*, Einführung in den Gutachtenstil, 3. Aufl. 2009, S. 42.

[203] *Erbel*, Öffentlich-rechtliche Klausurenlehre mit Fallrepetitorium, Bd. I, 2. Aufl. 1983, S. 20.

[204] So richtig *Blasius*, VR 1978, 265 (267).

[205] Vgl. nur *Diederichsen/Wagner*, Die BGB-Klausur, 9. Aufl. 1997, S. 20, 142; *Th. M. Möllers*, Juristische Arbeitstechnik und wissenschaftliches Arbeiten, 7. Aufl. 2014, Rn. 96.

Schmückendes Beiwerk soll dann dazu dienen, die „Denkschärfe und Methodenfestigkeit" des Bearbeiters zu testen.[206] In der Regel werden einzelne tatsächliche Angaben jedoch nur selten völlig unerheblich sein, da die gestellten Aufgaben meistens sog. „Kathederfälle", also speziell für Übungs- bzw. Examensklausuren konzipiert oder modifiziert sind.[207] Das bedeutet, dass bestimmte Problemstellungen in einem eigens nach funktionalen Gesichtspunkten aufbereiteten Sachverhalt verarbeitet worden sind. Der Aufgabensteller hat sich dementsprechend im Regelfall den Sachverhalt genau überlegt und lediglich für die Fallbearbeitung wesentliche, rechtlich relevante Tatsachen aus einem mehr oder weniger umfangreichen Lebenssachverhalt in kurzer, komprimierter Form mitgeteilt. Insbesondere bei Examensklausuren kann davon ausgegangen werden, dass der Aufgabentext nicht mit Überflüssigem belastet ist. Das schließt allerdings nicht aus, dass manche Aufgabe Wendungen enthält die nur „colorandi causa" aufgenommen worden sind, um den Fall lebendig wirken zu lassen.

Beispiel: Steht in einem staatsorganisationsrechtlichen Sachverhalt nicht nur – wie üblich – „der Abgeordnete A", sondern „der profillose Hinterbänkler MdB Dr. Jürgen Dito", so ist das offensichtlich nicht lösungsrelevant, sondern lediglich Ausdruck eines Bemühens des Aufgabenstellers, die Kandidaten trotz der trockenen Prüfungssituation zum Schmunzeln zu bringen.

a) Nebensächlichkeiten und versteckte Informationen

166 In der universitären Ausbildung (anders im Referendariat) immer noch wenig verbreitet sind Sachverhaltskompositionen, bei der die rechtlich erheblichen Fakten mit zusätzlichem, für die juristische Beurteilung unerheblichem Beiwerk ausgeschmückt sind. Solche umfangreichen, bei den Bearbeitern aber regelmäßig weniger geschätzten Sachverhalten können wegen der verstärkten Einbeziehung der Lebenswirklichkeit – etwa mittels der ausgiebigen Schilderung der Finanzlage eines kurz vor der Privatinsolvenz stehenden Schuldners in einem Darlehensfall – vielfach lehrreicher sein als die auf einen knappen Rahmen beschränkten Sachverhalte. Während diese mehr „juristische Phantasie" erfordern, verlangen jene, der praktischen Berufsausübung des Juristen entsprechend, die aufreibende Arbeit der Unterscheidung rechtlich erheblicher von rechtlich unerheblichen Fakten und das Herausschälen des juristisch relevanten Tatsachenkerns aus einer Vielzahl mitgeteilter Tatsachen.

Aber auch im Regelfall der „schlanken Klausur" muss der Bearbeiter eine vergleichbare Gratwanderung meistern: Er muss einerseits aufmerksam auch gegenüber vermeintlichen Nebensächlichkeiten sein und selbst versteckte Informationen aufgreifen und beachten, darf andererseits aber nicht in Wortklauberei verfallen. Er läuft sonst Gefahr, unbedeutende Fakten in ihrer Relevanz für die Lösung zu überschätzen.

Beispiele: Wenn in einer ordnungsrechtlichen Klausur nach der Rechtmäßigkeit eines Maulkorb- und Anleinzwanges gefragt ist, weil der freilaufende Hund des „Frührentners F" die Nachbarschaft verunsichert, so dient die Angabe, dass F Frührentner sei, im Zweifel nur der Ausschmückung des Falles. Keinesfalls darf alleine daraus unterstellt werden, dass F infolge körperlicher Gebrechen generell zur Hundehaltung ungeeignet sei. – Wenn in einer strafrechtlichen Arbeit die Strafbarkeit des „habgierigen Studenten S" zu prüfen ist, der ein aus der Universitätsbibliothek entliehenes Buch an einen Kommilitonen verkauft hat, so ist die Angabe, dass S habgierig ist, für die Erörterung der in Betracht kommenden Vermögensdelikte (veruntreuende Unterschlagung gem. § 246 I StGB und möglicherweise Betrug gem. § 263 I StGB zum Nachteil des Kommilitonen) nicht von Bedeutung. Der Aufgabensteller hat das Motiv nur mitgeteilt, um den Sachverhalt etwas lebendiger zu gestalten.[208]

---

[206] So *Belke*, Prüfungstraining Zivilrecht, Bd. 1, 2. Aufl. 1995, S. 33 f.

[207] *Fahse/Hansen*, Übung für Anfänger im Zivil- und Strafrecht, 9. Aufl., 2000, S. 10.

[208] Vgl. dazu *Arzt*, Die Strafrechtsklausur, 7. Aufl. 2006, S. 59 f.

Der Bearbeiter sollte aber auch mit der Möglichkeit rechnen, dass vom Aufgabensteller mitunter Angaben gemacht werden, die bewusst farblos oder für den Unkundigen irreführend sind, um die Denkschärfe des Bearbeiters auf die Probe zu stellen.

Beispiel: Heißt es in einem Sachverhalt: „Der Beamtenanwärter B wird in einem Schreiben vom 10.5., das ihm am 12.5. zugestellt wird, zum Beamten ernannt", so gilt es zu erkennen, dass eine wirksame Ernennung noch nicht erfolgt ist, da die Ernennung als mitwirkungsbedürftiger Verwaltungsakt nur durch „Aushändigung einer Ernennungsurkunde" wirksam wird (vgl. § 5 II 1 BRRG; § 6 II 1 BBG).

Es ist jedoch ein unter Studierenden weit verbreiteter Irrglaube, dass in Übungs- und Examensaufgaben zunächst nach „Fallen" zu suchen ist. Keinem der Schöpfer von Hausarbeiten und Klausuren sollte, wie es in manchen Schauermärchen dargestellt wird, unterstellt werden, er baue voller Heimtücke bewusst eine Falle in eine Sachverhaltsschilderung ein, nur damit die Großzahl der Bearbeiter an dieser Aufgabe scheitere.

b) Rechtsansichten und Rechtsbegriffe im Sachverhalt

In diesem Zusammenhang sei auch darauf aufmerksam gemacht, dass der Sprach- 167
gebrauch des täglichen Lebens häufig nicht dem juristischen Sprachgebrauch entspricht. Im Sachverhalt stehende rechtlich vorgeprägte Begriffe dürfen deshalb nicht unkritisch wie Tatsachen übernommen werden. Grundsätzlich ist es nämlich Aufgabe des Bearbeiters, die sozialen Geschehensabläufe des Sachverhalts selbst rechtlich zu bewerten, auch wenn Bewertungen Dritter zur Übernahme verlocken.[209]

Beispiele: Wenn im Aufgabentext die „Bundesversicherungsanstalt für Angestellte" erwähnt wird, so darf nicht unreflektiert davon ausgegangen werden, dass es sich hierbei um den Organisationstyp der „Anstalt" handelt. Schließlich kennt die BfA keine „Benutzer", sondern „Mitglieder". Deshalb ist sie rechtlich als „Körperschaft" zu qualifizieren.[210] – Es wäre falsch, die Vorschriften über die (unentgeltliche) Leihe (§§ 598 ff. BGB) anzuwenden, wenn in einem Sachverhalt davon die Rede ist, A habe sich in einer „Leihbücherei" ein Buch für 1 € geliehen, denn dieser Vorgang ist rechtlich als Miete zu bewerten (§§ 535 ff. BGB). Auch wer Geld „verleiht", dürfte in der Regel ein Darlehen geben.

Im Regelfall sind jedoch die in der Aufgabe verwandten juristischen Termini insbesondere bei einfachen Vorgängen in ihrem üblichen Sinne zu verstehen, wenn die sorgsame Prüfung des Sachverhalts nicht das Gegenteil ergibt.

Beispiele: Wenn nur gesagt wird, die Gemeinde A in Niedersachsen verkaufe ein Baugrundstück an B, das sich später als durch Altlasten kontaminiert herausstellt, und B daher Ansprüche nach § 437 BGB sowie Amtshaftungsansprüche geltend macht, so kann ein rechtswirksamer Kauf als Tatsache angenommen werden. – In einem Klausursachverhalt bedeutet „Verkauf" regelmäßig das obligatorische Geschäft, „Veräußerung" ist die dingliche Übereignung, soll oft aber auch beides (Kauf und Übereignung) bezeichnen.

Manchmal wird auch nur ein rechtlich relevanter Vorgang als Tatsache mitgeteilt, ohne dass er sich rechtlich prüfen ließe. Man muss dies dann als rechtswirksam hinnehmen.[211]

Beispiel: Im Sachverhalt heißt es: „Die Bauaufsichtsbehörde verfügt gegenüber dem Grundstückseigentümer G den Abriss des auf seinem Grundstück errichteten Gebäudes, hebt diesen Bescheid jedoch später wieder auf." Hier kann man nicht prüfen, auf welche rechtlichen Gründe die Abrissverfügung gestützt gewesen sein könnte. Man weiß somit auch nicht, ob deren Aufhebung nach § 48 oder § 49 VwVfG zu beurteilen ist, ebenso wenig, ob die jeweiligen

---

[209] *Fabricius*, Der Rechtsfall im Privatrecht, 4. Aufl. 1984, S. 17 f.
[210] Beispiel von *Maurer*, Allgemeines Verwaltungsrecht, 18. Aufl. 2011, § 23 Rn. 52.
[211] *Schmalz*, Methodenlehre für das juristische Studium, 4. Aufl. 1998, Rn. 463.

Widerrufs- bzw. Rücknahmevoraussetzungen erfüllt sind. Es bleibt deshalb nichts anderes übrig, als davon auszugehen, ursprünglich habe eine solche Abrissverfügung existiert, die nunmehr aber keine Rechtswirksamkeit mehr besitzt. Das alles macht keine besonderen Schwierigkeiten, muss aber gesagt werden, weil sich daran zeigt, dass Rechtliches und Tatsächliches durch keine schlechthin gültige Grenze im Sachverhalt geschieden werden können.

c) Kongruenz von Sachverhalt und Lösungsweg

168 Aus der kombinierten Heranziehung der Gesamtheit der Sachverhaltsangaben lässt sich oft auch der richtige, vom Aufgabensteller gleichsam vorgezeichnete Lösungsweg ablesen. Hilfreich kann es deshalb sein, wenn der Bearbeiter mögliche, von ihm als Lösung erwogene Ergebnisse und Zwischenergebnisse unter klausur- oder hausarbeitstaktischen Gesichtspunkten kurz auf ihre Konsequenz für die weitere Fallbearbeitung überprüft. Die *Klausurlösung* sollte sich *als „Spiegelbild" des Sachverhalts*[212] darstellen: Führt ein vom Bearbeiter angestrebter Lösungsweg dazu, dass umfängliche Sachverhaltsvorgaben – insbesondere genaue Zahlenangaben bzw. Daten – nicht verwendet werden können oder umgekehrt notwendige Angaben für den Lösungsweg vollständig fehlen, so spricht manches dafür, dass der Bearbeiter eine andere Lösung verfolgt als vom Aufgabensteller erwartet. Er sollte deshalb seine Entscheidung zu rechtlichen Streitfragen, bei denen sich die möglichen Lösungswege gabeln, nochmals eingehend dahingehend überprüfen, ob sich nicht durch eine andere Entscheidung eine umfassendere und intensivere Sachverhaltsausschöpfung ergibt.

Fehlen dagegen in einem Sachverhalt zu einem bestimmten, vom Bearbeiter anvisierten Problem nähere Angaben, so sollte in der Regel eine Erörterung dieses Problems gänzlich unterbleiben oder aber allenfalls in einem beschränkten Umfang geschehen.

Beispiel: Ist in einer Klausur ohne spezifische Zeitangabe nach den Erfolgsaussichten einer Verfassungsbeschwerde gefragt, werden also detaillierte prozessuale Erörterungen nicht deutlich gefordert und ergeben sich auch aus dem Sachverhalt keine weiteren Hinweise in Bezug auf Fragen der Zulässigkeit der Verfassungsbeschwerde, so lässt dies den Schluss zu, dass hier keine besonderen Probleme verborgen liegen und folglich auch nicht gesucht werden sollen. Fehlerhaft wäre es daher, die Zulässigkeit der Verfassungsbeschwerde anhand eines bekannten Aufbauschemas unter Darstellung sämtlicher vertretener Theorien zu untersuchen. Die Ausführung, dass der Beschwerdeführer die Verfassungsbeschwerde schriftlich, in verständlicher deutscher Sprache ohne strafbaren oder ungebührlichen Inhalt und mit zuverlässiger, hinreichender Erkennbarkeit von Erklärungsinhalt und Person stellen muss, wäre schlichtweg überflüssig und würde dem Korrektor wie bloßes „Abladen von Wissen" erscheinen. In den meisten Fällen führt eine solche Vorgehensweise daher zu einer im Fall nicht angelegten Aufblähung der Zulässigkeitsfrage, die dann aber aus Gründen der limitierten Arbeitszeit in der Klausur leider regelmäßig mit einer zu knappen Darstellung der ungleich wichtigeren Begründetheit der Verfassungsbeschwerde einhergeht. Stellen sich bei solchen überflüssigen Ausführungen obendrein noch Fehler ein, so kann dies den Wert der Bearbeitung in Frage stellen, zumindest aber erheblich mindern.

d) Fallvarianten, Fallabwandlungen, Zusatzfragen

169 Werden im Aufgabentext verschiedene *Fallvarianten* geschildert, so kann der Bearbeiter grundsätzlich davon ausgehen, dass sich für die jeweiligen Varianten vom Ansatz her – nicht notwendig im Ergebnis – unterschiedliche rechtliche Prüfungsansätze und/oder Lösungswege ergeben (s. auch Rn. 184, 223).

Beispiel: Nach Inkrafttreten einer Novelle zum Energiewirtschaftsgesetz erheben vier niedersächsische Energieversorgungsunternehmen Verfassungsbeschwerde vor dem Bundesverfassungsgericht und rügen eine Verletzung ihrer Grundrechte. Es handelt sich hierbei um

---

[212] Formulierung nach *Th. M. Möllers*, Juristische Arbeitstechnik und wissenschaftliches Arbeiten, 7. Aufl. 2014, Rn. 96.

- den Eigenbetrieb der Stadt D (E),
- die vollständig im Eigentum der Stadt B stehende B-AG,
- die gemischtwirtschaftlich organisierte K-AG, deren Gesellschaftsanteile zu jeweils 26 % die kreisfreie Stadt S und der Kreis K halten, an der des Weiteren aber noch 8.000 private Anteilseigner beteiligt sind, und
- die X-AG, an der ein niederländisches Privatunternehmen zu 51 % und die Stadt X zu 49 % Anteile halten.

Bei einer solchen Häufung von Antragstellern (mit jeweils abgestuften Modifikationen kommunalen Engagements) drängt es sich doch geradezu auf, dass die Frage der Antragsberechtigung („jedermann" i. S. v. § 90 I BVerfGG) umfassend und differenziert zu erörtern sein wird. In diesem Zusammenhang gewinnt vor allem Art. 19 III GG zentrale Bedeutung.[213] (zur Mehrfachprüfung auch Rn. 223).

Ähnliche Überlegungen sind auch bei *Fallabwandlungen* und *Zusatzfragen* (s. Rn. 184) angebracht.

Beispiel: Lautet eine Zusatzfrage zu einer Hausarbeit etwa „Ändert sich die rechtliche Beurteilung, wenn sich das Geschehen nicht am 1.4., sondern am 1.5. zuträgt?", so sollte der Bearbeiter untersuchen, ob zwischenzeitlich eine Gesetzesänderung eingetreten oder gegebenenfalls eine Frist abgelaufen ist.

Derartige eher taktische Überlegungen sollten allerdings nur am Rande eine Rolle spielen und nicht überschätzt werden.

7. Sachverhaltsarbeit als „Mosaikarbeit"

Die vorstehenden Ausführungen machen zugleich deutlich, dass das Arbeiten mit 170 dem Sachverhalt, die vom Bearbeiter zu leistende „Mosaikarbeit"[214], nicht als in sich abgeschlossener Arbeitsabschnitt anzusehen ist, der von der rechtlichen Beurteilung des Falles rigide abgesondert werden kann. Vielmehr muss während der späteren Arbeitsstufen der Sachverhalt immer wieder in den Blick genommen werden, gerade auch während der Entwicklung und Ausarbeitung der juristischen Lösung. Denn sämtliche rechtlichen Erörterungen müssen sachverhaltsbezogen bleiben. Es ist deshalb ein „ständiges Hin- und Herwandern des Blickes zwischen Sachverhalt und rechtlicher Regelung" (*Engisch*) bei einer guten Falllösung erforderlich. So wird der Bearbeiter insbesondere erst bei der Subsumtion unter bestimmte Tatbestandsvoraussetzungen einer Rechtsnorm eine vollständige juristische Auswertung des Sachverhalts vornehmen können, um die einzelnen Sachverhaltselemente exakt zu den abstrakten Normvoraussetzungen in Bezug zu setzen.

Beispiel: Subsumtion unter § 4 I Nr. 1–4 GastG (Zuverlässigkeit; Alkoholmissbrauch; Glücksspiel u. a. Vorschub leisten; Gesundheits- oder Jugendschutz missachtet; Räume nicht geeignet; örtliche Lage der Gaststätte; lebensmittelrechtliche Kenntnisse).

a) Mehrdeutigkeiten im Sachverhalt

Mitunter ist der Sachverhalt – entweder infolge eines unbewussten Versehens des 171 Aufgabenstellers oder mit Vorbedacht – in einem für die Gewinnung des rechtlichen Ergebnisses entscheidungserheblichen Punkt aus der Sicht des Bearbeiters nicht so klar, dass er aus sich heraus ohne weiteres verständlich wäre. Solche Mehrdeutigkeiten des Aufgabentextes quälen Studierende oft mehr als komplizierte Rechtsprobleme. Auch die tatsächlichen Angaben des Sachverhalts verlangen deshalb von dem Be-

---

[213] Vgl. in der Sache etwa BVerfGE 45, 63; BVerfG, NJW 1990, 1783; *Schoch*, JURA 2001, 201 (206).

[214] So die Beschreibung von *Mühl*, JuS 1964, 241.

arbeiter zuweilen eine Interpretationsleistung. Allerdings wird gerade der Sachverhalt oft zu Unrecht für unklar oder auslegungsbedürftig gehalten.[215] Eine solche Einschätzung liegt erfahrungsgemäß zumeist nicht am Sachverhalt selbst, sondern schlicht daran, dass der Bearbeiter den Sachverhalt noch nicht ganz durchdrungen hat und noch nicht alle Einzelheiten in ihrem Zusammenhang voll erfasst worden sind. Bevor der Klausurteilnehmer mit der Auslegung beginnt, sollte er sich deshalb überlegen, ob er den Sachverhalt auch wirklich voll ausgeschöpft hat. Sofern trotz allem eine für die Beantwortung einer Rechtsfrage bedeutsame Tatsache zu fehlen scheint, ist zunächst zu versuchen, diese durch eine logisch zwingende Schlussfolgerung aus den sonstigen im Sachverhalt angegebenen Fakten zu ermitteln. Gerade die Möglichkeit, aus angegebenen Sachumständen andere entscheidungserhebliche Tatsachen herzuleiten, gelingt so gut wie immer.

Beispiele: Fehlen Zeitangaben im Sachverhalt, ist aber die Rede davon, eine Städtepartnerschaft mit einer englischen Gemeinde werde als Folge persönlicher Kontakte, die sich durch die Olympischen Spiele in London ergeben haben, geschlossen, so kann davon ausgegangen werden, dass der Sachverhalt ein Geschehen schildert, das sich nicht vor 2012 zugetragen haben kann. – Erhebt Richter R aus Hannover in eigener Sache Verfassungsbeschwerde gegen ein Gesetz und rügt die Verletzung des Art. 12 GG, so ist die Verfassungsbeschwerde nur zulässig, wenn er Deutscher ist. Obwohl der Sachverhalt insoweit schweigt, kann doch von dem Beruf des R auf seine deutsche Staatsangehörigkeit geschlossen werden (§ 9 Nr. 1 DRiG). – Wenn schlicht vermerkt ist, dass ein Gaststätteninhaber Nicola Amati heißt, kann das allein, sofern nicht weitere Anhaltspunkte vorliegen, nicht dahingehend interpretiert werden, Amati sei Italiener, der sich nach geltendem Verfassungsrecht nicht auf Art. 12 GG (wohl aber auf die gemeinschaftsrechtlich garantierte Dienstleistungsfreiheit)[216] berufen könne. – Wer aus einem Vertrag klagt, behauptet damit zugleich, ihn im eigenen Namen abgeschlossen zu haben. – Bietet A von ihm gestohlene Uhren dem B nachts am Hauptbahnhof einer Großstadt zu einem billigen Preis an, so kann unschwer davon ausgegangen werden, dass B hinsichtlich eines Eigentumserwerbs bösgläubig ist, was nicht nur zivil-, sondern auch strafrechtlich von Bedeutung ist. Die Umstände, unter denen der Verkauf erfolgen soll, lassen klare Rückschlüsse auf das Vorstellungsbild der Beteiligten zu.

Hier soll und kann der Bearbeiter auch zeigen, ob er lebensnahe Einschätzungen zu treffen vermag.

Beispiel: Ist der Inhaber einer Jugend-Discothek bereits mehrfach wegen Drogenhandels vorbestraft und wird auch bei einer neuerlichen Razzia wiederum Rauschgift bei ihm und seinen Gästen gefunden, so kann ohne Bedenken auf seine Unzuverlässigkeit i. S. v. § 4 I Nr. 1 GastG geschlossen werden.

b) Auslegung des Sachverhalts

172 Wenn eine solche verständige Sachverhaltsauslegung aber im Einzelfall einmal nicht gelingen sollte, muss der Bearbeiter versuchen, durch eine konsequente Ergänzung der gegebenen Fakten unter dem Gesichtspunkt des nach der Lebenserfahrung normalen oder höchstwahrscheinlichen Zustands bzw. Verlaufs der Dinge für die Falllösung bedeutsame Zusatzfakten zu ermitteln, um zu einem eindeutigen Sachverhalt zu kommen. Er muss sich diesbezüglich zunächst über die möglichen Auslegungsvarianten des Aufgabentextes Klarheit verschaffen. Dann wird er diejenige Interpretation zu wählen haben, die bei einer natürlichen Betrachtungsweise die plausibelste, interessengerechteste und lebensnächste Sachverhaltsauslegung darstellt. Er hat den *Normalfall* zugrunde zu legen, da Abweichungen vom gewöhnli-

---

[215] Dazu bereits Rn. 155 f.

[216] Näher zu diesem Problem etwa *Mann*, in: Sachs (Hrsg.), GG, 7. Aufl. 2014, Art. 12 Rn. 34 ff.

chen Lebensverlauf vom Aufgabensteller ausdrücklich ausgesprochen zu werden pflegen.[217]

Beispiele: Fehlen in einer polizeirechtlichen Aufgabenstellung Angaben über das Bundesland, in dem der Vorfall sich ereignet, so ist davon auszugehen, dass der „Fall" sich im jeweiligen Bundesland, in dem die Aufgabe gestellt wird, zugetragen hat. – Grundsätzlich ist ferner das zur Zeit der Beurteilung geltende Recht anzuwenden. Enthält der Sachverhalt Zeitangaben und hat sich das maßgebliche Recht seitdem geändert, so ist allerdings von dem damaligen Rechtszustand auszugehen (vgl. Rn. 74 ff.; 94); bei einer Hausarbeit sind Literatur und Rechtsprechung gleichwohl jeweils auf dem neuesten Stand zu berücksichtigen. – Teilt der Sachverhalt über die Geschäftsfähigkeit einer Person oder über die Form eines abgeschlossenen Rechtsgeschäftes keine näheren Einzelheiten mit, so kann der Bearbeiter davon ausgehen, dass die Person voll geschäftsfähig und das Rechtsgeschäft in der erforderlichen Form abgeschlossen worden ist. – Mangels gegenteiliger Angaben und Andeutungen kann in einer staatsrechtlichen Klausur beispielsweise weiter davon ausgegangen werden, dass die Vorschriften des GG über das Gesetzgebungsverfahren beachtet worden sind.

Oft kann aus rechtlichen Vorgaben der regelmäßige Gang der Dinge entnommen werden.

Beispiel: Richtet die Bauaufsichtsbehörde eine Abrissverfügung gegen den „E", so liegt es mangels gegenteiliger Abgaben näher, diesen für den Eigentümer als etwa lediglich für den Pächter des Grundstücks zu halten, auf dem illegal eine bauliche Anlage errichtet worden ist.

Nur wenn der Sachverhalt besondere Anhaltspunkte für das Gegenteil enthält und dies unmissverständlich ausweist, ist eine vom Regelfall abweichende Interpretation gerechtfertigt.

Beispiel: Soll der Aufgabensteller aus dem Formmangel bei einem Rechtsgeschäft rechtliche Konsequenzen herleiten, finden sich regelmäßig klare Hinweise hierauf; z. B. bei einem öffentlich-rechtlichen Vertrag: „A und B besiegelten den Verwaltungsvertrag mit Handschlag" (vgl. § 57 VwVfG).

Hinzuweisen ist in diesem Zusammenhang auch auf die von *Arzt* vorgeschlagene, 173
allerdings „nur in akutem Notfall zu verwendende Faustregel" für eine *problemfreundliche Auslegung* des Sachverhalts. Sie lautet: „Man soll einerseits Sachverhalte problemfreundlich auslegen, d. h. Probleme nicht durch gekünstelte Auslegung angehen. Andererseits gilt es, voreilige Festlegungen auf ein Problem und die daraus resultierende Verbiegung des Sachverhalts zu vermeiden."[218] Den durch Auslegung ermittelten Sachverhalt haben Studierende ihrer weiteren Bearbeitung zugrunde zu legen. Sie sollten dabei deutlich angeben, welche Tatsachen sie im Wege der Auslegung oder der Schlussfolgerung dem Sachverhalt entnommen haben, und müssen dafür kurz und bündig eine entsprechende Begründung geben.

Beispiel: „Obwohl der Sachverhalt dies nicht ausdrücklich sagt, muss davon ausgegangen werden, dass … Denn …" oder „Da der Sachverhalt hierzu schweigt, ist nicht anzunehmen, dass …"

Falls die Begründung des Bearbeiters plausibel ist, wird ihm kein Korrektor „einen Strick daraus drehen", auch wenn dieser persönlich einer anderen Sachverhaltsinterpretation zuneigt. Selbst ein Irrtum bei der Auslegung des Sachverhalts kann, sofern die Rechtsausführungen an sich zutreffend sind, nicht so schwerwiegend sein wie eine widerspruchsvolle, unübersichtliche oder verworrene rechtliche Beurteilung bei unzureichend durchdachter tatsächlicher Sachlage. Hiervon ist jedoch dann eine Aus-

---

[217] *Schwerdtfeger*, Öffentliches Recht in der Fallbearbeitung, 14. Aufl. 2012, Rn. 813; *Diederichsen/Wagner*, Die BGB-Klausur, 9. Aufl. 1997, S. 23 f.; *Wessels/Beulke*, Strafrecht Allgemeiner Teil, 44. Aufl. 2014, Rn. 854.

[218] *Arzt*, Die Strafrechtsklausur, 7. Aufl. 2006, S. 60.

nahme zu machen, wenn der Verdacht besteht, der Bearbeiter wolle sich durch eine gewagte Sachverhaltsauslegung gezielt um ein verzwicktes Rechtsproblem herumdrücken. Gerade Formulierungen wie „sagt der Sachverhalt nicht eindeutig" verraten aber allzu häufig den Willen des Bearbeiters, durch gekünstelte Interpretation im tatsächlichen Bereich einem sachlichen Problem zu entrinnen.

c) Lücken im Sachverhalt

174 Bisweilen kann es dennoch vorkommen, dass der Sachverhalt in der Tat *Lücken* enthält, d. h. dass es nach der Fragestellung und der anzuwendenden Rechtsnorm darauf ankommt, ob eine bestimmte Tatsache vorliegt, der Sachverhalt dazu aber keine Anhaltspunkte enthält und die Lücke auch nicht durch Auslegung nach dem Maßstab des Normalen oder Wahrscheinlichen (Rn. 172) geschlossen werden kann.[219]

Beispiel: Es wird eine Schulstrafe gegen den Schüler eines Gymnasiums verhängt. Für die Frage der Grundrechtsverletzung kann das Alter des Schülers eine Rolle spielen. Mögliche Sachverhaltsgestaltungen sind hier, dass der Schüler jünger als 16 Jahre, dass er zwischen 16 und 18 Jahre alt oder dass er älter als 18 Jahre ist.[220]

Zu überlegen ist auch in diesem Fall zunächst, welche verschiedenen Möglichkeiten der Sachverhaltsauslegung angesichts der konstatierten Lücke bestehen. Denn häufig sind mühsam festgestellte Sachverhaltslücken im Ergebnis rechtlich nicht relevant; dann kommt es auf sie nicht mehr an, womit sich das Problem von selbst erledigt. Betrifft die Lücke ein nicht logisch vorrangiges Tatbestandsmerkmal, so kann diese Frage offen bleiben, falls noch ein weiteres Element fehlt, da in solchen Fällen ohne Schaden die Prüfungsreihenfolge umgestellt werden kann. Zu überlegen ist ferner, ob der Sachverhalt nicht notfalls behutsam ergänzt werden kann.

Beispiele: Kann derjenige, der einen bestimmten Anspruch geltend macht, diesen Anspruch durch eine in seinem Belieben stehende Erklärung herbeiführen (z. B. bei Anfechtung, Rücktritt, Aufrechnung etc.), so ist bei verständiger Würdigung zu unterstellen, dass diese Erklärung erfolgt, und es ist sodann auf der Grundlage dieser Erklärung weiter zu prüfen. In einem Sachverhalt angelegte Entwicklungsmöglichkeiten sind zu berücksichtigen.[221] – Bei Ehegatten ist vom gesetzlichen Güterstand der Zugewinngemeinschaft auszugehen.

175 Eine vom Bearbeiter vorgenommene *Unterstellung* muss in der Ausarbeitung als solche gekennzeichnet werden. Zu warnen ist jedoch nochmals davor, angebliche Lücken durch willkürliche, eigenmächtige Unterstellungen aus dem Weg zu räumen. Wer mit solchen Unterstellungen arbeitet, „verändert" den Fall und löst folglich eine andere als die gestellte Aufgabe.

Beispiel: Zu vermeiden sind besonders Unterstellungen der Geschäftsunfähigkeit und der Schuldunfähigkeit, der Bösgläubigkeit oder Formungültigkeit beim Abschluss von Rechtsgeschäften. Im Zweifel ist hier alles in Ordnung.

Diese Beispiele zeigen zugleich, wie schwierig es ist, die notwendige Balance zwischen Ergänzungsgebot und Unterstellungsverbot zu halten. Im Zweifel ist davon auszugehen, dass der Aufgabentext die notwendigen Fakten selbst mitteilt. Der Fall muss aus sich heraus entschieden werden, so dass nur dann, wenn der Zusammenhang des Falles es erlaubt, wenn also der Sachverhalt unmittelbar oder doch mittelbar Anhaltspunkte für eine entsprechende Fallgestaltung gibt, der Sachverhalt entspre-

---

219 *Schwerdtfeger*, Öffentliches Recht in der Fallbearbeitung, 14. Aufl. 2012, Rn. 812 ff.

220 Beispiel nach *Erbel*, Öffentlich-rechtliche Klausurenlehre mit Fallrepetitorium, Bd. I., 2. Aufl. 1983, S. 21.

221 *Schack*, BGB – Allgemeiner Teil, 14. Aufl. 2013, Rn. 561.

chend ergänzt werden darf. Meint der Bearbeiter, diesen Weg nicht wählen zu dürfen, so hat er weiterhin die Möglichkeit, die zweifelhafte tatsächliche Frage bei einer einigermaßen geschickten Darstellung auch ohne scharfe Trennung innerhalb des von ihm erarbeiteten Lösungsweges einzubauen.

Beispiel: Lässt der Sachverhalt offen, ob eine grds. nach § 28 I VwVfG erforderliche Anhörung erfolgt ist, so ist es möglich, auf die Ausnahmen des § 28 II VwVfG – sofern diese im konkreten Fall anwendbar erscheinen – oder auf die Heilung des eventuellen Verfahrensfehlers nach § 45 I Nr. 3, II VwVfG, z. B. durch Nachholung der Anhörung bis zum Klageverfahren, zu verweisen.

d) Alternativlösungen

Nur wenn für den Bearbeiter ein solcher Weg nach seiner Auffassung, die er sich 176 (hoffentlich) nur auf Grund intensiven Nachdenkens gebildet hat, nicht gangbar ist, kommt eine *Alternativlösung* in Betracht, in der die Rechtslage auf der Grundlage des für möglich gehaltenen anderen tatsächlichen Geschehensablaufs in einem Hilfsgutachten (dazu Rn. 224 f.) untersucht wird. Die Erstellung eines solchen Hilfsgutachtens sollte allerdings die absolute Ausnahme bleiben.

Beispiel: Wird in einem Sachverhalt, in dem es um die Teilnahme an einem Schulgebet geht, über das Alter der Schüler nichts gesagt, aber erwähnt, dass es sich um eine Grundschule handelt, so kann man nach der Lebenserfahrung davon ausgehen, dass die Schüler nicht älter als 11 Jahre sind. Bei der möglichen Verletzung von Rechten der Schüler aus Art. 4 I GG ist also davon auszugehen, dass die Schüler nicht grundrechtsmündig sind. Fehlt es dagegen an der Angabe des Schultyps und des Alters der Schüler, bietet sich eine Alternativlösung an. Der Bearbeiter wird den Fall sowohl unter dem Aspekt der mangelnden Grundrechtsmündigkeit als auch unter dem der gegebenen Grundrechtsmündigkeit prüfen müssen. Eine unzulässige Unterstellung wäre es hier, die Schüler seien grundrechtsmündig.

Für den Fall einer Alternativlösung muss jedoch beachtet werden, dass sie erst dann erwogen werden darf, wenn die unterschiedliche tatsächliche Deutung zu einem rechtlich verschiedenen Ergebnis führt.

Beispiel: Ein Verwaltungsakt ist als Folge der unterschiedlichen Lösungsmöglichkeiten entweder rechtmäßig oder rechtswidrig.

Wäre das Ergebnis hingegen identisch, egal ob die ungewisse Tatsache vorliegt oder nicht, kann es nicht auf sie ankommen und die Frage muss im Gutachten offen gelassen werden. Der Bearbeiter hat dann die in Betracht kommenden Möglichkeiten aufzuzeigen und sie wie bei einer Abwandlung des Sachverhalts gesondert zu prüfen, bis die Lösung wieder „einspurig“ verlaufen kann.[222]

Beispiel: Ist ein Ausländer wegen einer Straftat zu einer Freiheitsstrafe von mindestens drei Jahren verurteilt worden und damit zwingend auszuweisen (§ 53 I Nr. 1 AufenthG), so kann bei der Entscheidung über seine Ausweisung regelmäßig offen gelassen werden, ob seine Ehefrau Deutsche oder Ausländerin ist (§ 56 I 1 Nr. 4, S. 2 AufenthG).

Bevor in die Bildung von Tatsachenalternativen ausgewichen wird, ist vorsorglich noch zu überprüfen, ob im Sachverhalt nicht bewusst eine bestimmte Tatsache als zwischen den Parteien strittig und unaufklärbar geschildert worden ist. In diesem Fall hat der Bearbeiter eine Entscheidung nach Beweislastgrundsätzen zu treffen und hierbei die gesetzlichen Beweislastregeln zu beachten.[223] Im Verwaltungsprozessrecht

---

[222] *Fahse/Hansen*, Übungen für Anfänger im Zivil- und Strafrecht, 9. Aufl. 2000, S. 11.

[223] *Schwerdtfeger*, Öffentliches Recht in der Fallbearbeitung, 14. Aufl. 2012, Rn. 817. – Zu beachten ist jedoch, dass Studierende während des Studiums und im ersten juristischen Staatsexamen im Regelfall nur mit einem sogenannten feststehenden Sachverhalt arbeiten; erst während des juristischen Vorbereitungsdienstes werden Beweislastregeln eine größere Bedeutung für ihn gewinnen; vgl. dazu *Anders/Gehle*, Das Assessorexamen im Zivilrecht, 11. Aufl. 2013, Rn.

gibt es wegen des Amtsermittlungsgrundsatzes keine eigentliche Beweislast, wie man sie im Zivilprozess als Beweisführungslast versteht, aber doch eine entsprechende Darlegungslast (materielle Beweislast) im Falle einer Unerweislichkeit von Tatsachen.

Beispiel: Die Unerweislichkeit einer Tatsache (das „non liquet") geht zu Lasten des Beteiligten, der aus ihr ihm günstige Rechtsfolgen herleitet.[224]

Oftmals wird sich schon aus der Formulierung der Norm („es sei denn"; „dies gilt jedoch nicht"; „so wird vermutet"; „wenn er nachweist") ergeben, zu wessen Lasten die Unerweislichkeit sich auswirkt.

Beispiele: §§ 932 I, 1006, 891 BGB; § 8 I 1 HandwO; § 34a I 3 Nr. 2 GewO.

Keinesfalls darf der Bearbeiter aber ansonsten bei Schwierigkeiten in der Sachverhaltsbeurteilung vorschnell sein Heil in der Anwendung derartiger Beweislastregeln suchen und dadurch die Erörterung rechtlicher Probleme abblocken, beispielsweise eine Erörterung der Eigentumslage unter Berufung auf § 1006 BGB.

177 Eine alternative Entscheidung von *Rechtsfragen* ist nicht zulässig. Nur bei unbehebbaren Unklarheiten hinsichtlich des im Sachverhalt geschilderten *tatsächlichen* Geschehens, die durch keinerlei Schlussfolgerung, Auslegung oder Unterstellung beigelegt werden können, ist es dem Bearbeiter gestattet, die sich nach der allgemeinen Lebenserfahrung anbietenden Sachverhaltsalternativen zu bilden und die rechtliche Lösung doppelspurig entsprechend der jeweiligen Tatsachenalternative zu erarbeiten. Zweifel in den Rechtsfragen müssen dagegen von ihm eigenverantwortlich geklärt und überwunden werden (s. dazu Rn. 227 ff.). Rechtsfragen dürfen auch nicht in Tatsachenfragen umfunktioniert werden, um sich auf diese Weise vor einer Entscheidung zu drücken. Wie ein Richter, so hat sich auch der Bearbeiter einer Klausur für einen rechtlichen Lösungsweg zu entscheiden. Er darf sich nur dann einer eindeutigen Stellungnahme zu einer Rechtsfrage enthalten, wenn deren auch alternative Beantwortung zu demselben Ergebnis führt. Dann sind die verschiedenen rechtlichen Ansätze und ihre Konsequenzen kurz darzustellen und festzustellen, dass das Ergebnis gleich wäre, so dass es nicht erforderlich ist, sich für eine Ansicht zu entscheiden.

Beispiel: Klage auf Erteilung einer Baugenehmigung für eine Tankstelle. Das Antragsgrundstück liegt in einem Gebiet, für das im Bebauungsplan (§ 30 BauGB) eine förmliche Festsetzung als „Reines Wohngebiet" (§ 3 BauNVO) besteht. Wie der Vergleich mit dem für „Allgemeine Wohngebiete" geltenden § 4 III Nr. 5 BauNVO zeigt, sind Tankstellen in reinen Wohngebieten planungsrechtlich unzulässig. Der Sachverhalt teilt mit, dass die nähere Umgebung des Antragsgrundstücks tatsächlich wie ein „Reines Wohngebiet" bebaut ist, mithin von einem sog. „faktischen reinen Wohngebiet" i. S. d. § 34 BauGB auszugehen ist. Damit wäre die auf Erteilung der Baugenehmigung gerichtete Baugenehmigungsklage auch bei Geltung des § 34 II BauGB erfolglos. Wird nunmehr die Ungültigkeit des Bebauungsplanes vom Kläger behauptet, von der Behörde aber mit beachtenswerten Argumenten bestritten, stellt es eine elegante Lösung dar, wenn der Bearbeiter statt einer umfangreichen Überprüfung der Gültigkeit des Bebauungsplanes schlicht beide Alternativen (§ 30 BauGB i. V. m. § 3 BauNVO bei unterstellter Wirksamkeit, § 34 II BauGB bei unterstellter Unwirksamkeit des Bebauungsplanes) in den Blick nimmt und so rasch zum selben Ergebnis kommt.

178 Die Fälle, in denen vom Bearbeiter tatsächlich eine *alternative Lösung* verlangt wird, sind – dies muss ausdrücklich hervorgehoben werden – äußerst selten. Die Übungsleiter an Universitäten und insbesondere auch die Justizprüfungsämter geben grund-

---

A-150 ff.; *Sattelmacher/Sirp/Schuschke*, Bericht, Gutachten und Urteil, 34. Aufl. 2008, Rn. 325 ff.

[224] BVerwGE 70, 143 (147); *Schenke*, Verwaltungsprozessrecht, 12. Aufl. 2009, Rn. 23; *Würtenberger*, Verwaltungsprozessrecht, 3. Aufl. 2011, Rn. 576 ff.

sätzlich keine Aufgaben heraus, bei denen unbehebbare Zweifel über den tatsächlichen Hergang des Geschehens bestehen könnten. Rechtlich interessante Abwandlungsmöglichkeiten des Sachverhalts werden in aller Regel offen durch entsprechende Fallgestaltung (vgl. Rn. 168 zur Verfassungsbeschwerde der Energieversorgungsunternehmen) oder durch eine Zusatzfrage präsentiert. Von daher gesehen muss sich bei jedem Bearbeiter einer solchen Alternativfrage dann eigentlich naheliegenderweise der Verdacht aufdrängen, dass diese eine von der Hauptlösung abweichende Prüfung erfordern könnte. Mehrdeutigkeiten des Sachverhalts beruhen in den seltensten Fällen auf einem – unerkannt gebliebenen – Versehen des Aufgabenstellers, dessen Intention doch auf eine „eindeutige Lösung" des Falles gerichtet ist. Der Bearbeiter soll sich deshalb stets sehr kritisch fragen, ob angesichts der Lebenserfahrung wirklich ein Gleichgewicht zwischen mehreren (rechtlich relevanten) tatsächlichen Möglichkeiten angenommen werden kann. Vielleicht aber hat er auch selbst nur an einer früheren Stelle die Weichen falsch gestellt.

Alternativlösungen bergen insbesondere bei Klausuren darüber hinaus noch die Gefahr, dass man in der für eine Arbeit bemessenen Arbeitszeit praktisch zwei Arbeiten verschiedenen Inhalts schreiben müsste. Diese beträchtliche Mehrarbeit führt fast notwendig zu Zeitnot. Dies sollte jeder Bearbeiter berücksichtigen. Ist er trotzdem gewillt, eine Alternativlösung anzufertigen, dann hat er die zweite Auslegungsmöglichkeit in einem Hilfsgutachten wie eine selbständige Fallvariante zu prüfen, d. h. sie ist gesondert im Anschluss an die erste Auslegungsmöglichkeit zu bearbeiten. Dabei ist es jedenfalls empfehlenswert, die wahrscheinlichere Sachverhaltsauslegung zuerst und ausführlich zu untersuchen, die unwahrscheinlichere danach kürzer abzuhandeln. So lässt sich ein Hilfsgutachten oft auf wenige Sätze beschränken. Falsch und den Duktus der Bearbeitung störend wäre es dagegen, bei jedem Zwischenergebnis der ersten Fallvariante die jeweilige Alternative zu behandeln.

Abschließend ist noch darauf hinzuweisen, dass ein dem Sachverhalt beigefügter 179
Bearbeitungsvermerk als wesentlicher Bestandteil der Aufgabe stets sorgfältig zu beachten ist, weil er auch Hinweise über das anzuwendende Recht geben kann.

Beispiel (aus einer öffentlich-rechtlichen Examensklausur): Unterstellen Sie bitte, dass, soweit es darauf ankommen sollte, nicht die Abgabenordnung, sondern das allgemeine Verwaltungsverfahrensrecht anzuwenden ist; § 12 Kommunalabgabengesetz ist außer Betracht zu lassen.

Oft wird durch einen Bearbeitungshinweis auch ausdrücklich klargestellt, dass im Falle der Unzulässigkeit eines Rechtsbehelfs ein Hilfsgutachten über die Begründetheit des Rechtsbehelfs zu erstellen ist.[225]

III. Korrektes Verständnis der Fallfrage(n)

Nachdem der Sachverhalt erfasst ist, bedarf es der genaueren Klärung der zu bearbei- 180
tenden Fallfragen. Oftmals sind diese im Sachverhalt sehr konkret bestimmt.

Beispiele: Kann das Land die Rückzahlung der gewährten Subvention verlangen? Ist die Ausweisungsverfügung der Behörde rechtswidrig? Welche verfassungsrechtlichen Bedenken bestehen hinsichtlich des Handelns der Bundesregierung?

Aber selbst in solchen Fällen finden sich immer wieder Klausuren, in denen einzelne Bearbeiter die Fallfrage ignorieren und in ein Prüfungsschema verfallen, das den Besonderheiten des Falles und der Fallfrage nicht Rechnung trägt. Ein recht häufiges

[225] Dazu noch Rn. 224.

Verhaltensmuster ist, dass die Konstellation eines Antrags im vorläufigen Rechtsschutz verkannt wird.

Beispiel: In der Übung im Öffentlichen Recht für Fortgeschrittene an der Universität Göttingen war einmal eine Klausur zu korrigieren, deren Verfasser sogar die Fallfrage „Hat der Antrag Aussicht auf Erfolg?" dahingehend zu verbessern meinte, es müsse doch wohl „Klage" statt Antrag heißen (s. auch Rn. 159 zur „Sachverhaltsquetsche").

Enthält der Sachverhalt hingegen nur eine allgemeine Aufgabenstellung, ist die Fallfrage durch Auslegung des Sachverhalts zu konkretisieren. Eine solche Reflexion über die Fallfrage ist unabdingbar, da sich an ihr der Gedankengang und der Aufbau sowohl der Vorüberlegungen als auch des eigentlichen Gutachtens orientieren. Der Bearbeiter vermeidet hierdurch, sich zu verzetteln oder durch Klärung gängiger, für den konkreten Fall aber unwichtiger Rechtsprobleme wertvolle Zeit zu verlieren.

Das Gutachten dient von seiner Intention her nicht dazu, auf möglichst breiter Basis Wissen des Verfassers abzufragen, sondern Entscheidungen vorzubereiten. Dementsprechend sind oft auch Klausurfragen wie folgt formuliert: „Wie wird das Gericht entscheiden?" oder – neuerdings unter dem Stichwort „*Anwaltklausur*" (s. auch Rn. 181) beliebt[226] – „Was wird der Rechtsanwalt dem A raten?" Bei solch allgemeiner Aufgabenstellung sind konkretere Fallfragen herauszuarbeiten. Diese müssen dabei anhand des Sachverhalts so präzisiert werden, dass sie die Untersuchungsthemen genau bezeichnen und dabei auf die Rechtsfolgen der anzuwendenden Normen hinzielen.[227] Statt „Hat die Behörde B Ansprüche gegen A?" ist präziser zu fragen: „Hat B gegen A einen Anspruch auf Rückzahlung des geleisteten BAföG-Betrages?"

Bei der gesamten Falllösung ist darauf zu achten, dass wirklich nur gezielt die konkret gestellten oder aus dem Sachverhalt abgeleiteten Fallfragen behandelt werden. Alle darüber hinausgehenden Erörterungen ohne Fallbezug sind in der Klausur als überflüssig und damit als falsch zu bewerten.[228]

Beispiele: In einer strafrechtlichen Klausur ist in der Regel nicht auf die Strafbarkeit von Verstorbenen einzugehen, auch wenn diese sich ursprünglich strafbar gemacht haben, es sei denn, deren Strafbarkeit ist für eine etwaige Mittäterschaft oder Teilnahme relevant. – Wenn in einer öffentlich-rechtlichen Klausur ein Vorgehen der Polizei anhand der polizeirechtlichen Generalklausel überprüft wird, ist es verfehlt, zur Abrundung Erörterungen über die Entwicklung des Polizeibegriffs („Policey" im Absolutismus, § 10 II 17 PrALR v. 1794) anzustellen, mögen diese auch noch so lehrreich sein.

Die gängigen Fallfragen, mit denen Studierende stets zu rechnen haben, lassen sich – freilich ohne trennscharfe Klassifizierung – mittels Typisierung wie folgt näher kennzeichnen:

1. Konkrete Fallfragen

181 Die wenigsten Probleme werfen selbstverständlich solche Sachverhalte auf, die schon gezielte Fallfragen enthalten und insofern keiner Auslegung mehr bedürfen. Die Fragen sind dann grundsätzlich in der Reihenfolge zu bearbeiten, in der sie gestellt werden. Hiervon sollte nur aus zwingenden, auch dem Leser einsichtigen Gründen abgewichen werden, z. B. – da Wiederholungen soweit wie möglich zu unterlassen

---

[226] Ausführlich zur Anwaltsklausur *Diercks-Harms*, Die erfolgreiche Anwaltsklausur, 2003; *Fleck/Arnold*, JuS 2009, 881 (882); *Kaiser*, JA 2008, 721 ff.

[227] *Diederichsen/Wagner*, Die BGB-Klausur, 9. Aufl. 1997, S. 25.

[228] *Hartmann*, in: Pieroth (Hrsg.), Hausarbeit im Staatsrecht, 2. Aufl. 2011, Rn. 6; *Czerny/Frieling*, JuS 2012, 877 (878).

sind – wenn die Beantwortung der ersten Frage auf Ausführungen zu den nachfolgenden Fragen aufbaut. Eine solche Reihung werden gewissenhafte Aufgabensteller aber in der Regel bereits zu vermeiden wissen. Deshalb sollte ein Bearbeiter regelmäßig davon ausgehen, dass die Reihenfolge der Fallfragen vom Klausursteller mit Bedacht angeordnet wurde.

Beispiele:

- Die Mehrheitsfraktion im Gemeinderat beantragt, einen Beschlussvorschlag in die Tagesordnung aufzunehmen, wonach die Gemeinde sich zur atomwaffenfreien Zone erklärt.[229]
  (1) Bestehen rechtliche Bedenken gegen einen Ratsbeschluss dieses Inhalts?
  (2) Muss der Bürgermeister den Punkt auf die Tagesordnung setzen?

Hier liefert die Beantwortung der Frage (1) einen wichtigen Gesichtspunkt für die Lösung der zweiten Frage.

- Gegen E als Eigentümer eines formell und materiell baurechtswidrig errichteten Ferienhauses ergeht eine mit Rechtsbehelfsbelehrung versehene Abrissverfügung. Daraufhin veräußert E das Grundstück schleunigst an K, der von den Vorgängen weiß.
  (1) Kann die ergangene Abrissverfügung nunmehr gegen K vollstreckt werden?
  (2) Könnte K noch zulässigerweise Widerspruch gegen die Verfügung einlegen, obwohl seit ihrem Erlass schon 19 Monate vergangen sind?
  (3) Hätte eine Klage des K Aussicht auf Erfolg?

In diesem Fall setzt die Beantwortung der zweiten Frage die Bejahung der ersten voraus, da K sonst nicht widerspruchsbefugt wäre. – Für Frage (3) sind (1) und (2) wichtige Vorfragen.

Mitunter ordnen Aufgabensteller ihre Fallfragen auch in der Weise, dass zunächst nach der materiellen Rechtslage und dann in einer zweiten Frage nach den Möglichkeiten der prozessualen Durchsetzung des Rechts gefragt wird. Dadurch zeigt der Aufgabensteller zum einen, dass ihm die materiellen Aspekte des Falles wichtiger sind als ausführliche Zulässigkeitserwägungen. Zum anderen wird er diese Reihenfolge wählen, wenn er den Bearbeitern bei einer nicht für unwahrscheinlich gehaltenen Unzulässigkeit der Klage die Konstruktion eines Hilfsgutachtens zur Begründetheit ersparen möchte.[230] Drittens schließlich ist dieses Vorgehen charakteristisch für den Typ der sog. *Anwaltsklausur*, in der im Anschluss an die Sachverhaltsdarstellung gefragt wird, was ein Anwalt raten würde. In einer solchen Konstellation würde ein Anwalt zunächst die materielle Rechtslage klären, bevor er sich Gedanken zur besten prozessualen Durchsetzung (Mahnung, Klage, einstweiliger Rechtsschutz?) machen kann.

2. Auslegungsbedürftige Aufgabenstellungen

Nicht selten sind jedoch der Aufgabenstellung keine konkreten Fallfragen zu entnehmen. Meistgebrauchte allgemeine Formel ist die Frage „Wie ist die Rechtslage?“. Aus einer solchen Aufgabenformulierung könnte man zunächst folgern, es gehe um die Klärung aller irgendwie bedeutsamen Rechtsbeziehungen der Beteiligten untereinander. Fast immer wird eine derart weite Fragestellung aber durch die Interessenlage der im Sachverhalt genannten Beteiligten wieder eingeschränkt. Es sind daher nur diejenigen Rechtsfragen zu behandeln, die nach der Interessenlage der Fallbeteiligten sinnvollerweise einer rechtlichen Klärung bedürfen.[231] Dies ist durch Sachverhaltsaus- 182

---

[229] Vgl. dazu BVerwGE 87, 228 ff.; BVerwG NVwZ 1991, 684 ff.

[230] So auch *Butzer/Epping*, Arbeitstechnik im Öffentlichen Recht, 3. Aufl. 2006, S. 15; *Musielak*, Grundkurs BGB, 13. Aufl. 2013, Rn. 13.

[231] *Körber*, JuS 2008, 289 (291); *Schwerdtfeger*, Öffentliches Recht in der Fallbearbeitung, 14. Aufl. 2012, Rn. 784 f.

legung zu ermitteln. Hilfreich ist es hierbei, wenn die Sachverhaltsangaben nur in bestimmten Punkten so konkret sind, dass sie Grundlage eines Gutachtens sein können.

Beispiele:
- (verkürzt) Dem A – zugleich Vorsitzender einer Bürgerinitiative, die sich ständig mit der Stadtverwaltung in Streit befindet – wird die Baugenehmigung für ein Wohngebäude geringer Höhe in einem allgemeinen Wohngebiet verweigert. Wie ist die Rechtslage?
  Hier ist offensichtlich, dass nicht sämtliche Rechtsbeziehungen zwischen A, der Bürgerinitiative und der Stadtverwaltung geklärt werden sollen, sondern nur Ansprüche des A in Ansehung der Baugenehmigung. Die konkretisierte Fallfrage lautet also: „Hat A einen Anspruch auf Erteilung der Baugenehmigung?"
- A bietet einen gebrauchten PKW zum Preise von 5.000 Euro an. B vereinbart mit A zwei Tage Bedenkzeit. Vor deren Ablauf wird der Pkw von dem Unbekannten U gestohlen. Wie ist die Rechtslage?
  Von alleinigem Interesse sind in diesem Fall die Ansprüche des B gegen A. Ansprüche des A gegen den B sind nicht ersichtlich, weil noch kein Vertrag zustande gekommen ist. Mögliche Ansprüche von A oder B gegen U wären nicht durchsetzbar, da U, wie der Name sagt, unbekannt ist und gem. § 253 II Nr. 1 ZPO bei einer Klage die gegnerische Partei bezeichnet werden muss. Die herauszuarbeitende Fallfrage würde hier also lauten: „Welche Ansprüche hat B gegen A?"

Diese Beispiele sollen verdeutlichen, dass sich aus allgemeinen Aufgabenstellungen in der Regel ohne größere Schwierigkeiten konkrete Fallfragen herausarbeiten lassen. Das gleiche gilt für den äußerst seltenen Fall der Sachverhalte, die gänzlich ohne Aufgabenstellung enden. Auch hier muss das tatsächliche Begehren der Beteiligten festgestellt werden, aus dem dann die Fallfragen zu formulieren sind.

183 Stellt sich nach Würdigung des Sachverhalts heraus, dass mehrere Fallfragen zu beantworten sind, so ist deren Reihenfolge, soweit sie nicht rechtlich zwingend vorgegeben ist (z. B. bei der Frage nach den Erfolgsaussichten einer Klage im Verwaltungsrecht: Zulässigkeit vor Begründetheit) oder logische Zusammenhänge einen Vorrang begründen, nach Zweckmäßigkeitsgesichtspunkten festzulegen. Hierbei ist bereits auf eine angemessene Reihung und Gewichtung der auftretenden materiellrechtlichen Probleme zu achten, wobei auch klausurtaktische Überlegungen eine Rolle spielen können.[232]

Beispiel (verkürzt): Dem A wird die Baugenehmigung für ein Wohngebäude verweigert, wodurch ihm beträchtliche finanzielle Einbußen entstehen. Wie ist die Rechtslage? Hier sind zwei Fragen zu klären: (1) Hat A einen Anspruch auf Erteilung der Baugenehmigung? (2) Kann A Schadensersatzansprüche geltend machen? In beiden Fragen ist die Rechtswidrigkeit der Verweigerung der Baugenehmigung zu prüfen. Es wäre aber ungeschickt, mit dem Schadensersatzanspruch zu beginnen, da diese Frage dann praktisch mit der Rechtswidrigkeitsprüfung überfrachtet würde und für die andere Frage kaum noch etwas übrig bliebe. Es ist also darauf zu achten, dass Fallfragen, deren zentraler Inhalt Vorfrage für andere Prüfungspunkte ist, dann auch zuerst behandelt werden.

3. Fallabwandlungen

184 In Klausuren werden nicht selten Zusatzfragen gestellt, in denen der Ausgangssachverhalt abgeändert wird.

Beispiel: „Ändert sich die Rechtslage, wenn K bei der Abmeldung vom Religionsunterricht nicht 10 Jahre, sondern 15 Jahre alt war?"

---

[232] *Schwerdtfeger*, Öffentliches Recht in der Fallbearbeitung, 14. Aufl. 2012, Rn. 790.

Bei der Bearbeitung solcher Fallabwandlungen sind Überschneidungen mit den Ausführungen zur Hauptfrage möglichst zu vermeiden. Es sollten lediglich die Gliederungspunkte des Hauptgutachtens angesprochen werden, bei denen sich Änderungen ergeben könnten.

Beispiel: „Im Hauptfall ist eine wirksame Abmeldung des K durch seine Eltern zustande gekommen, da die Entscheidung über die religiöse Erziehung noch den Eltern oblag (§ 1 RelKErzG) und ein 10jähriges Kind nur zu hören (§ 2 III 5, § 3 II 5 RelKErzG), nicht aber entscheidungsbefugt ist. Dieses Ergebnis könnte sich ändern, wenn K als 15jähriger sein Einvernehmen verweigert, da gemäß § 5 RelKErzG die Entscheidung über das religiöse Bekenntnis nach Vollendung des vierzehnten Lebensjahres dem Kind zusteht."

Es kommt also auch hier darauf an, nur die Fallfrage zu beantworten und nicht das Aufbauschema des Ausgangsfalles nochmals komplett „herunter zu spulen". Es wäre freilich falsch zu meinen, dass die Prüfung einer Fallabwandlung auch stets zu einem anderen Ergebnis führen muss als die Lösung des Ausgangsfalles; wohl aber wird die Begründung durchweg eine andere sein, wenn wesentliche Entscheidungsgesichtspunkte variieren.

Beispiel: Im Beispielsfall etwa ergibt sich die Wirksamkeit der Abmeldung vom Religionsunterricht nicht aus der Entscheidung der Eltern (§ 1 RelKErzG), sondern aus der von dem 15jährigen K vorgenommenen Entscheidung.

Ähnliche Überlegungen sind auch dann anzustellen, wenn eine Rechtsfrage im Hinblick auf mehrere Personen zu beantworten ist.[233]

Beispiel: Verwiesen sei insoweit auf das bereits genannte Beispiel einer Verfassungsbeschwerde von vier Energieversorgungsunternehmen (Rn. 169). Hier verlangt allein die Frage der Grundrechtsfähigkeit und damit der Antragsberechtigung eine differenzierte Darstellung. Es wäre verfehlt, im Falle einer mehrfachen Bejahung der Grundrechtsfähigkeit in mehreren „Anläufen" die Verfassungsbeschwerden jeweils selbständig „durchzuprüfen" (vgl. auch Rn. 223).

4. Sachgebietsspezifische Aspekte

Bei der korrekten Erfassung der Fallfrage spielen auch Besonderheiten eine Rolle, die **185**
den Sachgebieten des Zivilrechts, des Öffentlichen Rechts und des Strafrechts zu eigen sind.

a) Zivilrechtsklausur

Die häufigste Form der Zivilrechtsklausur ist die Anspruchsklausur, in der das Bestehen von Ansprüchen auf Schadensersatz, Herausgabe, Übereignung usw. zu prüfen ist. Zur Konkretisierung der maßgeblichen Fallfrage kann auf die für das zivilrechtliche Gutachten (dazu Rn. 196) geprägte „4 W-Formel" zurückgegriffen werden: „*W*er will *w*as von *w*em *w*oraus?"

Es sind also Anspruchsteller, Anspruchsgegner und Anspruchszielrichtung in der Fallfrage spezifiziert aufzuführen; die Anspruchsgrundlage ergibt sich sodann aus der Prüfung der in Frage kommenden Normen. Rechtsgestaltende Handlungen (z. B. Anfechtung, Kündigung usw.) und die Feststellung von Rechtsverhältnissen lassen sich weitgehend im Anspruchsaufbau unterbringen.[234]

Beispiele: Anspruchsvoraussetzung für die Herausgabe einer Sache aufgrund ungerechtfertigter Bereicherung ist die Rechtsgrundlosigkeit der Vermögensverschiebung. In diesem Rahmen ist

---

[233] Dazu *Diederichsen/Wagner*, Die BGB-Klausur, 9. Aufl. 1997, S. 38.

[234] Nähere Darstellung bei *Th. M. Möllers*, Juristische Arbeitstechnik und wissenschaftliches Arbeiten, 7. Aufl. 2014, Rn. 101 ff. m. w. N. sowie *Fleck/Arnold*, JuS 2009, 881 ff.

z. B. die Anfechtung des zugrunde liegenden Kaufvertrages zu prüfen. – Innerhalb der Prüfung erbrechtlicher Ansprüche ist festzustellen, wer Erbe, Vermächtnisnehmer usw. ist.

Nur ausnahmsweise ist die Fallfrage nicht dem Anspruchsaufbau entsprechend zu konkretisieren. Solche Fälle kommen etwa vor, wenn nur die dingliche Rechtslage zu klären oder etwa zu prüfen ist, ob jemand trotz erklärter Kündigung Mitglied einer Personenvereinigung geblieben ist.[235]

In zivilrechtlichen Klausuren ist üblicherweise lediglich auf die materielle Rechtslage einzugehen; prozessuale Fragen sind nur dann zu behandeln, wenn im Sachverhalt oder der Fragestellung ausdrücklich darauf hingewiesen wird.

Beispiel: „A erhebt Klage. Wie wird das Gericht entscheiden?"

In diesem Fall sind die Erfolgsaussichten der Klage zu erörtern; es ist mithin nach Zulässigkeit und Begründetheit der Klage zu fragen.

b) Öffentlich-rechtliche Klausur

186 Anders als im Zivilrecht sind im öffentlich-rechtlichen Gutachten regelmäßig auch prozessrechtliche Fragen mit zu behandeln.[236] Das hat der Bearbeiter nicht nur bei Fallfragen zu berücksichtigen, die konkret nach der Zulässigkeit und Begründetheit fragen, sondern auch dann, wenn sie allgemein gehalten sind.[237]

Beispiel: Wäre eine Klage des A auf Erteilung der Genehmigung zulässig und begründet?

– Wäre der Widerspruch des A gegen den Abgabenbescheid zulässig und begründet?
– Hat die Klage des B Aussicht auf Erfolg?

Nur wenn die Aufgabenstellung erkennbar allein auf die materielle Rechtslage abzielt, wäre es falsch, in das Klageschema zu verfallen. Das ist zum einen der Fall, wenn ausdrücklich nur nach der Begründetheit oder der Richtigkeit einer Rechtsansicht gefragt wird,

Beispiele: Ist der Antrag des K begründet? – Ist das Gesetz verfassungsgemäß? – Ist die Auffassung des A zutreffend?

zum anderen aber auch, wenn der Sachverhalt keine Hinweise auf eine Klagesituation enthält.

Beispiel: „Aufgrund eines vagen anonymen Hinweises durchsucht die Polizei einen ganzen Häuserblock, um mögliche „Sympathisanten" von Terroristen aufzuspüren. Durfte sie das?" – Hier geht es lediglich um die Rechtmäßigkeit des polizeilichen Handelns; im Sachverhalt ist kein potentieller Kläger erwähnt. Es wäre verfehlt, die Zulässigkeit einer imaginären Klage zu prüfen.

187 Im Übrigen können auch öffentlich-rechtliche Klausuren, insbesondere im Feld des Staatshaftungsrechts, wie im Zivilrecht als Anspruchsklausuren ausgestaltet sein.[238]

Beispiele: Hat A einen Anspruch auf Erlass des beantragten Verwaltungsakts? Hat X Anspruch auf Zahlung von BAföG? Hat B Anspruch auf Schadensersatz gegen das Land Niedersachsen?

---

[235] *Medicus*, Bürgerliches Recht, 24. Aufl. 2013, Rn. 17 ff.

[236] Vgl. *Stern/Blanke*, Verwaltungsprozessrecht in der Klausur, 9. Aufl. 2008, Rn. 128 ff.; *Schwerdtfeger*, Öffentliches Recht in der Fallbearbeitung, 14. Aufl. 2012, Rn. 4.

[237] Eine nach Zielrichtung und Reichweite möglicher Fragestellungen im öffentlichen Recht gegliederte Klausurtypologie findet sich bei *Frenz*, Öffentliches Recht – eine nach Anspruchszielen geordnete Darstellung zur Examensvorbereitung, 6. Aufl. 2013.

[238] Näher dazu *Schwerdtfeger*, Öffentliches Recht in der Fallbearbeitung, 14. Aufl. 2012, Rn. 225 ff.; *Frenz*, Öffentliches Recht – eine nach Anspruchszielen geordnete Darstellung zur Examensvorbereitung, 6. Aufl. 2013, Rn. 1345 ff.

Während im Zivilrecht zur Durchsetzung von Rechten in der Regel nur der Klageweg bleibt, ist die Palette der Rechtsschutzformen im öffentlichen Recht breiter. Neben der verwaltungsgerichtlichen Klage und der Verfassungsbeschwerde sowie den sonstigen verfassungsgerichtlichen Verfahrensarten oder der verwaltungsgerichtlichen Normenkontrolle ist gegebenenfalls zu denken an Widerspruchsverfahren, Dienstaufsichtsbeschwerden, an Petitionen, Disziplinarverfahren oder ansonsten auch an einen schlichten an die Verwaltung gerichteten Antrag. In öffentlich-rechtlichen Arbeiten kann daher die Aufgabe auch darin bestehen, aus dieser Palette die nach dem Begehren der handelnden Personen geeignetsten Möglichkeiten auszuwählen. 188

Beispiel: A beantragt eine Baugenehmigung. Der im Bauamt zuständige Sachbearbeiter bietet dem A an, die Statik für das geplante Gebäude – gegen ein vergleichsweise hohes Entgelt – zu erstellen, und lässt durchblicken, dass A in diesem Falle mit beschleunigter Bearbeitung rechnen könne. Dieser lehnt ab. Daraufhin „ruht" sein Antrag monatelang im Bauamt. A fragt seinen Rechtsanwalt, was er unternehmen könne.

Es ist das Ziel des A, die Baugenehmigung zu erhalten. Er kann dabei unmittelbar den Erlass der Baugenehmigung herbeizuführen versuchen, er könnte aber auch gegen das persönliche fehlerhafte Verhalten des Beamten vorgehen, um so das Verwaltungsverfahren mittelbar zu beschleunigen.

Im Rahmen einer solchen Aufgabenstellung ist selbstverständlich ausführlich zu untersuchen, ob das behördliche Verhalten rechtswidrig oder unzweckmäßig war bzw. inwieweit A ein Anspruch auf Tätigwerden der Behörde zusteht. Das ist der zentrale, aber erst der zweite Schritt; zuvor ist gutachtlich zu klären, welche Rechtsschutzformen dem A hierzu zur Verfügung stehen und welche davon sich als die erfolgversprechendste Option erweist. Nur in den Vorüberlegungen sind dabei *alle* Möglichkeiten in Erwägung zu ziehen; im Gutachten sind dann nur die *nahe liegenden* zu erörtern.

Beispiel: In den Hauptgeschäftsstraßen der Göttinger Innenstadt sind in letzter Zeit mehrfach Passanten von frei herumlaufenden Hunden belästigt worden. Auch häufen sich die Beschwerden über die durch Hundedreck verunreinigte Fußgängerzone. In formell ordnungsgemäßer Weise erlässt der Bürgermeister der Stadt Göttingen daher eine auf § 55 NSOG gestützte Polizeiverordnung, die Folgendes bestimmt:

§ 1 Zur Vermeidung von Verunreinigungen sowie von Gefährdungen und Belästigungen sind Hunde in den Straßen … (es folgt die Aufzählung der betroffenen Straßen) an der Leine zu führen.

§ 2 Bei vorsätzlichen Zuwiderhandlungen gegen das Gebot des § 1 könnten Geldbußen bis zu einer Höhe von 250 Euro, bei fahrlässigen Zuwiderhandlungen Geldbußen bis zu einer Höhe von 125 Euro festgesetzt werden.

Die Rentnerin Thea Treu (T), die in der Nähe der Fußgängerzone wohnt, hält die Verordnung für eine skandalöse Freiheitsberaubung, zumal ohne jegliche Differenzierung ein Leinenzwang für alle Hunde festgelegt wurde. Ihr Zwergschnauzer „Poldi" sei so abgerichtet, dass er niemals Passanten belästige. Sie achte zudem peinlich genau darauf, dass „Poldi" beim Abkoten die Wege nicht verunreinige. T fühlt sich zudem auch ungerecht behandelt, weil der Leinenzwang nur im Fußgängerbereich der Innenstadt gelten soll und damit die innerstädtischen Hundehalter im Vergleich zu den „Herrchen" im feinen Ostviertel der Stadt benachteiligt werden. T möchte gerne wissen, wie sie – möglichst ohne ein Bußgeld zu riskieren – die Verordnung auf ihre Rechtmäßigkeit überprüfen lassen kann.

– T wird kaum allein auf eine inzidente Prüfung der Rechtmäßigkeit der Verordnung im Rahmen der gerichtlichen Überprüfung eines eventuellen Bußgeldbescheides (vgl. §§ 35 ff., 69 OWiG) verwiesen werden können. Aus der verfassungsrechtlichen Gewährleistung eines umfassenden und effektiven Rechtsschutzes (Art. 19 IV GG) lässt sich ersehen, dass ein unbescholtener Bürger nicht erst bewusst einen Ordnungswidrigkeitentatbestand verwirklichen muss, nur um eine aus seiner Sicht bestehende Rechtsunsicherheit durch gerichtliche Kontrolle zu beseitigen. In Niedersachsen ergeben sich diesbezüglich keine Probleme, da dort die Möglichkeit eines Antrags auf verwaltungsgerichtliche Normenkontrolle gemäß § 47 I Nr. 2 VwGO i. V. m. § 75

NJG besteht, die aber in anderen Bundesländern nicht vorgesehen ist. Dort bietet sich dann allenfalls die Erhebung einer vorbeugenden Feststellungsklage gem. § 43 VwGO an, der freilich der Einwand einer Umgehung des landesgesetzgeberischen Verzichts auf die prinzipale Normenkontrolle entgegengehalten werden kann. Denkbar erschiene aber auch eine vorbeugende Unterlassungsklage.[239]

So ist die praktisch immer mögliche *Dienstaufsichtsbeschwerde*, von der freilich vielerorts despektierlich gesagt wird, sie sei „formlos, fristlos und fruchtlos“, nur dann zu behandeln, wenn aus dem Sachverhalt hervorgeht, dass ein Betroffener – wie A im oben geschilderten Baurechtsfall – gegen den Beamten persönlich vorgehen will. In allen anderen Fällen würden derartige Erörterungen als abwegig und damit falsch angesehen.

189 Als eine der gerichtlichen Klage grundsätzlich vorgeschaltete Rechtsschutzform ist der *Widerspruch* zu beachten. Bei Studierenden besteht eine unbegründete Scheu, die Erfolgsaussichten eines Widerspruchsverfahrens zu prüfen. Dies mag darin begründet liegen, dass dieser Prüfungsansatz für die Studierenden „ungewohnter“ ist. Wird nach den Rechtsschutzmöglichkeiten gegen einen Verwaltungsakt gefragt, so prüfen die meisten Klausurbearbeiter, auch wenn nach dem Sachverhalt noch keine Klage erhoben worden ist, allein die Erfolgsaussichten einer verwaltungsgerichtlichen Klage; bei Erörterungen des Vorverfahrens wird dann lediglich darauf hingewiesen, dass ein solches vor Klageerhebung stattzufinden habe.[240] Nach praktischem Verständnis näherliegend ist es aber, zunächst die Erfolgsaussichten eines Widerspruchsverfahrens zu prüfen, sofern dieses nicht aus einem der in § 68 VwGO genannten Gründe entbehrlich ist.[241] Dabei sind im Wesentlichen die gleichen formellen und materiellen Probleme zu behandeln wie bei einer Klage; zusätzlich ermöglicht das Widerspruchsverfahren die Überprüfung der Zweckmäßigkeit des Verwaltungsakts (vgl. § 68 VwGO).[242]

Beispiel: A baut in der Stadt B, in der großer Wohnungsbedarf herrscht, ein Mietshaus mit 48 Wohnungen. Er hält sich dabei nicht an die in der BauO enthaltenen Bestimmungen über die Gestaltung von Treppenanlagen. Als die Bauaufsichtsbehörde das bemerkt, erlässt sie eine Abrissverfügung. Nach Prüfung der Zulässigkeit des Widerspruchs sind im Rahmen der Begründetheit die Rechtmäßigkeit und die Zweckmäßigkeit der Abrissverfügung zu erörtern. Ist die Rechtmäßigkeit zu bejahen, so wäre hier die Prüfung einer verwaltungsgerichtlichen Klage beendet; die Klage müsste als unbegründet abgewiesen werden. Im Widerspruchsverfahren kann die Widerspruchsbehörde das durch die baurechtliche Generalklausel (z. B. § 79 I NBauO) der Bauaufsichtsbehörde eingeräumte Ermessen[243] ausüben. Mit Rücksicht auf die große Wohnungsnot könnte sie, soweit keine Sicherheitsbedenken bestehen, den Erhalt von 48 Wohnungen vorübergehend als wichtiger ansehen als die Einhaltung der Bestimmungen über die bauliche Gestaltung von Treppenhäusern, sofern durch deren Verletzung keine Lebensgefahren entstehen. Sie könnte daher dem Widerspruch abhelfen. Die sofortige Prüfung einer Klage statt eines Widerspruchs würde in diesem Fall möglicherweise den Weg zur interessengerechten Lösung verbauen.

---

239 Nähere Lösungshinweise zu diesem Fall bei *Erbguth/Mann/Schubert,* Besonderes Verwaltungsrecht, 12. Aufl. 2015, Rn. 711.

240 Vgl. die Kritik bei *Schwerdtfeger*, Öffentliches Recht in der Fallbearbeitung, 14. Aufl. 2012, Rn. 776.

241 Vgl. z. B. zum grundsätzlichen Verzicht auf die Durchführung eines Widerspruchsverfahrens in Niedersachsen: § 80 NJG vom 16.12.2014 (Nds. GVBl. S. 436).

242 Zur Prüfung von Zulässigkeit und Begründetheit eines Widerpruchs vgl. etwa *Pietzner/Ronellenfitsch*, Das Assessorexamen im Öffentlichen Recht, 13. Aufl. 2014, S. 1075 ff., 1196 ff.; *Würtenberger*, Verwaltungsprozessrecht, 3. Aufl. 2011, Rn. 357 ff.; Fallbeispiel bei *Brüning/Suerbaum*, Examensfälle zum Öffentlichen Recht, 2005, S. 94 ff.

243 Vgl. *Mann*, in: Große-Suchsdorf u. a., Niedersächsische Bauordnung, 9. Aufl. 2013, § 79 Rn. 54.

Gerade im öffentlichen Recht operieren Studenten in Klausuren gerne mit Aufbauschemata, dennoch sollte man sich vor jeglichem Schematismus hüten. Schon bei der Konkretisierung der Fragestellung sind vielfach Zweckmäßigkeitsüberlegungen entscheidend, für die Schemata kaum Raum lassen. Sie müssen im einzelnen Fall jeweils neu durchdacht und entschieden werden.

c) Strafrechtsklausur

In einer strafrechtlichen Klausur[244] wird regelmäßig danach gefragt, ob und wie sich 190
die Beteiligten strafbar gemacht haben. Prozessuale Aspekte des Falles werden zumeist im Wege einer Zusatzfrage zur Bearbeitung gestellt.

Beispiele: Vor welchem Gericht wird die Staatsanwaltschaft Anklage erheben? – Könnte die Staatsanwaltschaft einen Haftbefehl beantragen? – Bestehen gegen die Verwertung der Aussage des A rechtliche Bedenken? – An welche Strafkammer des Landgerichts müsste die Staatsanwaltschaft die Anklage richten?

Bei Fallgestaltungen mit mehreren Personen und offenen Fallfragen – „Wie haben sich die Beteiligten strafbar gemacht?" – ist bei der Konkretisierung der Frage etwa darauf zu achten, ob überhaupt alle Handlungen dem deutschen Strafrecht unterfallen (§§ 3 ff. StGB) oder welche Personen als mögliche Straftäter auszublenden sind.

Beispiel: So hat der Verfasser dieses Buches seinerzeit im Examensklausurenkurs einmal die Strafbarkeit einer Person geprüft, die am Ende des Sachverhalts zu Tode gekommen war. – Zur Ehrenrettung muss allerdings darauf hingewiesen werden, dass auch in einem solchen Fall die Verwirklichung eines Straftatbestandes durch den späteren Verstorbenen relevant sein könnte, wenn es darum geht, mit Blick auf einen anderen Tatbeteiligten das Verhältnis von Haupttat und Beihilfehandlung zu klären.

IV. Prüfung aller relevanten Rechtsfragen

Im Anschluss an die vollständige Erfassung des Sachverhalts und der korrekten 191
Ermittlung der Fallfrage(n) gilt es, die Rechtsprobleme des Falles zu lokalisieren und zu überlegen, welche Normen für die Falllösung einschlägig sein könnten. Zunächst geht es dabei um solche Vorschriften, welche einzeln oder gemeinsam mit anderen die mit der Fragestellung anvisierten Rechtsfolgeanordnungen enthalten (sog. Antwortnormen).

Beispiele: In einer Klausur wird nach Herausgabeansprüchen bzw., soweit solche nicht anzuerkennen sind, nach Schadensersatzansprüchen gefragt. Zu suchen sind daher Normen, die geeignet sind, ein solches Begehren zu tragen. – In einer anderen Klausur ist nach der Rechtmäßigkeit einer gegen A ergangenen Ordnungsverfügung gefragt. Hier gilt es, eine Ermächtigungsgrundlage für das behördliche Handeln zu finden, sei es nun eine spezielle Befugnisnorm oder eine Generalklausel, auf die zurückgegriffen werden kann.[245]

Diese Normen sind zu sammeln und für die folgenden Prüfungsschritte in eine vorläufige Ordnung zu bringen. Sodann sind sie jeweils im Einzelnen daraufhin zu untersuchen, inwieweit ihre tatbestandlichen Voraussetzungen vorliegen, ob es ergänzend der Erfüllung weiterer normativer Anforderungen (sog. Hilfsnormen) bedarf – hier kommt es dann darauf an, das jeweils richtige normative Bezugssystem zu finden[246] – und ob

---

[244] Allgemein zur Bearbeitung von Strafrechtsklausuren für Anfänger *Kampf*, JuS 2012, 309 ff.

[245] Zur Ordnung der Ermächtigungsgrundlagen und der entsprechenden Prüfungsreihenfolge im Gefahrenabwehrrecht vgl. *Erbguth/Mann/Schubert*, Besonderes Verwaltungsrecht, 12. Aufl. 2015, Rn. 657, 674 ff.

[246] Vgl. *Diederichsen/Wagner*, Die BGB-Klausur, 9. Aufl. 1997, S. 94 f.

andere Normen den Eintritt der anvisierten Rechtsfolge zu hindern imstande sind (sog. Gegennormen).[247] Damit ist das Programm für das weitere Vorgehen grob umrissen.

Nicht zu unterschätzen sind in diesem Anfangsstadium die intuitiven Vorstellungen des Bearbeiters, die er auf einem Zettel notieren und sich nach kompletter Erstellung des Lösungsentwurfs nochmals vor Augen führen sollte. Oft werden so nämlich spontan rechtlich relevante Aspekte, Einschätzungen und Lösungsmöglichkeiten erkannt, die in der Folge, bei konsequent an schematischen Abfolgen orientierter gutachtlicher Bearbeitung, in Vergessenheit geraten können.[248]

1. Normsuche und -sammlung

192 In dem durch die Fallfrage(n) abgesteckten Rahmen gilt es zunächst, hypothetisch alle für ihre Beantwortung *denkbar* in Frage kommenden Vorschriften zu überprüfen, d. h. diejenigen, die als solche oder in Verbindung mit anderen geeignet sind, die anvisierte Rechtsfolge (Bestehen eines Anspruches, Ermächtigung für behördliches Eingreifen, Begründung eines Rechtsverhältnisses) herbeizuführen, sowie all jene, die dieser Rechtsfolge entgegenstehen.[249] Diese Heranziehung von Normen erfolgt freilich zunächst hypothetisch, da erst die genaue Subsumtion (Rn. 208, 248 ff.) erweisen wird, ob sich die mit der Fallfrage anvisierte Rechtsfolge tatsächlich aus ihnen ableiten lässt. Dies wird regelmäßig nur bei einzelnen Normen, u. U. auch bei keiner der Fall sein, woraus sich für die Fallfrage dann eine ablehnende Antwort ergibt. Dabei ist zu berücksichtigen, dass das juristische Gutachten die Rechtslage umfassend erörtern muss, damit auch für den Fall, dass sich der Leser der Auffassung des Bearbeiters nicht anzuschließen vermag, eine hinreichende Basis für eine vom Vorschlag des Bearbeiters abweichende Falllösung gegeben ist. Im Lösungstext tauchen dann allerdings nicht alle zunächst anvisierten Regelungen, sondern nur solche auf, die für die Falllösung sinnvollerweise in Betracht zu ziehen sind. Stellt sich bei erster Durchsicht heraus, dass es im gegebenen Kontext abwegig wäre, sich zu den tatbestandlichen Voraussetzungen bestimmter Normen oder Normgruppen im Einzelnen zu äußern, so sind diese vor der Niederschrift auszuscheiden.[250]

Beispiel: Gefragt ist nach der Vereinbarkeit des anlässlich eines Staatsbesuchs behördlich angeordneten Demonstrationsverbots mit Grundrechten. Dass hier Art. 8 GG (Versammlungsfreiheit) und Art. 5 GG (Meinungsfreiheit) zu prüfen sind, leuchtet ein. Es kann u. U. auch Anlass bestehen, Art. 4 GG (Bekenntnisfreiheit) und Art. 3 GG (Gleichheitssatz) in die Untersuchung einzubeziehen. Der Schutzbereich des Art. 12 GG (Berufsfreiheit) dürfte jedoch selbst bei „professionellen" Demonstranten nicht tangiert sein, so dass diesbezügliche Erörterungen ausscheiden müssen.

193 Heftige Diskussionen (namentlich bei der Besprechung von Übungsklausuren) löst immer wieder die Frage aus, wann die Prüfung einer Norm als „abwegig" zu bezeichnen ist. Hier wird man keine allgemeinen Richtlinien geben können, sondern nur auf eine Plausibilitätsprüfung unter Berücksichtigung der konkreten Fallumstände, des Schwierigkeitsgrades und des Umfangs der ansonsten zu prüfenden Rechtsfragen verweisen können.[251] Insoweit lassen sich vielfach bereits aus dem Sachverhalt

[247] Zu dieser an der Funktion der jeweiligen Rechtsvorschrift im Rahmen der Falllösung orientierten Terminologie (Antwort-, Hilfs- und Gegennormen) näher *Schmalz*, Methodenlehre für das juristische Studium, 4. Aufl. 1998, Rn. 113 ff.

[248] *Diederichsen/Wagner*, Die BGB-Klausur, 9. Aufl. 1997, S. 33 f.

[249] *Medicus*, Bürgerliches Recht, 24. Aufl. 2013, Rn. 3.

[250] Zur sog. „topischen Methode" bei der Einkreisung der einschlägigen Normen vgl. *Zippelius*, Juristische Methodenlehre, 11. Aufl. 2012, S. 72.

[251] So zutreffend *Diederichsen/Wagner*, Die BGB-Klausur, 9. Aufl. 1997, S. 95 ff.

deutliche Anhaltspunkte entnehmen, z. B. wenn – wie bei dem Fall der Verfassungsbeschwerde von vier Energieversorgungsunternehmen (s. Rn. 169) – ausdrücklich die Verletzung bestimmter Grundrechte gerügt wird (dort Art. 2, 3, 5 I, 12 und 14 GG). Diese Normen sind dann in jedem Fall zu prüfen. Verfehlt ist es, wenn ein Kandidat diesbezüglich ohne nachvollziehbaren Grund selektiert.

Wenn man weiter differenziert, wird man feststellen, dass die einschlägigen Normen entweder zwingende Wirkung entfalten (ius strictum) – so vor allem im öffentlichen Recht – oder abdingbar sein können (ius dispositivum) – so weitgehend im Privatrecht. Um den Studierenden bei der Suche nach den einschlägigen Normen Hilfestellung zu geben, werden in den Anleitungsbüchern zur juristischen Fallbearbeitung umfängliche Aufbauschemata dargeboten, in denen die bei bestimmten Fallfragen typischerweise in Betracht zu ziehenden Normen genannt und in ein komplexes Ordnungssystem eingefügt sind.[252] Solche Schemata sind freilich nur dann hilfreich, wenn der Benutzer genügend Sachwissen erworben hat, um sich ihrer als Gedächtnisstütze zu bedienen, damit nicht möglicherweise wesentliche Vorschriften oder Rechtsinstitute unbeachtet bleiben; verfehlt ist jedoch ihre Handhabung als starres Gerüst, dessen einzelne Stufen gleichförmig heruntergeklappert werden müssten.[253] 194

2. Aufbau des Gutachtens

Der Aufbau des Gutachtens hat sich an der Fallfrage auszurichten. 195

a) Der Anspruchsaufbau

Häufig wird nach den Anspruchsgrundlagen für ein bestimmtes Begehren gefragt. Dieser Klausurtypus ist üblicherweise im Zivilrecht anzutreffen. Aber auch bei öffentlich-rechtlichen Klausuren kann sich der Anspruchsaufbau als zweckmäßig erweisen, so bei einer Verpflichtungsklage gemäß § 42 I VwGO oder bei einer allgemeinen Leistungsklage. Unter einer Anspruchsgrundlage versteht man diejenige Rechtsnorm (meist eine gesetzliche Bestimmung), die das sich aus dem Sachverhalt ergebende konkrete Begehren rechtlich zu stützen geeignet ist.[254]

Beispiele: § 433 II BGB ist Anspruchsgrundlage für das Begehren einer Kaufpreiszahlung. – § 839 BGB ist Anspruchsgrundlage für einen Amtshaftungsanspruch, der durch Art. 34 GG auf den Staat oder die Körperschaft, in deren Dienst der Beamte steht, übergeleitet wird.[255] – § 78 I BBG ist Anspruchsgrundlage für Schadensersatzansprüche des Dienstherrn gegen seine Beamten.

aa) Die sog. konstruktive Methode

In Anwendung der sog. konstruktiven Methode, die die Rechtsprobleme eines Falles nicht in Orientierung an der historischen Abfolge, sondern nach sachbezogenen Fragestellungen aufgegliedert angeht,[256] ist zu untersuchen, „wer von wem“ „was“ 196

---

[252] Vgl. zur Strafrechtsklausur etwa *Arzt*, Die Strafrechtsklausur, 7. Aufl. 2006, S. 149 ff.; *Wessels/Beulke*, Strafrecht AT, 38. Aufl. 2008, Rn. 872 ff.; zur BGB-Klausur *Diederichsen/Wagner*, Die BGB-Klausur, 9. Aufl. 1997, S. 1; für die Klausur im Öffentlichen Recht *Stern/Blanke*, Verwaltungsprozessrecht in der Klausur, 9. Aufl. 2008, Rn. 372 f., 423, 446, 465, 492, 528, 615, 643.

[253] Um diesen Gedanken zu verdeutlichen haben *Broß/Ronellenfitsch*, Besonderes Verwaltungsrecht und Verwaltungsprozessrecht, 5. Aufl. 1998, S. 8 die Bezeichnung „Topoi-Kataloge“ geprägt.

[254] *Th. M. Möllers*, Juristische Arbeitstechnik und wissenschaftliches Arbeiten, 7. Aufl. 2014, Rn. 104.

[255] Zur haftungsverlagernden Wirkung des Art. 34 GG vgl. BVerfGE 61, 149 (198); *BVerfG* NVwZ 1998, 271; BGHZ 146, 385 ff. m. Anm. *Mann*, JR 2002, 66 f.

[256] Diese Methode soll im Gegensatz zur historischen die „Gewähr“ dafür bieten, dass die Prüfung von Dingen, welche die Beantwortung der Fallfrage nicht fördern, vermieden wird, so

„woraus" verlangt. Nach Auflösung der im Sachverhalt angelegten personellen Querverbindungen in Zweierbeziehungen (Anspruchsteller – Anspruchsgegner) und Festlegung des konkreten Begehrens (Herausgabe, Vertragserfüllung, Schadensersatz u. Ä. im Zivilrecht; Erstattungsanspruch gemäß § 49a I VwVfG, Folgenbeseitigungsanspruch, Entschädigungsanspruch gemäß § 80 NSOG u. Ä. im öffentlichen Recht) sind die normativen Grundlagen des entsprechenden Verlangens (sog. Antwortnormen) zu erörtern.[257] Diesbezüglich sei namentlich auf die schematische Darstellung der häufigsten zivilrechtlichen Anspruchsgrundlagen bei *Thomas M. Möllers*[258] verwiesen. Auch die jeweils einer Anspruchsgrundlage entgegenstehenden möglichen Einwendungen und Einreden (sog. Gegennormen) lassen sich in gewisser Weise schematisieren.[259]

197 Aus Gründen der Zweckmäßigkeit wird von *Medicus* die Einhaltung einer Prüfungsreihenfolge angeraten: „Es soll vermieden werden, dass Fragen aus dem Bereich einer Anspruchsnorm weithin zu Vorfragen für eine andere werden, so dass sich die Prüfung verschachtelt. Mit anderen Worten: Die Erörterung soll möglichst unbelastet von Vorfragen bleiben".[260] Dieser Gesichtspunkt der Zweckmäßigkeit ergibt daher die Prüfungsreihenfolge:

- vertragliche Ansprüche
- Ansprüche aus culpa in contrahendo
- Ansprüche aus Geschäftsführung ohne Auftrag
- Dingliche Ansprüche
- Ansprüche aus Delikt und ungerechtfertigter Bereicherung.[261]

bb) Spezialitätsverhältnisse und Ausnahmevorschriften

198 Soweit zwischen mehreren Anspruchsnormen ein *Spezialitätsverhältnis* besteht (dazu bereits oben Rn. 92 f.), ist zunächst die Spezialnorm zu untersuchen. Ist die Spezialnorm geprüft und das Vorliegen aller ihrer Tatbestandsmerkmale bejaht worden, so darf auf die allgemeinere Norm nicht mehr näher eingegangen werden; das Problem der Prüfungsreihenfolge hat sich in diesem Fall erledigt, da die Spezialnorm im Falle ihres Eingreifens die allgemeinere Norm vollständig verdrängt (sog. *konsumtive Normkonkurrenz*). Die tatbestandlichen Voraussetzungen der allgemeinen Norm werden also nur dann untersucht, wenn zuvor festgestellt worden ist, dass die Spezialnorm nicht eingreift.[262]

Beispiele: Eine Gaststättenerlaubnis kann nach § 15 I GastG zurückgenommen werden, eine Prüfung des § 48 VwVfG wäre verfehlt. Diskussionswürdig wäre dagegen die Frage, ob für die Aufhebung der vorläufigen Erlaubnis des § 11 GastG die §§ 48, 49 VwVfG gelten oder, was vorzugswürdig erscheint, ebenfalls § 15 GastG heranzuziehen ist. – Die Auflösung einer Demonstration unter freiem Himmel kann nur gemäß § 15 II u. III VersG vorgenommen werden, nicht dagegen unter Berufung auf Normen des allgemeinen Polizei- und Ordnungsrechts.[263]

Medicus, Bürgerliches Recht, 24. Aufl. 2013, Rn. 2. Eine spätere Überprüfung auf der Basis der historischen Reihenfolge ist freilich als Kontrollmaßnahme ratsam.

[257] *Medicus*, Bürgerliches Recht, 24. Aufl. 2013, Rn. 6.

[258] *Th. M. Möllers*, Juristische Arbeitstechnik und wissenschaftliches Arbeiten, 7. Aufl. 2014, Rn. 112.

[259] Vgl. *Th. M. Möllers*, Juristische Arbeitstechnik und wissenschaftliches Arbeiten, 7. Aufl. 2014, Rn. 113.

[260] *Medicus*, Bürgerliches Recht, 24. Aufl. 2013, Rn. 7. – Zur Normenkollision, insbesondere zur „lex specialis"-Regel siehe oben Rn. 87 ff.

[261] Diese Reihenfolge hat sich mittlerweile als allgemein anerkannt durchgesetzt.

[262] Ebenso *Butzer/Epping*, Arbeitstechnik im Öffentlichen Recht, 3. Aufl. 2006, S. 18.

[263] Siehe dazu näher *Erbguth/Mann/Schubert*, Besonderes Verwaltungsrecht, 12. Aufl. 2015, Rn. 763.

Anders ist es im Verhältnis von Regelvorschrift zur *Ausnahmevorschrift*. Regel und Ausnahme sind in der Weise aufeinander bezogen, dass die Rechtsfolge der Regelnorm durch die Ausnahmevorschrift lediglich eingeschränkt wird. Für die gutachtliche Prüfung bedeutet dies, dass die Normen hintereinander geprüft werden, und zwar zunächst die Regelnorm und dann die Ausnahmenorm, da diese das Vorliegen des vollständigen Tatbestandes der Regelnorm voraussetzt. 199

Beispiel: Über die Möglichkeit einer Befreiung von den Festsetzungen eines Bebauungsplans gemäß § 31 II BauGB kann nur diskutiert werden, wenn feststeht, dass das Bauvorhaben mit diesen Festsetzungen nicht in Einklang steht.

cc) Logische Vorrangverhältnisse

Des Weiteren kann auch ein logischer Vorrang bestehen, wenn nämlich eine Rechtsfrage nur behandelt werden kann, nachdem zuvor eine andere Frage in einem bestimmten Sinn entschieden worden ist. Logisch vorrangig ist etwa die Untersuchung der Anwendbarkeit einer Vorschrift im konkreten Kontext vor der Frage, ob ihre Tatbestandsmerkmale erfüllt sind. 200

Beispiel: Bevor im Einzelnen geprüft wird, ob ein gesetzliches Verbot gegen das Grundrecht der Versammlungsfreiheit (Art. 8 GG) verstößt, muss zunächst klargestellt sein, dass dessen Schutzbereich überhaupt tangiert ist.

Ob ein logischer Vorrang bei der Prüfung von Rechtsfragen besteht, ist nach dem abstrakten Inhalt des Gesetzes zu beurteilen.

Beispiel: Bei der Frage nach der Nichtigkeit eines Verwaltungsakts ist – wie sich aus dem Wortlaut eindeutig ergibt – zunächst auf die nicht zur Nichtigkeit führenden Gründe des § 44 III VwVfG und anschließend auf die Nichtigkeitsgründe des § 44 II VwVfG einzugehen, bevor die allgemeine Regel des § 44 I VwVfG herangezogen werden darf.

Bei der Untersuchung einer Einzelnorm stellt sich die weitere Frage, ob etwa auch innerhalb ihrer Tatbestandsmerkmale ein logischer Vorrang zu beachten ist. Besteht ein logisches Rangverhältnis, so ist das logisch vorrangige Merkmal zuerst zu prüfen.

Beispiel: Bei dem grundrechtsgleichen Verbot der Doppelbestrafung (Art. 103 II GG) ist das Merkmal „Tat" logisch vorrangig vor der Thematisierung der übrigen Gesichtspunkte. Denn zunächst bedarf es einer Festlegung auf den ins Auge gefassten historischen Lebenssachverhalt, bevor untersucht werden kann, ob der Betroffene gerade deswegen mehrmals aufgrund der allgemeinen Strafgesetze bestraft worden ist.

Liegt dagegen ein gleicher Rang zwischen Normen oder zwischen Tatbestandsmerkmalen vor, so wird der gutachtliche Aufbau in diesem Punkt zu einer Zweckmäßigkeitsfrage.[264]

Beispiele: Ansprüche aus § 77 BLG und § 839 BGB i. V. m. Art. 34 GG können nebeneinander eingreifen. Zweckmäßigerweise beginnt man mit dem sachnäheren § 77 BLG. – Bei der Prüfung der polizeirechtlichen Generalklausel stehen die Tatbestandsmerkmale öffentliche Sicherheit und öffentliche Ordnung in einem Alternativitätsverhältnis. Die Abfolge der Prüfung wird man daher je nach der Ausgestaltung des konkreten Falles variabel handhaben können.

b) Besonderheiten bei öffentlich-rechtlichen Klausuren

Soweit auch bei *öffentlich-rechtlichen* Klausuren nach Ansprüchen gefragt wird, ist ebenfalls der konstruktiven Methode zu folgen. 201

---

[264] Vgl. dazu unten Rn. 249f.

Beispiel: Jugendliche stehlen den PKW des A. Eine Polizeistreife, die die Verfolgung aufgenommen hat, kann die Jugendlichen nur dadurch an der Weiterfahrt hindern, dass sie das Fahrzeug rammt und durch Einklemmen an der Leitplanke zum Stehen bringt. Hier sind Ansprüche des A gegen die Polizei wegen der Beschädigung seines PKW aus Amtshaftung (§ 839 BGB i. V. m. Art. 34 GG), den polizeirechtlichen Ersatzvorschriften des jeweiligen Landesrechts (z. B. § 80 I, II NSOG oder § 39 I OBG NRW), aus enteignungsgleichem oder enteignendem Eingriff sowie aus § 7 StVG in Erwägung zu ziehen.

Weitaus häufiger ist in öffentlich-rechtlichen Klausuren allerdings vorangegangenes, den Bürger belastendes staatliches Handeln auf seine Rechtmäßigkeit hin zu untersuchen. Es kommt dann regelmäßig darauf an, die einschlägige Ermächtigungsgrundlage zu ermitteln, ggf. ihre Vereinbarkeit mit höherrangigem Recht (insbesondere den bundesstaatlichen Kompetenzvorschriften und den Grundrechten) festzustellen und das Vorliegen ihrer tatbestandlichen Voraussetzungen unter Berücksichtigung einschränkender Regelungen zu überprüfen.

Erfahrungsgemäß bereitet es den Bearbeitern nicht selten Schwierigkeiten zu entscheiden, ob im konkreten Fall auch eine Prüfung der Verfassungsmäßigkeit der anzuwendenden einfachgesetzlichen Normen vorzunehmen und wie diese Prüfung in den Gutachtenaufbau einzufügen ist. Eine für alle Fallgestaltungen passende Faustregel lässt sich – wie generell im öffentlichen Recht – auch hier nicht empfehlen. Eine Überprüfung der Ermächtigungsgrundlage am Maßstab der Verfassung bietet sich allerdings nur dann an, wenn die Vereinbarkeit mit Verfassungsrecht in irgendeiner Hinsicht fragwürdig ist, worauf üblicherweise schon die Sachverhaltsgestaltung einen Hinweis geben dürfte.

Beispiel: Die Polizei betritt unter Berufung auf § 24 II Nr. 3 NSOG eine Privatwohnung, da sie annimmt, dass dort terroristische Attentate geplant werden. Der Betroffene wendet sich an das Verwaltungsgericht und führt aus, dass die Maßnahme nicht auf § 24 II Nr. 3 NSOG gestützt werden könne, da die Verfahrensvorschrift des § 25 NSOG nicht eingehalten worden sei und § 24 II NSOG im Übrigen gegen das Grundrecht auf Unverletzlichkeit der Wohnung verstoße.

202 Hinsichtlich der Prüfungsreihenfolge sind grundsätzlich zwei Wege denkbar. Zum einen ist zu berücksichtigen, dass das zur Entscheidung eines Falles berufene Verwaltungsgericht einen Vorlagebeschluss nach Art. 100 GG nur auf entscheidungserhebliche Zweifel an der Verfassungsmäßigkeit einer Norm stützen dürfte; die Frage wird also erst dann relevant, wenn die Anwendbarkeit der einfachgesetzlichen Norm im konkreten Fall schon feststeht. Andererseits aber kann eine Rechtsfrage nur anhand gültiger Rechtsnormen entschieden werden, was wiederum dafür spricht, zunächst die Verfassungsmäßigkeit der fraglichen Vorschriften zu überprüfen. Dieser Lösungsweg hat zudem den Vorteil, dass aus der Erörterung der Vereinbarkeit mit dem GG Erkenntnisse für eine eventuell angezeigte verfassungskonforme Auslegung der einfachgesetzlichen Tatbestandsmerkmale (s. dazu Rn. 289 ff.) gewonnen werden können. Vor diesem Hintergrund wird sich dieser Lösungsweg häufig als der zweckmäßigere erweisen.

Beispiel: Die zuständige Behörde erteilt die Genehmigung für die Errichtung eines Steinkohlenkraftwerks, obwohl Anwohner wegen der starken Luftverunreinigung Beeinträchtigungen ihrer Gesundheit befürchten und massiv über Bürgerinitiativen interveniert haben. Einzelne Nachbarn klagen nun gegen die Erteilung der Genehmigung. Hier wird die Ermächtigungsgrundlage zur Erteilung der Genehmigung im BImSchG zu suchen sein, das für den Bereich der Anlagenzulassung abschließende Spezialregelungen gegenüber der Gewerbeordnung enthält. Sodann ist ihre Vereinbarkeit mit höherrangigem Recht festzustellen, sofern im konkreten Fall verfassungsrechtliche Fragen erörterungswürdig erscheinen. Anschließend wird das Vorliegen der tatbestandlichen Voraussetzungen für eine solche Genehmigung im Einzelnen überprüft, vgl. §§ 5, 6 BImSchG.

c) Stringente Gedankenführung

Allgemein gilt, dass in der gutachtlichen Falllösung nur für solche Ausführungen Platz ist, die geeignet sind, auf die Beantwortung der gestellte(n) Fallfrage(n) hinzuführen. Somit ist *kein Raum für abstrakte Stellungnahmen oder allgemeine Vorbemerkungen.* Jeder in der Fallbearbeitung auftauchende Gedanke muss mithin einen konkreten rechtlichen Aufhänger haben, wenn der Bearbeiter nicht Gefahr laufen will, mangelnder Konsequenz bezichtigt zu werden. In diesem Kontext sollten Studierende sich klarmachen, dass die juristische Argumentation weithin von gegensätzlichem Denken geprägt ist, was auch im Aufbau der Gesetze zum Ausdruck kommt. 203

Beispiel: Grundsätzlich herrscht in der Bundesrepublik Deutschland Gewerbefreiheit (§ 1 GewO). Bei bestimmten Tätigkeiten, die aus Gründen des Gemeinwohls besonderer Überwachung oder Genehmigung bedürfen, sind allerdings präventive behördliche Kontrollmöglichkeiten angeordnet (vgl. §§ 30 ff. GewO), was etwa für „Schaustellungen von Personen" gilt (§ 33a GewO). Die möglichen Versagungsgründe für eine behördliche Erlaubnis sind dann aber (in § 33a II GewO) abschließend aufgezählt: „Die Erlaubnis ist zu versagen, wenn ..."

Vielfach liegt daher die Quintessenz eines öffentlich-rechtlichen Falles darin, zu erkennen, dass bestimmte allgemeine normative Voraussetzungen im zu entscheidenden Fall zwar vorliegen, aber von einer Ausnahmebestimmung letztlich verdrängt werden.

V. Gutachtenstil

Sowohl für die Gesamtstrukturierung einer Falllösung als auch für die einzelnen Prüfungsschritte soll ein gutachtliches Vorgehen prägend sein.[265] 204

1. Unterschiede zwischen Gutachten und Urteil

Während im gerichtlichen Urteil ein bereits gefundenes Ergebnis, das vorangestellt ist, anschließend im Einzelnen begründet wird, besteht die Aufgabe der Studierenden darin, den ihnen vorgegebenen Sachverhalt in Orientierung an der Fallfrage gutachtlich zu würdigen.

Die Entscheidungsgründe eines Urteils oder eines Beschlusses wollen vor den Streitbeteiligten, denen es ja vor allem auf den Entscheidungstenor und weniger auf die Begründung im Einzelnen ankommt, ein bereits gefundenes Ergebnis rechtfertigen und demgemäß keine Zweifel daran aufkommen lassen, dass die gefundene Entscheidung richtig ist. Dies hat Konsequenzen für die Darstellungsweise. Es wird erklärt, auf welchen Gründen das vorab bekanntgegebene Ergebnis beruht.[266] Typisch für den Urteilsstil ist der Gebrauch von begründenden Konjunktionen wie „denn", „weil" oder „da".

Beispiel: „Das Verlangen nach Rückzahlung der gewährten Subvention ist berechtigt, denn der Behörde steht ein Erstattungsanspruch gegen den Beklagten zu. ..." – „Die Klage ist unbegründet, denn der Kläger wird durch die der Beigeladenen am 23. November 2014 erteilte Genehmigung nicht in seinen subjektiv-öffentlichen Rechten verletzt (vgl. § 113 Abs. 1 S. 1 VwGO) ..."

---

[265] Einen guten Überblick zum Gutachtenstil in der juristischen Fallbearbeitung bieten die Aufsätze von *Valerius*, JA Sonderheft für Erstsemester 2015, 48 ff. und *Wieduwilt*, JuS 2010, 288 ff.

[266] *Valerius*, JA Sonderheft für Erstsemester 2015, 54.

Im Gegensatz hierzu müssen Studierende in der Klausur den Leser schrittweise über Zwischenergebnisse bis zum Endergebnis hinführen. Daraus ergibt sich eine bestimmte Vorgehensweise, der sog. Gutachtenstil, der durch eine vierstufige Gedankenfolge gekennzeichnet ist (Fragestellung – Normenbenennung – Subsumtion – Ergebnis). Sprachlich kennzeichnend für den Gutachtenstil sind demgemäß schlussfolgernde Konjunktionen wie „folglich“, „somit“, „mithin“, „demnach“, „daher“, „demzufolge“ oder „also“.[267] Diese Worte finden sich freilich nicht in jedem Satz, sondern nur dort, wo eine Kausalbeziehung zum Ausdruck gebracht wird (s. auch Rn. 210). Im Idealfall könnte ein Gutachten sogar auch bei weitgehendem Verzicht auf diese Formulierungen seine gedankliche Fortentwicklung und Konsequenz erkennen lassen.

Gerade wegen der Stringenz in der Gedankenfolge haben Erörterungen, welche die Lösung des Falles nicht weiterbringen, sondern z. B. nur den Hintergrund ausleuchten oder über die allgemeine dogmatische Einordnung einer Vorschrift berichten, weder in einem Urteil noch in einem Rechtsgutachten einen Platz (s. Rn. 203, 309, 315). Der Aufbau eines Gutachtens folgt vielmehr klaren Regeln:

2. Präzisierung der Gutachtenfrage als Ausgangspunkt

205 Zunächst ist die konkrete Frage zu formulieren, die den Ausgangspunkt der nachfolgenden gutachtlichen Prüfung darstellt.

Beispiele: Es stellt sich die Frage, ob die gegen den Ausländer A wegen eines Diebstahls ergangene Ausweisungsverfügung rechtmäßig ist. – Problematisch ist, ob das gesetzliche Verbot Hundeschwänze zu kupieren, die Berufsfreiheit von gewerblichen Hundezüchtern verletzt.[268]

Schon die präzise Einkreisung der Gutachtenfrage stellt manche Studierende vor ungeahnte Schwierigkeiten. Deshalb sei an dieser Stelle nochmals auf die Ausführungen zu Rn. 180 ff. verwiesen.

3. Benennung der maßgeblichen Tatbestandsmerkmale

206 Sodann ist die Norm mit ihren tatbestandlichen Elementen, die im Einzelnen untersucht werden sollen, zu benennen, und zwar so genau wie möglich.

Beispiele: „Gemäß § 55 AufenthG kann ein Ausländer nach Maßgabe bestimmter, detailliert beschriebener Kriterien ausgewiesen werden; ferner wird ein Ausländer bei Vorliegen der Voraussetzungen des § 54 AufenthG in der Regel ausgewiesen; und schließlich muss er gemäß § 53 AufenthG unter bestimmten Umständen zwingend ausgewiesen werden. Angesichts der Verhängung nur einer Geldstrafe für seine Straftat kommt eine Ausweisung gem. §§ 53, 54 AufenthG nicht in Frage. Als denkbarer Grund für eine Ausweisung kommt hier allein § 55 II Nr. 2 AufenthG in Betracht.“ – § 11 III Fahrerlaubnis-Verordnung (FeV) normiert in den Nrn. 1–9 höchst differenzierte Voraussetzungen, nach denen die Straßenverkehrsbehörde die Beibringung eines medizinisch-psychologischen Gutachtens anordnen kann; in einem solchen Fall sollte sich der Klausurbearbeiter dann nur auf die möglicherweise einschlägigen Varianten konzentrieren.

207 Dabei ist freilich nicht etwa die herangezogene Norm komplett abzuschreiben, sondern es sind nur die für die Subsumtion wichtigen Tatbestandselemente zu benennen („filtrierte Norm“).

Beispiel: Hat etwa der Ausländer A ein Buch gestohlen, dann müsste A im Hinblick auf den Diebstahl einen nicht nur vereinzelten oder geringfügigen Verstoß gegen eine Rechtsvorschrift

---

[267] *Walter*, Kleine Stilkunde für Juristen, 2. Aufl. 2009, S. 23, 127; *Th. M. Möllers*, Juristische Arbeitstechnik und wissenschaftliches Arbeiten, 7. Aufl. 2014, Rn. 254 f.

[268] Siehe dazu den Fall mit Lösung von *Ennuschat*, NWVBl. 2000, 439 ff.

begangen haben (§ 55 II Nr. 2 AufenthG). Zu den Rechtsvorschriften i. S. d. Nr. 2 zählen insbesondere auch die Normen des StGB.[269]

Sofern die zu prüfenden Tatbestandsmerkmale zu umfänglich oder zu kompliziert sind, empfiehlt sich eine schrittweise Untersuchung, wobei vorab das Prüfungsprogramm angegeben wird und im Anschluss daran jeweils die Detailprüfung vonstatten geht. Sind innerhalb einer Norm mehrere Tatbestandsmerkmale zu prüfen, so ist bei der aufgegliederten Prüfung zu beachten, dass oft auch für die Prüfungsreihenfolge mitunter zwingende Vorgaben bestehen.[270] Ist dies nicht der Fall, so richtet sich die Reihenfolge der Prüfung allein nach Zweckmäßigkeitsgesichtspunkten. Dafür gelten folgende Empfehlungen:

- Bei mehreren Tatbestandsmerkmalen ist zunächst die Reihenfolge in Betracht zu ziehen, die der Abfolge in der gesetzlichen Vorschrift entspricht. Die Beachtung dieser Grundregel ist vor allem dem Anfänger zu empfehlen, denn die Prüfung einer Norm nach der Reihenfolge der gesetzlichen Tatbestandsmerkmale verhindert am ehesten, dass Einzelne von ihnen vergessen oder übersehen werden.
- Aus den gleichen Gründen sollten unproblematische vor problematischen Tatbestandsmerkmalen behandelt werden.

Beispiel: Bei der Frage, ob eine aufsichtsbehördliche Weisung an eine Gemeinde einen Verwaltungsakt i. S. d. § 35 VwVfG (des betreffenden Landes) darstellt, lässt sich problemlos feststellen, dass eine Einzelfallregelung vorliegt; ob diese aber Außenwirkung entfaltet, erfordert eingehendere Untersuchungen.

- Innerhalb der Prüfung eines Tatbestandsmerkmals sind die grundsätzlichen rechtlichen Erwägungen und Aussagen, soweit es auf sie ankommt, nach vorn zu ziehen, speziellere, enger mit dem Lebenssachverhalt verbundene Aspekte sind im Anschluss daran zu prüfen.

Beispiel: Kommt es auf die Auslegung des Schutzbereichs „Wohnung" in Art. 13 GG an, so ist zunächst darzulegen, dass nach dem Normzweck hier ein weites Begriffsverständnis angezeigt ist. Erst danach ist die konkrete Abgrenzung (Geschäftsraum, Keller, Gartenlaube) vorzunehmen.

- Nicht unbedingt ist die von den Beteiligten im Sachverhalt gewählte Reihenfolge der umstrittenen Fragen maßgebend, wenngleich sich aus ihr oft wertvolle Hinweise zur Interessenlage entnehmen lassen.

Bei der Bestimmung des Aussagegehalts mancher Tatbestandsmerkmale ist auf Legaldefinitionen oder andere Normen (die sog. „Hilfsnormen" oder „ergänzende Bestimmungen") zurückzugreifen.[271] Anzustreben ist stets weitestgehende Gewissheit über die Auslegung eines Tatbestandsmerkmales, die ja prinzipiell *abstrakt*, also vom Fall losgelöst zu erfolgen hat, aber nichtsdestoweniger den ständigen Blick auf den Sachverhalt erfordert, um die Interpretationsanstrengungen in der entsprechenden Richtung zu intensivieren und so die Subsumtion optimal vorzubereiten.

4. Subsumtion

Durch die nachfolgende Subsumtion (dazu eingehend Rn. 248 ff.) wird der Sachverhalt zu der durch den vorangegangenen Schritt aufbereiteten Norm in Bezug gesetzt. **208**

[269] Die Begehung von Straftaten gehört zu den häufigsten Ausweisungsgründen (vgl. *Renner*, Ausländerrecht, 10. Aufl. 2013, § 55 AufenthG, Rn. 23).

[270] Siehe auch Rn. 249 ff.

[271] Plastisches Beispiel zu § 823 BGB bei *Zippelius*, Juristische Methodenlehre, 11. Aufl. 2012, S. 25 ff.; siehe auch Rn. 281 ff. zu Normkonkurrenzen.

Beispiel: Art. 8 I GG garantiert das Recht, sich friedlich und ohne Waffen zu versammeln. Die Teilnehmer einer gegen eine Flughafenerweiterung gerichteten Demonstration sind nicht nur mit „Friesennerz" und Schutzhelm, sondern erkennbar durchgängig auch mit Stöcken, Schleudern und Eisenkugeln ausgerüstet. Hierbei handelt es sich um Angriffswaffen. Somit können diese Demonstranten dieses Grundrecht nicht für sich reklamieren.

Es ist darzulegen, ob der Sachverhalt unter die im Wege der Interpretation konkretisierte Norm passt, also die Subsumtion erfolgen kann, oder ob dies nicht möglich ist, so dass die Normanwendung abgelehnt werden muss.

5. Formulierung des Ergebnissatzes

209 Schließlich ist das Ergebnis der gutachtlichen Untersuchung der Ausgangsfrage deutlich zu bekunden.

Beispiel: „Mithin ist eine auf Art. 8 GG gestützte Verfassungsbeschwerde unbegründet."

6. Zur notwendigen Dichte des Gutachtenstils

210 Für die klausurmäßige Problembehandlung in der studentischen Übungs- und Examensarbeit hat dieser Gutachtenstil prägend zu sein. Das bedeutet freilich nicht, dass bei jedem lösungsrelevanten Schritt dieser vierstufige Aufbau (Rn. 205–209) eingehalten werden muss. Dieser erweist sich nur bei wirklich problematischen Fragen als zwingend. Dagegen lassen sich Selbstverständlichkeiten oder Randfragen durchaus im Urteilsstil abhandeln[272] (siehe dazu auch u. Rn. 324).

Beispiel: Wenn der Sachverhalt ausdrücklich von der „Ordnungsverfügung der Behörde B" spricht, bestehen an der Verwaltungsaktqualität keine Zweifel. Hier genügt die lapidare Feststellung durch den Bearbeiter: „Die Ordnungsverfügung, ein Verwaltungsakt i. S. d. § 35 VwVfG, bestimmt, dass …"

Insbesondere die Bearbeitung unproblematischer Zulässigkeitsfragen ist in der verwaltungsrechtlichen Klausur auf kurze Hinweise zu beschränken.

Beispiel: „Der Kläger A ist als natürliche Person gem. § 61 Nr. 1 VwGO beteiligtenfähig und gem. § 62 I Nr. 1 VwGO prozessfähig."

Es zeugt von wenig Souveränität, wenn der Bearbeiter einer Klausur umständlich und langatmig Fragen aufwirft, die in einem Satz ohne Mühe bejaht werden könnten. Nicht auszurotten scheint die nichtssagende Bemerkung: „Die übrigen (welche?) Zulässigkeitsvoraussetzungen/ Sachurteilsvoraussetzungen sind unproblematisch." Wenn dies so ist, erweist sich dieser Satz als überflüssig. Die langjährige Korrekturerfahrung zeigt überdies, dass auch an sich unproblematische Sachurteilsvoraussetzungen nicht von allen Bearbeitern richtig gelöst werden, wenn sie vor die Notwendigkeit gestellt werden, diese Punkte ausformulieren zu müssen.

VI. Zur Darstellungsweise

211 Die Klausurlösung soll den Erweis erbringen, dass der Bearbeiter in der Lage ist, den gestellten Fall unter Zuhilfenahme nur der Gesetzestexte umfassend rechtsgutachtlich zu würdigen. Hierbei sollen möglichst alle relevanten Rechtsfragen geprüft sowie

---

[272] Gegen „übertriebenen" Gutachtenstil auch *Schwerdtfeger*, Öffentliches Recht in der Fallbearbeitung, 14. Aufl. 2014, Rn. 836 und *Th. M. Möllers*, Juristische Arbeitstechnik und wissenschaftliches Arbeiten, 7. Aufl. 2014, Rn. 257, der sich für eine Mischform ausspricht; *Valerius*, Einführung in den Gutachtenstil, 3. Aufl. 2009, S. 34; a. A. *Wieduwilt*, JuS 2010, 288 (290).

mittels überzeugender Gesetzesinterpretationen und korrekter Subsumtionen einer zumindest vertretbaren Lösung zugeführt werden. Diese fachlichen Anforderungen müssen die Darstellungsweise in der Klausur prägen, und zwar aus sich heraus, ohne dass es zulässig wäre, dem Leser noch gezielte Aufbauhinweise zu geben.[273]

Beispiel: Sätze wie „Als nächstes ist nun die Strafbarkeit des S zu prüfen, der ebenfalls als Täter in Betracht kommt. Erst danach wird auf die Strafbarkeit des B einzugehen sein, der bestenfalls als Anstifter strafrechtlich in Erscheinung getreten sein kann, insoweit also in seiner eigenen Strafbarkeit vom Vorliegen einer Haupttat abhängt." erläutern den Prüfungsaufbau und sind daher gutachtentechnisch überflüssig. Der gewählte Aufbau „Täter vor Teilnehmer" ist ohnehin aus dem Klausuraufbau selbst ersichtlich und bedarf daher keiner zusätzlichen Erklärung. Die für den Aufbauhinweis investierte Klausurzeit kann der Bearbeiter sinnvoller nutzen.

1. Sprachliche Klarheit

Dies bedingt zunächst, dass sich der Bearbeiter um sprachliche Klarheit bemüht. Die **212** Ausführungen in einer Klausur haben zum Ziel, dem Leser Gedanken mitzuteilen. Es gilt, die eigenen, u. U. komplizierten Erkenntnisse dem Leser in verständlicher und sprachlich angemessener Form mitzuteilen. Sowohl in der Universitätsübung als auch im Staatsexamen wird erwartet, dass Studierende in der Lage sind, sich verständlich und grammatikalisch einwandfrei auszudrücken.[274] Insoweit stimmt es bedenklich, wenn in Klausurbearbeitungen der letzten Jahre zunehmend Regeln der Interpunktion oder Groß- und Kleinschreibung völlig ignoriert werden und Sätze plötzlich mitten im Text abbrechen.

2. Stilsünden

Die Sprache des Juristen allgemein und die der Studierenden in der Klausur im **213** Besonderen sollte vom Bemühen um Objektivität und Sachlichkeit geprägt sein. Emotionen und Übersteigerungen haben hier ebenso wenig Platz wie Ironie.[275] Innerhalb dieses Rahmens stellt sich aber die Frage nach dem guten Stil juristischer Klausurarbeiten. An dieser Stelle kann keine ausgiebige Stilkunde ausgebreitet werden.[276] Unter Berücksichtigung der Einsicht, dass Stilfragen zu weiten Teilen auch Geschmacksfragen sind, sollen nachfolgend aber zumindest einzelne Hinweise auf typische Stilsünden gegeben werden. So sind insbesondere zu vermeiden:

a) Anhäufung von Substantiven

Anstatt im Nominalstil Substantive aneinanderzureihen, sollte man vermehrt Verben einsetzen, denn diese machen einen Text leichter verständlich.

Beispiele: Man sollte nicht schreiben: „§ X muss in Entsprechung Anwendung finden, weil die Interessen der Beteiligten nur so sachgerecht zum Ausgleich gebracht werden können", sondern „§ X ist entsprechend heranzuziehen, weil sich die Interessen der Beteiligten nur so sachgerecht ausgleichen lassen." – Der Satz „Die Verbürgung der Gegenseitigkeit ist nicht Voraussetzung für die Anerkennung eines Urteils eines ausländischen Gerichts" wird verständlicher, wenn man

---

[273] Zur Zulässigkeit – knapp gehaltener! – Aufbauhinweise bei ineinandergreifenden Problemkomplexen vgl. auch *Diederichsen/Wagner*, Die BGB-Klausur, 9. Aufl. 1997, S. 123 f. Besonderheiten zur Darstellungsweise am Beispiel einer Zivilrechtsklausur bieten *Fleck/Arnold*, JuS 2009, 881 (883 ff.).

[274] Hierzu auch *Hattenhauer*, JA Sonderheft für Erstsemester 2015, 54 ff.

[275] Ebenso *Wieduwilt*, JuS 2010, 288 (289).

[276] Vgl. ausführlich hierzu das sehr empfehlenswerte Buch von *Tonio Walter*, Kleine Stilkunde für Juristen, 2. Aufl. 2009, S. 225 ff., das – amüsant und lehrreich zugleich – dem Leser u. a. die Möglichkeit bietet, seine Stilsicherheit anhand von Textbeispielen zu schulen. Eine Kurzfassung findet sich bei *Walter*, Jura 2006, 344 ff.

„Das Urteil eines ausländischen Gerichts wird anerkannt, auch wenn die Gegenseitigkeit nicht verbürgt ist."[277]

b) Passiv-Sätze

Auch Passiv-Konstruktionen sind schwerer zu verstehen als aktiv formulierte Sätze. Außerdem benötigt man für sie gleich zwei Verben, weil man das eigentliche Verb durch eine Form von „werden" sprachlich flankieren muss, was die Sätze wiederum sehr schnell doppeldeutig macht.

Beispiele: Der Satz „Die Früchte können vom Besitzer herausverlangt werden" lässt nicht erkennen, wer die Früchte von wem verlangen kann.[278] – Schöner als „Gemäß § 204 I Nr. 10 BGB wird die Verjährung gehemmt, wenn der Anspruch im Insolvenzverfahren vom Berechtigten gemeldet wird", ist „... wird die Verjährung gehemmt, wenn der Berechtigte seinen Anspruch im Insolvenzverfahren anmeldet."

c) Schachtel- und Bandwurmsätze

214 Die Verfasser sollten sich bemühen, ihre Gedanken in kurze Sätze zu fassen. Sicherlich bietet die Gesetzessprache insoweit nicht immer ein gutes Vorbild; schwierige und komplizierte Sachverhalte erfordern mitunter auch kompliziertere syntaktische Konstruktionen.[279] Gleichwohl sollte auch der Jurist stets darauf Bedacht nehmen, die wichtigen Punkte in den Hauptsätzen unterzubringen. Wesentliche Aussagen gehören nicht in einen Nebensatz![280]

(Negativ-)Beispiele: Als abschreckendes Beispiel für einen *Bandwurmsatz* dient üblicherweise die Eisenbahndefinition, die das Reichsgericht in seinem Urteil vom 17. März 1879[281] formuliert hat: „Eine Eisenbahn ist ein Unternehmen, gerichtet auf wiederholte Fortbewegung von Personen oder Sachen über nicht ganz unbedeutende Raumstrecken auf metallener Grundlage, welche durch ihre Konsistenz, Konstruktion und Glätte den Transport großer Gewichtsmassen beziehungsweise die Erzielung einer verhältnismäßig bedeutenden Schnelligkeit der Transportbewegung zu ermöglichen bestimmt ist, und durch diese Eigenart in Verbindung mit den außerdem zur Erzeugung der Transportbewegung benutzten Naturkräften – Dampf, Elektrizität, tierischer oder menschlicher Muskeltätigkeit, bei geneigter Ebene der Bahn auch schon durch die eigene Schwere der Transportgefäße und deren Ladung usf. – bei dem Betriebe des Unternehmens auf derselben eine verhältnismäßige gewaltige, je nach den Umständen nur bezwecktcrweise nützliche oder auch Menschenleben vernichtende und menschliche Gesundheit verletzende Wirkung zu erzeugen fähig ist."

Die durch *Schachtelsätze* verursachten Verständnisprobleme illustriert ein Beispiel von *Schnapp*[282]: „Derjenige, der denjenigen, der den Pfahl, der an der Brücke, die auf dem Weg, der nach Worms führt, liegt, steht, umgeworfen hat, anzeigt, erhält eine Belohnung."

d) Bezugsfehler

Nicht selten führen Schachtelsätze auch zu Bezugsfehlern, die dem Leser immer wieder Anlass zur Erheiterung bieten.[283]

---

277 Beispiel nach *Grunau*, Spiegel der Rechtssprache, 1961, S. 63.

278 Beispiel nach *Walter*, Kleine Stilkunde für Juristen, 2. Aufl. 2009, S. 100 ff.

279 Insbesondere das Besondere Verwaltungsrecht bietet hierfür gute Anschauungsbeispiele. *Walter* (Kleine Stilkunde für Juristen, 2. Aufl. 2009, S. 102) bezeichnet es gar als „Stilkeller und Folterkammer" unserer Sprache.

280 *Th. M. Möllers*, Juristische Arbeitstechnik und wissenschaftliches Arbeiten, 7. Aufl. 2014, Rn. 238; *Hattenhauer*, JA Sonderheft für Erstsemester 2015, 54 (55) weist darauf hin, dass Schachtelsätze zudem Unordnung in die Gedanken bringen und dazu noch anfällig für Fehler in der Zeichensetzung sind.

281 RGZ 1, 247 (252).

282 *Schnapp*, Jura 2004, 22 (28).

283 Weitere Beispiele unfreiwilliger Komik im Recht bei *Weber*, Jura 2004, 672 ff.

Beispiele (aus einer Examensklausur): „Andere Menschen, die vielleicht größere Grundstücke haben, aber kürzere Frontlängen, werden infolge der Satzung bevorzugt." – (aus einer Dissertation:) „So wird sicher regelmäßig nichts dagegen sprechen, dass auf dem Rückweg zum Feuerwehrgerätehaus nach einem Einsatz ein auf dem Weg liegendes Lebensmittelgeschäft angefahren wird." und „Der durch das Feuerwehrfahrzeug entstandene Schaden macht den Halter nach § 7 StVG nur dann ersatzpflichtig, wenn dieser bei dem Betrieb des Kraftfahrzeugs entstanden ist."

e) Stereotype Wiederholungen

Selbst wenn in der Klausur Zeitdruck herrscht, sollte sich der Bearbeiter bemühen, **215**
von der Vielfalt der deutschen Sprache Gebrauch zu machen.

Beispiel: Anstatt ständig auf die Wendungen „Es ist zu prüfen, ... Mithin ist zu prüfen, ... Nunmehr ist zu prüfen, ..." zurückzugreifen, ließe sich die gleiche Aussage auch sprachlich variieren. Man kann nicht nur prüfen, sondern auch untersuchen, fragen, erforschen, sich vergewissern, analysieren, begutachten, beurteilen, erwägen, überlegen u. dgl.

f) Superlative und Verstärkungswörter

Sparsam einsetzen sollte man Superlative und Verstärkungswörter. Beide signalisieren Argumentationsarmut, mangelnde Objektivität oder Unsicherheit und reizen den Leser zum Widerspruch.

Beispiele: „Die Gegenauffassung ist absolut unsinnig." – „Dieser Begründung ist selbstverständlich („fraglos", „zweifelsohne") zuzustimmen." – „Dem kann offensichtlich gefolgt werden." – „Das stimmt in keinster Weise (zudem grammatikalisch falsch)."

g) Füllwörter

Man sollte es nicht für möglich halten, doch finden sich mittlerweile Klausurbear- **216**
beitungen, die im Rahmen der juristischen Subsumtion etwa Kohlendioxydimmissionen als „echt" gefährlich einstufen oder einen Handlungsstörer aufgrund seines Verursachungsbeitrags für „voll" verantwortlich halten. Darüber hinaus gibt es aber auch Wendungen, die im Gutachtenstil ihren berechtigten Platz haben, aber im Sinne eines Füllwortes falsch gebraucht werden.

Beispiele: „aber" und „jedoch", wenn gar keine Abweichung von der vorherigen Aussage vorliegt; „auch", wenn nicht eine weitere Begründung oder ein zusätzliches Beispiel zum vorher Gesagten gegeben wird.

h) Überflüssige Fremdwörter

Eine Fachsprache kommt selten ohne eine eigenständige Terminologie, ohne eine Sondersprache, aus. Dazu gehören regelmäßig auch Fachbegriffe, die aus einem fremden Sprachraum kommen – „Leasing" oder „Factoring" gehören beispielsweise dazu. Manche Rechtsbereiche sind aufgrund einer auf internationaler Ebene geführten Diskussion stärker davon betroffen als andere; im Wirtschaftsrecht („golden share", „opting-out-Klausel"), im Telekommunikations- („Vanity"-Nummern, „Shared-Cost"-Dienste) oder Internetrecht („Domaingrabbing", „Filesharing") sind Anglizismen häufiger anzutreffen als in der Rechtsgeschichte, in der wiederum eher Fremdworte mit romanischen Wurzeln anzutreffen sind. Abseits der fachbegrifflichen Notwendigkeit[284] wirkt der Gebrauch von Fremdwörtern jedoch schnell künstlich

---

[284] Ein markantes Beispiel bildet die Göttinger Dissertation von *Arenz*, Der Schutz der öffentlichen Sicherheit in Next Generation Networks am Beispiel von Voice-Over-IP-Diensten (2009).

und vernebelnd, wenn angemessene und präzisere deutsche Ausdrücke zur Verfügung stehen.[285]

Beispiele: „Gesetzgebung" statt „Legislation"

„verfügen über" statt „disponieren über"

i) Falscher Konjunktiv

217 Des Weiteren sollten die Klausurbearbeiter darauf achten, dass sie jeweils die richtige Aussage- und Zeitform wählen. Der Konjunktiv ist mit Zurückhaltung zu verwenden, stets angebracht jedoch bei indirekter Rede.[286] Diese folgt auf Verben des Sagens oder Dafürhaltens („ist der Ansicht", „behauptet") oder in Fällen, in denen auf andere Weise eine (Meinungs-)äußerung deutlich gemacht wird („Die Behörde gab zu erkennen, dass sie den Kläger für ungeeignet halte, ein Reisegewerbe auszuüben"). Demgegenüber ist immer der Indikativ zu verwenden, wenn zum Inhalt einer Äußerung mit einer Präposition übergeleitet wird („nach herrschender Meinung *ist*…"; der Begründung dieses Bescheides zufolge *ist* …), weil der Autor in diesen Fällen aus der Perspektive desjenigen berichtet, den er zitiert.

Beispiele: „Die Gegenauffassung betont, ein Anscheinsstörer *sei* nicht als verantwortlich im Sinne des Polizeirechts anzusehen" hingegen: „Nach ständiger Rechtsprechung *ist* auch der Anscheinsstörer ein Verantwortlicher im Sinne des Polizeirechts" – Unnötig ist ein Konjunktiv zudem als „Damit wäre nunmehr zu fragen, ob …" Stattdessen muss es heißen: „Es ist daher zu fragen, ob …".

j) Umgangssprachliche Formulierungen

Mitunter fallen die Umgangssprache und die juristische Terminologie auseinander. In der Klausur sollte darauf geachtet werden, dass nicht durch den Gebrauch der umgangssprachlichen Wendungen die juristische Präzision verlorengeht.

Beispiele: Statt von der gaststättenrechtlichen „Konzession" spricht das Gaststättengesetz des Bundes von der „Erlaubnis" – Der umgangssprachliche „Gewerbeschein" ist eine „Empfangsbescheinigung" nach § 15 GewO – Unpräzise ist es, von der Entziehung des „Führerscheins" zu sprechen, denn entzogen wird die „Fahrerlaubnis"; der Führerschein (das Papier) wird eingezogen, vgl. § 52 VwVfG. – Das Aufenthaltsgesetz kennt keine „Migranten", sondern nur „Ausländer" – Ein Unternehmer „geht nicht Pleite", sondern es wird das Insolvenzverfahren eröffnet.

k) Stilfragen als Geschmacksfragen

218 Neben diesen zehn Stilsünden benennen diverse Ratgeber über den guten (juristischen) Stil in unterschiedlichen Ausprägungen weitere Regeln, die es bei der Abfassung juristischer Klausuren zu beachten gelte. So wird zum Beispiel empfohlen, politische Kampfbegriffe zu vermeiden oder gar behauptet, es sei auf gar keinen Fall angängig, Ausführungen in der ersten Person Singular zu machen.[287] Andere wieder-

---

[285] Wenn das Gesetz selbst einen fremdsprachigen Ausdruck verwendet, sind Eindeutschungen oder Übersetzungen durch den Bearbeiter nicht statthaft. Inflationär ist aber die gedankenlose Verwendung unnötiger englischer Bezeichnungen auch durch Behörden, ohne dass dies durch Rechtsnomen vorgegeben ist. So lässt sich zum Beispiel vieles von dem, was neudeutsch als Public Private Partnership bezeichnet wird, ebenso gut durch die althergebrachten deutschen verwaltungsrechtlichen Institute der Verwaltungshilfe oder der Beleihung begrifflich fassen, vgl. dazu *Mann*, in: Spannowsky (Hrsg.), FS Püttner, 2006, S. 109 (113 ff.).

[286] Dazu näher *Hattenhauer*, JA Sonderheft für Erstsemester 2015, 54 (56); *Wieduwilt*, Jura 2010, 288 (290).

[287] Vgl. nur *Schimmel/Weinert/Basak*, Juristische Themenarbeiten, 2. Aufl. 2011, Rn. 119, 124.

um halten gerade die „Ich-Form" für vorzugswürdig.[288] Meines Erachtens ist in allen diesen Fällen die Grenze erreicht, an der die Stilfrage zur Geschmacksfrage wird. Deutlich wird das etwa bereits daran, dass sich nur schwer bestimmen lässt, ab wann ein Begriff zum „politischen Kampfbegriff" wird.

Beispiele: Finaler „Todesschuss" oder finaler „Rettungsschuss" – „kalte" Aussperrung oder „mittelbare" Aussperrung – „Kernkraftwerk" oder „Atomkraftwerk".

Ebenso dem Geschmacksbereich zuzuordnen sind unnötige Kapriolen wie die gedankenlose Verwendung der Formulierung „Bedenken könnten insofern bestehen, als …", wenn bereits im unmittelbar nachfolgenden Satz eröffnet wird, dass solche Bedenken nicht bestehen („Aber hier ist zu beachten, dass…"). Die gleiche Zuordnung gilt für unterschiedliche Wahrnehmungen des Sprachgefühls. So erscheint es wenig elegant, innerhalb eines Absatzes oder einer Seite mehrfach die gleichen idiomatischen Wendungen zu benutzen oder innerhalb eines Satzes Wörter mit dem gleichen Wortstamm zu kombinieren. Solche Unebenheiten sind aber eher einem Autor vorzuwerfen, der in einer Dissertation oder Themenarbeit genügend Zeit hatte, seine Worte mit Bedacht zu wählen, als dem Bearbeiter in der Klausur, der in erster Linie „gegen die Uhr anschreibt".

Beispiele (aus einer Dissertation): „Zunächst soll die dem enteignungsgleichen Eingriff *zugrundeliegende Rechtsgrundlage* näher betrachtet werden." – „Obwohl sie Aufgaben der Gefahrenabwehr *wahrnehmen, nehmen* sie eine Sonderstellung ein."

3. Nachvollziehbarkeit der Argumentation

Für den Klausurerfolg wesentlich bedeutsamer ist es, dass die Argumentation des Verfassers durch den Korrektor nachvollzogen werden kann. Sie muss auf konsequenter Gedankenführung beruhen. Da im rechtswissenschaftlichen Gutachten der Leser von der Frage zum Ergebnis hingeführt werden soll, muss die Darstellungsweise diesem Erfordernis entsprechen. Stets ist die selbstkritische Frage zu stellen, ob alle Ausführungen denn wirklich der Hinführung zum Ergebnis dienen. Sollte die Beantwortung von Rechtsfragen für die Fallentscheidung gleichgültig sein, haben diesbezügliche Ausführungen zu unterbleiben. Besonderes Gewicht ist dagegen auf die Darstellung der fallwesentlichen Streitfragen zu legen, die dann auch eingehend abzuhandeln sind. Hierbei kommt es vorrangig darauf an, *Argumente* darzulegen und damit seine rechtlichen Lösungen zu begründen. Der bloße Hinweis auf Erkenntnisse von Autoritäten vermag solches Argumentieren keinesfalls zu ersetzen. In der Klausur ist es ohnehin nicht möglich, Rechtsansichten präzise bestimmten Entscheidungen oder Autoren zuzuordnen; auch daher ist ein entsprechender Hinweis, mit dem man stolz auf vorhandene Kenntnisse aufmerksam machen will, im Zweifel unangebracht. 219

Beispiel: Das BVerfG ist im 135. Band der amtlichen Entscheidungssammlung zu dem Ergebnis gekommen, dass … – Nach Auffassung von *Mann* ist das nicht der Fall.

Selbst in einer Hausarbeit muss derjenige, der sich zur Begründung einer Rechtsansicht lediglich auf „h. M." oder „h. L." beruft, damit rechnen, dass dies als deutlicher Minuspunkt vermerkt wird. Nicht die Bezugnahme auf andere Stimmen, sondern eine argumentative Begründung wird erwartet (dazu noch u. Rn. 299ff, 383 ff.). Leider wird das auch in Examensklausuren oft verkannt, wenn statt einer Gegenüberstellung von Argumenten nur die Ergebnisse der h. M. und der m. M. kontras-

[288] Etwa *Walter*, Kleine Stilkunde für Juristen, 2. Aufl. 2009, S. 212. Auch *Medicus*, Bürgerliches Recht, 24. Aufl. 2013, bedient sich durchgängig der Ich-Form.

tiert werden. Im Übrigen: Wer ist das? Wie lässt sich eine solche h. M. ermitteln? Soll allein die Anzahl der gefundenen Stimmen zählen oder kommt es eher auf die wissenschaftliche Reputation der Meinungsführer an? Solche Fragen stellen sich zwangsläufig.[289]

220 Als wichtigste, durchgängig verwendbare Sachargumente in der juristischen Falllösung lassen sich mit *Diederichsen/Wagner*[290] hervorheben:

- das Begriffsargument (Anknüpfung an die im Gesetz verwendeten Begriffe),
- die Güter- und Interessenabwägung (dazu ausführlich Rn. 262 ff.),
- der Schutzzweck der Norm (zum teleologischen Auslegungskriterium Rn. 240 f.),
- die Berufung auf allgemeine Rechtsprinzipien (wie den rechtsstaatlichen Grundsatz der Verhältnismäßigkeit),
- der Gesichtspunkt der Umgehung (bei Würdigung des Normzwecks),
- Normangleichung (zur Schließung von Regelungslücken oben Rn. 272 ff.) und schließlich, wenn auch nur mit Vorbehalt anwendbar,
- die Praktikabilität einer Entscheidung.

Es trägt sowohl zur Übersichtlichkeit als auch zur Nachvollziehbarkeit der Argumentation bei, wenn der Bearbeiter einer Klausur bemüht ist, Übergänge zu neuen Gedanken durch Absätze zu kennzeichnen und größere Zusammenhänge in deutlich separierten Abschnitten abzuhandeln. Dies sind zwar lediglich Kleinigkeiten, werden aber bei der optischen Wahrnehmung der Klausur durch den Korrektor regelmäßig wohlwollend zur Kenntnis genommen, weil sie ihm den Lesefluss erleichtern.

4. Schwerpunktbildung

221 Die mit einer Prädikatsnote honorierte überdurchschnittliche Klausurbearbeitung zeichnet sich dadurch aus, dass sie nicht nur zutreffende Rechtsausführungen enthält, sondern auch die Schwerpunkte richtig setzt. Es zeugt nicht gerade von Souveränität, wenn in einer Klausur gleichmäßig alle Elemente eines gepaukten Klausurschemas abgespult und die wesentlichen Fallprobleme dabei mit gleicher Intensität wie völlig problemlose Aspekte abgehandelt werden.[291]

Beispiel: Geht es in einer immissionsschutzrechtlichen Klausur um die Frage nach dem Bestandsschutz einer vorhandenen Anlage, so ist bei der Anwendung des Art. 14 GG grds. auf den spezifischen verfassungsrechtlichen Eigentumsbegriff zu rekurrieren. Ausführungen über die Rechtsprechung zum Recht am eingerichteten und ausgeübten Gewerbebetrieb wären hier nicht nur ungeschickt, sondern gingen wohl auch in der Sache fehl, da sich bei einer konkreten Anlage die schwierige Frage eines verfassungsrechtlichen Schutzes für eine Sachgesamtheit unter der vorgenannten Chiffre[292] gar nicht stellt.

Die hierzu vor über 50 Jahren von *Mühl* und *Evers/Schwerdtfeger* getroffenen Feststellungen sind nach wie vor gültig:

„Zu einer wissenschaftlich fundierten Arbeitsweise gehört es auch, dass der Bearbeiter das richtige Maß für die Bedeutung der einzelnen in seinem Gutachten auftretenden Rechtsprobleme im Rahmen der Untersuchung gewinnt und danach die Schwer-

---

[289] Siehe dazu bereits deutlich *Schnur*, Der Begriff der „herrschenden Meinung" in der Rechtsdogmatik, in: Festgabe für Forsthoff, 1967, S. 43 ff.; *Pilniok*, „h. M." ist kein Argument – Überlegungen zum rechtswissenschaftlichen Argumentieren für Studierende in den Anfangssemestern, JuS 2009, 394 ff.

[290] *Diederichsen/Wagner*, Die BGB-Klausur, 9. Aufl. 1997, S. 187 ff.; zu durchgängigen Argumentationsfehlern *dies.*, ebda, S. 197 ff.; zum ganzen auch *Koch/Rüßmann*, Juristische Begründungslehre, 1982.

[291] Vgl. zum Problembewusstsein in der Klausur *Beck*, JURA 2012, 262 (263); *Leenen*, JURA 2011, 723 ff.

[292] Vgl. im Überblick *Wendt*, in: Sachs (Hrsg.), GG, 7. Aufl. 2014, Art. 14 Rn. 26 f.

punkte und den Umfang seiner Ausführungen bestimmt."[293] – „Bei einem solchen Schwerpunkt, den fast jede Aufgabe hat, handelt es sich meist nicht um eine Streitfrage im technischen Sinne, wie die Studenten immer wieder vermuten, sondern etwa um das Auffinden einer versteckten Vorschrift, die systemgerechte saubere Anwendung bekannter Vorschriften und Rechtsgrundsätze, das scharfe Auseinanderhalten ähnlicher Rechtsinstitute oder dergleichen."[294]

Zur Behandlung lösungsrelevanter Streitfragen ist des Weiteren auf die Empfehlung von *Diederichsen/Wagner* hinzuweisen: „Hat der Bearbeiter die Pro- und Contra-Argumente ... nicht an der Hand, muss er versuchen, die Argumentation selbständig zu entwickeln. Hierauf hat er die meiste Zeit zu verwenden!"[295] Diese Arbeit erfolgt dann strukturiert unter Anwendung des juristischen Auslegungskanons (s. Rn. 230 ff.). Entsprechend gegliederte Überlegungen sind regelmäßig ein Garant für einen guten Klausurerfolg.

Eine solchermaßen ernsthafte und methodisch sichere Auseinandersetzung mit den zentralen Problemen einer Klausur führt durchweg selbst dann zu einer Prädikatsnote, wenn die Klausur in anderen, weniger bedeutsamen Teilen unvollständig ist. Bei vielen Bearbeitern öffentlich-rechtlicher Klausuren macht erfahrungsgemäß die Zulässigkeitsprüfung (etwa bei der Verfassungsbeschwerde oder einer verwaltungsgerichtlichen Klage) leider oftmals mehr als die Hälfte der Gesamtbearbeitung aus, auch wenn dort keine zentralen Probleme liegen. Die Verfasser sind bei einer solchen Vorgehensweise augenscheinlich nicht in der Lage, eigenständig sachliche Schwerpunkte zu setzen und die Darstellung vor allem auf die Diskussion der im Fall angesprochenen zentralen Rechtsprobleme zu konzentrieren. Dort sind dann die wesentlichen Argumente pro und contra zu sammeln, darzulegen und zu diskutieren. Anschließend muss der Bearbeiter seine Entscheidung abgewogen begründen. Erscheinen Rechtsfragen hingegen unproblematisch, so sollte sich der Bearbeiter nicht scheuen, es bei knappen Feststellungen bewenden zu lassen. Diese Souveränität kann ein Anfänger noch nicht auf Anhieb vorweisen, sie erfordert – zugegeben – eine gewisse Klausurroutine, was aber wiederum unterstreicht, wie wichtig es ist, frühzeitig ausreichende Klausurerfahrung zu machen (dazu bereits oben Rn. 10, 153, 222). 222

Beispiel: Mit Blick auf die statthafte Klageart ist zu beachten, dass die an X adressierte ordnungsbehördliche Verfügung des Oberbürgermeisters, deren Aufhebung er begehrt, ein belastender Verwaltungsakt (§ 35 S. 1 VwVfG) ist. Richtige Klageart ist daher die Anfechtungsklage gemäß § 42 I VwGO.

5. Mehrfachprüfung und Hilfsgutachten

Wenn eingangs gefordert wurde, dass möglichst alle fallrelevanten Rechtsfragen geprüft und einer zumindest vertretbaren Lösung zugeführt werden, so kann dieses Postulat zum einen manchmal zu darstellungstechnischen Problemen führen (dazu a.), zum anderen aber auch dadurch konterkariert werden, dass bei konsequentem Aufbau eigentlich naheliegende Probleme nicht mehr erörtert werden dürften (dazu b.). 223

a) Doppel- und Mehrfachprüfungen

Es wirkt unbeholfen, wenn bei einer Falllösung mehrfach die gleiche Fragestellung mit gleichbleibender Intensität abgehandelt wird, soweit dies vermeidbar ist.

---

[293] *Mühl*, JuS 1964, 356.

[294] *Evers/Schwerdtfeger*, JuS 1964, 284 (Erl. 1); ebenso *Schwerdtfeger*, Öffentliches Recht in der Fallbearbeitung, 14. Aufl. 2012, Rn. 824.

[295] *Diederichsen/Wagner*, Die BGB-Klausur, 9. Aufl. 1997, S. 127.

Beispiel: Im Beispielsfall oben Rn. 168 zu einer mehrfachen Fallvariante (Verfassungsbeschwerden von vier Elektrizitätsunternehmen) ist es geschickter, die allein divergierende Problematik der Antragsberechtigung an der entsprechenden Stelle im Rahmen der Zulässigkeitsprüfung jeweils unmittelbar nacheinander abzuhandeln, um dann ggf. – wenn nämlich die Antragsberechtigung bei mehr als einem Unternehmen bejaht wurde – bei den weiteren Zulässigkeitsvoraussetzungen der Verfassungsbeschwerde eine einheitliche Prüfung vorzunehmen, anstatt schematisch etwa wie folgt vorzugehen:

- Zulässigkeit der Verfassungsbeschwerde des E,
- Zulässigkeit der Verfassungsbeschwerde der B-AG,
- Zulässigkeit der Verfassungsbeschwerde der K-AG,
- Zulässigkeit der Verfassungsbeschwerde der X-AG.

Bei einem solchen Aufbau mit *Doppel- und Mehrfachprüfungen* besteht die Gefahr, wertvolle Klausurzeit durch die Wiederholung bereits getroffener Ausführungen zu verschenken, die sinnvoll für die Behandlung anderer Probleme, insbesondere der Begründetheit, eingesetzt werden kann.

b) Hilfsgutachten

224 Erhebliche Unsicherheit besteht oft auch hinsichtlich der Frage, wann ein Hilfsgutachten notwendig ist.[296] Mitunter finden sich in den Bearbeitungshinweisen ausdrückliche Anordnungen, dass, wenn die Zulässigkeit einer Klage verneint wird, ein Hilfsgutachten anzufertigen ist.[297] Das bedeutet aber nicht, dass der Aufgabensteller davon ausgeht, dass die Klage unzulässig ist, sondern allenfalls, dass er in einem Punkt der Zulässigkeitsprüfung ein Ergebnis, das zur Unzulässigkeit führt, als durchaus vertretbar ansieht.[298]

In allen anderen Fällen hilft es, sich den Sinn und Zweck eines Hilfsgutachtens vor Augen zu führen: Machen Sie sich klar, dass die Klausur die Situation eines Richters in einem Kollegium abbildet, der als Berichterstatter seinen Kollegen eine Lösung für das betreffende Verfahren unterbreiten soll. In dieser Situation erscheint es durchaus denkbar, dass der Berichterstatter mit seiner eigenen Rechtsmeinung, die Klage sei unzulässig, gegenüber seinen Kammer- oder Senatskollegen nicht durchdringt und überstimmt werden wird.[299] Für diesen Fall muss er darauf vorbereitet sein, dass er ungeachtet seiner eigenen Auffassung in der Lage ist, die weiteren Facetten des Falles vorzutragen und hierzu einen Lösungsvorschlag präsentieren zu können. Wenn also allein aus prozessrechtlichen Gründen wesentliche Teile einer Aufgabenstellung nicht ausgeschöpft würden, besteht die Notwendigkeit, die noch ausstehenden Fragen im Wege eines Hilfsgutachtens zu behandeln.[300]

Beispiel: Im Beispielsfall der Rn. 168, 223 wäre etwa ein Hilfsgutachten anzufertigen, wenn in *allen* vier Fällen die Zulässigkeit einer Verfassungsbeschwerde abgelehnt würde und so letztlich zur Verfassungsmäßigkeit des angegriffenen Gesetzes – sofern diesbezüglich ausführliche Sachverhaltsangaben vorhanden waren – überhaupt nicht mehr Stellung genommen werden könnte.

---

[296] Eine Übersicht dazu bietet der Aufsatz von *Beyerbach*, JA 2014, 813 ff.

[297] Amtlicher Hinweis zu einer Examensklausur in Niedersachsen: „Sollte die Klage für unzulässig gehalten werden, ist zur Begründetheit hilfsgutachtlich Stellung zu nehmen" – *Schwerdtfeger*, Öffentliches Recht in der Fallbearbeitung, 14. Aufl. 2012, Rn. 832 hält Hilfsgutachten zur Begründetheit sogar unabhängig von Bearbeitungshinweisen allgemein für angezeigt.

[298] In diesem Sinne auch *Butzer/Epping*, Arbeitstechnik im Öffentlichen Recht, 3. Aufl. 2006, S. 66.

[299] Eine entsprechende Konstellation ließe sich auch denken, wenn ein Beamter, Angestellter oder Unternehmensmitarbeiter seinen Vorgesetzten nicht von seiner Rechtsauffassung überzeugen kann.

[300] Vgl. dazu näher *Schnapp*, JuS 1998, 420 ff. Siehe aber auch oben Rn. 170 ff., 176 ff. zu dem – äußerst seltenen – Fall einer Alternativlösung wegen unterschiedlicher Sachverhaltsdeutung.

Ausnahmen können in zwei Fällen auftreten. Zum einen dann, wenn ein Rechtsbehelf definitiv verfristet ist und auch keine Heilungsmöglichkeiten bestehen. In einer solchen Konstellation kann es auch mit Blick auf die gerade eben geschilderte Situation einer Kollegialentscheidung nicht dazu kommen, dass der Berichterstatter überstimmt wird. Beim Ablauf einer Frist kann man nicht unterschiedlicher Meinung sein. Streng genommen ist ein Hilfsgutachten hier daher nicht mehr angezeigt. Dennoch ist den Klausurbearbeitern auch hier ein Rationalitätscheck mit Blick auf die weiteren Probleme des Falles anzuraten: Es ist sicherlich klausurtaktisch unklug, die Klausur nach wenigen Minuten in der Zulässigkeit zu beenden, wenn man sich damit die Möglichkeit abschneidet, zu Fragen Stellung zu beziehen, deren Behandlung der Aufgabensteller offensichtlich erwartet hat. In einer solchen Konstellation sollte man es nicht darauf anlegen, den Aufgabensteller zu belehren. Beherzigen Sie in diesem Fall die alte Regel „Der Klügere gibt nach" und beglücken den Aufgabensteller mit einem Hilfsgutachten. **225**

Eine zweite Fallgruppe, in der man kein Hilfsgutachten anzufertigen braucht, liegt vor, wenn mehrere Kläger beteiligt sind, die inhaltlich die gleichen Argumente vortragen. Ist hier nach Ihrer Lösung nur eine der Klagen unzulässig, spricht vieles dafür, dass der Aufgabensteller seinen Sachverhalt so konstruiert hat, dass Sie diese Klage in der Zulässigkeit „abschießen". Ein Hilfsgutachten ist auch klausurtaktisch nicht erforderlich, weil Sie mit Blick auf diejenigen Klagen, die zulässig sind, ohnehin noch zu den materiellen Problemen des Falles Stellung beziehen werden.

Beispiel: A, B und C haben gegen einen gleichlautenden Verwaltungsakt mit identischen Argumenten Anfechtungsklage erhoben. Die Klage des A ist aber mangels Klagebefugnis unzulässig.

Hier bietet es sich an, die Klagen in einer gemeinsamen Zulässigkeitsprüfung zu behandeln und im Rahmen der Klagebefugnis die nach dem Sachverhalt gegebene Besonderheit mit Blick auf A zu erörtern, die zur Unzulässigkeit führt. Eines Hilfsgutachtens zur Klage des A bedarf es nicht, da alle problematischen Fragen noch im Rahmen der beiden anderen Klagen zur Sprache kommen. Klausurtaktisch wird also nichts „verschenkt".

6. Die äußere Form

Eine der Grundanforderungen der äußeren Form der Klausurbearbeitung besteht darin, dass man sich um eine lesbare Handschrift bemühen sollte. Es ist eine Illusion, zu glauben, unleserliche Passagen würden im Zweifel zugunsten des Kandidaten gewertet; sie werden eher Missmut erregen. Eigenständig entwickelte Abkürzungen wie „WE" für Willenserklärung oder „TBI" für Tatbestandsirrtum sind in einer Klausur tunlichst zu vermeiden.[301] Sollten sie jedoch ausnahmsweise aus Gründen der Textlänge oder einer komplizierten Formulierung unverzichtbar erscheinen (z. B. „Gesetz über die Bildung eines Sachverständigenrates zur Begutachtung der gesamtwirtschaftlichen Entwicklung" als SVR-G), dann sollten die gewählten Abkürzungen jedoch wenigstens eindeutig sein (z. B. BReg oder BRat, nicht BR) und bei erstmaliger Verwendung in einem Klammerzusatz oder einer Fußnote kenntlich gemacht werden. Lediglich die in den Gesetzessammlungen enthaltenen (z. B. BauGB, StPO, VwGO) sowie in Umgangssprache (z. B., u. U., bzw.) oder juristischer Literatur (BGH, BVerfG) üblichen Abkürzungen können in der Klausur bedenkenlos durchgängig benutzt werden. **226**

[301] Vor „Privatabkürzungen" warnen auch *Theuersbacher*, JuS 1989, 768 und *Valerius*, Einführung in den Gutachtenstil, 3. Aufl. 2009, S. 36.

Üblich ist es hingegen, Gesetze nur im Zusammenhang mit der jeweiligen Norm abzukürzen, im Übrigen aber auszuschreiben, wobei auch hier angesichts der Länge bestimmter Gesetzestitel durchaus Ausnahmen zulässig sind.

Beispiel: Auch wenn man „Art. 14 GG" und „§ 5 Abs. 1 GenTG" schreibt, sollte es „... kann den Strukturprinzipien des Grundgesetzes entnommen werden ..." oder „... hat die letzte Novelle des Gentechnikgesetzes dazu geführt ..." heißen.

Bei jeder Übungsarbeit sind schließlich üblicherweise auf der ersten Seite links oben in Blockschrift Vor- und Zuname (bzw. Matrikelnummer), Anschrift sowie Semesterzahl anzugeben. Außerdem ist zu vermerken, um welche Arbeit in welcher Lehrveranstaltung es sich handelt.[302] Es sind Seiten im Format DIN-A4 zu verwenden, bei denen links jeweils ein breiter Rand für die Korrektur freizulassen ist. Die Seiten sollten nur einseitig beschrieben und durchnummeriert werden. Die Klausur ist am Ende mit Vor- und Zuname bzw. Matrikelnummer zu unterschreiben.

§ 6. Juristische Methodik

227 Eine gelungene Bearbeitung der als relevant erkannten Rechtsfragen lässt sich nur bewerkstelligen, wenn Studierende in der Lage sind, die jeweils einschlägigen Gesetze korrekt anzuwenden. Überzeugende Gesetzesinterpretation (Rn. 228 ff.) und korrekte Subsumtion (Rn. 248 ff.) sind dabei die entscheidenden methodischen Anforderungen an eine gute Klausur oder Hausarbeit. Daneben sollten Studierende aber auch in etwa mit dem Instrumentarium der Schließung von Regelungslücken (Rn. 272 ff.) vertraut sein und wissen, wie sie bei Normkonkurrenzen (Rn. 281 ff.) vorzugehen haben.

Das Jurastudium erfordert gewiss die Aneignung einer Fülle von Fachwissen, so dass sich mancher Student fragen mag: „Wozu auch noch Methodenlehre?".[303] Die Methodik der Fallbearbeitung darf jedoch keinesfalls als eine zusätzliche Anforderung verstanden werden, sondern sollte vielmehr von Anfang an helfen, die gesetzlichen Regelungen – stammen sie nun aus dem Straf-, Zivil- oder dem Öffentlichen Recht[304] – auf einfache und überschaubare Zusammenhänge zurückzuführen. Haben sich Studierende erst einmal einen Überblick über die gedankliche Herangehensweise an Gesetze verschafft, wird ihnen die Rechtsanwendung, insbesondere bei unbekannten Gesetzen, deutlich leichter fallen. Die Methodenlehre als Navigationssystem des Juristen wird damit gleichsam zum Schlüssel einer gelungenen Fallbearbeitung. Die nachfolgenden Ausführungen wollen dabei keineswegs als Kurzfassung einer juristischen Methodenlehre verstanden werden,[305] sondern lediglich gezielt einige methodische Ansätze unter dem engeren Blickwinkel einer Einführung in die juristische Arbeitstechnik vermitteln.

---

[302] Vgl. das Muster bei *Pieroth* (Hrsg.), Hausarbeit im Staatsrecht, 2. Aufl. 2011, S. 10.

[303] Siehe dazu den gleichlautenden Aufsatz von *Rüthers*, JuS 2011, 865 ff. Die hohe Bedeutung der Methodik wird auch durch eine Vielzahl von weiteren Aufsätzen zu diesem Thema aus den letzten Jahren untermauert, vgl. z. B.: *Jochum*, JuS 2013, 586 ff.; *Krüger*, JuS 2012, 873 ff.; *Rückert/Seinecke*, Jura 2012, 775 ff.; *Leenen*, Jura 2011, 723 ff.; *Christensen/Pötters*, JA 2010, 566ff; *Bitter/Rauhut*, JuS 2009, 289 ff.

[304] Zur Notwendigkeit rechtsgebietsübergreifender Denkweise und Gesamtschau s. *Kröpil*, JuS 2014, 786 ff.

[305] Vgl. insoweit etwa die in dieser Schriftenreihe publizierte, komprimierte Methodenlehre von *Zippelius*, Juristische Methodenlehre, 11. Aufl. 2012.

I. Überzeugende Gesetzesinterpretation

Bei der Korrektur von Klausuren und Hausarbeiten wird stets großer Wert auf überzeugende Gesetzesinterpretationen gelegt. Hier kann der Bearbeiter zeigen, dass er es gelernt hat, die für die Entscheidung in einem konkreten Interessenwiderstreit einschlägigen Normen zu finden, ihre Aussagen zur Entfaltung zu bringen und damit die Basis für korrekte Subsumtionen zu legen. Gesetzesauslegung darf sich in einem freiheitlichen Rechtsstaat nicht in bloßem Meinen oder subjektivem Für-Richtig-Halten seitens des Richters oder Verwaltungsbeamten erschöpfen. Vielmehr muss anhand rechtswissenschaftlich-objektivierbarer Kriterien eine für andere nachvollziehbare, plausible und überzeugende Auslegung gefunden werden. 228

Das Bundesverfassungsgericht hat die rechtswissenschaftliche Arbeitsweise wie folgt charakterisiert: „Die Auslegung insbesondere des Verfassungsrechts hat den Charakter eines Diskurses, in dem auch bei methodisch einwandfreier Arbeit nicht absolut richtige, unter Fachkundigen nicht bezweifelbare Aussagen dargeboten werden, sondern Gründe geltend gemacht, andere Gründe dargestellt werden und schließlich die besseren Gründe den Ausschlag geben sollen“, BVerfGE 82, 30 (38 f.).

Ziel ist dabei die Ermittlung des rechtlich relevanten Aussagegehalts von Vorschriften zum Zwecke der aktuellen Rechtsanwendung. Hat freilich der Gesetzgeber selbst einen Begriff definiert (sog. Legaldefinition), so wäre es verfehlt, originäre Interpretationsanstrengungen zu unternehmen. Vielmehr geht es dann zunächst schlicht darum, die entsprechende Definitionsnorm zu finden und sie für die weiteren Interpretationsbemühungen zu nutzen.

Solche Legaldefinitionen finden sich in moderneren Gesetzen, insbesondere in dem von europäischen Vorgaben geprägten Regulierungsrecht, meist bereits in den Eingangsvorschriften,

Beispiele:
- Schädliche Umwelteinwirkungen (§ 3 I BImSchG)
- Abfälle (§ 3 I KrWG)
- Ausgleichsleistungen (§ 3 Nr. 1 EnWG)
- Gefahr (z. B. § 2 Nr. 1a) NSOG)

daneben wegen des sachlichen Zusammenhangs mitunter in unmittelbar benachbarten Vorschriften,

Beispiele:
- Vergütung eines Veranstalters bei Jahrmärkten, § 71 GewO mit Definition des Jahrmarktes in § 68 II GewO
- Benutzung öffentlicher Einrichtungen durch Einwohner (§ 30 I NKomVG) mit Definition von Einwohnern in § 28 I 1 NKomVG
- Selbsthilfe des Besitzers gegen verbotene Eigenmacht (§ 859 BGB) mit Definition der verbotenen Eigenmacht in § 858 I BGB
- Begriffsbestimmungen für Umweltstraftaten (§ 330d StGB)

oft aber auch an versteckter Stelle.

Beispiele:
- Deutscher im Sinne des Grundgesetzes (Art. 116 I GG)
- Mehrheit der Mitglieder des Bundestages (Art. 121 GG)
- Richtlinie im Unionsrecht (Art. 288 III AEUV)
- Die Legaldefinition des § 121 I 1 BGB für die Unverzüglichkeit gilt nicht nur für die Anfechtung wegen Irrtums, sondern überall, wo das Gesetz den Ausdruck verwendet (z. B. § 149 S. 1 BGB)

Sprachlich kann der zu definierende Begriff der gesetzlichen Definition sowohl vorangestellt („Bauliche Anlagen sind ...") als auch dieser in Klammern nachgestellt sein (sog. Klammerdefinition).

Beispiel: § 194 I BGB: Das Recht, von einem anderen ein Tun oder Unterlassen zu verlangen (Anspruch) unterliegt der Verjährung.

Bearbeiter sollten es sich angewöhnen, bei der Lektüre gesetzlicher Vorgaben zumindest auch den Inhalt der Eingangsbestimmungen sowie der weiteren Absätze und benachbarten Paragraphen der als maßgeblich ermittelten Rechtsnorm zur Kenntnis zu nehmen. In vielen Fällen kann so bereits vermieden werden, dass maßgebliche Legaldefinitionen übersehen werden.

229 Das Ziel der rechtswissenschaftlich geleiteten Auslegung ist stets die Ermittlung des aktuellen Normenverständnisses. Angepeilt wird also der objektive Gehalt einer Norm, der keineswegs identisch sein muss mit den Vorstellungen der am Gesetzgebungsverfahren beteiligten Personen.[306] Überdies kann der objektive Gehalt einer Norm im Laufe der Zeit infolge vielfältiger (verfassungs-)rechtlicher, gesellschaftlicher, technischer und wirtschaftlicher Veränderungen erhebliche Modifikationen erfahren haben. Das BVerfG lässt sich methodisch von folgenden „anerkannten Grundsätzen" leiten:

„Während die ‚subjektive' Theorie auf den historischen Willen des ‚Gesetzgebers' = Gesetzesverfassers, auf dessen Motive in ihrem geschichtlichen Zusammenhang abstellt, ist nach der ‚objektiven' Theorie, die in Rechtsprechung und Lehre immer stärkere Anerkennung gefunden hat, Gegenstand der Auslegung das Gesetz selbst, der im Gesetz objektivierte Wille des Gesetzgebers. ‚Der Staat spricht nicht in den persönlichen Äußerungen der an der Entstehung des Gesetzes Beteiligten, sondern nur im Gesetz selbst. Der Wille des Gesetzgebers fällt zusammen mit dem Willen des Gesetzes' (*Radbruch,* Rechtsphilosophie, 4. Aufl. 1950, S. 210 f.)."[307]

1. Heranziehung aller Auslegungselemente

230 Um die Anforderungen an eine akzeptable Gesetzesauslegung im Rahmen einer Klausur- oder Hausarbeit erfüllen zu können, ist die Kenntnis der bei der Gesetzesinterpretation heranzuziehenden Auslegungselemente unerlässlich. Aufbauend auf den Erkenntnissen *Savignys*[308] haben Wissenschaft und Rechtsprechung einen Kanon von im Wesentlichen vier Auslegungskriterien bei der Gesetzesinterpretation entwickelt; die grammatische, die systematische, die historische und die teleologische Auslegung.[309]

---

[306] Zur Diskussion der Methodenlehre um das Ziel der Auslegung (objektive/subjektive Theorie) vgl. nur BVerfGE 1, 299 (312); 11, 126 (129 f.); *Larenz/Canaris,* Methodenlehre der Rechtswissenschaft, 3. Aufl. 1995, S. 7 ff., 137 ff.; *Engisch,* Einführung in das juristische Denken, 11. Aufl. 2010, S. 160 ff.; *Zippelius,* Juristische Methodenlehre, 11. Aufl. 2012, S. 17 ff.; *Staake,* JURA 2011, 177 ff.

[307] So BVerfGE 11, 126 (129 f.). Die vom BVerfG zitierte Passage findet sich auch in der Studienausgabe von Radbruchs Rechtsphilosophie (hrsg. v. *R. Dreier/Paulson*), 2. Aufl. 2011, S. 107 f.

[308] System des heutigen römischen Rechts, 1840, Bd. I, S. 213 ff.

[309] Als Beispiel einer schulmäßigen Auslegung in der neueren Rspr. s. nur BVerwGE 142, 145 ff.; instruktiv auch BVerfGE 35, 263 (279); BVerwG NVwZ-RR 2005, 399 (400); BGH NStZ 2000, 474 ff.; aus der Lit. vgl. *Zippelius,* Juristische Methodenlehre, 11. Aufl. 2012, S. 35 ff.; *Engisch,* Einführung in das juristische Denken, 11. Aufl. 2010, S. 137 ff.; *Christensen/Pötters,* JA 2010 566 (567 ff.); *Gergen,* JURA 2011, 530 ff.; *Muthorst,* JA 2013, 721 ff.; kritisch zur überkommenen Auslegungsmethodik *Herzberg,* JuS 2005, 1 ff.

a) Die grammatische Interpretation

Sie ermittelt – etwa auch durch Heranziehung von Handwörterbüchern[310] – den Wortsinn einer Vorschrift. 231

Beispiel: Indem Art. 82 I 1 GG bestimmt, dass der Bundespräsident „die nach den Vorschriften dieses Grundgesetzes zustande gekommenen Gesetze" ausfertigt, wird zum Ausdruck gebracht, dass dem Bundespräsidenten jedenfalls eine formelle Prüfungskompetenz hinsichtlich der ordnungsgemäßen Durchführung des förmlichen Gesetzgebungsverfahrens zusteht.

Den Wortlaut eines Gesetzes ernst zu nehmen, besteht umso mehr Anlass, wenn dieser während des Gesetzgebungsverfahrens mehrfach geändert wurde.[311] Dies ist allerdings keine rein philologische Angelegenheit, denn bei der wörtlichen Gesetzesauslegung ist sowohl der – allerdings selten eindeutige – allgemeine umgangssprachliche Sinn der im Rechtssatz verwendeten Worte und deren grammatikalischer Zusammenhang als auch der spezifisch juristische Sprachgebrauch, meist noch der spezielle in Ansehung eines bestimmten Gesetzes oder gar der einer besonderen gesetzlichen Vorschrift zu berücksichtigen. Der Rechtsanwender sollte sich daher bewusst sein, dass rechtliche Begriffe eine Bedeutung haben können, die vom Alltagsgebrauch abweicht.[312]

Beispiele: So kann etwa der Begriff „grundsätzlich" einerseits im Sinne von „stets" oder „prinzipiell unabänderlich", zum anderen – und dies typischerweise in der Diktion des Juristen – als „in der Regel" zu verstehen sein, wobei Ausnahmen gegebenenfalls durchaus möglich erscheinen.[313] – Das Wort „kann" wird üblicherweise im Sinne einer Ermessenseinräumung zu verstehen sein, welche der rechtsanwendenden Behörde eine an Zweckmäßigkeitsüberlegungen orientierte Wahlmöglichkeit zwischen verschiedenen Maßnahmen eröffnet;[314] es kann aber auch in dem Sinne einer rechtlichen Befugnis als „Kompetenz-Kann" verwendet werden.[315] – Bei einer Verpflichtung, etwas zu „beachten", ist eine zumindest für den Regelfall strikte Bindung intendiert, die über das hinausgeht, was die Pflicht, etwas zu „berücksichtigen", fordert;[316] hierbei geht es darum, einen Gesichtspunkt zur Kenntnis zu nehmen, ihn in den Entscheidungsprozess miteinfließen zu lassen und sich in der Sache mit ihm auseinanderzusetzen (vgl. Art. 23 V 1 GG zur Berücksichtigung der Stellungnahme des Bundesrates im Kontext der föderalen Willensbildung in Angelegenheiten der Europäischen Union;[317] siehe aber auch ebda S. 2: „maßgeblich zu berücksichtigen"[318]). Noch weiter abgeschwächt ist das Postulat, einer bestimmten Anforderung „Rechnung zu tragen" (vgl. § 16 I StabG zu den konjunkturpolitischen Erfordernissen kommunaler Haushaltswirtschaft).

H. Bartholomeyczik verweist in diesem Zusammenhang auf Folgendes: „Musterbeispiel für einen besonderen juristischen Sprachgebrauch kann das Wort ‚Leihe' sein. Während die Leihe im juristischen Sprachgebrauch präzise die vertragliche, unentgeltliche Gebrauchsüberlassung einer Sache bedeutet (§ 598 BGB), erstreckt sich der Sprachgebrauch des täglichen Lebens auf die entgeltliche Gebrauchsüberlassung, die das BGB als Miete oder Pacht bezeichnet (§§ 535 S. 1, 581 II BGB), und auf das

---

[310] Beispiele: RGZ 10, 388; BFH NJW 1986, 1897 (1898); BVerfG NJW 2002, 3314 (3315).

[311] Vgl. BVerfGE 1, 299 (312 f.).

[312] S. hierzu *Schnapp*, JZ 2004, 473 ff.

[313] Näher dazu *Blasche*, Die grundsätzliche Mitwirkung der Länder bei der Gesetzgebung, 2006, S. 145 ff.

[314] Vgl. nur *Peine*, Allgemeines Verwaltungsrecht, 11. Aufl. 2014, Rn. 210 ff.; *Mann*, Rechtsfragen der Elektrizitätsmengenübertragung nach § 7 Abs. 1b Satz 2 Atomgesetz, 2009, S. 18.

[315] Vgl. BVerwGE 74, 315 (323) zu § 48 II BBergG; BGH, NVwZ 2011, 249 (250, Rn. 14) zu § 36 II 3 BauGB. Zur Befugnisnorm als Normtyp des Verwaltungsrechts näher unten Rn. 244.

[316] Vgl. BVerwG, BayVBl. 1991, 251.

[317] S. dazu *Streinz*, in: Sachs (Hrsg.), GG, 7. Aufl. 2014, Art. 23 Rn. 114, 119: „Befassungs-, Begründungs- und Sorgfaltspflicht."

[318] Dazu *Streinz*, in: Sachs (Hrsg.), GG, 7. Aufl. 2014, Art. 23 Rn. 122.

Darlehen des § 607 BGB, dagegen nicht auf Grundstücke. Der Begriff des Anspruchs hat im Bürgerlichen Recht (§ 194 I BGB) eine andere Bedeutung als im Verfahrensrecht, z. B. in § 322 I ZPO. Ebenso wird der Begriff ‚Einrede' im Bürgerlichen Recht (§ 813 I 1 BGB) anders gebraucht als im Prozessrecht."[319] Rechtsbegriffe sind also stets in ihrem jeweiligen normativen Kontext zu betrachten. So ist etwa auch der Eigentumsbegriff des Verfassungsrechts (Art. 14 GG) ein anderer als der des Zivilrechts.[320]

232 Selbst ein variierender Sprachgebrauch innerhalb des gleichen Gesetzes ist nicht ausgeschlossen. So ist der Begriff der „verfassungsmäßigen Ordnung" in Art. 20 III GG als „Verfassung im formellen Sinne", also als Inbegriff der im Grundgesetz enthaltenen Bestimmungen zu verstehen,[321] während die gleiche Bezeichnung in Art. 2 I GG für die verfassungsmäßige Rechtsordnung, also für die Gesamtheit derjenigen Normen steht, die formell und materiell verfassungsgemäß sind.[322] Entsprechend kommt als freiheitsbeschränkendes „Gesetz" i. S. v. Art. 2 II 2 GG nur ein förmliches Gesetz in Betracht, wie aus Art. 104 I 1 GG deutlich hervorgeht. Andererseits wird „Gesetz" im GG auch häufiger in der Bedeutung des materiellen Rechts verwendet, was auch Rechtsverordnungen und Satzungen einschließt, so z. B. in Art. 3 I oder Art. 5 II GG.[323] Entsprechend räsonierte der Bayerische Verfassungsgerichtshof[324] über die unterschiedliche Verwendung des Begriffs „Richter" in der bayerischen Verfassung wie folgt:

„Die bayerische Verfassung selbst, welche die Bezeichnung ‚Richter' in verschiedenen Bestimmungen verwendet, umschreibt diesen Begriff nicht näher, sie spricht sich insbesondere nicht ausdrücklich darüber aus, ob darunter nur beamtete oder auch ehrenamtliche Richter zu verstehen seien. In Art. 85, nach dem ‚die Richter' nur dem Gesetz unterworfen sind, muss der damit umschriebene Personenkreis zweifellos im weiteren Sinne verstanden werden und alle Personen umfassen, die eine entsprechende Funktion wahrnehmen; denn die in Art. 85 festgelegte sachliche Unabhängigkeit (Weisungsfreiheit) ist ein unabdingbares Merkmal jeder richterlichen Tätigkeit. Wenn andererseits nach Abs. 2 des Art. 87 ‚die Richter' der ordentlichen Gerichtsbarkeit auf Lebenszeit ernannt werden, so ist ebenso eindeutig, dass die Bezeichnung ‚Richter' in der Verfassung nicht überall im gleichen Sinne gebraucht ist. Es geht daher nicht an, ... dieser Bezeichnung bei der Auslegung des Art. 87 I ohne weiteres den gleichen Sinn zu unterlegen wie bei der Auslegung des Art. 85. Vielmehr muss die Bedeutung des Ausdrucks aus jeder einzelnen Verfassungsbestimmung heraus, in der er sich findet, für sich selbst ermittelt werden."

233 Diese Beispiele dürfen freilich nicht den Blick dafür verstellen, dass grundsätzlich eine Vermutung dafür spricht, identische Begriffe innerhalb eines Gesetzes auch im gleichen Sinn zu verstehen.[325] Diese Vermutung gilt aber schon nicht mehr, wenn es sich um gleichlautende Begriffe in verschiedenen Gesetzen handelt.[326]

Beispiel: Der Begriff der „baulichen Anlage" ist in § 2 I NBauO legaldefiniert. Diese landesrechtliche Definition lässt sich jedoch nicht ohne weiteres auch auf den gleichlautenden Begriff in einem Bundesgesetz, etwa in § 29 I BauGB, übertragen.[327]

---

[319] *Bartholomeyczik*, Die Kunst der Gesetzesauslegung, 4. Aufl. 1967, S. 19 f.
[320] Vgl. BVerfGE 89, 1 (5 ff.).
[321] Vgl. nur *Sommermann*, in: v. Mangoldt/Klein/Starck, GG, 6. Aufl. 2010, Rn. 266.
[322] BVerfGE 6, 32 (37 f.); 55, 159 (165); 80; 137 (153); 96, 10 (21); 103, 197 (215); 113, 88 (103).
[323] Vgl. z. B. *Jarass*, in: ders./Pieroth, GG, 13. Aufl. 2014, Art. 3 Rn. 43, Art. 5 Rn. 66.
[324] BayVerfGHE 7, 33.
[325] BVerfGE 2, 266 (282); RGZ 153, 20.
[326] Vgl. BVerwGE 16, 53 (56 f.).
[327] BVerwGE 39, 154 (156 f.).

Insbesondere der Bedeutungsgehalt von Termini wie „Gewerbe“ oder „Unternehmen“ weicht in unterschiedlichen Gesetzen oft nicht unerheblich voneinander ab.[328]

Aber selbst dann, wenn der Wortlaut scheinbar eindeutig ist, erübrigt sich nicht stets jede weitere Auslegungsbemühung. So kann die Auslegung nach dem Sinn und Zweck einer Vorschrift (Rn. 240 f.) der Wortlautauslegung vorgehen.[329] Eine Abweichung vom Wortlaut ist weiterhin zwecks verfassungskonformer Auslegung (dazu Rn. 289 ff.) sowie dann geboten, wenn der Gesetzgeber einen vom Wortlaut des Gesetzes erfassten Sachverhalt in dieser Form nachweisbar nicht hat regeln wollen (historische Auslegung, Rn. 237 ff.). 234

Beispiel: Mit § 31a II des Mieterschutzgesetzes und § 41 des Ersten und § 71 des Zweiten Wohnungsbaugesetzes wollte der Gesetzgeber einen Anreiz zur vorzeitigen Rückzahlung der für den sozialen Wohnungsbau zur Verfügung gestellten öffentlichen Mittel schaffen, um die Gelder möglichst schnell erneut für den sozialen Wohnungsbau verwenden zu können. § 31a II des Mieterschutzgesetzes bestimmte, dass bei Wohnungen, für die Grundsteuervergünstigungen gewährt werden, der Mieterschutz auch nach Ablauf des Zeitraums greift, für den die Grundsteuervergünstigung gewährt worden ist. Wegen des Anreizzweckes hat das BVerfG § 31a II des Mieterschutzgesetzes jedoch entgegen seinem Wortlaut dahingehend ausgelegt, dass von der verfügten Fortdauer des Mieterschutzes solche Wohnungen nicht betroffen sein sollen, die nach vorzeitiger Tilgung der öffentlichen Darlehen von den bestehenden Bindungen freigestellt wurden – vgl. BVerfGE 14, 260 (262).

Entsprechendes gilt, wenn eine Gesetzesbestimmung bei gleichbleibendem Wortlaut durch Veränderung der Verhältnisse einen Bedeutungswandel erfahren hat.

Beispiel: Art. 55 EGBGB spricht von „privatrechtlichen“ Vorschriften der Landesgesetze, was gleichbedeutend mit Vorschriften des „bürgerlichen Rechts“ ausgelegt wird. Allerdings hat diese Norm einen wechselnden Inhalt, weil sie nur für diejenigen Rechtsgebiete gilt, die jeweils aktuell noch als bürgerlich-rechtlich anerkannt sind. Dazu gehört beispielsweise das Arbeitsrecht angesichts des klaren systematischen Befundes in Art. 74 Nrn. 1 und 12 GG nicht mehr; vgl. dazu BVerfGE 7, 342 (351).

b) Die systematische Interpretation

Sie erforscht um der Widerspruchsfreiheit der Rechtsordnung willen den Standort 235
einer Bestimmung im Gesetz, ihre Stellung und Funktion im Gefüge der Rechtsinstitute und ihr Zusammenspiel mit anderen Vorschriften innerhalb der Normordnung. Das BVerfG beschreibt dieses Auslegungskriterium so: „Bei der systematischen Auslegung ist darauf abzustellen, dass einzelne Rechtssätze, die der Gesetzgeber in einen sachlichen Zusammenhang gestellt hat, grundsätzlich so zu interpretieren sind, dass sie logisch miteinander vereinbar sind. Denn es ist davon auszugehen, dass der Gesetzgeber sachlich Zusammenhängendes so geregelt hat, dass die gesamte Regelung einen durchgehend verständlichen Sinn ergibt.“[330] Für die systematische Auslegung ist also der Sinnzusammenhang der konkreten Vorschrift und ihre Einordnung in das Gesamtgefüge entscheidend.[331]

Beispiel: Ein Rechtssatz ist nur als Überleitungsvorschrift oder als prozessuale Anordnung zu verstehen.

Die Überschrift des Gesetzesabschnitts, in dem der Rechtssatz steht, ist oft Indiz für die systematische Einordnung einer Vorschrift.

---

[328] Vgl. BVerwG NJW 1977, 772 einerseits und BGHZ 31, 105 (108 f.) andererseits.
[329] So das BVerwG in ständiger Rspr., vgl. BVerwGE 16, 74 (76); 40, 78 (81); 123, 1 (3 f.).
[330] BVerfGE 48, 246 (257).
[331] BVerwGE 41, 334 (339).

Beispiele: Die Gewährleistung des kommunalen Selbstverwaltungsrechts in Art. 28 II GG ist, wie bereits die systematische Stellung außerhalb des Abschnitts „I. Die Grundrechte" zeigt, kein Grundrecht (richtig: eine institutionelle Garantie).[332] – Dass § 68 VwGO (Widerspruchsverfahren) im 8. Abschnitt „Besondere Vorschriften für Anfechtungs- und Verpflichtungsklagen" der VwGO platziert ist, lässt bereits erkennen, dass die Durchführung eines Vorverfahrens bei allgemeinen Leistungsklagen grds. nicht erforderlich ist.[333]

Klausurbearbeiter sollten ihre rechtssystematischen Argumente jedoch nicht vorschnell durch ein Abstellen auf Abschnitts- oder Paragraphenüberschriften bilden. Vielmehr ist jeweils zuvor zu prüfen, ob es sich tatsächlich um eine authentische Überschrift des Gesetzgebers handelt oder ob die Überschrift lediglich durch den Herausgeber der Textsammlung, den Verlag, in dem diese erschienen ist oder durch den Verantwortlichen einer Website (vgl. bereits Rn. 41), auf der sich die Vorschrift findet, gebildet worden ist. In einem solchen Fall entbehren die Überschriften eines jeglichen Argumentationswertes.

Beispiel: Die Artikel des Grundgesetzes sind vom Verfassunggeber nicht mit einer Überschrift versehen worden. Der Leser erkennt das daran, dass etwaige Überschriften in Textsammlungen in eckige Klammern gesetzt werden. Entsprechendes gilt für die Überschriften zu den Paragraphen der VwGO oder der StPO. Die Überschriften zu den Bestimmungen des BGB oder des StGB sind hingegen vom Gesetzgeber gebildet worden. Demgemäß stehen sie auch nicht in eckigen Klammern.

236 Die *„verfassungskonforme" Auslegung* lässt sich durchaus als Unterfall der systematischen Interpretation begreifen,[334] weil hier ein Argument aus der Stellung einer Vorschrift in der Normenhierarchie entwickelt wird. Durch die verfassungskonforme Auslegung werden nämlich Rechtssätze – auch solche untergesetzlichen Rechts, z. B. eine Ortssatzung –, deren Übereinstimmung mit der Verfassung zweifelhaft ist, so ausgelegt, dass sie mit der Verfassung vereinbar sind (dazu näher Rn. 289 ff.).

Beispiel: Der Wortlaut des § 35 II BauGB („Sonstige Vorhaben können … zugelassen werden, wenn") spricht für eine Auslegung, nach der auch dann, wenn öffentliche Belange dem Bauvorhaben im Außenbereich nicht entgegenstehen, der Genehmigungsbehörde ein Versagungsermessen zustünde. Ein solches Verständnis wäre jedoch mit Art. 14 GG nicht zu vereinbaren, da eine Verkürzung der verfassungsrechtlich gewährleisteten Baufreiheit nur zur Wahrung öffentlicher Belange gerechtfertigt sein kann. Deshalb ist die Bestimmung verfassungskonform so auszulegen, dass unter den genannten Voraussetzungen die Genehmigung erteilt werden muss (i. S. v. „sind … zuzulassen, wenn").[335]

c) Die historische Interpretation

237 Sie untersucht die Entstehungsgeschichte einer Norm und zieht dabei auch die Motive der gesetzgebenden Organe, also die bei den Beratungen geäußerten Meinungen und Absichten, heran,[336] um den objektiven Gesetzesinhalt zu erschlie-

---

[332] Näher *Erbguth/Mann/Schubert*, Besonderes Verwaltungsrecht, 12. Aufl. 2015, Rn. 49 ff.

[333] Abweichend von diesem Grundsatz ist (nach der lex specialis-Regel, o. Rn. 92) im Beamtenrecht grds. immer ein Vorverfahren durchzuführen, vgl. § 54 II 1 BeamtStG, § 126 II BBG. Eine Rückausnahme davon normiert § 54 II 3 BeamtStG für den Fall, dass ein Landesgesetz (z. B. § 105 I NBG) dies bestimmt.

[334] So auch *Stober*, in: Wolff/Bachof/Stober/Kluth, Verwaltungsrecht I, 12. Aufl. 2007, § 28 Rn. 37; *Saueressig*, Jura 2005, 525 (528).

[335] BVerwGE 18, 247 (250 f.); 25, 161 (162); *Erbguth/Mann/Schubert,* Besonderes Verwaltungsrecht, 12. Aufl. 2015, Rn. 830, 1156.; *Hartmann/Mann/Mehde*, Landesrecht Niedersachsen, 2015, § 5 Rn. 74.

[336] Nach BVerwG NVwZ-RR 2005, 399 (400) „kommt im Rahmen der historischen Auslegung den Gesetzesmaterialien entscheidendes Gewicht zu". Zur Bedeutung der Gesetzesmaterialien s. bereits Rn. 77 ff.

ßen.[337] Letzteres ist bedeutsam, denn auch bei der historischen Interpretation muss der methodische Ansatz darauf gerichtet sein, ein objektives Auslegungsergebnis zu gewinnen.[338] Das BVerfG hat dazu ausgeführt: „Freilich sind die Vorarbeiten eines Gesetzes für die Auslegung immer nur mit einer gewissen Zurückhaltung, in der Regel bloß unterstützend, zu verwerten. Sie dürfen nicht dazu verleiten, die Vorstellungen der gesetzgebenden Instanzen dem objektiven Gesetzesinhalt gleichzusetzen. Der Wille des Gesetzgebers kann bei der Auslegung des Gesetzes nur insoweit berücksichtigt werden, als er in dem Gesetz selbst einen hinreichend bestimmten Ausdruck gefunden hat. ... Der ‚Wille des Gesetzgebers' ist der im Gesetz objektivierte Wille."[339] Insofern erfüllen die Erkenntnisse aus der Entstehungsgeschichte einer Norm lediglich eine ergänzende oder auch bekräftigende Funktion.

Beispiel: In § 1 II und § 3 II 3 des Abfallgesetzes von 1986 a. F. waren das Gewinnen von Stoffen und das Gewinnen von Energie scheinbar ohne Bewertung schlicht nebeneinander aufgeführt; aus den Gesetzesmaterialien zum AbfG wurde aber ersichtlich, dass – entgegen abweichender Vorschläge der Oppositionsparteien – damit bewusst ein Gleichrang von stofflicher und thermischer Abfallverwertung normiert werden sollte.[340]

Etwas anderes gilt aber für Verwaltungsvorschriften (zu ihnen bereits Rn. 62 f.), deren Anwendung seitens einer Behörde Einheitlichkeit in der Verwaltungspraxis sicherstellen soll, bei denen es also in erster Linie auf die Gewährleistung der mit ihnen verbundenen Intentionen ankommt. Insofern erlangt hier die Entstehungsgeschichte stärkere Bedeutung.

Beispiel: Anwendungsvoraussetzungen der TA Luft als normkonkretisierende Verwaltungsvorschrift.[341]

Wie genau bei der historischen Interpretation zu arbeiten ist, zeigt vorbildlich eine Entscheidung des Bayerischen Verfassungsgerichtshofes, in der es um die Frage ging, ob der Verfassungsgerichtshof die Frage der Gültigkeit der bestrittenen Wahl eines Abgeordneten unabhängig von einem Vorverfahren des Bayerischen Landtages prüfen durfte: 238

„Die ... Verfassungsartikel sprechen sich nicht ausdrücklich darüber aus, ob dann, wenn die Wahl eines Abgeordneten bestritten wird, sei es aus den Kreisen der Stimmberechtigten, sei es vom Landtag selbst, zunächst der Landtag oder aber *sofort* der Verfassungsgerichtshof über die Gültigkeit der Wahl zu entscheiden hat. Bei den Verfassungsberatungen war von den meisten Rednern offenbar zunächst das letztere beabsichtigt. Im ursprünglichen Verfassungsentwurf (damals Art. 29) war die Bestimmung vorgesehen: ‚Die Wahlprüfung obliegt dem Bayer. Staatsgerichtshof. Er entscheidet auch über die Frage, ob ein Abgeordneter die Mitgliedschaft beim Landtag verloren hat.' In der 5. Sitzung des Verfassungsausschusses der Bayer. Verfassunggebenden Landesversammlung vom 25. Juli 1946 (gedruckte stenogr. Berichte S. 129) war von einer Seite beantragt worden, die Wahlprüfung dem Landtag oder einem von ihm eingesetzten Ausschuss zu übertragen; von anderer Seite wurde beantragt, bei Streit über die Gültigkeit der Wahl oder über die Mitgliedschaft eines Abgeordneten den Staatsgerichtshof entscheiden zu lassen. Beide Anträge wurden abgelehnt; es blieb zunächst bei der erwähnten Fassung des Entwurfs. Man wollte die Entscheidung über die Gültigkeit einer Wahl – nach der Feststellung des Mitberichterstatters – einem Gerichtshof übertragen, um sie aus der politischen Atmosphäre

---

[337] Zur Abgrenzung von der genetischen Interpretation s. Rn. 242.

[338] Zur Diskussion um das Ziel der Auslegung (objektive/subjektive Theorie) vgl. Rn. 229 m. w. N.

[339] BVerfGE 11, 126 (130 f.) – sog. Andeutungstheorie; vgl. auch Nds. OVG NVwZ 1993, 592 zum Vorrang des Gesetzestextes vor den Materialien.

[340] Vgl. BT-Drucks. 10/5656, S. 53, 57, 61. Verfehlt daher insoweit BayVerfGH BayVBl. 1990, 367 (369) mit krit. Anm. *Mann,* DVBl. 1990, 697 ff. – Das seit 2012 geltende KrWG normiert in seinem § 6 demgegenüber nunmehr eine Abfallhierarchie.

[341] Siehe BVerwG NVwZ 2000, 440.

herauszunehmen und damit die Möglichkeit auszuschalten, dass auch nur der Eindruck erweckt werde, als wolle man aus irgendwelchen politischen Rücksichten eine Wahl für gültig oder ungültig erklären. Die Übertragung der Zuständigkeit an den Verfassungsgerichtshof – damals noch Staatsgerichtshof genannt – sollte insbesondere dem Minderheitenschutz dienen und überhaupt den Gedanken des Rechtsstaates betonen, auch das Ansehen des Verfassungsgerichtshofes als wichtigstem Staatsorgan für den Gedanken des Rechtsstaates herausheben.

In der 12. Sitzung des gleichen Verfassungsausschusses wurde die Einfügung eines eigenen Abschnittes über den Verfassungsgerichtshof in die Verfassung beschlossen und darin (S. 294) der oben erwähnte Art. 63 (damals Art. 45c) vorgesehen. Bei der 2. Lesung wurde vom Verfassungsausschuss zunächst in der 18. Sitzung vom 20. August 1946 (ungedruckter stenogr. Bericht S. 143) der Art. 29 der ersten Lesung unverändert gelassen. In der 19. Sitzung vom 21. August 1946 wurde jedoch (S. 52 ff., 62 ff.) bei der Beratung des erwähnten Art. 45c darauf hingewiesen, dass es doch zu weit ginge, dem Verfassungsgerichtshof die Wahlprüfung in allen Fällen zuzuweisen, man solle diese vielmehr auf die strittigen Fälle beschränken. Dann müsse man auch den Art. 29 ändern. Der als Sachverständiger mit beratender Stimme zugezogene Professor Dr. *Nawiasky* betonte, es sei in der Tat der Verfassungsgerichtshof nicht dazu berufen, eine Wahl zu prüfen, die überhaupt nicht beanstandet worden sei; das sei vielmehr Sache des Landtags. Man müsste also in Art. 29 sagen: ‚Die Prüfung bestrittener Wahlen obliegt dem Bayer. Verfassungsgerichtshof'. Der Mitberichterstatter sagte daran anknüpfend: ‚Man könnte also dann den Art. 29 folgendermaßen formulieren: Die Wahlprüfung obliegt dem Landtag. Wird die Gültigkeit einer Wahl bestritten, so entscheidet der Bayer. Verfassungsgerichtshof. Er entscheidet auch über die Frage, ob ein Abgeordneter die Mitgliedschaft beim Landtag verloren hat.' In dieser Fassung wurde der Art. 29 (später 33) des Entwurfs beschlossen. Dem erwähnten Art. 45c wurde zugleich am Schluss noch die Verweisung beigefügt: ‚(Art. 29)'.

Wenn bei einem Teil des Verfassungsausschusses die Absicht bestanden haben sollte, die strittigen Wahlfälle von vornherein der Entscheidung des Verfassungsgerichtshofs zu unterstellen, so ist diese Absicht in der endgültigen Fassung des Art. 29 (nun 33) jedenfalls nicht zum Ausdruck gekommen."[342]

239 Im Rahmen der historischen Interpretation ist auch danach zu fragen, ob der Gesetzgeber sich an Vorgängerregelungen orientiert hat oder ob er von vorher gültigen oder bekannten Regelungsmustern abgewichen ist.

Beispiel: Formulierung von Bestimmungen des Grundgesetzes in Orientierung an Vorschriften der Weimarer Reichsverfassung, etwa

– Art. 5 I, II GG

(vgl. Art. 118 I 1 WRV: „Jeder Deutsche hat das Recht, innerhalb der Schranken der allgemeinen Gesetze seine Meinung durch Wort, Schrift, Druck, Bild oder in sonstiger Weise frei zu äußern. An diesem Rechte darf ihn kein Arbeits- oder Anstellungsverhältnis hindern, und niemand darf ihn benachteiligen, wenn er von diesem Rechte Gebrauch macht.

Eine Zensur findet nicht statt, doch können für Lichtspiele durch Gesetz abweichende Bestimmungen getroffen werden. Auch sind zur Bekämpfung der Schund- und Schmutzliteratur sowie zum Schutze der Jugend bei öffentlichen Schaustellungen und Darbietungen gesetzliche Maßnahmen zulässig.")

– Art. 6 I GG

(vgl. Art. 119 I 1 WRV: „Die Ehe steht als Grundlage des Familienlebens und der Erhaltung und Vermehrung der Nation unter dem besonderen Schutz der Verfassung. Sie beruht auf der Gleichberechtigung der beiden Geschlechter.

Die Reinerhaltung, Gesundheit und soziale Förderung der Familie ist Aufgabe des Staats und der Gemeinden. Kinderreiche Familien haben Anspruch auf ausgleichende Fürsorge.

Die Mutterschaft hat Anspruch auf den Schutz und die Fürsorge des Staats.")

– Art. 28 II GG

(vgl. Art. 127 WRV: „Gemeinden und Gemeindeverbände haben das Recht der Selbstverwaltung innerhalb der Schranken der Gesetze.")

---

[342] BayVerfGHE 1, 1 (4 f.).

d) Die teleologische Interpretation

Sie forscht unter Berücksichtigung des Rechtssystems, der Rechtsgeschichte, des Willens des Gesetzgebers und der – wandelbaren – sozialen Gegebenheiten nach der in einer Norm zum Ausdruck gekommenen Interessenbewertung, dem Normzweck, der ratio legis.[343] Ihre Bedeutung hat vor allem die Interessenjurisprudenz[344] betont. 240

Durch eine am Regelungsziel des auszulegenden Rechtssatzes orientierte Auslegung wird dem Sinn der anzuwendenden Rechtsnormen und ihrer rechtspolitischen Zielsetzung Geltung verschafft. Deshalb ist die in dem Rechtssatz zum Ausdruck gebrachte Bewertung und Gestaltung der beteiligten Interessen zu erforschen, eine Aufgabe, der sich Jurastudierende nicht oft genug stellen können. Die Suche nach der ratio legis wird in vielen neueren verwaltungsrechtlichen Gesetzen dadurch gefördert, dass der Gesetzgeber europäischen Vorbildern folgend[345] immer mehr davon Gebrauch macht, in den Eingangsvorschriften eines Gesetzes die Gesetzeszwecke ausdrücklich zu benennen.

Tipp: Daher sollten Studierende, die eine teleologische Interpretation vornehmen wollen, stets darauf achten, ob nicht in den Eingangsbestimmungen zum maßgeblichen Gesetz bereits eine ausdrückliche Zweckbestimmung durch den Gesetzgeber getroffen worden ist (z.B. § 1 BImSchG, § 1 KrWG). Ist das der Fall, erleichtert das einerseits die Bestimmung der ratio legis, doch bleibt andererseits wenig Raum für darüber hinaus gehende Argumentationsanstrengungen der Bearbeiter.

Von besonderer Bedeutung ist der Gesetzeszweck für die Deutung der leider gar nicht so seltenen unbestimmten Gesetzesbegriffe, Generalklauseln oder Verweisungen auf vorrechtliche Ordnungen.

Beispiel: Die Vorschrift über die Zustimmung des Bundesumweltministeriums zu einer Elektrizitätsmengenübertragung von neueren auf ältere Kernkraftwerke, § 7 Abs. 1b Satz 2 des Atomgesetzes, benennt ihrem Wortlaut nach keine Tatbestandsmerkmale. Zur Konkretisierung des gesetzlichen Tatbestandes im Wege der teleologischen Auslegung wird es deshalb u.a. erforderlich sein, auf die Gesetzeszwecke des Atomgesetzes, wie sie in § 1 AtG niedergelegt sind, zu rekurrieren.[346]

Dabei gehört zu den zu berücksichtigenden Interessen immer auch dasjenige an der Rechtssicherheit und an der Praktikabilität des Rechts.[347] Gesetze müssen möglichst so ausgelegt werden, dass sie ohne unverhältnismäßig große Schwierigkeiten verstanden und angewendet werden können. Zu beachten sind stets auch die weiteren verfassungsrechtlichen, namentlich rechtsstaatlichen Vorgaben. Die teleologische Interpretation gestattet insbesondere nicht, unter Hinweis auf das geschützte Rechtsgut oder den Gesetzeszweck eine gesetzliche *Eingriffs*ermächtigung über den Wortlaut des Gesetzes hinaus zu erweitern. Der eindeutige Wortlaut der Norm setzt einer zweckorientierten Auslegung – wie auch einer verfassungskonformen Auslegung

---

[343] Dazu *Bartholomeyczik,* Die Kunst der Gesetzesauslegung, 4. Aufl. 1967, S. 47 ff.; *Butzer/Epping,* Arbeitstechnik im Öffentlichen Recht, 3. Aufl. 2006, S. 36; *Engisch,* Einführung in das Juristische Denken, 11. Aufl. 2010, S. 142 ff.

[344] Dazu vor allem die Schriften von *Heck,* Gesetzesauslegung und Interessenjurisprudenz, AcP 112 [1914], 1 ff.; *ders.,* Das Problem der Rechtsgewinnung, 2. Aufl. 1932; *ders.,* Interessenjurisprudenz, 1933.

[345] In Richtlinien und Verordnungen der Europäischen Union ist es durchgängige Praxis, den Gesetzeszweck in den Erwägungsgründen oder einem Vorspruch zu benennen.

[346] Dazu ausführlich *Mann,* Rechtsfragen der Elektrizitätsmengenübertragung nach § 7 Abs. 1b Satz 2 Atomgesetz, 2009, S. 74 ff.

[347] Vgl. zur Rechtssicherheit und Praktikabilität des Rechts *Wank,* Die Auslegung von Gesetzen, 5. Aufl. 2011, S. 70; *Bydlinski,* Juristische Methodenlehre und Rechtsbegriff, 2. Aufl., 1991, S. 325 ff., 330 ff.

(Rn. 236) – vielmehr von vornherein Grenzen.[348] Demgegenüber ergibt sich im Bereich der Leistungsbeziehungen zwischen Staat und Bürger aus der „Gesamtsicht des Grundgesetzes vom Verhältnis des einzelnen zum Staat, ... dass im Zweifel diejenige Interpretation eines Gesetzes den Vorzug verdient, die dem Bürger einen Rechtsanspruch einräumt."[349]

241 Auf besondere Sorgfalt bei der Ermittlung des Normzwecks kommt es auch an, wenn es – etwa im Rahmen der Klagebefugnis bei einer Verpflichtungsklage – um die Qualifikation einer gesetzlichen Vorschrift als sog. *Schutznorm* geht, die nicht nur Interessen der Allgemeinheit, sondern – zumindest auch – Individualinteressen zu dienen bestimmt ist. Hier kann der in einer einleitenden Vorschrift konkretisierte Gesetzeszweck, wenn er auf einen klar abgegrenzten Personenkreis abhebt, wichtige Hinweise für die Einordnung einer gesetzlichen Bestimmung als Schutznorm bieten. Im umgekehrten Fall kann ein allgemein gehaltener Gesetzeszweck als Anhaltspunkt dienen, dass ein Drittschutz nicht beabsichtigt gewesen sein mag.

Beispiel: Der Gesetzeszweck des Bundesbodenschutzgesetzes (BBodSchG) stellt allein auf die Funktionen des Bodens, nicht aber auf eine Beeinträchtigung der Nachbarschaft, ab.

e) Weitere Unterformen

242 Der hier vorgestellte Katalog ist in der Literatur weiter ausdifferenziert worden. Einige Autoren[350] gliedern in bis zu sieben Auslegungselemente, indem sie weiter separieren. So unterscheiden sie noch

- eine *logische Interpretation*, die auf den spezifischen juristischen Begriffsgehalt und seinem Vorkommen in verschiedenen Gesetzen abstellt,
- eine *genetische Interpretation*, die nach der Gesetzesentstehung fragt (Vorentwürfe, Motive, Verhandlungen, Beratungen etc.),[351] und
- eine *komparative Interpretation*, mittels derer rechtsvergleichend die übereinstimmende oder unterschiedliche Entwicklung oder Gestaltung von Rechtsbegriffen, Rechtssätzen und Rechtsinstituten in verschiedenen Rechtsordnungen erforscht werden soll,[352] ein namentlich im Rahmen der europäischen Integration und ihrer Bedeutung auch für die Interpretation von Vorschriften der nationalen Rechtsordnung zunehmend bedeutsames Postulat,[353] das aber von der
- *unionsrechtskonformen (richtlinienkonformen) Auslegung* zu unterscheiden ist, die darauf abzielt, den Rang des Europarechts vor den Vorschriften des nationalen Rechts zu wahren, indem letzteres so zu interpretieren ist, dass es dem Europarecht entspricht.[354]

---

348 BVerwGE 102, 1 (5).

349 BVerfGE 15, 275 (282); 51, 175 (186).

350 *Stern*, Gesetzesauslegung und Auslegungsgrundsätze des BVerfG, Diss. München 1956, S. 187 ff.; *ders.*, Staatsrecht, Bd. I, 2. Aufl. 1984, S. 125 f.; *Kriele*, Theorie der Rechtsgewinnung, 2. Aufl. 1976, S. 86; *Stober*, in: Wolff/Bachof/Stober/Kluth, Verwaltungsrecht I, 12. Aufl. 2007, § 28 Rn. 34 ff.

351 Nach dieser Begriffsbildung beschränkt sich die historische Auslegung allein auf den Vergleich zu den Rechtstexten der Vorgängervorschriften, vgl. etwa *Butzer/Epping*, Arbeitstechnik im Öffentlichen Recht, 3. Aufl. 2006, S. 37.

352 Dazu auch BVerfGE 3, 225 (244); Bezugnahme in BVerfGE 34, 269 (287 f.).

353 Zustimmend *Butzer/Epping*, Arbeitstechnik im Öffentlichen Recht, 3. Aufl. 2006, S. 38; vgl. auch BVerfG EuGRZ 2001, 150 ff.

354 *Schimmel/Weinert/Basak*, Juristische Themenarbeiten, 2. Aufl. 2011, Rn. 439; *Th. M. Möllers*, Juristische Arbeitstechnik und wissenschaftliches Arbeiten, 7. Aufl. 2014, Rn. 354; ausführlich zur richtlinienkonformen Auslegung in den einzelnen Rechtsgebieten mit zahlreichen Beispielen: *Kühling*, JuS 2014, 481 ff. (im Öffentlichen Recht); *Herresthal*, JuS 2014, 289 ff. (im

Bei diesen Überlegungen handelt es sich jedoch nur um eine besondere Hervorhebung und Neuformulierung der anerkannten Kriterien, denn die genetische Interpretation lässt sich zwanglos als Teil der historischen, die komparative als Teil der systematischen und die logische durchaus als Teil der grammatischen bzw. der teleologischen Interpretation darstellen. Die Aufschlüsselung hat allerdings hermeneutischen Wert, soweit sie ein weiter strukturierteres Raster bildet, um die unterschiedlichen Interpretationsansätze abzubilden.

Im Rahmen der Auslegung europarechtlicher Rechtstexte sollte in Ergänzung zum **243**
traditionellen Kanon allerdings der *sprachenvergleichenden Auslegung* im Sinne einer komparativen Rechtslinguistik mehr Aufmerksamkeit als bisher geschenkt werden. Angesichts der Tatsache, dass europäische Rechtstexte in mehreren Sprachen verbindlich sind, können Interpretationsprobleme, die etwa aus dem deutschen Satzbau folgen, mitunter leicht gelöst werden, indem man die betreffende Norm mit dem Aussagegehalt ihrer fremdsprachigen „Zwillinge" vergleicht.[355] Mitunter werden durch den sprachenvergleichenden Ansatz aber auch Friktionen deutlich, die unterschiedliche Akzentuierungen innerhalb einer Norm aufdecken.

Beispiele: Art. 7 der Europäischen Grundrechtecharta behandelt u. a. ein Recht auf Achtung des „Privat- und Familienlebens". Ist hier mit „Familie" nur die Kleinfamilie gemeint oder liegt der Vorschrift ein erweiterter Familienbegriff zugrunde? Explizit beantwortet diese Frage die niederländische Fassung der Vorschrift, da diese Sprache die Klein- und Großfamilie mit unterschiedlichen Lexemen – familie und gezin – bezeichnet und Art. 7 der Grundrechtecharta in seiner niederländischen Fassung vom „recht op eerbiediging van zin ... familie- en gezinsleven" spricht. – Eine sprachenvergleichende Betrachtung der syntaktischen Strukturierung der Präambel zur Europäischen Grundrechtecharta lässt erkennen, dass in der deutschen Fassung die Verbindung zu einer „immer engeren Union" im Vordergrund steht, während in der französischen Fassung aufgrund einer abweichenden Satzstellung der Satzakzent auf den „gemeinsamen Werten" gelegt worden ist. Während somit einerseits der Prozess der Integration auf supranationaler Ebene in den Vordergrund rückt, wird andererseits eine bereits erfolgte Einheitlichkeit zum Ausdruck gebracht.[356]

Bereits *Savigny* wies darauf hin, dass es sich bei dem Katalog der Auslegungselemente nicht um vier Arten handele, die wahlweise alternativ herangezogen werden dürften, sondern um „vier verschiedene Tätigkeiten, die vereinigt werden müssen, wenn die Auslegung gelingen soll."[357] Auch nach Auffassung des BVerfG sind alle diese Auslegungskriterien zur Erfassung des objektiven Willens des Gesetzgebers erlaubt, schließen einander nicht aus, sondern ergänzen sich gegenseitig.[358] Es bedarf in Zweifelsfällen einer lückenlosen und umfassend kombinierten Anwendung aller Auslegungsarten: „Richtig ist das Ergebnis, das unter sukzessiver Anwendung aller Auslegungsmittel und -faktoren den Sinn des Gesetzes ermittelt hat."[359] Keines der Auslegungskriterien ist entbehrlich und erst recht reicht keines für sich allein aus.

Privatrecht); *Hecker*, JuS 2014, 385 ff. (im Strafrecht); zu Umfang und Grenzen der richtlinienkonformen Auslegung s. *Auer*, NJW 2007, 1106 ff. und *Schürnbrand*, JZ 2007, 910 ff.

[355] Eingehend zur sprachenvergleichenden Auslegung *Burr/Mann*, Die Charta der Grundrechte der Europäischen Union als Paradigma einer sprachenvergleichenden Auslegung im Europarecht, in: Burr/Gréciano (Hrsg.), Europa: Sprache und Recht, 2003, S. 33 ff.; s. auch *Schroeder*, JuS 2004, 180 (184 f.).

[356] Einzelheiten bei *Burr/Mann*, a. a. O., S. 33 (42 f.).

[357] *Savigny*, System des heutigen römischen Rechts, 1840, Bd. I, S. 215.

[358] BVerfGE 11, 126 (130); 35, 263 (279).

[359] *Stern*, Gesetzesauslegung und Auslegungsgrundsätze des BVerfG, Diss. München 1956, S. 225.

f) Ergänzende Berücksichtigung des Normtyps

244 Unter Rückgriff auf den Standort einer Vorschrift im Kontext des jeweiligen Gesetzeswerkes, also aufgrund systematischer Auslegung, vor allem aber in Ansehung ihrer spezifischen Funktion lässt sich vielfach auch eine Zuordnung zu einem speziellen *Normtyp* vornehmen,[360] aus der sich ergänzende Hinweise ergeben, was die Norminterpretation nicht unerheblich erleichtern kann. Aufmerksamkeit gefunden hat im deutschen Verwaltungsrecht insoweit insbesondere die – vor allem im Polizeirecht bedeutsame – Unterscheidung zwischen Aufgaben- und Befugnisnormen.[361] Darüber hinaus lassen sich aber mit Blick auf dieses Rechtsgebiet[362] noch weitere Normtypen benennen, so etwa die Ge- und Verbotsnorm, die Definitionsnorm (s. Rn. 228), die Verwaltungsziele apostrophierende Norm (Programmierungsnorm), die leistungsfeldbeschreibende Norm (Förderungsnorm), die Verfahrensnorm, die Organisationsnorm und die für die Kontrolle innerhalb der Verwaltung maßstabsetzende Norm (Verwaltungskontrollnorm).[363]

2. Faustregeln zur Ordnung der Auslegungselemente

245 Hinsichtlich der Reihenfolge der Prüfung hat es sich als *zweckmäßig* erwiesen, vom Wortlaut als unmittelbarstem Ausdruck der Intention des Normgebers auszugehen, dann systematische Gesichtspunkte einzubeziehen, anschließend die historischen Aspekte zu behandeln und endlich mit besonderer Sorgfalt nach dem Normzweck zu fragen. Die Einhaltung dieser Reihenfolge ist jedoch nicht logisch zwingend, sondern basiert auf praktischen Gesichtspunkten. Denn auf diese Weise gewinnt der Auslegungsprozess eine erhöhte Durchschaubarkeit. So kann ein Auseinanderklaffen von Wortlaut und Normzweck insbesondere bei erkennbar als Ausnahmevorschrift konzipierten Normen zu einer engen (restriktiven) Interpretation führen,[364]

Beispiel: Das Wort „können“ in § 35 II BauGB.[365]

bisweilen aber auch eine erweiternde (extensive) Interpretation angezeigt sein lassen, so etwa wenn die gesetzliche Regelung als Ausdruck eines allgemeinen Rechtsgedankens verstanden werden kann.

Beispiel: Der Begriff „Wohnung“ in Art. 13 I GG ist weit auszulegen und umfasst im Sinne einer umfassenden Sicherung des räumlichen Bereichs individueller Persönlichkeitsentfaltung nach überwiegender Auffassung auch Betriebs- und Geschäftsräume, selbst wenn sie der Öffentlichkeit zugänglich sind.[366]

---

[360] Sogar in einzelnen Europäischen Verfassungen finden sich insoweit Aussagen. So wird in Art. 34 der Verfassung der Republik Frankreich vom 4.10.1958 das Programmgesetz und das Organgesetz genannt, letzteres in modifizierter Bedeutung auch in Art. 54, 55 II, 75 III und 81 I der Verfassung des Königreichs Spanien vom 29.12.1978.

[361] Dazu etwa BVerwG NJW 1987, 1713 (1715); VGH Bad.-Württ. DÖV 1989, 169 f.; *Erbguth/Mann/Schubert,* Besonderes Verwaltungsrecht, 12. Aufl., 2015, Rn. 422.

[362] Zu Normtypologien des Grundgesetzes siehe *Stern,* Staatsrecht, Bd. I, 2. Aufl. 1984, S. 117 ff.; *Sachs,* ZG 1991, 1 ff.

[363] Zu den Normtypen im Verwaltungsrecht näher *Tettinger,* Die Verwaltung 22 (1989), 291 (293 ff.).

[364] Zur Analogiefähigkeit von Ausnahmevorschriften s. *Würdinger,* JuS 2008, 949 ff.

[365] BVerwGE 18, 247 (250 f.) – s. dazu bereits Rn. 236 – vgl. auch BVerfGE 35, 263 (278). – Zur sog. teleologischen Reduktion besonders anschaulich das *Schweizerische Bundesgericht* EuGRZ 2002, 616.

[366] BVerfGE 32, 54 ff.; *Gornig,* in: v. Mangoldt/Klein/Starck, GG, Bd. 1, 6. Aufl. 2010, Art. 13 I Rn. 21 ff.; a. A. *Kühne,* in: Sachs (Hrsg.), GG, 7. Aufl. 2014, Art. 13 Rn. 1, 4.

Bisweilen kann eine teleologische Betrachtung den Befund der Wortlautauslegung aber auch bekräftigen.

Beispiel: A beantragt den Erlass einer Baugenehmigung. Die zuständige Behörde lehnt dieses Ansinnen ab. A trägt daraufhin vor, gem. § 28 I VwVfG hätte die Behörde ihn zunächst anhören müssen. Ist dieser Rechtsansicht zuzustimmen?

Der Wortlaut des § 28 I VwVfG sieht eine Anhörung vor, wenn ein Verwaltungsakt „in die Rechte eines Beteiligten eingreift". Danach löst also nicht jeder belastende Verwaltungsakt, sondern nur ein „eingreifender" Verwaltungsakt, der bereits bestehende Rechte tangiert, die Anhörungspflicht aus. Gleichwohl gibt es Stimmen in der Literatur, die § 28 I VwVfG über seinen Wortlaut hinaus bei sämtlichen belastenden Verwaltungsakten, also auch bei Ablehnung eines zuvor gestellten Antrags, für anwendbar halten.[367] Unter der zusätzlichen teleologischen Erwägung, dass der rechtsstaatlich motivierte Zweck der Vorschrift darin liegt, den Beteiligten Gelegenheit zu geben, sich zu den entscheidungserheblichen Tatsachen zu äußern, hat das BVerwG[368] entschieden, dass eine Anhörung nach § 28 I VwVfG nur dann erforderlich ist, wenn der zu erlassende Verwaltungsakt die bisherige Rechtsstellung des Beteiligten zu seinem Nachteil verändert (Umwandlung eines status quo in einen status quo minus), nicht aber dann, wenn der Erlass eines Verwaltungsaktes abgelehnt wird, der eine bessere Rechtsposition erst gewähren soll. Der Adressat hatte schließlich bei seiner Antragstellung bereits hinreichend Gelegenheit, alle für ihn relevanten Tatsachen vorzutragen. Die Rechtsansicht des A wäre demnach unzutreffend.

Von der Frage nach der Reihenfolge der Prüfung ist diejenige nach einer eventuellen *Rangordnung* der Auslegungselemente zu unterscheiden. Eine von vornherein geltende Rangordnung lässt sich nicht begründen, sondern es hängt von den Besonderheiten der einzelnen Rechtsnorm ab, welchem Kriterium jeweils letztlich der Vorrang gebührt.[369] Daraus wird zugleich wiederum ersichtlich, dass es sich bei dem Katalog der Auslegungselemente nicht um ein strikt einzuhaltendes, sichere Ergebnisse verbürgendes System handelt, sondern um die Auflistung von Kriterien, die eine methodisch geordnete Gesetzesinterpretation überhaupt erst ermöglichen. Die Auslegungselemente sind lediglich rationale Anleitungen zur Begründung von interpretativen Entscheidungen.[370] Ihre umfassende Berücksichtigung schließt aus, dass wesentliche Gesichtspunkte außer Acht gelassen werden, verhindert aber nicht, dass widersprechende Zwischenergebnisse zu den einzelnen Auslegungselementen gefunden werden. Deren abschließende Zusammenschau und die Rechtfertigung des Vorranges eines der Interpretationselemente im konkreten Einzelfall bedarf dann einer sorgfältig zu begründenden Abwägung.[371] Folglich gibt es oftmals nicht ausschließlich eine einzige richtige Lösung bei der Auslegung des Rechts, sondern der Rechtsanwender hat sich auf „die Suche nach der überzeugendsten Begründung"[372] zu begeben. Gute Klausuren und Hausarbeiten zeichnen sich zumeist nicht durch das Finden des einen „richtigen" Ergebnisses, sondern durch eine gelungene, sich im Rahmen der Rechtsstaatlichkeit bewegende, Begründung aus. 246

Bei der sorgfältigen Abwägung wird dann etwa zu berücksichtigen sein, dass mit zunehmendem Alter eines Gesetzes eher der teleologischen Auslegung als der his- 247

---

[367] Diese Argumentation stößt in der Literatur allerdings weiterhin auf Ablehnung; vgl. umfassend m. w. N. *Engel/Pfau,* in: Mann/Sennekamp/Uechtritz, VwVfG, 2014, § 28 Rn. 32 f.

[368] BVerwGE 66, 184 (186); 68, 267 (270).

[369] Ebenso *Butzer/Epping*, Arbeitstechnik im Öffentlichen Recht, 3. Aufl. 2006, S. 46.

[370] Ob sie *allein* überzeugende richterliche Entscheidungen gewährleisten oder ob ergänzend auf Präjudizien, rechtswissenschaftliche Dogmatik und allgemeine Argumentationslehren (Topik) zurückgegriffen werden soll und muss, ist Gegenstand streitiger Diskussion in der Methodenlehre.

[371] Vgl. beispielhaft die umfassende Anwendung des juristischen Auslegungskanons zur Frage, ob ein Berufsbetreuer einen freien Beruf ausübt, bei *Mann*, NJW 2008, 121 ff.

[372] *Staake*, Jura 2011, 178, 183 f.

torischen Interpretation zu folgen sein dürfte, weil eine zeitgemäße Interpretation eine Einbeziehung der gegenwärtigen Lebenswirklichkeit auf dem Hintergrund des mit der Norm bezweckten Erfolgs notwendig macht.

Beispiel: Ein Rechtsanwalt, der zwar kein Hörfunk- oder Fernsehgerät bereithält, muss für seinen internetfähigen PC Rundfunkgebühren bezahlen, vgl. BVerfG NJW 2012, 3423 f. (Computer als „neuartige Rundfunkempfangsgeräte")[373] – § 10 I 2 bay. PresseG macht den Abdruck einer Gegendarstellung in einer Zeitung abhängig von der eigenhändigen Unterzeichnung seitens des Berechtigten. Ist hierfür eine Übermittlung per Telefax ausreichend? Dazu OLG München NJW 1990, 2895: „Die Fernkopie liefert zwar bei Übermittlung einer eigenhändigen unterzeichneten Vorlage dem Empfänger nur eine Ablichtung mit bildlicher Wiedergabe der Unterschrift und entspricht deshalb nicht dem Wortlaut des § 10 I 2 bay. PresseG. Bei einer am Zweck des Unterzeichnungserfordernisses orientierten Auslegung muss jedoch auch die Möglichkeit einer Übermittlung durch Fernkopie als zulässig angesehen werden. Durch die Unterzeichnung soll der Inhalt der Gegendarstellung festgelegt sowie die Verantwortlichkeit und Identität des Verfassers in überprüfbarer Weise dokumentiert werden. Dieser Zweck wird auch bei einer Übermittlung durch Fernkopien in vollem Umfang sichergestellt." Vgl. auch zur zulässigen Übermittlung einer Berufungsbegründung mittels Computerfaxes, obwohl dieses keine handschriftliche Unterschrift enthält *GmS-OGB* BGHZ 144, 160 (162).

Die seinerzeitigen Motive der gesetzgebenden Organe können demgegenüber schwerlich Aufschluss über den Zweck- und Funktionszusammenhang der zeitgenössischen Gesamtrechtsordnung geben.

Beispiel: In BGHZ 50, 325 (333 f.) hat der BGH den Gewerkschaften trotz § 50 ZPO unter Berufung auf ihre „vom Gesetzgeber im Laufe der Zeit in zunehmendem Maße übertragene materielle Rechtsstellung" die aktive Parteifähigkeit zuerkannt und argumentiert: „Eine einseitig ‚verkrüppelte', nämlich auf die Passivseite beschränkte Parteifähigkeit, wie sie sich aus § 50 ZPO im Wege des Umkehrschlusses ergibt, würde mit der jetzigen materiellen Gesetzeslage in unlösbarem Widerspruch stehen."

Gesetze jüngeren Datums sind dagegen am ehesten bei umfassender Würdigung ihrer Entstehungsgeschichte zu begreifen,[374] weshalb Gerichte bei den zeitlich ersten Entscheidungen nach dem Inkrafttreten eines neuen Gesetzes regelmäßig auch mit den Erkenntnissen aus den entsprechenden Parlamentsdrucksachen (Rn. 77 ff.) argumentieren. Methodisch ist jedoch zu beachten, dass es sich bei der Favorisierung eines bestimmten Auslegungselements schon nicht mehr nur um eine reine Auslegung, sondern bereits um normorientierte Wertung handelt.

II. Korrekte Subsumtion

248 Als Subsumtion bezeichnet man die im Rahmen eines Rechtsanwendungsvorgangs erfolgende gedankliche Zuordnung eines Lebenssachverhalts zu einer Norm. Dieser Vorgang ist theoretisch unschwer einsehbar, bereitet den Studierenden aber oftmals große Schwierigkeiten. Es ist zu untersuchen, ob die von einer Norm abstrakt aufgestellten Voraussetzungen auch im konkret zu beurteilenden Sachverhalt erfüllt sind. Grundlage dieser juristischen Operation ist eine seit der antiken Logik des *Aristoteles* tradierte logische Denkfigur, der sog. syllogistische Schluss, bei dem jeweils zwei Prämissen, der Obersatz und der Untersatz, eine Konklusion zulassen.[375]

---

[373] Seit der Reform des Rundfunkbeitragsrechts 2013 hat sich die Problematik jedoch erübrigt, weil die Zahlungspflicht nicht mehr an das Vorhalten von Rundfunkgeräten gekoppelt ist („eine Wohnung – ein Beitrag").

[374] BVerfGE 1, 117 (127); 62, 1 (45).

[375] Zur Struktur und den möglichen Differenzierungen dieser mittelbaren Schlüsse sehr instruktiv und empfehlenswert *Schneider/Schnapp*, Logik für Juristen, 6. Aufl. 2006, S. 107 ff.; siehe auch *Röhl/Röhl*, Allgemeine Rechtslehre, 3. Aufl. 2008, S. 123 f.

Beispiel:

Obersatz:	Alle Menschen sind sterblich.	Prämisse 1
Untersatz:	Alle Studierenden sind Menschen.	Prämisse 2
Schlusssatz:	Alle Studierenden sind sterblich.	Konklusion

Ausgehend von dieser Grundstruktur bildet im Rahmen einer juristischen Subsumtion die Rechtsnorm den Obersatz, der Lebenssachverhalt den Untersatz und die juristische Beurteilung den Schlusssatz (conclusio).[376]

Beispiel: §§ 55 I, 55 II Nr. 2 AufenthG: Ein Ausländer kann insbesondere ausgewiesen werden, wenn er einen nicht nur vereinzelten oder geringfügigen Verstoß gegen Rechtsvorschriften begangen hat.

Der Ausländer A ist bereits dreimal rechtskräftig wegen gefährlicher Körperverletzung verurteilt worden.

A kann ausgewiesen werden.

Die Subsumtion hat dabei stets *im Anschluss* an die Norminterpretation zu erfolgen, nie vorher.[377]

1. Kumulative und alternative Tatbestandsmerkmale

Nun ist es aber regelmäßig so, dass eine bestimmte Rechtsfolge, die in einer Norm angeordnet wird, nicht nur von einem, sondern von mehreren Tatbestandsmerkmalen abhängt. Hier muss nacheinander mittels Subsumtion unter die einzelnen Begriffe untersucht werden, ob der Sachverhalt in allen Punkten der betreffenden Rechtsnorm zugeordnet werden kann, so dass dann insgesamt Kongruenz vorliegt. Hat auch nur eines der *kumulativ* aufgezählten Tatbestandsmerkmale keine Entsprechung im Sachverhalt, so greift die Norm im Ergebnis nicht ein. 249

Beispiel: Wird bei Art. 12 I GG nicht beachtet, dass nur „alle Deutschen" die freie Berufswahl genießen, wendet der Bearbeiter statt dessen diese Grundrechtsbestimmung auch auf außereuropäische[378] Ausländer an und prüft demzufolge intensiv, ob eine im konkreten Fall ausgeübte Betätigung einen Beruf im Sinne des Art. 12 GG darstellt, so ist der Weg zu einer richtig begründeten Falllösung, die hier an Art. 2 I GG anknüpfen müsste, versperrt.

Häufig werden von Rechtsnormen allerdings auch *alternativ* zu erfüllende Tatbestandsmerkmale vorgegeben. Bei solchen Konstellationen genügt es freilich, wenn eine der Alternativen erfüllt ist. 250

Beispiel: Gemäß §§ 11, 2 Nr. 1a) NSOG können die Ordnungsbehörden die notwendigen Maßnahmen treffen, um eine im einzelnen Falle bestehende Gefahr für die öffentliche Sicherheit *oder* Ordnung abzuwehren.

Bis in das Examen hinein scheitern aber immer wieder Klausurbearbeiter bereits an der banalen Aufgabe, zu erkennen, ob eine Rechtsvorschrift nun kumulative oder alternative Tatbestandsmerkmale enthält oder aber sogar beide Konstellationen miteinander kombiniert.

---

[376] Vgl. *Larenz/Canaris,* Methodenlehre der Rechtswissenschaft, 3. Aufl. 1995, S. 81 ff.; *Engisch,* Einführung in das Juristische Denken, 11. Aufl. 2010, S. 83 ff.

[377] Zu Recht weisen *Diederichsen/Wagner,* Die BGB-Klausur, 9. Aufl. 1998, S. 173 darauf hin, dass gegen dieses Erfordernis in Fallbearbeitungen selbst im Examen noch vielfach verstoßen wird.

[378] Vgl. zu dieser Einschränkung *Mann,* in: Sachs (Hrsg.), GG, 7. Aufl. 2014, Art. 12 Rn. 33 ff.

Beispiel: Einer Begründung zu einem Verwaltungsakt bedarf es nach § 39 II Nr. 1 VwVfG nicht, soweit die Behörde einem Antrag entspricht *oder* einer Erklärung folgt *und* der Verwaltungsakt nicht in Rechte eines anderen eingreift. Hier besteht also nur hinsichtlich der erstgenannten Fallkonstellationen eine *Alternativ*vorgabe. Die zuletzt genannte Aussage ist als *kumulative* Anforderung zu verstehen.[379]

2. Negative und ergänzende Tatbestandsmerkmale

251 Die einer Subsumtion bedürftigen Voraussetzungen einer Rechtsnorm sind zudem erst dann vollständig erfasst, wenn auch die sie beschränkenden normativen Aussagen berücksichtigt wurden.

Beispiel: Nichtigkeit eines Verwaltungsakts gem. § 44 VwVfG. Hier ist nicht nur der Positivkatalog in § 44 II VwVfG und die Grundregel in § 44 I VwVfG zu prüfen, sondern auch der Negativkatalog des § 44 III VwVfG, der das Vorliegen der Nichtigkeit ausschließt.

Bei einigen Normen sind die Tatbestandsvoraussetzungen darüber hinaus erst dann vollständig geprüft, wenn auch die durch Rechtsprechung und Literatur erarbeiteten weiteren Voraussetzungen für ein Eingreifen der Norm berücksichtigt worden sind.

Beispiele:
- Vermögensverfügung beim Betrugstatbestand (§ 263 StGB).
- Gleichstellung des unentgeltlichen mit dem rechtsgrundlosen Besitzerwerb im Rahmen des § 988 BGB, wodurch der gesetzliche Tatbestand gewissermaßen um eine neue Tatbestandsalternative ergänzt wird.[380]
- Ergänzung der Behördendefinition in § 1 IV VwVfG um das Merkmal „mit Außenwirkung".[381]
- Obwohl aus dem Wortlaut der Grundrechtsbestimmungen des GG häufig nicht ersichtlich, ist dennoch als Ausfluss des umfassenden Geltungsbereichs des Rechtsstaatsprinzips bei jedem Grundrechtseingriff als Schranken-Schranke die Beachtung des Übermaßverbots zu fordern.

252 Schließlich müssen auch weitere Normen in den Blick genommen werden, wenn sie Erläuterungen zu einzelnen relevanten Tatbestandsmerkmalen geben, wie das vor allem bei Vorschriften der Fall ist, die Legaldefinitionen enthalten (dazu bereits Rn. 228).

Beispiel: Art. 9 GG bestimmt, dass alle Deutschen das Recht haben, Vereine und Gesellschaften zu bilden. Treten bei der Prüfung Schwierigkeiten hinsichtlich des Merkmals „Deutsche" auf, so muss auf die grundgesetzliche Erläuterung des Begriffs des Deutschen in Art. 116 I GG zurückgegriffen werden.

253 Die Bearbeiter sollten bei alledem immer im Auge behalten, dass die in einer Klausur erforderlichen Subsumtionen unter die einzelnen im Tatbestand verwendeten Begriffe nicht etwa völlig separat und ohne Beziehung nebeneinander erfolgen, sondern dass der Leser zu diesen einzelnen Stationen der Klausurlösung geführt werden muss, indem vorhandene Verbindungslinien aufgezeigt werden und der Gesamtkontext gewahrt bleibt.

Beispiel: Dies gelingt regelmäßig durch rekursive Bezugnahmen auf den Stand der Prüfung, der sich etwa ausdrückt in Wendungen wie „Als weitere Voraussetzung für einen Anspruch

---

[379] Näher *Weiß*, in: Mann/Sennekamp/Uechtritz, VwVfG, 2014, § 39 Rn. 49.

[380] Diese Erweiterung ist durch die Rspr. entwickelt worden. Das überwiegende Schrifttum lehnt die Gleichstellung ab. Vgl. dazu nur *Bassenge*, in: Palandt, BGB, 74. Aufl. 2015, § 988 Rn. 8.

[381] Unter Hinweis auf § 9 VwVfG, vgl. *Ule/Laubinger*, Verwaltungsverfahrensrecht, 4. Aufl. 1995, § 9 III 2b; *Maurer*, Allgemeines Verwaltungsrecht, 18. Aufl. 2011, § 21 Rn. 33; *Schönenbroicher*, in: Mann/Sennekamp/Uechtritz, VwVfG, § 1 Rn. 46; a. A. *Schmitz*, in: Stelkens/Bonk/Sachs, VwVfG, 8. Aufl. 2014, § 1 Rn. 233.

des A gegen B auf Herausgabe der Uhr ist gemäß § 812 I 1 BGB zu verlangen, dass ..." oder „Darüber hinaus müsste der Verwaltungsakt aber auch materiell rechtmäßig sein. Das ist der Fall, wenn..." bzw. „Über die Erfüllung der objektiven Tatbestandsmerkmale hinaus müsste A auch den subjektiven Tatbestand des § 242 StGB erfüllt haben. Hierzu ist erforderlich, dass er ..."

3. Grundanforderungen

Nach alledem erfordert eine gelungene Subsumtion über den eigentlichen syllogistischen Schluss (Rn. 248) hinaus die Einhaltung gewisser Grundregeln. Um nicht bereits an den Grundanforderungen zu scheitern, sollten folgende Empfehlungen bei der gedanklichen Operation der Subsumtion beherzigt werden:[382] 254

- Vor dem eigentlichen Subsumtionsvorgang ist durch Aufbereitung und Zergliederung des Tatbestandes sorgfältig zu prüfen, welche und wie viele kumulativ einschlägige Tatbestandsmerkmale insgesamt eine Rechtsnorm enthält und welche Alternativ-Tatbestandsmerkmale die Norm bereitstellt.
- Da die Subsumtion jeweils bei dem einzelnen Tatbestandsmerkmal zu erfolgen hat, bedarf es insgesamt so vieler Subsumtionen, wie die Norm Tatbestandsmerkmale aufweist.
- Die Subsumtion hat vollständig und genau zu erfolgen. Beispielsbildungen vermögen sie nicht zu ersetzen.
- Auch bloße Sachverhaltswiederholungen genügen nicht für eine Subsumtion.

Gerade die beiden zuletzt genannten Anforderungen sind typische Fehlerquellen in der Klausur. Bis in die Examensklausuren hinein verfallen Bearbeiter in die Unsitte, den eigentlichen Subsumtionsvorgang durch schlichte Beispielbildungen oder Sachverhaltswiederholungen zu ersetzen.

Beispiele:
- „Die Fuckparade müsste eine Versammlung im Sinne des Art. 8 GG sein. Das BVerfG hat zum Beispiel die Love Parade nicht als Versammlung angesehen, weil ... Gleiches muss auch für die hier in Rede stehende Fuckparade gelten."
- „Fraglich ist, ob A unzuverlässig im Sinne des § 35 GewO ist. Er ist laut Sachverhalt schon mehrfach wegen Verstößen gegen die Sozialversicherungspflicht aufgefallen und neigt dazu, sich in Stresssituationen zu betrinken. Also ist er als unzuverlässig anzusehen." (beide Beispiele sind negative Lesefrüchte aus dem Examens-Klausurenkurs)

Mit solchen Ausführungen wird bereits die für eine korrekte Subsumtion methodisch erforderliche Bildung von Obersatz und Untersatz (Rn. 248) verfehlt. Insbesondere bei Klausuren, die bekannten Gerichtsentscheidungen nachgebildet sind und deren „Ergebnis" die meisten Bearbeiter daher zu kennen glauben, unterscheiden sich die guten von den schlechten Klausurbearbeitungen gerade durch die Sorgfalt und methodische Sicherheit, mit der die Subsumtionen vorgenommen werden. Hier findet sich ein objektiv nachvollziehbarer Ansatzpunkt für Notendifferenzierungen.

4. Subsumtion unter unbestimmte Rechtsbegriffe

Nach diesen Erörterungen könnte man nun den Eindruck gewinnen, dass jede Subsumtion eigentlich auf Anhieb gelingen müsste, sofern man nur die vorgenannten „technischen" Operationsschritte beherrscht. Jedoch enthält ein gesetzlicher Tatbestand nicht selten „offene" Begriffe, sog. *unbestimmte Rechtsbegriffe*, die zunächst 255

---

[382] Vgl. hierzu auch *Diederichsen/Wagner*, Die BGB-Klausur, 9. Aufl. 1998, S. 174 f.

einmal einer Konkretisierung, einer strukturierenden Verdichtung bedürfen, um eine Subsumtion überhaupt erst zu ermöglichen.[383]

Beispiele: Die Genehmigung zur Aufbewahrung von Kernbrennstoffen außerhalb der staatlichen Verwahrung wird nur erteilt, wenn u. a. die nach dem „Stand von Wissenschaft und Technik" erforderliche Vorsorge gegen Schäden getroffen ist (§ 6 II Nr. 2 AtomG) – Abfälle sind gemäß § 15 II 1 KrWG so zu beseitigen, dass das „Wohl der Allgemeinheit nicht beeinträchtigt" wird – § 55 I AufenthG erlaubt eine Ausweisung, wenn die Anwesenheit des Ausländers „erhebliche Interessen der Bundesrepublik Deutschland" beeinträchtigt. – Der Begriff der „wissenschaftlich nicht allgemein anerkannten Methoden" ist im Sozialrecht für erstattungspflichtige Leistungen relevant.[384] – Die Ausübung eines Gewerbes kann gem. § 35 I 1 GewO untersagt werden, wenn Tatsachen die „Unzuverlässigkeit" des Gewerbetreibenden dartun.[385]

Mit Blick auf die verfassungsrechtlichen Bestimmtheitsanforderungen an eine Norm stellt es das BVerfG dem Gesetzgeber anheim, ob er im Normtext Begriffe wählt, die einen großen Kreis von Sachverhalten abdecken, oder ob er engumschriebene Tatbestandsmerkmale aufstellt.[386] Ein hohes Maß an Unbestimmtheit weisen die sog. Generalklauseln auf, bei denen der Gesetzgeber – um ihren Sinn als Auffangtatbestände zu verwirklichen – bewusst darauf verzichtet, den Tatbestand der Norm konturenscharf zu präzisieren. Sie sollen mit der sich ständig ändernden Alltagswirklichkeit Schritt halten, ohne dass die Norm angepasst werden müsste.

Beispiel: Deliktsrechtliche Generalklausel des § 826 BGB: Wer in einer gegen die *guten Sitten* verstoßenden Weise einem anderen vorsätzlich Schaden zufügt, ist dem anderen zum Ersatz des Schadens verpflichtet."

Lediglich „vage Generalklauseln" werden als verfassungswidrige Blankette attackiert.[387]

Beispiele: Zu den Anforderungen an die Erlangung des Körperschaftsstatus von Religionsgemeinschaften gehört über die Gewähr der Einhaltung zentraler Verfassungsprinzipien hinaus nicht, dass sie eine „Loyalität zum Staat" aufweisen, so BVerfGE 102, 370 (395 f.): „‚Loyalität' ist ein vager Begriff, der außerordentlich viele Deutungsmöglichkeiten eröffnet, bis hin zu der Erwartung, die Religionsgemeinschaft müsse sich bestimmte Staatsziele zu Eigen machen oder sich als Sachwalter des Staates verstehen. Der Begriff zielt nämlich auch auf eine innere Disposition, auf eine Gesinnung, und nicht nur auf ein äußeres Verhalten. Damit gefährdet er nicht nur die Rechtssicherheit, sondern führt auch in eine Annäherung von Religionsgemeinschaft und Staat, die das Staatskirchenrecht des Grundgesetzes weder verlangt noch billigt." – Geschwindigkeitsbegrenzungen im Straßenverkehrsrecht mit dem Zusatzschild „Bei Nässe" sind hingegen von der Rechtsprechung nicht als verfassungswidrige Blankettnormen angesehen worden.[388]

---

[383] Bei dem Versuch einer Subsumtion unter den Rechtsbegriff „Behörde" in einer verwaltungsrechtlichen Norm etwa muss zunächst dessen bereichsspezifischer Gehalt geklärt werden. In Orientierung an dem jüngeren Schrifttum empfiehlt es sich dabei, zwischen dem organisationsrechtlichen, dem verwaltungsverfahrensrechtlichen und dem verwaltungsprozessrechtlichen Behördenbegriff zu differenzieren. Dazu näher *Schnapp*, NWVBl. 1989, 425 (429).

[384] Vgl. OVG NRW DÖD 2002, 182 f. zu therapeutischem Reiten (Hippotherapie).

[385] § 35 GewO ist durch eine inzwischen jahrzehntelange Judikatur konkretisiert worden, die bestimmte Gründe gewerberechtlicher Unzuverlässigkeit erarbeitet hat, so dass dem Rechtsanwender bei Kenntnis dieser Auffächerung eine Subsumtion leichter möglich ist, vgl. *Tettinger/Wank/Ennuschat*, GewO, 8. Aufl. 2011, § 35 Rn. 27 ff.

[386] Vgl. BVerfGE 21, 73 (79); 31, 255 (264); 49, 89 (133 ff.); 78, 205 (212); 78, 214 (226).

[387] Vgl. BVerfGE 6, 32 (42); 8, 274 (325); 13, 153 (160); 56, 1 (12).

[388] BGH NJW 1978, 652.

Die Warnung vor der Flucht des Gesetzgebers in solche Generalklauseln ist alt,[389] die Frage nach der gerichtlichen Überprüfbarkeit unbestimmter Rechtsbegriffe ist auch heutzutage immer noch ein beliebtes Klausurproblem.[390] 256

a) Typisierung und Spezifizierung durch die Rechtsprechung

In solchen Fällen ist durch Typisierung und Spezifizierung den gesetzlichen Grundgedanken bei der Subsumtion zum Durchbruch zu verhelfen, was am ehesten durch Rückgriff auf eine umfängliche höchstrichterliche Judikatur zu der speziellen Normierung gelingen mag. Erwähnt seien hier nur die polizei- und ordnungsrechtliche Generalklausel (vgl. § 11 NSOG) sowie § 242 BGB („Treu und Glauben").[391] Aus diesem Grund sollten die Grundzüge der zentralen Judikate zu den gängigsten Formeln der juristischen Hauptfächer jedenfalls den fortgeschrittenen Studierenden stets präsent sein. Nur so sind sie in der Examensklausur in der Lage, sich den Subsumtionsvorgang zu erleichtern, indem sie solchen Begriffen durch differenzierende Aufgliederung in Subkategorien schärfere Konturen verleihen. 257

Beispiel: Gemäß § 626 I BGB ist die fristlose Kündigung eines Dienstverhältnisses „aus wichtigem Grund" möglich. Hier verspricht der Versuch einer unmittelbaren Subsumtion unter dieses Merkmal wenig Erfolg. Deshalb empfiehlt sich auch hier zunächst die Bildung von Subkategorien.

Eine derartige „Zwischennormbildung" durch Herausarbeitung von „Mittelbegriffen", wie sie üblicherweise durch den Richter geschieht, stellt in Fortführung der gesetzgeberischen Gedanken einen nicht rein kognitiv begreifbaren, aber doch im Kern interpretativen Akt dar, der die Sphäre der rechtlich zweifelhaften Fälle sukzessiv verengt. Typisierend werden einzelne Fälle oder Fallgruppen speziellen Sub-Kategorien des Gesetzesbegriffs zugeordnet, andere Fallgruppen werden – im Wege einer vergleichenden Argumentationsführung – ausgeschlossen.

Auf diese Weise hat die Rechtsprechung zum Zwecke der Konkretisierung im Laufe der Zeit ein „Netz von Orientierungspunkten"[392] geknüpft, dessen Vorhandensein es in der Folgezeit erlaubt, konkrete Fälle nach Maßgabe der entwickelten Typen im Wege der Fallvergleichung – nicht unähnlich dem anglo-amerikanischen case-law – zu beurteilen.[393] Dieser Vorgang der typisierenden Spezifizierung, der durch vorsichtige Herausbildung tragfähiger antithetischer Sub-Kategorien beginnt, kann, wie uns die Geschichte der Rechtsprechung zur polizeirechtlichen Generalklausel lehrt, lange Jahre dauern, ehe eine einigermaßen praktikable Abschichtung erreicht ist. Eine solche Herausbildung sachlich differenzierender Zwischennormen wird vom Gesetzgeber oftmals durch Einfügung von Definitionen, (Regel-)Beispielen oder Vermutungen in den Gesetzestext erleichtert. 258

[389] Die berühmte Schrift von *Justus Wilhelm Hedemann*, „Die Flucht in die Generalklausel. Eine Gefahr für Recht und Staat", stammt aus dem Jahre 1933.

[390] Zwar hat das BVerfG festgestellt, dass unbestimmte Rechtbegriffe grds. der vollen gerichtlichen Kontrolle unterliegen, BVerfGE 103, 142 (156), doch erkennt die Rspr. für einige anerkannte Ausnahmefälle (z. B. Prüfungsentscheidungen, beamtenrechtliche Beurteilungen) einen behördlichen Beurteilungsspielraum an, der der gerichtlichen Kontrolle nur eingeschränkt zugänglich ist, vgl. dazu nur *Maurer*, Allgemeines Verwaltungsrecht, 18. Aufl. 2011, § 7 Rn. 35 ff.

[391] Zur Auffächerung dieser Norm durch die Judikatur siehe bereits Rn. 100.

[392] Begriff von *Göldner*, Verfassungsprinzip und Privatrechtsnorm in der verfassungskonformen Auslegung und Rechtsfortbildung, 1969, S. 143.

[393] Näher *Wank*, Die Auslegung von Gesetzen, 5. Aufl. 2011, S. 8 f.

Beispiele:
- Der Begriff der „erheblichen Interessen der Bundesrepublik Deutschland" in § 55 I AufenthG orientiert sich hinsichtlich der Gewichtigkeit an der beispielhaften Auflistung in § 55 II AufenthG.
- Die verfassungsrechtliche Kompetenzbestimmung des Art. 74 I Nr. 11 GG („Recht der Wirtschaft") wird durch den nachfolgenden Klammerzusatz erläutert.
- Bei der Bestimmung des Standes der Technik sind gemäß § 3 VI 2 BImSchG insbesondere die im Anhang zum BImSchG aufgeführten Kriterien zu berücksichtigen.
- Zur näheren Präzisierung der Fälle, in denen durch Bauen im Außenbereich öffentliche Belange beeinträchtigt werden (§ 35 II BauGB), hat der Gesetzgeber in § 35 III BauGB eine beispielhafte („insbesondere") Auflistung in das Gesetz aufgenommen.

Durch die zur Sachentscheidung notwendigen Subsumtionen trägt die Judikatur – ungeachtet des jeweils erzielten positiven oder negativen Ergebnisses – also zur zunehmenden Klärung des Bedeutungsgehaltes einer gesetzlichen Formulierung bei und erhöht auf diese Weise durch kasuistische Anreicherung des Vergleichsmaterials auch die Interpretationssicherheit der mit ihr vertrauten Studierenden.

Sind dem Klausurbearbeiter die Ansätze der Judikatur zu einer fallwesentlichen Gesetzesformulierung nicht präsent – und dies wird gerade in Examensklausuren nicht selten passieren –, so gilt es, in Anlehnung an die Grundideen des jeweiligen Gesetzes und die ratio legis der konkreten Norm, durch Heranziehung allgemeiner Rechtsprinzipien und Vergleiche mit ähnlichen Regelungskomplexen selbständig Subkategorien herauszuarbeiten, um eine überzeugende Subsumtion zu ermöglichen. Diese Fertigkeit lässt sich aber nur durch ständige Übung erwerben, was ein erneutes (s. Rn. 10, 153) Petitum beinhaltet, möglichst frühzeitig an allen angebotenen universitären Klausurangeboten teilzunehmen.

b) Zur Einbeziehung von Wertungen

259 Bei der *Auslegung „offener" Normen* muss sich der Bearbeiter darüber im Klaren sein, dass Rechtsfindung hier in der Tat kein reiner Erkenntnisprozess ist, der in vollem Umfang durch objektive Kriterien im Vorhinein festgelegt ist. Er muss vielmehr berücksichtigen, dass bei ihrer Interpretation – nicht nur im Rahmen der teleologischen Auslegung – in nicht unerheblichem Umfang Wertungen einzubeziehen sind. Dies allein führt bereits dazu, dass es hier eine einzige, von allen Normanwendern akzeptierte richtige Entscheidung nicht gibt. Nichtsdestotrotz muss der Bearbeiter aber, um der ihm gestellten Aufgabe zu genügen, auch hier das vorgestellte methodische Rüstzeug im Rahmen der Gesetzesanwendungsprozedur benutzen und dabei die Zulässigkeit, den Inhalt und den Umfang der von ihm getroffenen Wertentscheidungen mitteilen sowie nach Möglichkeit methodisch rechtfertigen.

Leider findet man selbst in Examensklausuren noch vielfach allgemeine Billigkeitserwägungen und höchst subjektiv gefärbte Einschätzungen als alleinige Entscheidungsgrundlage. Das sollen einige *Negativbeispiele* aus Originalklausurbearbeitungen verdeutlichen:

Beispiele:
- (zur Frage, ob Drogenkonsum die Unzuverlässigkeit eines Gastwirts bedingt:) „Die irrationale Hatz auf Haschischkonsumenten verkennt, dass Haschischkonsum im Vergleich zu der gesellschaftlich tolerierten Droge Alkohol die Menschen nicht aggressiv macht, sondern entspannt. Bekiffte Jugendliche sind für die Gesellschaft unschädlicher als besoffene Randalierer."
- (zum Fall Rn. 168) „Würde man bei der X-AG eine Grundrechtsfähigkeit bejahen, so würde das bedeuten, dass ausländische Unternehmen durch den Erwerb von Mehrheitsbeteiligungen in der Bundesrepublik grundrechtsfähig würden. Dieses Ergebnis ist jedoch sowohl aus wirtschaftspolitischen wie diplomatischen Erwägungen nicht wünschenswert."

– (zur Frage, ob Werbung Meinungsäußerung im Sinne des Art. 5 I GG ist:) „Werbung ist die Verbreitung von wirtschaftlich einseitig formulierter Interessenbeeinflussung zugunsten eines Produktes, um es am Markt besonders gut zu platzieren. Eine solche Verbreitung von subjektiven, rein wirtschaftlich orientierten ‚Zweckmeinungen' ist nicht als Meinungsäußerung i. S. v. Art. 5 I GG anzusehen."

Die Problematik der „Werte" und der „Wertung" gehört zu den wissenschaftstheoretischen Grundfragen[394] und ist vor allem auch regelmäßiger Gegenstand (rechts-) philosophischer Erörterungen.[395] Anders als bei der dort im Vordergrund stehenden Fragestellung nach überzeitlichen idealen Werten muss es in der rechtsanwendenden Fallbearbeitung jedoch darauf ankommen, rational fassbare Kriterien für korrekte Wertungen aufzustellen, und zwar innerhalb der gestellten Aufgabe, konkrete Lebenssachverhalte zu beurteilen.[396] Dabei hat der Bearbeiter zu berücksichtigen, dass bereits die Verfassung nach zutreffender Einschätzung des BVerfG eine übergreifende Wertordnung darstellt.[397]

Schon zur Weimarer Reichsverfassung hatte *R. Thoma* pointiert festgestellt: „Man kann sagen, dass die deutsche Jurisprudenz die Reichsverfassung wie ein Gebirge behandelt, in dessen Tiefe die Wünschelrute der Exegese immer neue bisher verborgene Adern gültiger Normen aufzuzeigen vermag. Kein Jahr ist vergangen, in dem nicht theoretische Untersuchungen und Gerichtsurteile neue, oft überraschende Funde gemacht haben, oder doch gemacht zu haben glaubten."[398]

Die Gesetze präsentieren eine umfassende Ordnung im Lichte der Vorgaben des Grundgesetzes. Dies ist insofern wichtig zu betonen, als schon daraus hervorgeht, dass der Bearbeiter nicht etwa die Aufgabe hat, selbst eine „plausible" Werteordnung zu schaffen oder als Rechtspolitiker zu agieren, sondern diejenige, die ihm durch Verfassung und Gesetze vorgegebene Werteordnung möglichst treffend zu realisieren.

Beispiel: Wenn es darum geht, zu untersuchen, ob bereits das neunmonatige Leerstehenlassen einer Wohnung durch den Hauseigentümer gegen wohnungsrechtliche Vorschriften verstößt, so ist diese Entscheidung nicht auf der Grundlage der jeweiligen gesellschaftspolitischen Einstellung des Bearbeiters zur Hausbesetzerszene zu treffen, sondern nach Maßgabe der gesetzlichen Formulierungen („Wohnraum darf anderen als Wohnzwecken nur mit Genehmigung zugeführt werden")[399] unter Berücksichtigung diesbezüglicher Judikatur[400] und in Orientierung an verfassungsrechtlichen Vorgaben (hier insbesondere Art. 14 I 2, II GG).

---

[394] Vgl. *Kraft*, Die Grundlagen der wissenschaftlichen Wertlehre, 2. Aufl. 1951; *P. Kirchhof*, Die Gewissheit verlässlicher Werte als Grundlage eines demokratischen Rechtsstaates (Wolfsburg-Manuskripte 11), 1996.

[395] Vgl. dazu bereits *Scheler*, Der Formalismus in der Ethik und die materiale Wertethik, 5. Aufl. 1966, S. 173 ff.; *Hartmann*, Ethik, 4. Aufl. 1962, S. 119 ff.; *Brinkmann*, Allgemeine Wertphilosophie, 1960, passim.

[396] So *Engisch*, Auf der Suche nach der Gerechtigkeit, 1971, S. 195 ff.; *Esser/Stein*, Werte und Wertewandel in der Gesetzesauslegung, 1966; *Podlech*, AöR 95 (1970), 185 ff.; *Fikentscher*, Methoden des Rechts, Bd. IV, 1977, S. 397 ff.

[397] BVerfGE 6, 32 (40); 7, 198 (205, 215); 19, 394 (396); 27, 1 (6); 32, 311 (316); 35, 79 (114); 49, 89 (141 f.); BVerfG NJW 2000, 2495 (2495), NJW 2004, 2008 (2009); kritisch demgegenüber aber *Goerlich*, Wertordnung und Grundgesetz, 1973.

[398] *R. Thoma*, Verfassungsinterpretation, in: Nipperdey, Die Grundrechte und Grundpflichten der Reichsverfassung, 1929, Bd. I, S. 1 (4).

[399] Vgl. Art. 6 § 1 des Mietrechtsverbesserungsgesetzes v. 4.11.1971 (BGBl. I S. 1745) und die bis zum 31.12.2006 geltende nordrhein-westfälische Verordnung über die Zweckentfremdung von Wohnraum v. 4.5.1981 (GVBl. S. 232).

[400] Siehe BVerfGE 38, 348 ff.; 55, 249 ff.; BVerwGE 55, 135 ff.; 59, 195 ff.; 71, 291 ff.; BayVGH ZMR 1989, 35 ff.

260 Die Gesetze liefern ihm dabei durchweg einen „gesicherten Argumentationsvorrat"; es bedarf daher besonderer Rechtfertigung, „wenn neue Wertungen in die Betrachtung eingebracht oder bestehende Wertungen abgeändert werden."[401] Andererseits darf allerdings nicht verkannt werden, dass die Rechtsordnung nicht frei von Spannungen und Wertungswidersprüchen ist,[402] so dass im Rahmen der Rechtsanwendung das gebotene Voran- oder Hintanstellen von einzelnen Werten, die verfassungsrechtlichen oder einfachgesetzlichen Regelungen zugrunde liegen, keine einfache Aufgabe darstellt.

Bei der Interpretation unbestimmter Rechtsbegriffe und den dabei vorzunehmenden Wertungen ist es zunächst erforderlich zu ermitteln, inwieweit ausdrückliche oder konkludente Vorschriften für die Auslegung des unbestimmten Begriffs vorhanden sind. Vornehmlich eine teleologische Interpretation auf Grund übergreifender Gesichtspunkte, insbesondere den Wertentscheidungen der Verfassung, aber auch die Berücksichtigung von Präambeln und Legaldefinitionen können eigenständigen Wertungen Grenzen setzen. Soweit sich solche Richtpunkte indes nicht unmittelbar erschließen lassen, wird häufig befürwortet, besondere Standards als Leitbilder, an denen sich das soziale Verhalten im Allgemeinen orientiere, zur Richtschnur für die Entscheidung zu machen.[403]

Beispiele: Der Standard des „ordentlichen Kaufmanns", des „lauteren Wettbewerbs", der „Arbeitsloyalität" oder der „Verkehrssicherheit".

Der Normanwender habe seine Wertungsmaßstäbe dabei nicht persönlichen, vielleicht konfessionell gebundenen Auffassungen zu entnehmen, sondern den in der Rechtsgemeinschaft herrschenden rechtsethischen Vorstellungen,[404] die sich durchaus wandeln können.[405] Oft wird auch in Gesetzen selbst auf solche Standards verwiesen, um so durch fortlaufende Gesetzesanwendung eine zunehmende Konkretisierung zu erreichen.[406]

Beispiel: Die Erlaubnis zur Schaustellung von Personen ist gem. § 33a II Nr. 2 GewO zu versagen, wenn zu erwarten ist, dass die Schaustellungen den guten Sitten zuwiderlaufen werden. Dies wurde in BVerwGE 64, 274 (276 f.) u. 84, 314 (317 f.) etwa für die Veranstaltung sog. Peep-Shows[407] und dem VG Neustadt NVwZ 1993, 98 für den sog. Zwergenweitwurf bejaht.

Dies wird jedoch eher bei der Lösung gesellschaftspolitisch zentraler und daher breit diskutierter Fragen gelingen – allerdings nur unter der Voraussetzung des Vorhandenseins relativ homogener sozialer Wertvorstellungen –, weniger dagegen bei rechtstechnischen Sachfragen, wie sie insbesondere in universitären Übungsaufgaben auftauchen.

261 Nur soweit bei der Rechtsanwendung Wertentscheidungen zu treffen sind, für die weder Gesetz noch Sozialethos handhabbare Maßstäbe liefern, erlaubt *Zippelius*[408]

---

[401] *Wank*, Grenzen richterlicher Rechtsfortbildung, 1978, S. 55; s. auch *Kirchhof*, Verwalten durch „mittelbares" Einwirken, 1977, S. 439.

[402] Vgl. etwa *Bumke*, Relative Rechtswidrigkeit, 2004, S. 37 ff.

[403] So *Zippelius*, Juristische Methodenlehre, 11. Aufl. 2012, S. 48; *Esser*, Vorverständnis und Methodenwahl in der Rechtsfindung, 2. Aufl. 1974, S. 97; ausführlich *Strache*, Das Denken in Standards, 1968.

[404] Vgl. auch BVerfGE 34, 269 (287); BVerwG DVBl. 1965, 914 (916).

[405] Vgl. BVerfGE 108, 282 (309).

[406] Zur Bildung von Standards bei der Konkretisierung technischer Regeln vgl. *Koch*, Die „beste verfügbare Technik" im Umweltrecht, 2006, passim.

[407] Dazu näher *Tettinger/Wank/Ennuschat*, GewO, 8. Aufl. 2011, § 33a Rn. 35 ff.

[408] *Zippelius*, Juristische Methodenlehre, 11. Aufl. 2012, S. 14 f.

dem Normanwender eine Wertung nach seinem persönlichen Rechtsgefühl. Eine solche Bejahung autonomer Wertungen unterschätzt jedoch Inhalt und Funktion von Gesetzen, die als generelle Regelungen verbindliche Wertmaßstäbe des demokratisch legitimierten Gesetzgebers beinhalten und kommt einer „Irrationalisierung juristischer Arbeitsweisen“[409] gleich. Es genügt auch nicht, wenn dem Normanwender in solchen Fällen empfohlen wird, auf die „Konsensfähigkeit“ seiner Auffassung zu achten. Art. 1 II des schweizerischen Zivilgesetzbuchs (ZGB)[410] trifft diese Problematik zutreffend, wenn es anordnet, dass ein Gericht, wenn gesetzliche Vorschriften fehlen und auch kein Gewohnheitsrecht besteht, nach der Regel entscheiden solle, „die es als Gesetzgeber aufstellen würde“. Dabei sei „bewährter Lehre und Überlieferung“ zu folgen (Art. 1 III ZGB). Diese Regel darf aber nicht dahingehend missverstanden werden, als ob der Richter hier quasi als Ersatzgesetzgeber bei Bedarf neue generelle Normen schaffen dürfe; es geht vielmehr allein um die Sicherung der Einheit der Rechtsordnung im konkret zu entscheidenden Fall. Das hat das Schweizerische Bundesgericht 1977 wie folgt präzisiert:[411]

> „Gemäß Art. 1 II ZGB soll der Richter dann, wenn dem Gesetz keine Vorschrift entnommen werden kann, nach der Regel entscheiden, die er als Gesetzgeber aufstellen würde. Art. 4 ZGB bestimmt, dass der Richter seine Entscheidung nach Recht und Billigkeit zu treffen habe, wenn das Gesetz ihn auf sein Ermessen oder auf die Würdigung der Umstände oder auf wichtige Gründe verweise. Im zu beurteilenden Fall kann nicht von einer Gesetzeslücke gesprochen werden. Eine echte Gesetzeslücke liegt nur dann vor, wenn der Gesetzgeber etwas zu regeln unterlassen hat, was er hätte regeln sollen, und dem Gesetz weder nach seinem Wortlaut noch nach dem durch Auslegung zu ermittelnden Inhalt eine Vorschrift entnommen werden kann (BGE 100 I b 157). Selbst im Falle einer Gesetzeslücke steht es dem Richter nicht zu, eine generelle Regel aufzustellen, deren Tragweite über den konkreten Einzelfall hinausgeht (...). Im vorliegenden Fall handelt es sich – ... – um einen unbestimmten Rechtsbegriff, der nach Ansicht gewisser Autoren eine Lücke *intra legem* darstellt (...), d. h. der Gesetzgeber wollte eine Frage vollständig regeln, aber dem Gesetzeswortlaut kann mangels genügender Bestimmtheit keine unmittelbar anwendbare Regel entnommen werden. Dem Richter steht in einem solchen Falle ein gewisser Beurteilungsspielraum zu. Er hat die Umstände des Einzelfalles zu berücksichtigen und darf sich nicht nur auf eine generell abstrakte Regel stützen, zu deren Erlass er nicht zuständig ist (...).“

Die geradezu fatalistisch hingenommene Konsequenz: „Welche Auslegung einer wählt, hängt davon ab, was für eine Staatsphilosophie einer hat“,[412] ist, als methodische Regel verstanden, nicht haltbar. Der Normanwender soll vielmehr nach dem Gesetz entscheiden und, wo es ihn nicht sicher führt, Lücken nach dem Geist der Rechtsordnung füllen, nicht nach seiner eigenen Anschauung und nicht nach freier oder parteilich gebundener Politik.[413] Verlangt ist das „Zu-Ende-Denken“ eines „Gedachten“.[414]

c) Güter- und Interessenabwägung

Als Ausprägung wertorientierten Denkens besitzt der *Grundsatz der Güter- und Interessenabwägung* in der Jurisprudenz besonderes Gewicht.[415] Dies kann schon bei 262

[409] So *F. Müller*, AöR 101 (1976), 270 (275 f.).
[410] Schweizerischen Zivilgesetzbuch vom 10.12.1907 (SR 210/AS 24 233).
[411] BGE 103 Ia 501 (502 f.).
[412] *Zippelius*, Juristische Methodenlehre, 11. Aufl. 2012, S. 18 f.
[413] So zutreffend *Zöllner*, in: Gernhuber (Hrsg.), Tradition und Fortschritt im Recht, 1977, S. 131 (156).
[414] Vgl. *Radbruch/Zweigert*, Einführung in die Rechtswissenschaft, 13. Aufl. 1980, S. 284.
[415] Dazu *Hubmann*, Wert und Abwägung im Recht, 1977; *Larenz/Canaris*, Methodenlehre der Rechtswissenschaft, 3. Aufl. 1995, S. 392 ff.

der Arbeit am Sachverhalt zu beherzigen sein (Stichwort: Vertragsauslegung), gilt jedenfalls aber für den hier anvisierten Arbeitsschritt, die strukturierende Interpretation zur Ermöglichung einer adäquaten Subsumtion. Diese Interpretation hat, dies sei in Erinnerung gerufen, als solche abstrakt zu erfolgen, wenn auch stets mit Blick auf die konkreten Fallumstände. Der Grundsatz der Güter- und Interessenabwägung verlangt dabei vom Gesetzesanwender die Ermittlung der einschlägigen Werte, die Erfassung ihrer jeweiligen Fundamentalität für die Rechtsordnung allgemein und im konkreten Kontext sowie eine sachadäquate Abwägung.

Beispiele: Nach § 55 I AufenthG ist die Ausweisung eines Ausländers möglich, wenn seine Anwesenheit „erhebliche Interessen der Bundesrepublik Deutschland" beeinträchtigt. Hier kommt es darauf an, welches Gewicht dem beanstandeten Verhalten zuzumessen war. Als erhebliche Interessen sind etwa Belange der Sicherung der Volkswirtschaft oder der Schutz auswärtiger Beziehungen zu betrachten. Dagegen durfte aus geringfügigen Anlässen eine Ausweisung keinesfalls verfügt werden.[416] Konkretisierungen finden sich in §§ 55 II, 56 AufenthG. – Ein Familienname darf nach § 3 I NamensänderungsG nur geändert werden, wenn ein wichtiger Grund die Änderung rechtfertigt, so etwa bei mangelnder Unterscheidungskraft eines Sammelnamens (*Müller, Maier, Schmitz*).[417] – Innerhalb von im Zusammenhang bebauten Ortsteilen müssen sich neue Bauvorhaben gem. § 34 I BauGB in die vorhandene Umgebung einfügen. Die Rechtsprechung sieht hierin ein Gebot der Rücksichtnahme. Die jeweils zu stellenden Anforderungen hängen von den konkreten Umständen des Einzelfalles ab; im Wege der Interessenabwägung ist die Zumutbarkeit des Vorhabens für Betroffene zu ermitteln.[418]

263 Kritische Stimmen aus der Methodendiskussion sprechen freilich von einem zunehmenden „Abwägungsenthusiasmus".[419] Dieses Prinzip könne keine inhaltlichen Maßstäbe zur Verfügung stellen, die rechtsstaatlichen Anforderungen an Normklarheit und Rechtssicherheit genügten.[420] Demgegenüber ist darauf hinzuweisen, dass der Grundsatz der Güter- und Interessenabwägung sich gerade nicht an subjektiven Wertschätzungen orientieren will, sondern konkret vorhandene gesetzliche Maßstäbe anvisiert. Bei der Abwägung wird keine Lücke mit eigenen Vorstellungen aufgefüllt, sondern das relevante Abwägungsmaterial ist bereits vorhanden, es muss nur zusammengetragen werden.[421] In diesem Sinne geht es zunächst um die Ermittlung der in einer bestimmten Regelung enthaltenen Wertmaßstäbe und ihrer gegenwärtigen Schutzwürdigkeit. Sodann bedarf es einer Auflistung und Gegenüberstellung der als relevant festgestellten Werte. Bei der anschließenden Abwägung handelt es sich nicht um eine vergleichende Betrachtung in ihrer Gewichtigkeit vorab feststehender Güter, sondern um die Bewertung von Rechtsgütern in spezieller Relation zueinander. Dabei sind gleichgerichtete Interessen Vieler, wie die Kruzifix-Entscheidung des BVerfG[422] gezeigt hat, keineswegs immer als „gewichtiger" einzustufen als entgegenstehende Interessen eines Einzelnen. Einschlägige Interessen lassen sich nicht lediglich addieren; sie sind vielmehr qualitativ, nach ihrer divergierenden Art und Bedeutung für Einzelpersonen, für gesellschaftliche Gruppen oder für die Allgemeinheit zu bewerten und einzustufen.[423] Die Rationalität solcher Abwägungen hängt freilich – insoweit

---

[416] Vgl. *Renner/Bergmann/Dienelt*, Ausländerrecht, 10. Aufl. 2013, § 55 Rn. 22.

[417] Siehe dazu BVerwGE 40, 359 (360).

[418] Vgl. BVerwGE 29, 286 (288 f.); 45, 309 (327); zur Abwägung mit nachbarrechtlichen Interessen s. *Dürr*, KommJur 2005, 201 ff.

[419] So etwa *Schlink*, Abwägungen im Verfassungsrecht, 1976, S. 153.

[420] *Struck*, in: Dogmatik und Methode, Josef Esser zum 65. Geburtstag, 1975, S. 171 (189); *F. Müller*, Juristische Methodik, 7. Aufl. 1997, S. 67.

[421] So auch *Rückert/Seinecke*, Jura 2012, 775 (780).

[422] Vgl. BVerfGE 93, 1 (15 ff., 24); dazu *Kokott*, in: Sachs (Hrsg.), GG, 7. Aufl. 2014, Art. 4 Rn. 28.

[423] Vgl. *Larenz/Canaris*, Methodenlehre der Rechtswissenschaft, 3. Aufl. 1995, S. 401.

ist den Kritikern zuzustimmen – von der Existenz überzeugender Präferenzregeln ab, wie sie *Hubmann*[424] bereits vor rund 40 Jahren mit den nachfolgenden Aspekten in Ansätzen herausgearbeitet hat:

aa) Ranghöhe

Sie bemisst sich entsprechend dem Stufenbau der Rechtsordnung nach der Stellung in der Normenhierarchie. Oberster nationaler Wertmaßstab ist dabei die vom BVerfG als eigenständige Wertordnung angesehene Verfassung. Auch innerhalb der Verfassung lassen sich aber Rangunterschiede ermitteln, wie Art. 79 III GG zeigt. Abstufungen ergeben sich weiter zwischen Grundrechten mit und ohne Gesetzesvorbehalt,[425] zwischen dem Schutz des Privatbereichs und der gewerblichen Tätigkeit[426] sowie zwischen Rechten, die allgemein der Sicherung der Individualsphäre dienen, und solchen, die als für die freiheitliche demokratische Grundordnung schlechthin konstituierend betrachtet werden.[427] Gleichwohl gilt: „Nicht die abstrakte Rangordnung entscheidet über die Vorzugswürdigkeit von Werten im Einzelfall, sondern das Gewicht, das ihnen nach Ort, Zeit und Umständen zukommt und das durch die Ranghöhe nur mitbestimmt wird."[428] **264**

Beispiel: So sah das BVerfG die Untersagung des Verteilens von Flugblättern auf einem Wochenmarkt als verfassungsgemäß an, da das Ausmaß der damit verbundenen zeitlichen und örtlichen Beschränkung der Meinungsäußerungsfreiheit (Art. 5 I 1 GG) gering sei.[429]

Außerdem ist das rechtsstaatliche Verhältnismäßigkeitsprinzip durchgängig zu beachten; so darf nicht vorschnell ein Wert zu Lasten anderer übermäßig betont werden. Das Prinzip der Optimierung von Verfassungswerten durch Herstellung praktischer Konkordanz[430] gilt auch hier.

bb) Größe und Breite des Wertgehalts

Wie viele Personen partizipieren? Lässt sich das Rechtsgut teilen? Welche Zweck-Mittel-Relationen bestehen? Welche Vor- und Nachteile sowie Nebenwirkungen sind zu berücksichtigen? **265**

Beispiel: Nach § 7 II Nr. 3 AtG darf die Genehmigung für ein Kernkraftwerk nur erteilt werden, wenn die nach dem Stand von Wissenschaft und Technik erforderliche Vorsorge gegen Schäden durch die Errichtung und den Betrieb der Anlage getroffen ist. Diese „zur Zukunft hin offene" Gesetzesfassung dient aus der Sicht des BVerfG einem „dynamischen Grundrechtsschutz".[431] Demgemäß hat sich eine Einzelfallentscheidung, mit der aktuelle Sicherheitsanforderungen umgesetzt werden sollen, hinsichtlich der Intensität der vom Unternehmer zu fordernden Vorsorgemaßnahmen an der Größe des hierdurch berührten Risikos für die Umgebung auszurichten.

---

[424] *Hubmann*, Wert und Abwägung im Recht, 1977.

[425] Vgl. nur BVerfGE 30, 173 (193 ff.); *Bethge*, Zur Problematik von Grundrechtskollisionen, 1977, S. 258 ff.

[426] BVerfGE 7, 198 (215 ff.); vgl. auch BGHZ 36, 77 (80).

[427] Vgl. einerseits BVerfGE 27, 1 (6) zu Art. 1 und Art. 2 I GG, andererseits BVerfGE 20, 56 (97); BVerwGE 39, 159 (164) zu Art. 5 I GG.

[428] *Hubmann*, Wert und Abwägung im Recht, 1977, S. 21. – Vgl. insoweit beispielhaft BVerfGE 83, 130 ff. („Mutzenbacher") und BGHSt 37, 55 ff. („Opus pistorum") zum Verhältnis von Kunst und Jugendschutz.

[429] BVerfG EuGRZ 1979, 298.

[430] Vgl. dazu *Hesse*, Grundzüge des Verfassungsrechts der Bundesrepublik Deutschland, 20. Aufl. 1999, Rn. 72, 317.

[431] BVerfGE 49, 89 (137).

cc) Wertnähe und Wertintensität

266 Einem Wert kommt umso mehr Gewicht zu, je näher er dem Sachverhalt oder einer bestimmten Entscheidungsalternative steht. Zum einen kann er sich als aktuell erweisen, da er unmittelbar tangiert ist, zum anderen kann auch die Möglichkeit oder Unmöglichkeit einer Wertrealisierung Aufschluss über die Vorzugswürdigkeit im konkreten Fall geben. Weiterhin ist der Grad der Wahrscheinlichkeit einer Wertgefährdung bzw. umgekehrt einer Wertrealisierung zu berücksichtigen: „Der sicher erreichbare Wert ist einem gleichwertigen unsicheren vorzuziehen."[432] Schließlich kann auch ein zeitliches Vorrangverhältnis in der Weise bestehen, dass ein gegenwärtiger Nutzen gegenüber einem späteren vorzuziehen ist.

Beispiel: So ist die Einführung der Briefwahl verfassungsgemäß, weil sie dem Grundsatz der Allgemeinheit der Wahl in erhöhtem Maße Rechnung trägt; eine demgegenüber bei einer Briefwahl in Einzelfällen eventuell zu besorgende Verletzung des Grundsatzes der Geheimheit der Wahl hat im Rahmen einer Abwägung daher zurückzustehen.[433] – Gerade bei Sicherheitsüberprüfungen von Kernenergieanlagen haben die zuständigen Behörden die Wahrscheinlichkeit des Eintritts eines Schadensfalles als maßgeblichen Entscheidungsfaktor zu beachten.[434]

267 Im Hinblick auf das Ziel *praktischer Konkordanz* muss sich vom Grundsatz her freilich jedes auf einem Wert basierende schutzwürdige Interesse eine verhältnismäßige, an der jeweiligen Gewichtung orientierte Beschränkung gefallen lassen. Nur wenn Kompromissentscheidungen sich als unmöglich erweisen, sollte es zu – zeitlich und sachlich – beschränkten Eingriffen in als niedriger eingestufte Werte kommen.

Beispiel: Bei der Anordnung eines überkonfessionellen Schulgebets außerhalb des Religionsunterrichts an nicht bekenntnisgebundenen Gemeinschaftsschulen besteht ein Spannungsverhältnis zwischen positiver Bekenntnisfreiheit (der gläubigen Kinder) und negativer Bekenntnisfreiheit (derjenigen, die keiner Glaubensgemeinschaft angehören), für das unter Beachtung des Toleranzgebots ein Ausgleich gesucht werden muss. Das Grundrecht auf negative Bekenntnisfreiheit ist dann nicht verletzt, wenn ein Schüler in zumutbarer Weise frei und ohne Zwang über seine Teilnahme am Gebet entscheiden kann.[435]

Eine praktische Konkordanz i. d. S., dass keine Grundrechtsposition völlig zurücktreten muss, ist freilich nicht immer möglich. So kollidiert bei der Anbringung eines Kreuzes in einer öffentlichen Gemeinschaftsgrundschule die positive Bekenntnisfreiheit derjenigen Schüler, Eltern und Lehrer, die ein solches Kreuz wünschen, mit der negativen Bekenntnisfreiheit derjenigen, die der Anbringung widersprechen. Der Grundrechtskonflikt ist im Ansatz wiederum unter Berücksichtigung des Toleranzgebotes nach dem Grundsatz praktischer Konkordanz aufzulösen. Die kollidierenden Grundrechtspositionen schließen jedoch einander aus: Entweder wird ein Kreuz angebracht oder nicht. Nach Auffassung des BVerfG fällt die Abwägung zugunsten derjenigen Schüler und Eltern aus, welche das Kreuz im Klassenzimmer ablehnen.[436] Wehrt sich allein ein Lehrer gegen die Anbringung des Kreuzes, setzt sich in der

---

[432] *Hubmann*, Wert und Abwägung im Recht, 1977, S. 37.

[433] In diesem Sinne BVerfGE 59, 119 (125 f.).

[434] Vgl. BVerfGE 49, 89 (138 f.).

[435] Vgl. BVerfGE 41, 29 ff.; 52, 223 ff.; zum „Lernen unter dem Kruzifix" vgl. BVerfGE 93, 1 (15 ff.).

[436] BVerfGE 93, 1 (21 ff.). Zur Kritik in der Literatur vgl. statt vieler nur *Goerlich*, NVwZ 1995, 1184 ff.; *Flume*, NJW 1995, 2904 f.; *Stricker*, NJW 1996, 440 f.; zur Abwägung zwischen positiver und negativer Glaubensfreiheit, wenn eine muslimische Lehrerin mit Kopftuch in einer staatlichen Schule unterrichten will, s. BVerfGE, 108, 282 (302 f.) m. Anm. *Sacksofsky*, NJW 2003, 3297ff; zum Spannungsverhältnis von Religionsfreiheit, elterlichem Erziehungsrecht und Schulwesen am Beispiel der Entscheidungen des BVerwG in den Verfahren „Burkini" und „Krabat" (6 C 25/12 und 6 C 12/12) s. *Uhle*, NVwZ 2014, 541 ff.

Abwägung grundsätzlich der Wunsch der Eltern und Schüler durch, wenn diese das Kreuz befürworten.[437]

Insofern sind durchaus rationale Ansätze zur Bewältigung von Bewertungsakten im Rahmen der Norminterpretation und -anwendung erkennbar. Der Normanwender ist also keineswegs genötigt, allein oder vorrangig auf wenig objektivierbare Kategorien wie Erfahrung und Rechtsgefühl zurückzugreifen. Zu Recht stellte aber *Larenz* fest: „Eine restlose Umsetzung von Wertungsunterschieden in quantitative Unterschiede, in bezifferbare Größen, widerstreitet der Natur des Bewertungsvorgangs. Das braucht uns jedoch nicht zu hindern, nach rational fassbaren Kriterien zu suchen, die diesen Vorgang so weit als möglich durchsichtig machen."[438] Denn Ziel rechtswissenschaftlicher Erörterungen kann ohnehin nicht ein mathematisch oder naturwissenschaftlich exakter Nachweis der Richtigkeit sein, sondern nur eine methodisch gesteuerte und rational einsehbare, normativ ableitbare und überzeugende Rechtserkenntnis (s. bereits Rn. 259). 268

Zu warnen bleibt abschließend freilich vor allzu großer Abwägungseuphorie in studentischen Arbeiten. Namentlich bei verfassungsrechtlichen Aufgaben in der öffentlich-rechtlichen Anfängerübung erlebt man immer wieder, mit welcher Lust abstrakte Abwägungen gerade im Grundrechtsbereich vorgenommen werden, ohne dass zunächst die norminterpretatorischen Ansatzpunkte für diesen Schritt überhaupt herausgearbeitet worden wären. Vorschnelle Abwägungen ohne konkrete normative Basis sind verfehlt und werden durch die Prüfer stets unnachsichtig beanstandet.

III. Tatbestand und Rechtsfolgenseite (u. a. Ermessen)

Sind auf der Tatbestandsseite einer Norm alle Subsumtionen ausführlich erfolgt, ist die zu leistende Arbeit damit aber noch nicht erledigt. Zumindest im Öffentlichen Recht bedarf es noch eines Blicks auf die Rechtsfolgenseite. Während von Studierenden im Strafrecht in der Regel nicht erwartet wird, sich zu den Rechtsfolgen der Tat (vgl. §§ 38 ff. StGB) zu äußern, und auch im Zivilrecht die Rechtsfolge (Bestehen eines Anspruchs) regelmäßig keine eingehende Bearbeitung erfordert, ist im Öffentlichen Recht – zumindest kurz – noch zu prüfen, ob im konkret zu beurteilenden Fall eine von mehreren auf der Rechtsfolgenseite eröffneten Handlungsmöglichkeiten rechtmäßig ergriffen worden ist. Insoweit ist auf die Unterscheidung zwischen gebundenem Verwaltungshandeln (zwingende Rechtsfolgenanordnung bei bestimmter Tatbestandsverwirklichung) 269

Beispiele: Anwendung von „Muss"-Vorschriften wie Gewerbeuntersagung wegen Unzuverlässigkeit (§ 35 I GewO) oder Erteilung einer Baugenehmigung (z. B. § 70 I NBauO, § 75 I BauO NRW).

und der Einräumung von Ermessen aufmerksam zu machen. Ist eine Behörde ermächtigt, nach ihrem Ermessen zu handeln, so kann sie nach eigenen Zweckmäßigkeitsüberlegungen entscheiden.

Beispiele: Verbot einer Versammlung gem. § 15 II VersG bzw.§ 8 IV NVersG; Ausweisung nach § 55 I, 55 II AufenthG; Generalklauseln des Polizei- und Ordnungsrechts (z. B. § 11 NSOG, § 8 I PolG NRW).

---

[437] BayVGH NVwZ 2002, 1000 (1007), wo aber im Ergebnis wegen einer atypischen Fallgestaltung ein Anspruch des Lehrers auf Entfernung des Kreuzes bejaht wurde.

[438] *Larenz*, in: Hauss/R. Schmidt (Hrsg.), FS Klingmüller, 1974, S. 235 (248).

Nach überkommener Lehre bedeutet Ermessen nämlich eine der Verwaltung im Sinne des Opportunitätsprinzips durch den Gesetzgeber zugestandene Wahlfreiheit hinsichtlich der Rechtsfolgenbestimmung, genauer: die Befugnis, bei einer Einzelfallentscheidung aus mehreren gleichermaßen rechtmäßigen Verhaltensweisen nach Zweckmäßigkeitsgesichtspunkten *ein* Verhalten auszuwählen. Auf eine Ermessenseinräumung hin deuten Formulierungen wie „kann“,[439] „darf“, „ist befugt“, „ist berechtigt“ bzw. abgeschwächt – im Sinne einer Regelfallentscheidung, von der im Ausnahmefall jedoch abgewichen werden kann – „soll“ oder „in der Regel“. Bei Vorliegen der tatbestandlichen Voraussetzungen ist die Verwaltung in solchen Fällen befugt, eigenverantwortlich darüber zu entscheiden, ob (Entschließungsermessen), wann und wie (Auswahlermessen) sie tätig werden will.[440] Jede Ermessensausübung muss im Rechtsstaat aber Ausprägung pflichtgemäßen Ermessens sein[441] und setzt eine Abwägung unter Berücksichtigung aller relevanten Rechtsgüter und Interessen voraus. Die Behörde hat dabei ihr Ermessen entsprechend dem Zweck der Ermächtigung auszuüben und die gesetzlichen Grenzen des Ermessens einzuhalten (vgl. § 40 VwVfG, § 114 VwGO).

270 Die Verwaltungsgerichte – und auch die Studierenden in Klausur oder Hausarbeit – haben eine behördliche Ermessensausübung nach Maßgabe des § 114 VwGO zu überprüfen. Als mögliche *Ermessensfehler* sind dementsprechend anerkannt

- Ermessensüberschreitung,
- Ermessensunterschreitung (= Nichtgebrauch),
- Ermessensfehlgebrauch.

Zu diesen Fehlergruppen besteht eine umfängliche kasuistische Rechtsprechung, deren Grundlinien und Konsequenzen für zentrale Ermessensnormen jeder Examenskandidat kennen sollte.[442]

Beispiel: Exemplarisch sei hier wieder auf § 55 I, 55 II Nr. 2 AufenthG verwiesen, wonach Ausländer, die einen nicht nur vereinzelten oder geringfügigen Verstoß gegen Rechtsvorschriften begangen haben, ausgewiesen werden können. Bei der notwendigen Ermessensausübung können auch generalpräventive Gründe eine Rolle spielen. So ist eine vorsätzliche Straftat grundsätzlich ein beachtlicher Ausweisungsgrund.[443]

Den solchermaßen gewonnenen Einsichten ist in Hausarbeiten und Klausuren durch entsprechende Ausführungen Rechnung zu tragen.

Beispiel: „Mit der soeben getroffenen Feststellung, dass der wegen Diebstahls rechtskräftig verurteilte Ausländer A gem. §§ 55 I, 55 II Nr. 2 AufenthG ausgewiesen werden kann, steht noch nicht fest, dass die ihm gegenüber ergangene Ausweisungsverfügung rechtmäßig ist. Der zuständigen Ausländerbehörde wird durch die genannten Bestimmungen ein Rechtsfolgeermessen eingeräumt („kann“). Vorliegend könnte die Ausweisung ermessensfehlerhaft sein, da die Behörde davon ausgegangen ist, dass sie bei Vorliegen der tatbestandlichen Voraussetzungen eine Ausweisungsverfügung erlassen muss (Ermessensnichtgebrauch). Sie ist nicht in die pflichtgemäße Ermessensausübung eingetreten, ob nicht vielleicht der Umstand, dass A mit einer deutschen Frau verheiratet ist und sie gemeinsame eheliche Kinder mit Wohnsitz in der Bundesrepublik haben, einer solchen Ausweisung entgegensteht.“

---

[439] Zur abweichenden Variante des bloßen „Kompetenz-Kann“ s. bereits Rn. 231 m. w. N.

[440] Zum Entschließungs- und zum Auswahlermessen im Polizeirecht vgl. *Erbguth/Mann/Schubert*, Besonderes Verwaltungsrecht, 12. Aufl. 2015, Rn. 531 ff.

[441] BVerfGE 18, 353 (363).

[442] Dazu ausführlich *Maurer*, Allgemeines Verwaltungsrecht, 18. Aufl. 2011, § 7 Rn. 19 ff.

[443] Vgl. *Renner/Bergmann/Dienelt*, Ausländerrecht, 10. Aufl. 2013, § 55 Rn. 23 ff. mit Beispielen in § 55 Rn. 31; *Hailbronner*, Ausländerrecht, Loseblattkommentar, Stand: September 2014, § 55 Rn. 15 ff., 30 ff.

Nicht nur, wenn das Gesetz einem Bürger einen materiellen Anspruch (subjektiv-öffentliches Recht) auf ein bestimmtes Verwaltungshandeln gewährt, ist dieser berechtigt, sein Recht vor dem Verwaltungsgericht einzuklagen. Der betroffene Bürger ist vielmehr auch berechtigt, das Vorliegen von Ermessensfehlern vor dem Verwaltungsgericht geltend zu machen, wenn das Gesetz in einem Rechtssatz, welcher zumindest *auch* dem Interesse des Einzelnen zu dienen bestimmt ist, der Verwaltung Ermessen einräumt. Ihm steht unter diesen Voraussetzungen ein formelles subjektiv-öffentliches Recht auf fehlerfreien Ermessensgebrauch zu. 271

Dieses formelle subjektiv-öffentliche Recht verdichtet sich faktisch zu einem Anspruch im Falle der sog. *Ermessensreduktion auf Null*, d. h. wenn die Ermessensfreiheit auf Grund der konkreten Konstellationen im Einzelfall derart zusammengeschrumpft ist, dass nur noch *eine* einzige Entscheidung als ermessensfehlerfrei erscheint. In diesem Kontext können dann auch Ermessensrichtlinien als ein Typus der Verwaltungsvorschriften (zu ihnen bereits Rn. 62) eine Rolle spielen, denen zwar grundsätzlich nur verwaltungsinterne Wirkung zukommt, die aber die Verwaltungspraxis vorzeichnen und dirigieren.

Beispiel: Subventionsvergabe auf der Grundlage eines Haushaltstitels in Verbindung mit Vergaberichtlinien des zuständigen Ministeriums.[444]

Wegen der Bindung der Verwaltung an den Gleichheitssatz (Art. 3 I GG) kann der Bürger insoweit Gleichbehandlung verlangen (Selbstbindung der Verwaltung).

IV. Zur Schließung von Regelungslücken

Der Bearbeiter einer Klausur oder Hausarbeit wird manchmal vor der Frage stehen, wie zu verfahren ist, wenn gewisse Fallgruppen selbst bei sorgfältiger Auslegung nach Maßgabe der anerkannten Kriterien von den in Betracht kommenden Rechtssätzen nicht erfasst werden, gleichwohl aber eine Ausdehnung der in diesen Normen angeordneten Rechtsfolgen auch auf die anvisierten Fallgruppen als konsequent erscheint. 272

Beispiel: Vor der Bundestagswahl 1969 bewarb sich der seinerzeitige Bonner Oberbürgermeister D parteiintern vergeblich um die Aufstellung als Wahlkreiskandidat im Wahlkreis Bonn. Er kandidierte daraufhin als parteiunabhängiger Wahlbewerber und erhielt bei der anschließenden Bundestagswahl über 20 % der gültigen Erststimmen in seinem Wahlkreis, erreichte aber nicht das erstrebte Bundestagsmandat. Sein anschließender, auf den damaligen[445] § 18 I PartG gestützter Antrag auf Wahlkampfkostenerstattung wurde vom Bundestagspräsidenten abgelehnt, da das Parteiengesetz seinerzeit die Erstattung derartiger Kosten nur in pauschalierter Form an Parteien vorsah. Der Wortlaut des § 18 PartG in der 1969 gültigen Fassung war eindeutig, so dass sich ein Anspruch auf Wahlkampfkostenerstattung auch nicht im Wege der Auslegung begründen ließ.[446] Für die Beantwortung der Frage, ob eine analoge Anwendung der Norm bezüglich der Wahlkampfkostenerstattung auch auf parteiunabhängige Bewerber möglich war, kam es ent-

---

[444] Vgl. OVG Greifswald NVwZ-RR 2002, 406: „Anspruchsvoraussetzungen aus der Verwaltungspraxis und dem in ihr deutlich werdenden Verständnis der Verwaltung vom Inhalt der Richtlinie."

[445] Die Vorschrift wurde durch Gesetz vom 21.12.1979 (BGBl. I S. 2358) novelliert, indem (seinerzeit in § 18 IV PartG) auch eine Wahlkampfkostenerstattung an unabhängige Bewerber normiert worden ist – vgl. dazu auch BVerwG EuGRZ 1980, 434 sowie *Versteyl*, NJW 1980, 925 ff. Die heutige Rechtslage ist maßgeblich eine Reaktion auf die späteren Grundsatzurteile des BVerfG zur Parteienfinanzierung, vgl. BVerfGE 85, 264 ff.; 111, 382 ff.

[446] Insoweit bestand zwischen den drei mit diesem Fall befassten Gerichten im Ergebnis Einigkeit, vgl. VG Köln DÖV 1972, 356 f.; BVerwGE 44, 187 ff. (Sprungrevision) mit Anm. *Henke*, NJW 1974, 515; BVerfGE 41, 399 ff. (Verfassungsbeschwerde).

scheidend darauf an, ob überhaupt eine Regelungslücke bestand, ob also die fehlende Regelung vom Gesetzgeber als bewusste Beschränkung des Kreises der Erstattungsberechtigten gewollt war oder nicht (dazu auch Rn. 274, 308).

1. Analogie

273 Die verbreitetste Methode der Lückenschließung ist die Analogie.

a) Voraussetzungen des Analogieschlusses

Erste Voraussetzung für die analoge Anwendung einer Rechtsnorm, sofern dies nicht ohnehin verfassungsrechtlich blockiert ist (vgl. für das Strafrecht Art. 103 II GG),[447] ist zunächst das Vorliegen einer *Regelungslücke*. Denn wenn der Gesetzgeber eine Fallgruppe bewusst nicht in den Wirkungsbereich einer Norm einbezogen hätte (sog. „beredtes Schweigen"), wäre kein Raum für einen gegenteiligen Schritt. Die bewusste Nicht-Regelung begründet nämlich keine Regelungslücke. Ob aber eine bewusste Ausklammerung erfolgt ist oder ein Regelungsdefizit einfach übersehen wurde, bedarf sorgfältiger Untersuchung. Immerhin können die unterschiedlichsten Gründe zu der gesetzgeberischen Enthaltsamkeit geführt haben:

- Der Gesetzgeber kann den zur Diskussion stehenden Lebenssachverhalt aufgrund unzureichender Vorarbeiten bei seiner normativen Ausgestaltung schlicht übersehen haben.
- Eine konkrete Problematik kann auch erst nach Erlass der Norm virulent geworden sein, so dass sie für den historischen Gesetzgeber seinerzeit gar nicht vorhersehbar war.
- Der Gesetzgeber hat diese Fallgestaltung zwar als möglich erkannt, wollte aber zunächst einmal die weitere Entwicklung abwarten, um sodann auf der Basis von Erfahrungen nach Entscheidungen der Exekutive und der Gerichte angemessen reagieren zu können.
- Und schließlich kann es sein, dass der Gesetzgeber einen bestimmten Lebenssachverhalt bewusst gerade nicht in seine Regelung einbeziehen wollte.

274 Kommt man nach sorgfältiger Begutachtung zu der Auffassung, dass eine bewusste Regelungslücke ausscheidet, so ist an eine Analogie zu denken,[448] sofern zusätzlich eine *Rechtsähnlichkeit* und *gleichartige Interessenlage* zwischen der nicht geregelten Fallgruppe und den von einer Norm erfassten Fällen zu bejahen ist, die eine Übernahme letzterer Regelung auch auf erstere Fälle erfordert.[449] Es handelt sich also um einen Gleichheitsschluss (sog. argumentum e simile).

---

[447] Danach ist eine Analogie zuungunsten des Täters verboten. So musste etwa § 248c StGB geschaffen werden, weil RGSt 32, 165 die Entziehung fremder elektrischer Energie nicht in analoger Anwendung des § 242 als Diebstahl bestrafen konnte; zur Unzulässigkeit steuerbegründender oder steuerverschärfender Analogie vgl. *Lang,* in: Tipke/Lang, Steuerrecht, 21. Aufl. 2013, § 5 Rn. 81, 84 ff.; zur Zulässigkeit belastender Analogie im Verwaltungsrecht s. *Beaucamp*, AöR 134 (2009), 83 ff. und *Hemke*, Methodik der Analogiebildung im öffentlichen Recht, 2006, S. 268 ff.

[448] Dazu umfassend *Bydlinski*, Juristische Methodenlehre und Rechtsbegriff, 2. Aufl. 1991, S. 472 ff.; *Engisch*, Einführung in das juristische Denken, 11. Aufl. 2010, S. 236 ff.; *T. I. Schmidt*, VerwArch 97 (2006), 139 ff.; *Luther*, Jura 2013, 449 ff.; zur Analogiefähigkeit von Ausnahmevorschriften *Würdinger*, JuS 2008, 949 ff.

[449] *Bartholomeyczik*, Die Kunst der Gesetzesauslegung, 4. Aufl. 1967, S. 83, spricht hier von der Gewinnung des „analogen Obersatzes"; vgl. auch *Zippelius*, Juristische Methodenlehre, 11. Aufl. 2012, S. 53 f.; *T. I. Schmidt*, VerwArch 97 (2006), 139 (142 ff.); *Butzer/Epping*, Arbeitstechnik im Öffentlichen Recht, 3. Aufl. 2006, S. 51.

Beispiel (zum Fall in Rn. 272): Wenn in § 18 PartG a. F. die Rechtsstellung parteiunabhängiger Kandidaten weder positiv noch negativ geregelt werden sollte, so ließe sich mit Blick auf die Chancengleichheit aller Bewerber durchaus an eine analoge Anwendung denken, weil auch ein Einzelbewerber im Sinne eines freien, nicht bei den politischen Parteien monopolisierten Wahlvorschlagrechts Einfluss auf die Willensbildung des Volkes nehmen kann.[450]

b) Rechtsanalogie und Gesetzesanalogie

Handelt es sich um die Übernahme der in einer bestimmten Vorschrift enthaltenen Regelung, so spricht man von einer *Gesetzesanalogie* (auch: *Einzelanalogie*). 275

Beispiel: Analogie zu § 80 II Nr. 2 VwGO, um zu begründen, dass ein Widerspruch gegen ein Verkehrszeichen keine aufschiebende Wirkung hat.[451]

Erfolgt die Analogie durch Übernahme eines aus mehreren Regelungen folgenden allgemeinen Rechtsgedankens, spricht man von einer *Rechtsanalogie*.[452]

Beispiele:
- Analogie zu den Fällen des § 80 II Nrn. 1 bis 3 VwGO, um das gleiche Ergebnis wie im vorangegangenen Beispiel zu begründen.[453]
- die bis zum Inkrafttreten der Schuldrechtsreform 2002 übliche Herleitung der zivilrechtlichen Haftung für culpa in contrahendo unter Berücksichtigung einer Reihe von Vorschriften zu Schadensersatzverpflichtungen bei schuldhaftem Verhalten gegenüber dem Vertragspartner im Stadium der Vertragsverhandlungen (vgl. §§ 122, 179 und die früheren, bis zum Inkrafttreten des Schuldrechtsmodernisierungsgesetzes 2002 geltenden §§ 307, 309, 463 S. 2 BGB u. a.).[454]
- Entwicklung eines öffentlich-rechtlichen Folgenbeseitigungsanspruchs auf der Grundlage einer Analogie zu den §§ 1004, 12, 862 BGB.[455]
- Entwicklung eines öffentlich-rechtlichen Erstattungsanspruchs aus dem Grundsatz der Gesetzmäßigkeit der Verwaltung und den Grundrechten, bei dessen Anwendung je nach Interessenlage jedoch auf eine entsprechende Anwendung einzelner Vorschriften der §§ 812 ff. BGB zurückgegriffen wird.[456]

c) Grenzen der Analogie

Dabei muss man sich freilich darüber im Klaren sein, dass man den sicheren Boden der Auslegung verlassen hat und nunmehr gewissermaßen Rechtsfortbildung betreibt. Mit gutem Grund hat das Bundesverfassungsgericht deshalb im Zusammenhang mit der Problematik einer analogen Rechtsanwendung der früheren §§ 569a, 569b BGB (vgl. heute: §§ 563, 563a BGB) auf nichteheliche Lebensgemeinschaften darauf aufmerksam gemacht, dass verfassungsrechtliche Schranken für eine analoge Anwendung einfachgesetzlicher Vorschriften aus dem in Art. 20 III GG angeordneten Vorrang des Gesetzes und speziellen grundrechtlichen Anforderungen resultieren. Als Element des Rechtsstaatsprinzips sei auch Rechtssicherheit gewährleistet, die durch 276

---

[450] Eine solche lehnte das BVerfG freilich unter Hinweis auf einen „erkennbaren Willen des Gesetzgebers" ab; BVerfGE 41, 399 (411).

[451] BGH DÖV 1978, 374 (375); OVG Münster OVGE 24, 200.

[452] *Wank*, Die Auslegung von Gesetzen, 5. Aufl. 2011, S. 85 ff.; *Schneider/Schnapp*, Logik für Juristen, 6. Aufl. 2006, S. 154; *Würdinger/Bergmeister*, Jura 2007, 15 (17 ff.); das Begriffspaar grundsätzlich ablehnend *T. I. Schmidt*, VerwArch 97 (2006), 139 (149 ff.).

[453] VGH Mannheim ESVGH 24, 81 (83 f.).

[454] Vgl. *Grüneberg*, in: Palandt, BGB, 74. Aufl. 2015, § 311 Rn. 11 f.; methodisch interessant RGZ 54, 98 (betr. Regelungslücke, aber auch zu ratio legis und Ablehnung eines Umkehrschlusses); vgl. jetzt § 311 II BGB.

[455] Daneben werden jedoch auch andere Begründungsvorschläge (z. B. Art. 19 IV GG, Gesetzmäßigkeit der Verwaltung) unterbreitet, vgl. *Maurer*, Allgemeines Verwaltungsrecht, 18. Aufl. 2011, § 30 Rn. 5.

[456] Vgl. dazu *Detterbeck*, Allgemeines Verwaltungsrecht, 12. Aufl. 2014, Rn. 1238 f.; *Gurlit*, in: Erichsen/Ehlers (Hrsg.), Allgemeines Verwaltungsrecht, 14. Aufl. 2010, § 34 Rn. 24.

richterliche Rechtsfortbildung nicht beeinträchtigt werden dürfe.[457] In einer jüngeren, verfassungsrechtlich wie methodisch bedeutsamen Grundsatzentscheidung hat das BVerfG nochmals betont, dass Gesetzesbindung und Gewaltenteilung als unverrückbare Grenzen der Rechtsfortbildung anzusehen sind, die es ausschließen, „dass die Gerichte Befugnisse beanspruchen, die von der Verfassung dem Gesetzgeber übertragen worden sind, indem sie sich aus der Rolle des Normanwenders in die einer normsetzenden Instanz begeben und damit der Bindung an Recht und Gesetz entziehen. Richterliche Rechtsfortbildung darf nicht dazu führen, dass der Richter seine eigene materielle Gerechtigkeitsvorstellung an die Stelle derjenigen des Gesetzgebers setzt."[458] Habe der Gesetzgeber eine eindeutige Entscheidung getroffen, so dürfe der Richter diese nicht auf Grund eigener rechtspolitischer Vorstellungen verändern und durch eine judikative Lösung ersetzen, die so im Parlament nicht erreichbar gewesen sei. Allerdings führt das BVerfG weiter aus:

„Die tatsächliche oder rechtliche Entwicklung kann jedoch eine bis dahin eindeutige und vollständige Regelung lückenhaft, ergänzungsbedürftig und zugleich ergänzungsfähig werden lassen. Die verfassungsrechtliche Zulässigkeit der Lückensuche und -schließung findet ihre Rechtfertigung unter anderem darin, dass Gesetze einem Alterungsprozess unterworfen sind. Sie stehen in einem Umfeld sozialer Verhältnisse und gesellschaftspolitischer Anschauungen, mit deren Wandel sich auch der Norminhalt ändern kann (vgl. BVerfGE 34, 269 [288]). In dem Maße, in dem sich aufgrund solcher Wandlungen Regelungslücken bilden, verliert das Gesetz seine Fähigkeit, für alle Fälle, auf die seine Regelung abzielt, eine gerechte Lösung bereit zu halten. Die Gerichte sind daher befugt und verpflichtet zu prüfen, was unter den veränderten Umständen „Recht" i. S. des Art. 20 III GG ist.

Die Methode der Analogie wird diesen verfassungsrechtlichen Anforderungen gerecht. Sie geht zwar über die Auslegung im engen Sinne hinaus, indem sie den Anwendungsbereich einer Norm auf einen Fall erstreckt, der von ihrem Wortlaut nicht erfasst wird. Diese Rechtsfortbildung geschieht jedoch innerhalb des beschriebenen verfassungsrechtlichen Rahmens. Sie stellt nicht die Äußerung unzulässiger richterlicher Eigenmacht dar, durch die der erkennbare Wille des Gesetzgebers beiseitegeschoben und durch eine autark getroffene richterliche Abwägung der Interessen ersetzt wird. Vielmehr wird aus den Wertungen des Gesetzes entnommen, ob eine Lücke besteht und in welcher Weise sie geschlossen werden soll."[459]

277 Verkürzt lässt sich sagen, Art. 20 III GG binde nicht an den Wortlaut des Gesetzes, sondern an den Willen des Gesetzgebers. Demnach ist der Rechtsanwender berechtigt und verpflichtet, das Recht im Sinne des Gesetzgebers fortzubilden, wenn die existierenden Normen dessen Willen nur unvollkommen zum Ausdruck bringen.[460] Bereits vor diesem komplexen Hintergrund ist jedenfalls in der studentischen Fallbearbeitung gegenüber der Analogie Zurückhaltung am Platze, zumal in der Klausur für die notwendigen, oft komplizierten Feststellungen zur Lücke, Rechtsähnlichkeit und gleichgerichteter Interessenlage schon nicht genügend Zeit zur Verfügung stehen dürfte. Überlegungen hinsichtlich einer Analogie werden in einer Klausurbearbeitung meist nur dann erwartet, wenn eine solche sich in der Rechtspraxis bereits durchgesetzt hat

Beispiele: Entsprechende Anwendung des § 113 I 4 VwGO auf Verpflichtungsklagen oder in Fällen einer Erledigung vor Klageerhebung.[461]

---

[457] BVerfGE 82, 6 ff. m. w. N. aus der Rspr.

[458] BVerfG NJW 2011, 836 ff.; s. dazu auch *Rüthers*, JuS 2011, 865 (868 f.).

[459] BVerfG NJW 1990, 1593 f.; zu Voraussetzungen und Grenzen der Rechtsfortbildung s. schulmäßig auch BVerwG NJW 2013, 2775 ff.

[460] *Luther*, Jura 2013, 449.

[461] Vgl. die Nachweise bei *Wolff*, in: ders./Decker, VwGO/VwVfG, 3. Aufl. 2012, § 113 Rn. 95 ff.; *Emmenegger*, in: Fehling/Kastner/Störmer (Hrsg.), Verwaltungsrecht – VwVfG/VwGO, 3. Aufl. 2013, § 113 Rn. 91 ff.

oder jedenfalls bei bestimmten Fallkonstellationen in Judikatur oder Literatur diskutiert wird.

Beispiel: Zumindest bei gebundenen Entscheidungen ist allgemein anerkannt, dass die in § 42 II VwGO für die Klagebefugnis bei Anfechtungs- und Verpflichtungsklagen aufgestellten Erfordernisse auch als Voraussetzung der Widerspruchsbefugnis bei Widerspruchsverfahren gem. §§ 68, 70 VwGO anzusehen sind.[462] Die analoge Anwendung des § 42 II VwGO auf Widerspruchsverfahren ermöglicht die Ausschaltung sogenannter „Popularwidersprüche".

2. Argumentum e contrario (Umkehrschluss)

Erscheint eine Lückenfüllung durch Analogie nicht möglich, weil eine vorhandene normative Regelung als abschließende zu verstehen ist („Singularia non sunt extendenda"), so lässt sich im Wege des Umkehrschlusses (argumentum e contrario) feststellen, dass eine Erstreckung der Rechtsfolgen der gesetzlichen Vorschrift auf die in Rede stehende Fallgruppe mit Rücksicht auf die im Gesetz zum Ausdruck gebrachten Intentionen ausscheiden muss.[463] 278

Beispiele: Im Beispielsfall aus Rn. 272 kam das BVerwG auf diesem Wege zur Ablehnung des geltend gemachten Anspruchs auf Wahlkampfkostenerstattung.[464] – Die Frage, ob eine Frühstückspension (Hotel garni) ein in reinen Wohngebieten zulässiges „Wohngebäude" im Sinne des § 3 II Nr. 1 BauNVO ist, lässt sich im Wege des Umkehrschlusses aus § 3 III Nr. 1 BauNVO verneinen, weil dort als Kontrastbegriff vom „Beherbergungsgewerbe" die Rede ist, das in reinen Wohngebieten nur ausnahmsweise zulässig sein soll.

3. Argumentum a fortiori

Von den weiteren rechtsmethodischen Regeln zur Erstreckung von gesicherten Normwirkungen auf weitere Fallgruppen[465] sollten Studierende jedenfalls noch das argumentum a fortiori, das argumentum a maiore ad minus sowie das argumentum a minori ad maius kennen. Das argumentum a fortiori kennzeichnet dabei den (vielfach dogmatisch nicht unbedenklichen) *Erst-Recht-Schluss*. 279

Beispiele: Mit dem Argument, wenn schon eine rechtmäßige Enteignung i. S. d. Art. 14 III GG entschädigt werde, dann müsse „mindestens in dem gleichen Maße" auch ein rechtswidriger Eingriff, der „seinem Inhalt und seiner Wirkung nach einer Enteignung gleichkommt", entschädigt werden, hatte der BGH[466] seinerzeit seine Dogmatik zum sog. enteignungsgleichen Eingriff begründet. – Wenn eine Prüfungsordnung bereits das Mitführen von unerlaubten Hilfsmitteln als Grund ansieht, um die Prüfung als „nicht bestanden" zu erklären, muss diese Folge erst recht gelten, wenn der Prüfling von diesen Hilfsmitteln in der Prüfung sogar Gebrauch macht.[467]

---

[462] Vgl. *Pietzner/Ronellenfitsch,* Das Assessorexamen im öffentlichen Recht, 13. Aufl. 2014, S. 332 ff.; *Hufen*, Verwaltungsprozessrecht, 9. Aufl. 2013, § 6 Rn. 20 ff.; *Würtenberger*, Verwaltungsprozessrecht, 3. Aufl. 2011, § 23 Rn. 359.

[463] Vgl. die Beispiele zum Umkehrschluss im Zivilrecht bei *Würdinger/Bergmeister*, Jura 2007, 15 (23 f.).

[464] BVerwG NJW 1974, 514 f.; i. E. ebenso BVerfGE 41, 399 (411), wo freilich ein Verstoß der so verstandenen Regelung gegen den Grundsatz der Chancengleichheit der Wahlbewerber (Art. 38 I 1 GG) gerügt wurde.

[465] Vgl. die Darstellungen bei *Larenz/Canaris,* Methodenlehre der Rechtswissenschaft, 3. Aufl. 1995, S. 202 ff.; *Schneider/Schnapp*, Logik für Juristen, 6. Aufl. 2006, S. 155 ff. (§§ 35, 36); *Stober*, in: Wolff/Bachof/Stober/Kluth, Verwaltungsrecht I, 12. Aufl. 2007, § 28 Rn. 51.

[466] BGHZ 6, 270 (290); zur Vereinbarkeit dieser Rechtsprechung mit Art. 14 III GG vgl. BVerfGE 58, 300 („Naßauskiesung"); dazu wiederum BGHZ 90, 17 („Sandabbau").

[467] Beispiel nach *Butzer/Epping*, Arbeitstechnik im Öffentlichen Recht, 3. Aufl. 2006, S. 53.

4. Argumentum a maiore ad minus

280 Einen Spezialfall[468] des Erst-Recht-Schlusses bildet das argumentum a maiore ad minus, das eine Erst-Recht-Schlussfolgerung vom Größeren auf das Kleinere beinhaltet. Hiernach wird gefolgert, dass in einer weitumspannenden allgemeinen Regelung auch die weniger weit reichende, speziellere Regelung enthalten sein soll.

Beispiele: Mit einem argumentum a maiore ad minus lässt sich begründen, dass nicht mehr anfechtbare Verwaltungsakte, die auf einer inzwischen geänderten höchstrichterlichen Rechtsprechung beruhen, nicht mehr aufgehoben werden können. Schließlich gilt dies nach § 79 II BVerfGG selbst für den schwerer wiegenden Fall, dass einer Entscheidung Rechtsnormen zugrunde lagen, die das BVerfG im Nachhinein für nichtig erklärt hat.[469] – Wenn eine Behörde berechtigt ist, aufgrund einer Vorschrift eine beantragte Erlaubnis zu versagen, wird sie auch befugt sein, die Erlaubnis mit einer Einschränkung zu erteilen, anstatt sie vollends zu versagen.

5. Argumentum a minori ad maius

In der Umkehrung dieses Gedankens wurde das argumentum a minori ad maius entwickelt. Es kennzeichnet den Schluss vom Kleineren auf das Größere, bei dem von einer enger gefassten Rechtsregel auf eine weitergehende Anordnung geschlossen wird; ein freilich auch nicht ungefährlicher Schluss.

Beispiel: Wenn es verboten ist, zu zweit auf einem Fahrrad zu fahren, ist es erst Recht verboten, zu dritt auf einem Fahrrad zu fahren.

Für die Klausurpraxis sollte jeder Student in der Lage sein, auftretende Lücken mit Hilfe dieser Argumentationsfiguren zu schließen, wenngleich diese rechtstechnischen Schlüsse bei Licht besehen nicht selten nur in suggestiver Weise die Entscheidung in reinen Abwägungsfragen als Folge einer Denknotwendigkeit erscheinen lassen. Ihnen wurde daher zum Vorwurf gemacht, sie hätten keinen Interpretationswert, sondern repräsentierten „nur die mit Recht verdächtige ‚rhetorische' Kunst des Juristen: nach Bedarf Argumente zu finden."[470]

V. Normkonkurrenzen

281 Bei der klausurmäßigen Bearbeitung von Rechtsfällen wird kaum je lediglich e i n e gesetzliche Vorschrift für die rechtliche Beurteilung von Bedeutung sein. Vielmehr werden durchweg mehrere Normen als einschlägig in Betracht kommen, sei es abgestuft für verschiedene in der Fallfrage anvisierte Rechtsfolgen,[471] sei es für die gleiche Rechtsfolge. Das stellt die Studierenden vor die Aufgabe, zu untersuchen, in welchem Verhältnis diese Normen zueinander stehen (häufig: Regel-Ausnahme-Prinzip[472]) und in welcher Reihenfolge bei der rechtlichen Prüfung sinnvoller Weise vorzugehen

---

[468] *Th. M. Möllers*, Juristische Arbeitstechnik und wissenschaftliches Arbeiten, 6. Aufl. 2012, Rn. 359, setzt den Erst-Recht-Schluss ohne nähere Begründung mit dem argumentum a maiore ad minus gleich.

[469] Vgl. zum Streitstand *Engels*, in: Mann/Sennekamp/Uechtritz, VwVfG, 2014, § 51 Rn. 32.

[470] *Esser*, Grundsatz und Norm in der richterlichen Fortbildung des Privatrechts, 4. Aufl. 1990, S. 112, 128; kritisch auch *Schneider/Schnapp*, Logik für Juristen, 6. Aufl. 2006, S. 164.

[471] Zu der bei Anspruchskonkurrenz im Zivilrecht zu beherzigenden Aufbauregel: Primäransprüche (wie Leistungsansprüche) vor Sekundäransprüchen (wie Schadensersatzansprüchen) vgl. *Medicus/Petersen*, Bürgerliches Recht, 24. Aufl. 2013, Rn. 205; zum Primär- und Sekundärrechtsschutz im Öffentlichen Recht und dem hier ebenfalls geltenden Vorrang des Primärrechtsschutzes vgl. *Erbguth*, VVDStRL 61 (2002), S. 221 (227).

[472] Zum darauf basierenden Typ der „Pointenklausur" *Diederichsen/Wagner*, Die BGB-Klausur, 9. Aufl. 1998, S. 14 f.

ist. Erste Hinweise dazu wurden bereits bei der Erörterung des Gutachtenstils (Rn. 204 ff.) gegeben. An dieser Stelle seien noch einige ergänzende Bemerkungen angefügt.

1. Rechtsgrund- und Rechtsfolgenverweisungen

Das gängige gesetzgebungstechnische Instrument zur Entlastung der Legislative, das dazu dient, unökonomische Wiederholungen von in der Rechtsordnung bereits an anderen Orten niedergelegten Regelungen zu vermeiden, ist die Verweisung.[473] Durch sie wird auf den Inhalt anderer Normen Bezug genommen, wobei dogmatisch zwischen der Rechtsgrund- (auch: Tatbestands-) und der Rechtsfolgenverweisung zu unterscheiden ist. Bei der *Rechtsgrundverweisung* ist zu prüfen, ob sämtliche Tatbestandsmerkmale der in Bezug genommenen Norm erfüllt sind. 282

Beispiele:
- Wer durch den originären Erwerb einer Sache durch einen anderen einen Rechtsverlust erleidet, kann gem. § 951 I 1 BGB von demjenigen, zu dessen Gunsten die Rechtsänderung eintritt, Vergütung in Geld nach den Vorschriften über die Herausgabe einer ungerechtfertigten Bereicherung fordern. Damit trifft § 951 I 1 BGB eine Rechtsgrundverweisung nach § 812 I 1 (2. Alt.) BGB.[474]
- § 15 I GastG verweist für die Rücknahme einer Gaststättenerlaubnis auf die für die Erteilung der Erlaubnis maßgeblichen Versagungsgründe nach § 4 I Nr. 1 GastG.
- Nach der Rspr. des OVG Lüneburg ist § 80a III 2 VwGO eine Rechtsgrundverweisung auf § 80 VI VwGO, so dass vor dem gerichtlichen Rechtsschutz ein Antrag bei der Behörde auf Aussetzung der sofortigen Vollziehung zu stellen ist.[475]

Bei der *Rechtsfolgenverweisung* wird lediglich die in der anderen Norm bezeichnete Rechtsfolge übernommen.

Beispiel: § 684 I 1 BGB (Herausgabe der Bereicherung bei unberechtigter Übernahme der GoA) mit der Rechtsfolgenverweisung auf die Vorschriften der §§ 812 ff. BGB.

2. Statische und dynamische Verweisungen

In Ansehung der Norm, auf die Bezug genommen wird, ist des Weiteren zwischen statischer und dynamischer Verweisung zu unterscheiden. Beide Verweisungsarten sind nach der Rechtsprechung des BVerfG grundsätzlich möglich und anerkannt, sofern die in Bezug genommenen Vorschriften dem Normadressaten durch eine frühere ordnungsgemäße Veröffentlichung zugänglich sind.[476] Wird auf eine bestimmte Rechtsnorm verwiesen, die im Zeitpunkt des Erlasses der Verweisungsnorm gilt oder zu einem früheren Zeitpunkt, auf den ausdrücklich verwiesen wird, in Geltung gewesen ist, so liegt eine *statische Verweisung* vor.[477] 283

Beispiel: In § 1 I Nds. VwVfG hieß es bis zur Gesetzesänderung v. 24.9.2009 (Nds. GVBl., S. 361): „Für die öffentlich-rechtliche Verwaltungstätigkeit der Behörden des Landes, der Gemeinden, der Landkreise und der sonstigen der Aufsicht des Landes unterstehenden Körperschaften, Anstalten und Stiftungen des öffentlichen Rechts gelten die Vorschriften des Verwaltungsverfahrensgesetzes in der Fassung vom 23. Januar 2003 (BGBl. I S. 102) mit Ausnahme der §§ 1, 2, 61 II, §§ 78, 94 und §§ 100 bis 101 sowie die Vorschriften dieses Ge-

---

[473] Vertiefend *Karpen*, Die Verweisung als Mittel der Gesetzgebungstechnik, 1970; aus der Rspr. vgl. *BVerfG* EuGRZ 2007, 231 (232 f.).
[474] Vgl. nur *Berger*, in: Jauernig (Hrsg.), BGB, 15. Aufl. 2014, § 951 Rn. 1.
[475] *OVG Lüneburg* NVwZ-RR 2010, 552 ff.; a. A. *Kopp/Schenke*, VwGO, 20. Aufl. 2014, § 80a Rn. 21 m. w. N.
[476] Vgl. BVerfGE 47, 285 (311 f.); 60, 135 (155).
[477] S. *BVerfG* EuGRZ 2007, 231 (232) zur Verweisung in § 20 II Luftverkehrszulassungsordnung.

setzes."[478] Mit der Gesetzesänderung wurden die Worte „in der Fassung vom 23. Januar 2003 (BGBl. I S. 102)" gestrichen. Damit wurde aus der statischen eine dynamische Verweisung.

284 Soll nach der Verweisungsnorm das Verweisungsobjekt in seiner jeweiligen Fassung gelten, so handelt es sich um eine *dynamische Verweisung*.[479] Solche dynamischen Verweisungen haben zur Konsequenz, dass eine spätere Änderung der in Bezug genommenen Normen gleichzeitig auch zu einer Modifizierung des in der Verweisungsnorm enthaltenen Gesetzesbefehls führt. Der Gesetzgeber unterwirft sich durch eine dynamische Verweisung somit dem Änderungswillen desjenigen Normgebers, in dessen Zuständigkeit die Änderung der in Bezug genommenen Norm fällt. Die rechtsstaatlichen Bedenken gegenüber dynamischen Verweisungen sind demgemäß größer als bei statischen Verweisungen. Gleichwohl soll der Gesetzgeber nach der Rechtsprechung des BVerfG grundsätzlich befugt sein, im Wege der dynamischen Verweisung auch auf fremdes, nicht von ihm formuliertes Recht eines anderen Kompetenzträgers Bezug zu nehmen, also etwa in einem Bundesgesetz auf Landesrecht zu verweisen oder umgekehrt.[480] Besonderen demokratischen und rechtsstaatlichen Vorbehalten sehen sich jedoch gesetzgeberische Verweisungen auf private Regelwerke (DIN-Normen, VDI-Richtlinien) ausgesetzt, weil hier die Gefahr droht, dass materielle Rechtsetzung im Ergebnis außerhalb des Einflussbereichs eines demokratisch legitimierten Organs stattfindet.[481] Ist dem Wortlaut einer Norm nicht zu entnehmen, welcher Art die in ihr enthaltene Verweisung ist, muss diese Frage durch Gesetzesauslegung beantwortet werden, wobei aus der Perspektive der verfassungskonformen Interpretation (Rn. 289 ff.) oftmals eine statische Verweisung anzunehmen sein dürfte.[482]

Beispiele:
- § 1 I Bln. VwVfG lautet: „Für die öffentlich-rechtliche Verwaltungstätigkeit der Behörden gilt das Verwaltungsverfahrensgesetz vom 25. Mai 1976 (BGBl. I S. 1253 [GVBl. S. 1173]) in der jeweils geltenden Fassung, soweit nicht in den §§ 2 bis 4a dieses Gesetzes etwas anderes bestimmt ist."
- Nach § 11 I 1 Nds. KAG sind auf kommunale Abgaben „die folgenden Bestimmungen der Abgabenordnung in der jeweils geltenden Fassung entsprechend anzuwenden ..."
- Für Entschädigungsansprüche bei polizeilichem Handeln bestimmt § 67 PolG NRW: „Die §§ 39 bis 43 des Ordnungsbehördengesetzes finden entsprechende Anwendung."
- Nach § 34 II BauGB bestimmt sich die Zulässigkeit eines Bauvorhabens, wenn es einem der Gebiete der BauNVO entspricht, nach seiner Art allein danach, ob es nach der BauNVO allgemein zulässig wäre. Auch hier wird auf den jeweils geltenden Normenbestand der BauNVO Bezug genommen.

3. Gesetzliche Fiktionen

285 Als Sonderform der Verweisung ist die *gesetzliche Fiktion* anzusehen, mit der trotz der Erkenntnis, dass es sich in Wahrheit um ungleiche Tatbestände handelt, von der gesetzgeberischen Interessenbewertung her eine Gleichsetzung angeordnet wird.[483]

---

[478] Vgl. dazu *Nds. OVG* NJOZ 2007, 5536 (5547).

[479] Zur dynamischen Verweisung vgl. *Schneider*, Gesetzgebung, 3. Aufl. 2002, Rn. 385 sowie BVerfGE 47, 285 (311 ff.); 60, 135 (161); 64, 208 (214); 67, 348 (363); 73, 262 (272); 76, 363 (385); 78, 32 (35 f.); *Nds. OVG* NdsVBl. 2005, 266 (267) und NVwZ-RR 2008, 277 (278).

[480] Vgl. BVerfGE 47, 285, 311 ff.; 67, 348 (363) – „nicht schlechthin ausgeschlossen".

[481] Vgl. BVerfGE 64, 208 (214); 73, 262 (272); *BVerfG* EuGRZ 2007, 231 (232); *Nds. OVG* NVwZ-RR 1991, 106 f.; *Mann*, in: Jarass/Petersen, KrWG, 2014, § 10 Rn. 69 ff.; ausführlich *Brugger*, VerwArch. 78 (1987), S. 1 ff.

[482] Dazu BVerfGE 47, 285 ff. (LS 1); 60, 135 (155 f.).

[483] Vgl. dazu *Larenz/Canaris*, Methodenlehre der Rechtswissenschaft, 3. Aufl. 1995, S. 251 ff.; ferner auch *Pfeifer*, Fiktionen im öffentlichen Recht, 1980.

Beispiel:[484] § 1: Die Badeanstalt ist in eine Männer- und eine Frauenabteilung eingeteilt.
§ 2: Das Betreten der Frauenabteilung ist nur Frauen gestattet.
§ 3: Der Bademeister gilt als Frau i. S. d. § 2.

Vielfach wird noch zwischen Fiktionen im engeren Sinne und *unwiderlegbaren Vermutungen* unterschieden. Erstere sollen vorliegen, wenn der fingierte Tatbestand mit Sicherheit nicht erfüllt ist (der Bademeister ist eindeutig keine Frau), letztere sollen gegeben sein, wenn der „fingierte Tatbestand" möglicherweise auch tatsächlich gegeben ist, aber aus Vereinfachungsgründen für den Regelfall vermutet wird.[485]

4. Identische Gesetzestermini

Oft enthalten Rechtsnormen ohne ausdrückliche Verweisung Formulierungen, die in anderen Rechtsvorschriften gleichfalls verwendet werden und dort schon eine spezifizierende Auslegung durch die Judikatur erfahren haben. Sie sind zu verwerten, sofern sich nachweisen lässt, dass jene Auslegungsergebnisse den Hintergrund für die Übernahme der Formel in die in Rede stehende Vorschrift bildeten. Das lässt sich oftmals durch ein Studium der Gesetzesmaterialien (Rn. 77 ff., 237 ff.) ergründen, etwa wenn die Begründung zum Gesetzentwurf auf die Begrifflichkeit aus einer anderen Rechtsnorm ausdrücklich Bezug nimmt. 286

Beispiel: So ergibt sich aus den Gesetzesmaterialien, dass die im Elektrogesetz benutzten Begriffe der „Beseitigung" und der „stofflichen Verwertung" inhaltlich deckungsgleich mit den gleichlautenden Begrifflichkeiten des Kreislaufwirtschaftsgesetzes sind (vgl. näher m. w. N. *Mann*, in: Jarass/Petersen/Weidemann, KrW-/AbfG, Loseblattkommentar, Stand September 2011, B 145, § 3 ElektroG Rn. 22 f.).

Die Vorüberlegung, ob eine Inbezugnahme der Begrifflichkeit intendiert gewesen ist, sollte stets angestellt werden, um nicht vorschnell ungerechtfertigte Parallelen zu ziehen. Denn es gibt keine Regel, nach der gleichlautende Termini in verschiedenen Gesetzen stets die gleiche Bedeutung haben. Selbst eine Verwendung im selben Rechtsgebiet oder gar innerhalb desselben Gesetzes bedeutet nicht, dass der Rechtsbegriff zwingend auch einen identischen Inhalt haben muss.

Beispiel: Der im Bauordnungsrecht der Länder zumeist gesetzlich definierte Begriff der „baulichen Anlage" ist nicht identisch mit demselben Terminus im städtebaulichen Planungsrecht des BauGB, der eigenständig auszulegen ist, vgl. BVerwGE 44, 59. – Der Rechtsbegriff „verfassungsmäßige Ordnung" wird in Art. 2 I GG und in Art. 9 II GG unterschiedlich interpretiert; dazu schon BVerfGE 6, 32 (38 f.); BVerwG NJW 1995, 2505; s. auch bereits Rn. 232).

Nicht selten finden sich auch in anderen Normen Legaldefinitionen für bestimmte Formeln, die dann gewissermaßen als Ergänzung der jeweils herangezogenen Norm mitzuverwenden sind, sofern eine Übertragbarkeit in dem soeben geschilderten Sinn anzunehmen ist.

Beispiele: § 1 I GüKG (Güterkraftverkehr) – § 2 I PartG (Begriff der [politischen] Partei) – Art. 121 GG (Mehrheit der Mitglieder des Bundestages) – § 35 VwVfG (Begriff des Verwaltungsaktes) – § 3 VI BImSchG (Stand der Technik).

5. Kumulative Konkurrenz

Es können mitunter auch mehrere Normen nebeneinander stehen und gleichzeitig, ohne einander zu blockieren, die erwünschte Rechtsfolge aussprechen. Die grund- 287

---

[484] Nach *Zippelius*, Juristische Methodenlehre, 11. Aufl. 2012, S. 29.
[485] *Rüthers/Fischer/Birk*, Rechtstheorie, 7. Aufl. 2013, Rn. 133 f.; *Zippelius*, Juristische Methodenlehre, 11. Aufl. 2012, S. 29.

sätzliche Möglichkeit einer solchen *Parallelität* oder „kumulativen Konkurrenz" (*Enneccerus/Nipperdey*) ist jeweils vor Prüfung des zweiten Rechts- oder Normkomplexes festzustellen, um nicht sich letztlich als überflüssig erweisende Erörterungen anzustellen.

Beispiel: So können etwa nebeneinander Schadensersatzansprüche eines Beamten gegenüber seinem Dienstherrn auf eine Verletzung der beamtenrechtlichen Fürsorgepflicht (vgl. § 45 BeamtStG; § 79 BBG) und auf Amtshaftungsgrundsätze (§ 839 BGB i. V. m. Art. 34 GG) gestützt werden.[486] – Auch neben den in den Polizeigesetzen geregelten Entschädigungsansprüchen bleiben die weitergehenden Ersatzansprüche aus Amtshaftung unberührt.[487]

6. Subsidiarität und Spezialität

288 In abweichenden Konstellationen werden Rechtsvorschriften hingegen durch andere Normen verdrängt und können damit in concreto nicht zur Anwendung kommen. Typischer Fall einer solchen Gesetzeskonkurrenz ist die unter dem Stichwort der Normkollision (Rn. 87 ff.) bereits behandelte *Subsidiarität* der allgemeinen Norm gegenüber der Spezialvorschrift.

Beispiel: Art. 2 I GG als allgemeine Garantie der Handlungsfreiheit gegenüber dem speziellen Freiheitsrecht des Art. 12 GG (Berufsfreiheit), soweit dessen Schutzbereich berührt ist.

Diederichsen/Wagner empfehlen den Studierenden zu Recht, sie sollen es sich zur Gewohnheit werden lassen, vor jeder Subsumtion die Frage aufzuwerfen, ob es nicht irgendeine Spezialnorm gebe, welche die Anwendbarkeit der gerade zu untersuchenden Vorschrift ausschließe oder beschränke.[488] Dies gilt vor allem im Bereich des Polizeirechts, wo zuerst nach speziellen Eingriffsermächtigungen zu fahnden ist, ehe auf die polizeirechtliche Generalklausel (vgl. etwa § 11 NSOG, § 14 nrw. OBG) zurückgegriffen werden darf. Regelmäßig gilt in diesem Bereich folgende Abstufung:[489]

a) spezialgesetzliche Ermächtigung?
b) spezielle polizeigesetzliche Ermächtigung (polizeiliche Standardmaßnahme)?
c) ordnungsbehördliche Verordnung resp. Polizeiverordnung?
d) Generalklausel?

7. Verfassungskonforme Auslegung[490]

289 Durch höherrangige Normen können auch verbindliche Interpretationsbindungen für niederrangiges Recht entstehen, die namentlich durch die sog. verfassungskonforme Auslegung (dazu bereits Rn. 236) zur Geltung zu bringen sind. Durch sie wird nämlich seitens des BVerfG bindend festgestellt, dass von mehreren möglich erscheinenden nur eine, vom BVerfG näher spezifizierte Auslegung mit der verfassungsrechtlichen Wertordnung, namentlich den Grundrechten oder Staatsstrukturprinzipien wie Demokratie, Rechtsstaatsprinzip und Sozialstaatlichkeit, vereinbar ist. Exekutive und Judikative sind dann in der Folge verpflichtet, *nur* dieser Norminterpretation zu folgen,[491] was somit auch Studierenden anzuraten ist.

---

[486] Vgl. BVerwGE 13, 17; 112, 308 (310).

[487] Vgl. § 45 III des Musterentwurfs eines einheitlichen Polizeigesetzes des Bundes und der Länder; § 80 III NSOG; § 40 V nrw. OBG.

[488] *Diederichsen/Wagner*, Die BGB-Klausur, 9. Aufl. 1998, S. 107 f.

[489] Dazu näher *Erbguth/Mann/Schubert*, Besonderes Verwaltungsrecht, 12. Aufl. 2015, Rn. 657, 674 ff.

[490] Dazu ausführlich *Lüdemann*, JuS 2004, 27ff; *Kühling*, JuS 2014, 481 ff.; *Herresthal*, JuS 2014, 289 ff.

[491] Vgl. BVerfGE 40, 88 (94).

Beispiele:

– § 211 I StGB sieht für den Mörder lebenslange Freiheitsstrafe vor. Das BVerfG stellte im Wege verfassungskonformer Auslegung dazu fest, zu den Voraussetzungen eines menschenwürdigen Strafvollzuges gehöre, dass dem zu lebenslanger Freiheitsstrafe Verurteilten grundsätzlich eine Chance verbleiben müsse, jemals wieder die Freiheit zu erlangen. Die Möglichkeit der Begnadigung allein sei nicht ausreichend, vielmehr gebiete das Rechtsstaatsprinzip, die Voraussetzungen, unter denen die Vollstreckung einer lebenslangen Freiheitsstrafe ausgesetzt werden könne, und das dabei anzuwendende Verfahren gesetzlich zu regeln.[492]
– Die §§ 14, 15 VersG, die für Versammlungen unter freiem Himmel eine Anmeldungspflicht und die Möglichkeit, bei unterbliebener Anmeldung die Versammlung aufzulösen, vorsehen, sind vom BVerfG verfassungskonform dahingehend ausgelegt worden, dass im Hinblick auf die grundlegende Bedeutung des Art. 8 GG bei Spontandemonstrationen eine Anmeldungspflicht nicht eingreift und eine Auflösung nur bei einer unmittelbaren, aus erkennbaren Umständen herleitbaren Gefährdung gleichwertiger Rechtsgüter unter strikter Wahrung der Verhältnismäßigkeit erfolgen darf.[493]

Das BVerfG lässt sich bei der Handhabung dieses Instrumentes von der Einsicht leiten, ein Gesetz sei nicht für nichtig zu erklären, wenn es im Einklang mit der Verfassung ausgelegt werden könne, denn es spreche nicht nur eine Vermutung dafür, dass ein Gesetz mit dem Grundgesetz vereinbar sei, sondern das in dieser Vermutung zum Ausdruck kommende Prinzip verlange auch im Zweifel eine verfassungskonforme Auslegung des Gesetzes.[494] Eine Norm „ist nur dann für verfassungswidrig zu erklären, wenn keine nach anerkannten Auslegungsgrundsätzen zulässige und mit der Verfassung zu vereinbarende Auslegung möglich ist. Lassen der Wortlaut, die Entstehungsgeschichte, der Gesamtzusammenhang der einschlägigen Regelungen und deren Sinn und Zweck mehrere Deutungen zu, von denen eine zu einem verfassungsgemäßen Ergebnis führt, so ist diese geboten".[495]

Eine Grenze wird vom BVerfG dort anerkannt, wo eine „Auslegung" mit dem Wort- 290
laut und dem klar erkennbaren Willen des Gesetzgebers in Widerspruch treten würde[496] oder wo sie das gesetzgeberische Ziel in einem wesentlichen Punkt verfehlen oder verfälschen bzw. einem klaren Wortlaut einen geradezu entgegen gesetzten Sinn geben würde.[497] Es sei das Maximum dessen aufrechtzuerhalten, was nach der Verfassung aufrechterhalten werden könne.[498] Umgekehrt sei aber dort die Grenze, wo durch verfassungskonforme Auslegung „der normative Regelungsinhalt erst geschaffen oder neu bestimmt wird."[499] Andernfalls werden die den Gerichten, auch dem BVerfG, im gewaltgeteilten Rechtsstaat gezogenen Schranken in der Tat unzulässigerweise überschritten.

Beispiel: In § 18 III des rheinland-pfälzischen Landesgesetzes über die Verwaltungsgerichtsbarkeit vom 14.4.1950 (GVBl. I S. 103) hieß es: „Gegen die Entscheidung des Kreisrechtsausschusses (Stadtrechtsausschusses) ... kann wahlweise Verwaltungsbeschwerde an den zuständigen Regierungspräsidenten oder Klage im Verwaltungsstreitverfahren erhoben werden. Der eine Rechtsbehelf schließt den anderen aus." Das BVerfG[500] interpretierte diese Regelung verfassungskonform (!?) dahingehend, dass dieser § 18 III die verwaltungsgerichtliche Klage gegen

---

[492] BVerfGE 45, 187 ff.
[493] BVerfGE 69, 315 (352 ff.).
[494] Ständige Rspr. seit BVerfGE 2, 266 (282); vgl. z. B. BVerfGE 88, 203 (331); 95, 64 (93).
[495] So BVerfGE 83, 201 (215) unter Bezugnahme auf BVerfGE 69, 1 (55). Vgl. auch BVerfGE 88, 145 (166); 93, 37 (81).
[496] BVerfGE 18, 97 (111); 67, 382 (390); 71, 81 (105); 98, 17 (45); 99, 341 (358).
[497] BVerfGE 35, 263 (280); 54, 277 (299); 88, 203 (333).
[498] BVerfGE 8, 28 (34).
[499] BVerfGE 8, 71 (78 f.); 45, 393 (400); 54, 277 (299); 71, 81 (105).
[500] BVerfGE 9, 194 (199 f.).

den Beschwerdebescheid der höheren Verwaltungsbehörde nicht ausschließe und deshalb mit Art. 19 IV GG vereinbar sei.

291 Die verfassungskonforme Auslegung als ein spezifisches Instrument verfassungsgerichtlicher Normenkontrolle ist abzugrenzen von der allgemeinen, die Höchstrangigkeit der Verfassung (vgl. Art. 1 III GG für den Grundrechtsteil) sichernden *verfassungsorientierten Gesetzesauslegung.*[501] Diese obliegt im Hinblick auf die Bedeutung der Verfassung für die gesamte Rechtsordnung jedem Staatsorgan, dem Rechtsanwendung aufgegeben ist, und dementsprechend auch Studierenden im Rahmen ihrer Fallbearbeitung, woran namentlich bei öffentlich-rechtlichen Klausuren stets zu denken ist. Sie enthält die ständige, umfassend zu verstehende Pflicht, der grundgesetzlichen Wertordnung auch bei der Anwendung einfacher Gesetze angemessen Rechnung zu tragen und damit die gesamte Rechtsordnung im Lichte der Verfassung zu sehen, etwa bei zwei sich anbietenden Interpretationsmöglichkeiten auf diejenige zurückzugreifen, welche Gedanken der Verfassung eher realisiert.

§ 7. Wissenschaftliches Arbeiten in Hausarbeiten

292 Auch bei der häuslichen Fallbearbeitung erweist sich die Beachtung der vorstehend zu §§ 5 und 6 wiedergegebenen arbeitstechnischen Hinweise als unumgänglich, da hier wie dort prinzipiell die gleichen gedanklichen Operationen vorzunehmen sind. Bei einer Hausarbeit wird allerdings in Ansehung der zur Verfügung stehenden Hilfsmittel und der Bearbeitungszeit erwartet, dass der Bearbeiter zu den im Rahmen der gutachtlichen Lösung eines konkreten Falles entstehenden Rechtsproblemen die einschlägige Literatur und Rechtsprechung ermittelt, zur Kenntnis nimmt und verwertet. Im Gegensatz zur Klausur, in der es primär auf Problemsicht und schlüssige Argumentation ankommt, sollen die Probleme in der Hausarbeit nämlich wissenschaftlich vertieft erörtert werden. Hinsichtlich der Intensität solcher Bemühungen sind freilich für Anfängerübung, Fortgeschrittenenübung und Studienarbeit im Schwerpunktbereich[502] jeweils abgestufte Anforderungen zu stellen.

Eine juristische Hausarbeit muss den an eine rechtswissenschaftliche Untersuchung generell zu stellenden qualitativen Anforderungen genügen. Insofern sind hier im Rahmen der Vorarbeiten (Arbeitsschritte: erste Orientierung, Stoffsammlung, Systematisieren, Erstellen einer Disposition, Schwerpunktbildung), der Darstellungsweise (Etappen der Niederschrift, Gliederung, angemessene Proportionierung, stilistische Aspekte, Anmerkungsapparat, Zitierregeln, Inhaltsübersicht, Literatur- und Abkürzungsverzeichnis) und der Nacharbeiten (Korrekturen, Klarstellungen, Ergänzungen, u. U. Aktualisierung) zugleich jene Hinweise förderlich, die zur rechtswissenschaftlichen Themenarbeit (s. Rn. 340 ff.) gegeben werden. Die folgenden Ausführungen beschränken sich mit Rücksicht darauf auf einige speziell bei häuslichen Fallbearbeitungen auftauchende arbeitstechnische Probleme.[503]

---

[501] *Stern*, Staatsrecht, Bd. I, 2. Aufl. 1984, S. 136; *Lüdemann*, JuS 2004, 27 (28 f.).

[502] Ob die Studienarbeit der universitären Schwerpunktbereichsprüfung eine Fallbearbeitung sein kann, ist abhängig vom jeweiligen Landesrecht und den universitären Schwerpunktbereichsprüfungsordnungen. An den meisten Universitäten werden als Studienarbeit freilich Themenarbeiten ausgegeben.

[503] Zum Teil weiterführende Hinweise zur Bearbeitung juristischer Hausarbeiten finden sich bei *Rollmann,* Die juristische Hausarbeit, JuS 1988, 42 ff.; *Dietrich*, Jura 1998, 142 ff.; *Th. M. Möllers*, Juristische Arbeitstechnik und wissenschaftliches Arbeiten, 7. Aufl. 2014, Rn. 486 ff.

Als *Grundregel* für die häusliche Fallbearbeitung gilt: Die Hausarbeit soll eine gegenüber der Klausur vertiefte wissenschaftliche Erörterung der gestellten Fragen anhand von Literatur und Rechtsprechung sein. Zu Streitfragen, die für die Entscheidung des Falles erheblich sind, ist selbständig Stellung zu nehmen. Die Anforderungen an die „Wissenschaftlichkeit" der Arbeit sind allerdings nicht zu überdehnen: Vom Bearbeiter wird weder eine erschöpfende Durchdringung der sich stellenden Streitfragen in all ihren Schattierungen verlangt, noch wird von ihm erwartet, vorhandene wissenschaftliche Diskussionen durch eigene, völlig neue Lösungsansätze zu bereichern.[504] Wesentlich ist das Auffinden der Probleme und Streitfragen durch richtigen Aufbau und Anwendung der einschlägigen Vorschriften. Entscheidend für die juristische Begutachtung eines konkreten Lebenssachverhalts ist auch hier die logische, konsequente und möglichst rasche Hinführung auf die Entscheidung des Falles und die argumentativ überzeugende Beantwortung der gestellten Fragen. 293

I. Die Vorarbeiten

Wie bei der rechtswissenschaftlichen Themenarbeit (Rn. 354 ff.) sind auch bei den Vorarbeiten zur häuslichen Fallbearbeitung grundsätzlich die vier Arbeitsschritte: Stoffsammlung – Systematisieren – Erstellen einer Disposition – Schwerpunktbildung anzuraten. Man sollte sich jedoch hüten, sofort nach Ausgabe des Aufgabentextes eine juristische Fachbibliothek aufzusuchen und dort Materialschlachten und Fotokopierorgien mit Spezialliteratur zu veranstalten, von der anzunehmen ist, dass sie für die Fallentscheidung wohl von Bedeutung sein könnte. Der Bearbeiter sollte besser in einem ruhigen Winkel zunächst nur mit Hilfe des Gesetzestextes eine *klausurmäßige Lösung* der Arbeit versuchen. Hierzu muss er sich zunächst einmal den Sachverhalt in allen seinen Einzelheiten vergegenwärtigen. Noch stärker als in der Klausur muss der Sachverhalt richtig „sitzen", d. h. vollständig erfasst und verinnerlicht sein.[505] Auch dem Anfänger müsste das Erstellen einer Lösungsskizze möglich sein, andernfalls sollte er überdenken, ob er die betreffende Übung nicht zu früh angegangen ist. Das verlangt ein gesundes Maß an materiellem Wissen, welches während der Übungshausarbeit freilich noch durch sachgebietsorientierte Lektüre entsprechender Lehrbücher aufgefrischt bzw. intensiviert werden kann. Vor der unter Studierenden weit verbreiteten „Scheinejagd" kann in diesem Zusammenhang allerdings nur nachdrücklich gewarnt werden. Wer sich an die Bearbeitung eines Falles macht, ohne zuvor wenigstens die Grundzüge eines Rechtsgebietes *studiert* zu haben, wird nur in den seltensten Fällen eine ordentliche Leistung zustande bringen. An einer Übung sollten Studierende sich nicht allein deswegen beteiligen, weil die Mehrzahl der im gleichen Semester befindlichen Kommilitonen ebenfalls versucht, den Schein „zu machen". Es ist keine Schande, ein Zeugnis ein Semester später als die Mehrheit zu bekommen. Vielmehr werden diejenigen, die sich insoweit etwas mehr Zeit lassen, die gewonnene Zeit aber zur Beschäftigung mit der entsprechenden Rechtsmaterie nutzten, das begehrte Zeugnis auf Grund ihres größeren Wissens später leichter und im Zweifel mit besseren Noten erhalten als die Mehrzahl ihrer Kommilitonen zuvor. Außerdem werden sie dann aus Fallbesprechungen zusätzlichen Gewinn ziehen. 294

Nur mit einem soliden Sachwissen lässt sich ein Gespür dafür entwickeln, worauf es wirklich ankommt.[506] Derjenige Bearbeiter, der in der Lage ist, eine alle Fallprobleme 295

504 *Schwerdtfeger*, Öffentliches Recht in der Fallbearbeitung, 14. Aufl. 2012, Rn. 23.
505 *Rollmann*, Die juristische Hausarbeit, JuS 1988, 42 (44).
506 Ebenso *Schwerdtfeger*, Öffentliches Recht in der Fallbearbeitung, 14. Aufl. 2012, Rn. 810.

umfassende klausurmäßige Lösungsskizze zu erstellen, erspart sich viel überflüssige Arbeit. Er kann Rechtsprechung und Literatur nämlich gezielt mit Blick auf die Einzelprobleme durchforsten, die nach seiner Ansicht vertieft zu behandeln sind. So erübrigen sich ziellose Lesestunden.[507] Probleme, die in der klausurmäßigen Lösung übersehen wurden oder noch nicht bekannt waren, werden in aller Regel noch bei der Überprüfung der selbst gestellten Einzelfragen auffallen.

Nachdrücklich gewarnt sei in diesem Zusammenhang vor der verbreitet zu beobachtenden „Mitläufer-Mentalität" vieler Studierender, die darin besteht, wortstarken Kommilitonen an den Lippen zu hängen und ohne eigene Reflektion unkritisch fremde Lösungskonzepte zu übernehmen. Abgesehen von der oft zweifelhaften Seriosität der so entstehenden „herrschenden Seminarmeinung" wird der mit der Anfertigung von Hausarbeiten zu erzielende Lerneffekt auf diese Weise verfehlt. Zudem birgt dieses Vorgehen ohnehin die Gefahr, immer wieder andere Meinungen für die „Überzeugendsten" zu halten und so mehrmals ganze Teile der Arbeit komplett umschreiben zu müssen. Im Übrigen bringt sich der Bearbeiter um das mit einer erfolgreichen Bearbeitung regelmäßig verbundene Erfolgserlebnis, eine eigenständige Leistung erbracht zu haben, und um den Spaß, wissenschaftlich gearbeitet zu haben.

Sollte wegen des Ineinandergreifens mehrerer – dem Verfasser unbekannter – Spezialfragen das Erstellen einer klausurmäßigen Lösung nur mit dem Gesetzestext im Einzelfall nicht möglich sein, so ist eine umfassende „Literaturschau" zunächst dennoch weder erforderlich noch zweckmäßig. Als Einstieg genügt fast immer ein einschlägiges (Standard-)Werk, sei es ein Kommentar oder ein Lehrbuch, wie beispielsweise „*Sachs* (Hrsg.), Grundgesetz-Kommentar" oder „*Pieroth/Schlink/Kingreen/Poscher*, Grundrechte" für das Verfassungsrecht bzw. der „*Maurer*" für das Allgemeine Verwaltungsrecht. Gleiches gilt im Bürgerlichen Recht etwa für den „*Palandt*" oder „*Medicus,* Bürgerliches Recht" und im Strafrecht etwa für „*Fischer,* StGB" oder das Lehrbuch von „*Wessels/Beulke*" zum Allgemeinen Teil des Strafgesetzbuchs.

Ausgangspunkt für die Lösungsskizze ist die (meistens ausdrücklich) formulierte Fallfrage. Das mag banal klingen, ist aber für manchen Bearbeiter offenbar doch nicht selbstverständlich. Speziell in der öffentlich-rechtlichen Arbeit, die regelmäßig ein Nebeneinander sowohl prozessualer wie auch materiell-rechtlicher Fragen aufweist, ist hier Vorsicht angezeigt.

Beispiele: Einen selbst in Hausarbeiten ständig wiederkehrenden Fehler stellen (vielfach zudem noch unvertretbar breite) Ausführungen zur „Zulässigkeit der Klage" in solchen Fällen dar, in denen ausschließlich nach materiellen Aspekten gefragt wird (z. B.: „Sind Grundrechte des A verletzt?", „Beurteilen Sie die Rechtmäßigkeit der polizeilichen Maßnahme gegen B!"). – Nicht selten werden auch die Erfolgsaussichten einer (verwaltungsgerichtlichen) Klage geprüft, obwohl laut Sachverhalt die Erfolgsaussichten eines Widerspruchs zu untersuchen sind (dort sind ergänzend auch Zweckmäßigkeitserwägungen zu erörtern, vgl. § 68 I 1 VwGO).

296 Zur Illustration der erforderlichen Arbeitsschritte mag die folgende Aufgabe aus einer Übung im Öffentlichen Recht dienen:

Beispiel: „Die politische Vereinigung ‚Grünfront e. V.' will sich gegen die ihrer Meinung nach völlig verfehlte Stadtplanung der nordrhein-westfälischen Stadt B zur Wehr setzen. Zu diesem Zweck kündigt sie auf Plakaten und Flugblättern für Sonnabend, den 25.4.2015, eine angemeldete Großdemonstration auf dem Stadtplatz in B an. Trotz der massiven Werbung erscheinen nur 10 Personen. Der Vorsitzende der Vereinigung, *Pieps*, greift unbeirrt zu seinem Megaphon und hält – sehr zum Missfallen der Anwohner – eine flammende Rede. Er ist erstaunt, als ihm in der folgenden Woche unter Hinweis auf § 10 Landesimmissionsschutzgesetz (LImSchG) NRW ein Bußgeldbescheid der zuständigen Ordnungsbehörde in Höhe von 100 Euro wegen unzulässiger Benutzung eines lärmverursachenden Tongerätes zugestellt wird. Vor den von ihm diesbezüglich

[507] *Hartmann,* in: Pieroth (Hrsg.), Hausarbeit im Staatsrecht, 2. Aufl. 2011, Einführung Rn. 11; *Rollmann,* JuS 1988, 42 (44).

angerufenen ordentlichen Gerichten bleibt er in allen Instanzen erfolglos. *Pieps* fühlt sich namentlich in seinen Grundrechten aus Art. 5 I und Art. 8 GG beeinträchtigt und erkundigt sich nunmehr nach den Erfolgsaussichten einer Verfassungsbeschwerde zum BVerfG.

Zusatzfrage: Würde sich die verfassungsrechtliche Beurteilung ändern, wenn nicht zehn, sondern zweihundert Personen an der Demonstration teilgenommen hätten?"

Hier müsste einem Anfänger mit einigermaßen fundierten Kenntnissen im Staatsrecht das Anfertigen einer Lösungsskizze, gestützt nur auf Normtexte, möglich sein. Die Fallfrage (Erfolgsaussichten einer noch zu erhebenden Verfassungsbeschwerde des *Pieps*) ist eindeutig. Dennoch gingen einige Bearbeiter von einer bereits eingelegten Verfassungsbeschwerde aus („Form und Frist sind gewahrt") oder unterstellten „die gemäß § 93a BVerfGG erforderliche Annahme zur Entscheidung seitens eines Richterausschusses als erfolgt." Nach dem sorgfältigen Lesen des Sachverhalts und der einschlägigen Vorschriften (Art. 93 I Nr. 4a GG sowie §§ 13 Nr. 8a und 90 ff. BVerfGG) müsste eigentlich erkennbar sein, dass bezüglich der Zulässigkeit der Verfassungsbeschwerde keine besonderen Probleme bestehen. Für die Lösungsskizze genügt zunächst das Festhalten der wohl anzusprechenden Punkte, wie: Bußgeldbescheid und gerichtliche Entscheidung als Akte der öffentlichen Gewalt, Beschwerdebefugnis und Erschöpfung des Rechtsweges. Zu empfehlen ist das Ausformulieren (klausurmäßige Lösung!) der einzelnen Gliederungspunkte. Der Bearbeiter erliegt hierdurch bei der späteren Niederschrift viel seltener der Versuchung, einfach die Formulierungen aus Lehrbüchern zu übernehmen.

Mehrere Bearbeiter verrieten schon bei der Zulässigkeitserörterung ihren mangelnden Überblick bzw. das fehlende Gespür für richtige *Schwerpunktbildung.* Trotz der eigentlich ohne besondere Probleme festzustellenden Zulässigkeit der Verfassungsbeschwerde gab es Arbeiten, die zur Zulässigkeit ebenso umfängliche Ausführungen machten wie zur Begründetheit (jeweils gut 50 % der Seitenzahl). Der Fehler ist nicht erst bei der Niederschrift, sondern bereits im Stadium der Vorarbeiten unterlaufen, da nach der Stoffsammlung und der Erstellung einer Disposition nicht erkannt wurde, dass der Schwerpunkt eindeutig bei Fragen der Begründetheit lag und dementsprechend dort intensivere Literatursuche und entsprechende Problemvertiefung geboten war. Der Grund für diese Verhaltensweisen ist wohl darin zu sehen, dass sich die Bearbeiter im Rahmen der Zulässigkeitsprüfung an ein in Lehrbüchern vorgegebenes Schema halten können. Sie fühlen sich in diesem Bereich sicherer und stellen daher alle in Betracht (und auch eigentlich nicht in Betracht) kommenden Punkte in epischer Breite dar.[508] Prüfungsschemata sind nur demjenigen Bearbeiter nützlich, der sie lediglich als Merkhilfe versteht und auf Grund seines Kenntnisstandes in der Lage ist, zu selektieren und die im konkreten Fall einschlägigen Problembereiche zu erkennen.

Hinsichtlich der Begründetheit der Verfassungsbeschwerde wird ein Bearbeiter mit dem nötigen 297
Grundwissen bald erkennen, dass die Verfassungsmäßigkeit des § 10 LImSchG NRW überprüft werden muss. Hier drängt sich das Problem der Gesetzgebungskompetenz des Landesgesetzgebers geradezu auf. Das Landesimmissionsschutzgesetz verweist mehrfach (§§ 2, 9 II Nr. 3 und 13 LImSchG NRW) auf das Bundesimmissionsschutzgesetz (BImSchG). Bei der Beschäftigung mit dem im Sachverhalt erwähnten § 10 LImSchG NRW (und mit dessen Umfeld!) müsste auch demjenigen, dem bisher das BImSchG nicht bekannt war, die Existenz dieses Gesetzes und damit auch das Problem der Gesetzgebungszuständigkeit auffallen. Die Darstellung der Gesetzgebungskompetenzen nimmt erfahrungsgemäß im Rahmen der öffentlich-rechtlichen Vorlesungen für Anfänger einen breiten Raum ein, so dass insoweit ein besonderes Problembewusstsein erwartet werden konnte. Dennoch begnügten sich Bearbeiter mit dem kurzen Hinweis, es sei davon auszugehen, dass § 10 LImSchG NRW vom zuständigen Gesetzgeber erlassen worden sei. Auch dies mag als Beleg dafür gelten, dass ohne solide Rechtskenntnisse eine Teilnahme an einer Übung nicht erfolgversprechend ist. Mit seinen Ausführungen offenbarten diese Übungsteilnehmer nicht nur ihren mangelnden Blick für rechtliche Zusammenhänge, sondern begingen zudem den gutachtentechnischen Fehler, das nicht unproblematische Vorliegen rechtlicher Voraussetzungen schlicht zu unterstellen. Dass § 10 LImSchG NRW zudem hinsichtlich seiner materiellen Vereinbarkeit mit den Art. 5 I GG (Recht auf freie Meinungsäußerung) und Art. 8

---

[508] Das geradezu sklavische Anklammern an Prüfungsschemata ist auch bei der Bearbeitung verwaltungsrechtlicher Hausarbeiten häufig zu beobachten. Ohne Schwerpunktbildung werden vielfach alle in den gängigen Fallanleitungen aufgeführten Schemapunkte der Zulässigkeitsvoraussetzungen einer verwaltungsgerichtlichen Klage durchgeprüft, ohne Rücksicht darauf, dass die dort genannten Prüfungspunkte vielfach problemlos bejaht werden können.

GG (Recht, sich friedlich zu versammeln) ausgiebig überprüft werden musste, ergab sich schon aus den Hinweisen im Sachverhalt.

Die Formulierung der Alternativfrage deutet bereits an, dass die Zahl der Demonstranten für die verfassungsrechtliche Beurteilung in irgendeiner Weise von Bedeutung sein könnte. Es ist einsichtig, dass man sich im Freien gegenüber einem aus zehn Personen bestehenden Publikum auch ohne Megaphon verständlich machen kann, aber kaum gegenüber 200 Personen. Die daraus zu ziehende rechtliche Schlussfolgerung[509] müsste sich eigentlich geradezu aufdrängen. Dennoch begnügte sich ein Bearbeiter in seiner Bearbeitung der Zusatzfrage mit dem lapidaren Hinweis: „Auch bei 200 Personen sind dieselben verfassungsrechtlichen Beurteilungskriterien anzuwenden; die Beurteilung ändert sich also nicht." Allein schon aus klausurtaktischen Erwägungen durfte eine solche Fehleinschätzung nicht vorkommen. Eine Zusatzfrage wird kaum ohne Grund gestellt (vgl. Rn. 184). Auch jemandem, der sich noch nie mit versammlungsrechtlichen Fragen beschäftigt hat, muss sich der Verdacht aufdrängen, dass die Alternativfrage eine vom Ausgangsfall abweichende Lösung erfordern könnte.

Wenn der Bearbeiter beim Erstellen der Lösungsskizze im Anschluss an die Erörterung der Hauptfragen noch eine Überprüfung der Verfassungsmäßigkeit der Bußgeldfestsetzung „in concreto" ins Auge fasst,[510] hat er alle wesentlichen Probleme dieser (leichten) Arbeit entdeckt.

298 Das Beispiel der Zusatzfrage verdeutlicht, dass Bearbeiter nicht davon ausgehen sollten, dass das Ziel spezieller Angaben im Sachverhalt (etwa Datums- oder Ortsangaben oder aber durch ausdrückliche Nennung subjektiver Rechtsauffassungen der beteiligten Personen) nicht darin besteht, tückische Hürden für die Falllösung zu errichten. Vielmehr dienen solche Hinweise regelmäßig als Hilfestellung zur Präzisierung der Gedankenführung bei der Fallbearbeitung. Insofern sollte darauf geachtet werden, dass die spätere Bearbeitung denn auch wirklich Angaben zu *sämtlichen* im Sachverhalt angesprochenen Punkten enthält (vgl. Rn. 165). Umgekehrt liegen in der Regel solche Ausführungen neben der Sache, für deren Erörterung sich im Sachverhalt keinerlei Anhaltspunkte finden.

II. Die Behandlung wissenschaftlicher Streitfragen

299 Sind die Prüfungsschwerpunkte lokalisiert und die für die Bearbeitung erheblichen Streitfragen ausgemacht, beginnt die – für den Erfolg einer Hausarbeit maßgebliche – vertiefte Auseinandersetzung mit Rechtsprechung und Literatur.[511]

1. Sammeln der vertretenen Ansichten

Einen ersten Überblick über das zur Verfügung stehende Material kann sich der Bearbeiter bei einer Durchsicht von Standardwerken verschaffen. Im „Megaphonfall" (Rn. 296 f.) wäre beispielsweise an Grundgesetzkommentare wie „*Sachs*", „*Jarass/Pieroth*", „*von Münch/Kunig*" oder „*von Mangoldt/Klein/Starck*" zu denken. Es bietet sich eine Durchsicht namentlich der Kommentierungen zu Art. 5 I 1 GG und Art. 8 GG an. Diese enthalten weiterführende Hinweise auf Literatur und Rechtsprechung. Zusätzlich finden sich vor oder nach den Erläuterungen der einzelnen Grundgesetzartikel alphabetisch (nach Autorennamen) geordnete Zusammenstellungen des Schrifttums. Die aufgeführten Hinweise auf Rechtsprechung und Literatur sind unter Berücksichtigung der zu behandelnden Thematik daraufhin „abzuklopfen", ob sie zur Lösung der gestellten Aufgabe beitragen können.

---

[509] Vgl. dazu *BVerfG* EuGRZ 1979, 299.

[510] Zur „inzident" erfolgenden Prüfung der Verfassungsmäßigkeit vgl. *Schwerdtfeger,* Öffentliches Recht in der Fallbearbeitung, 14. Aufl. 2012, Rn. 81 ff. und 391 ff.

[511] Vgl. allgemein zur Streitdarstellung *Czerny/Frieling*, JuS 2012, 877 (882).

Beispiel: Bei der Bearbeitung des „Megaphonfalles" (Rn. 296 f.) muss bezüglich der versammlungsrechtlichen Problematik darüber hinaus unbedingt eine neuere Kommentierung zum Versammlungsgesetz hinzugezogen werden. Zu denken wäre z. B. an die Erläuterungen von *Dietel, Gintzel und Kniesel*,[512] auf die u. a. in der Schrifttumszusammenstellung bei *Sachs* zu Art. 8 GG hingewiesen wird.[513] Wenn der Bearbeiter die einschlägigen Vorschriften des Versammlungsgesetzes nicht genau kennt, sollte er sich nicht scheuen, das Gesetz mit seinen Abschnitten zunächst erst einmal insgesamt in Augenschein zu nehmen, sodann einschlägig erscheinende Passagen genau zu lesen und gegebenenfalls das Stichwortverzeichnis im Kommentar zu Rate zu ziehen. So finden sich im Kommentar von *Dietel/Gintzel/Kniesel* unter dem Stichwort „Lautsprecher" mehrere Verweisungen. Hinsichtlich der „Erlaubnis" einer Lautsprecherbenutzung heißt es dann in der einschlägigen Kommentierung[514] u. a. dass der Betrieb eines Lautsprechers bei Versammlungen – mit Blick auf den immissionsschutzrechtlichen Lärmschutz und mögliche Verkehrsbeeinträchtigungen gem. § 46 StVO – grundsätzlich einer Erlaubnis bedarf, aber auch, dass das Erfordernis einer Erlaubnis bei solchen Versammlungen verdrängt wird, die ohne Einsatz von Lautsprechern nicht durchführbar wären. Dazu wird eine Reihe diese Auffassung stützender Gerichtsentscheidungen zitiert.[515] Durch diese Ausführungen erhält man gleichzeitig die Bestätigung, dass die Zahl der Versammlungsteilnehmer für die rechtliche Beurteilung nicht ohne Bedeutung ist.[516]

Die angegebenen Entscheidungen und Literaturfundstellen müssen unbedingt nach- 300
gelesen werden. Es genügt nicht, sich mit den Ausführungen eines Kommentars zufriedenzugeben und Zitate „blind" zu übernehmen. Zum einen schleichen sich bei der Vielzahl der in Kommentierungen aufgeführten Belegstellen nahezu zwangsläufig hin und wieder Fehler ein, zum anderen ist es möglich, dass Autoren aus subjektiver Sicht Zitate zur Stützung ihrer Ansicht anführen, die bei näherer Prüfung die Meinung des Zitierenden objektiv gar nicht zu stützen vermögen. Bei einem „Blindzitat" besteht somit die Gefahr, bei der Korrektur „ertappt" zu werden.[517]

Beispiel: Bei dem vorerwähnten Kommentar von *Dietel/Gintzel/Kniesel* fand sich bis zur 14. Aufl. in Fußnote 9 zu § 2 noch ein Hinweis auf einen Beschluss des OLG Karlsruhe, der dort aber dem OLG Stuttgart zugeschrieben wurde.

Die angegebenen Belegstellen müssen aber auch deswegen nachgelesen werden, weil sie vielfach vertiefende Hinweise – teilweise auch auf weitergehende Differenzierungen oder abweichende Ansichten[518] – enthalten und so zusätzliche Argumentationshilfen zu geben vermögen. Durch das Überprüfen der angegebenen Zitate, die ihrerseits wieder neue Belegstellen enthalten können, gewinnt der Bearbeiter nach und nach einen umfassenden Überblick über den Meinungsstand zu dem zu erörternden Problem.

a) Dokumentation der Quellen

Anzuraten ist, die als wesentlich erkannten Ausführungen wörtlich zu exzerpieren 301
bzw. – bei längeren Passagen – zu fotokopieren. Für weniger wichtige Ausführungen genügen stichwortartige Zusammenfassungen, etwa in einer gesonderten Zitatendatei oder auf einer Karteikarte. *Exzerpte* und *Fotokopien* (dazu bereits Rn. 33) sind ins-

[512] *Dietel/Gintzel/Kniesel*, Versammlungsgesetz, 16. Aufl. 2011.

[513] *Höfling*, in: Sachs (Hrsg.), GG, 7. Aufl. 2014, Art. 8, Vor Rn. 1; vgl. auch *Kunig*, in: v. Münch/Kunig (Hrsg.), GG, Bd. 1, 6. Aufl. 2012, Art. 8, nach Rn. 40.

[514] *Dietel/Gintzel/Kniesel*, Versammlungsgesetz, 16. Aufl. 2011, § 15 Rn. 10.

[515] Vgl. u. a. BVerwGE 7, 125 (131); *BVerwG* DRiZ 1969, 158; *OLG Stuttgart* DÖV 1976, 534; *OLG Celle* NJW 1977, 444; *OVG Frankfurt/Oder* NVwZ 2004, 847.

[516] Dies zur Alternativfrage, vgl. oben Rn. 296.

[517] Dazu auch *Rollmann*, JuS 1988, 42 (47); *Byrd/Lehmann*, Zitierfibel für Juristen, 2007, S. 74.

[518] Vgl. z. B. die zuvor erwähnte Entscheidung des *OLG Karlsruhe* DÖV 1976, 533 (534) mit Hinweis auf *Ott*, Gesetz über Versammlungen und Aufzüge, 1969, Einf. Rn. 11.

besondere für solche Bücher anzuraten, die nur in wenigen Exemplaren oder sogar nur einmal in der Fachbibliothek vorhanden sind. Es muss dann immer damit gerechnet werden, dass das Buch zu einem späteren Zeitpunkt nicht mehr greifbar sein wird.[519] Im Übrigen ersparen Exzerpte und Fotokopien ein späteres nochmaliges zeitaufwendiges Heraussuchen und wiederholtes Durchlesen der Bücher.

302 Sonstige Gedanken, die beim Lesen kommen, sollten – auch in der vorab angefertigten Lösungsskizze – an der entsprechenden Stelle vermerkt werden, da sie andernfalls leicht in Vergessenheit geraten. Ebenso wichtig erscheint es, die genauen *Fundstellen* der Exzerpte oder Fotokopien zu notieren. Anderenfalls herrscht in späteren Phasen oft Unklarheit über die Herkunft, die nur mühsam und mit großem Zeitaufwand beseitigt werden kann.

Beispiele: So ist es nahezu unmöglich, anhand einer Kopie eines älteren Urteils aus der Entscheidungssammlung des BVerfG, die früher keine Kopfzeilen enthielt, ohne weitere Angaben herauszufinden, aus welchem Band dieses Urteil stammt. – Auf Kopien von Zeitschriftenaufsätzen findet sich zwar in der Regel (aber nicht bei allen Zeitschriften!) der Name des Journals auf jeder Seite vermerkt, doch fehlt Studierenden, falls sie den Aufsatz nur teilweise kopiert und nicht ordnungsgemäß beschriftet haben, bei der Erstellung des Literaturverzeichnisses dann später die konkrete Anfangs- und Endseite des Aufsatzes.

Daher gilt für alle Exzerpte und Fotokopien, dass sie stets sofort mit den genauen Fundstellen versehen werden sollten, um bei den spätestens bei der Niederschrift anstehenden Überprüfungen unnötigen Zeitaufwand zu vermeiden. Die Exzerpte – einschließlich der diesbezüglichen (kritischen oder zustimmenden) Anmerkungen des Bearbeiters – sollten an Hand der Lösungsskizze bzw. der vorläufigen Gliederung nach Problemkreisen – und innerhalb dieser nach Argumenten – geordnet werden. Das erfordert allerdings eine gewissenhafte Dateiverwaltung; aufgrund der vereinfachten Abänderungsmöglichkeiten bietet es sich bei den modernen Textverarbeitungsprogrammen geradezu an, eine vorab angefertigte Gliederung an den entsprechenden Stellen mit Exzerpten aufzufüllen.[520]

303 Aus den Gründen späterer Zeitersparnis ist es auch empfehlenswert, jede verwertete Quelle per Computer sogleich mit allen erforderlichen Angaben in eine Datei einzutragen, die bei der Abgabe der Hausarbeit als *Literaturverzeichnis* (dazu Rn. 335, 410) fungiert. Je nachdem, ob die formalen Richtlinien des Aufgabenstellers dies erfordern, kann hierbei auch sogleich zwischen Kommentaren, Lehrbüchern und Aufsätzen bzw. Einzelabhandlungen unterschieden werden. Bereits in früheren „manuellen" Zeiten hat man den Studierenden entsprechend angeraten, für jeden gelesenen literarischen Beitrag eine gesonderte Karteikarte (dazu Rn. 358 f.) anzulegen bzw. ein Heft mit alphabetischem Rand zu führen.[521] Bei beiden Methoden entsteht das Literaturverzeichnis nahezu von selbst und kann ohne neuerliches Nachsuchen in die endgültige Ausarbeitung übernommen werden.

Vor der Abgabe der Hausarbeit ist jedoch noch eine Kontrolle anzuraten, ob auch alle angegebenen Literaturstellen verwendet wurden. Ein aufgeblähtes Literaturverzeichnis, dessen Quellen in den Fußnoten aber überwiegend keine Verwendung finden,

---

[519] Leider werden solche Bücher auch oft von Bearbeitern einer Hausarbeit bewusst an einen anderen Ort innerhalb der Bibliothek verstellt, um sie anderen Bearbeitern vorzuenthalten – eine nicht auszumerzende, perfide Unsitte, die von wenig Zutrauen in die eigene Leistungsfähigkeit und, noch schlimmer, von einem fehlenden Respekt vor dem Ordnungssystem einer Bibliothek zeugt (s. bereits Rn. 15).

[520] Zu den Möglichkeiten des PC als Arbeitsinstrument s. allg. Rn. 34 ff.

[521] So *Hadding*, JuS 1977, 241 (242).

führt ebenso zum Punktabzug wie ein Literaturverzeichnis, das nicht alle der tatsächlich in den Fußnoten zitierten Quellen auflistet.

b) Aktualität der Recherche

Hinzuweisen ist darauf, dass die hier exemplarisch dargestellte Vorgehensweise – „Einstieg" über Kommentare mit anschließender Überprüfung der dort und in den Zitaten angegebenen Meinungen – nicht immer genügt, um einen umfassenden Überblick über den Meinungsstand zu erhalten. Dies gilt namentlich für Hausarbeiten, in denen die Bearbeitung eines aktuellen Themas verlangt wird. In einem solchen Fall wird erwartet, dass auch Äußerungen aus jüngster Zeit, die in Kommentaren und Lehrbüchern noch nicht berücksichtigt werden konnten, in die Argumentation einbezogen werden. Im Interesse einer umfassenden Übersicht, vor allem über einschlägige Rechtsprechung der Instanzgerichte zu einem Thema, empfiehlt sich zumindest die Benutzung der Juris-Datenbank, die den Studierenden an den Universitäten zugänglich ist (s. bereits Rn. 27, 51). Unter Eingabe bestimmter Suchbegriffe oder §§-Angaben sind hier auch aktuelle, bisher nicht veröffentlichte Urteile zu ermitteln. Ist ein Zugang zum Internet vorübergehend nicht möglich, hilft beim Auffinden neuerer Äußerungen auch die Durchsicht der Karlsruher Juristischen Bibliographie (KJB – dazu Rn. 147). Gerade bei der letztgenannten Publikation ist auffallend, dass viele Studierende – selbst Examenskandidaten – von deren Existenz offenbar keine Kenntnis haben. 304

Beispiel: Wenn in einer Hausarbeit im Sommersemester 2015 rechtliche Fragen hinsichtlich der Erfolgsaussichten einer Verfassungsbeschwerde im Zusammenhang mit der Errichtung des Europäischen Stabilitätsmechanismus (ESM-Vertrag) zu untersuchen sind, weiß derjenige, der die Presse verfolgt hat, dass es sich um einen politisch strittigen Punkt handelt, der bereits Gegenstand einer Entscheidung des BVerfG[522] sowie einer Entscheidung des EuGH[523] gewesen ist. Weil daher zu vermuten ist, dass es im juristischen Bereich weitere Äußerungen zu dieser Frage gegeben hat, bietet sich eine Suche bei Juris oder ein Blick in die letzten Ausgaben der KJB an.[524] Dennoch entdecken zumeist nur wenige Bearbeiter relevante neuere Zeitschriftenaufsätze, welche die in der Arbeit zu behandelnden rechtlichen Aspekte ansprechen und regelmäßig auch weiterführende Literaturhinweise enthalten.[525]

Des Weiteren empfiehlt sich bei aktuellen Themen auch während der Laufzeit einer Hausarbeit eine Durchsicht der in den jüngsten Ausgaben der gängigen Fachzeitschriften im Öffentlichen Recht (s. Rn. 138 ff.) behandelten Aufsatzthemen. Je nach dem betroffenen Rechtsgebiet sollte sich die Literatursuche zusätzlich auf spezielle Fachzeitschriften (s. Rn. 141 ff.) erstrecken. Für die Sammlung der unterschiedlichen zu einem Rechtsproblem vertretenen Ansichten sind auch Monographien mit entsprechendem Schwerpunktthema oder Dissertationen von nicht zu unterschätzendem Wert, weil sie regelmäßig umfassende Zusammenstellungen des Schrifttums zu dem abgehandelten Thema enthalten und durchaus kreative Lösungsmöglichkeiten erörtern. 305

Bereits von Teilnehmern eines Leistungsnachweises im Rahmen der Zwischenprüfung oder einer Anfänger-Übung ist zu verlangen, dass sie in der zur Verfügung stehenden

[522] *BVerfG* NJW 2014, 1505 ff.

[523] *EuGH* NVwZ 2013, 49 ff.

[524] Auf diese Weise wird man auf weitere einschlägige Rspr. des BVerfG (BVerfGE 131, 152 ff.; 132, 195 ff.;) sowie auf weiterführende Literatur stoßen, vgl. z. B.: *Hillgruber*, JA 2013, 76 ff.; *Roth*, GWR 2014, 351 ff.; *Ruffert*, JuS 2014, 465 ff.

[525] Somit würde man eine spezielle Anforderung bei einer Hausarbeit, die Berücksichtigung des neusten Standes der Gesetzgebung, nicht erfüllen, vgl. auch zu weiteren Anforderungen *Schwerdtfeger*, Öffentliches Recht in der Fallbearbeitung, 14. Aufl. 2012, Rn. 23 und Rn. 808.

Zeit (meist drei bis fünf Wochen) die Gelegenheit nutzen, die speziellen Fallprobleme unter Zuhilfenahme nicht nur von allgemeinen Lehrbüchern und Kommentaren, sondern auch von Zeitschriftenaufsätzen und selbständigen Monographien anzugehen.

Beispiel: Im Rahmen einer öffentlich-rechtlichen Anfänger-Übung im Jahr 2014 wurde ein verfassungsrechtliches Gutachten über den Entwurf eines „(Bundes)-Gesetzes zur Sicherung der Pressefreiheit" erbeten, in dem u. a. Höchstgrenzen für die Druckauflage von Tageszeitungen enthalten waren. Hier genügte es nicht, wenn das Literaturverzeichnis nur vier (!) Lehrbuchwerke allgemeiner Art aufwies: „1. *Badura,* Staatsrecht: systematische Erläuterung des Grundgesetzes für die Bundesrepublik Deutschland, 5. Aufl. 2012; 2. *Degenhart,* Staatsrecht I, Staatsorganisationsrecht, 30. Aufl. 2014; 3. *Ipsen,* Staatsrecht I: Staatsorganisationsrecht, 26. Aufl. 2014; 4. *Maurer,* Staatsrecht I, 6. Aufl. 2010." Der betreffende Bearbeiter, der außer den angegebenen Schriften in der Ausarbeitung lediglich noch einzelne Gerichtsentscheidungen verwertete, hielt es augenscheinlich nicht für nötig, auch nur einen Grundgesetzkommentar (Probleme bei Art. 5 I 2, 12 I und 14 GG) zu Rate zu ziehen. Auch die sich geradezu aufdrängende Auseinandersetzung mit dem zahlreichen Schrifttum zur Pressekonzentration ersparte er sich. Damit ist eine mit der Ausgabe einer Hausarbeit verbundene Kernaufgabe, die vertiefte wissenschaftliche Auseinandersetzung mit den zu einem Thema vertretenen Auffassungen in Literatur und Rechtsprechung, eindeutig nicht zu erfüllen.

Dieses Beispiel führt besonders plastisch vor Augen, dass häufig bereits ein Blick in das Literaturverzeichnis einer Hausarbeit erste Rückschlüsse auf die Qualität der inhaltlichen Bearbeitung zulässt. Der Bearbeiter aus dem Beispiel hat den Begriff „Hausarbeit" augenscheinlich zu wörtlich genommen und sich nur der zu Hause verfügbaren Hilfsmittel bedient.

2. Nachvollziehen der Argumente

306 Voraussetzung für die richtige Einordnung der gesammelten Ansichten innerhalb des Meinungsspektrums ist das Verstehen des Gelesenen. Dies ist vor allem bei Gerichtsentscheidungen nicht immer leicht, da diese ja keine systematisch geschlossene theoretische Abhandlung enthalten, sondern einen konkreten Fall lösen. Die dogmatische Einordnung des tragenden Rechtsgrundes lassen Gerichtsentscheidungen daher oft nicht auf Anhieb erkennen. Der Bearbeiter muss prüfen, ob die Argumentation des Gerichts überzeugend und der dem Urteil zugrunde liegende Fall mit dem in der Hausarbeit zu behandelnden Sachverhalt (zumindest partiell) vergleichbar ist. Wertvolle Hilfe bei der kritischen Würdigung leisten die in den Fachzeitschriften abgedruckten Urteilsanmerkungen, die Ansatzpunkte dafür enthalten, an welchen Stellen eine zu prüfende Argumentation möglicherweise angreifbar ist.[526]

Beispiel: Zum Verhältnis von EGMR und BVerfG sowie zu den Auswirkungen der Entscheidung des EGMR auf das deutsche Recht (BVerfGE 128, 316 ff. = NJW 2011, 1931 ff., Sicherungsverwahrung) vgl. *Erbguth/Mann/Schubert,* Besonderes Verwaltungsrecht, 12. Aufl. 2015, Rn. 419; *Hörnle,* NStZ 2011, 488 ff.; *Streng,* JZ 2011, 827 ff.; *Volkmann,* JZ 2011, 835 ff.; *Schneider,* NStZ 2014, 617 ff.; s. aber auch *Quarthal,* Jura 2011, 495 ff.

Zudem findet man kommentierende und kritische Erläuterungen zu zentralen Problemen vielfach auch in den speziellen juristischen Ausbildungszeitschriften.

Beispiel: Zur vorgenannten Problematik siehe etwa *Mitsch,* Jus 2011, 785 ff.

307 Bei einem Theorienstreit oder anderen innerhalb des Schrifttums oder zwischen Schrifttum und Rechtsprechung umstrittenen Fragen ergeben sich Argumentations-

[526] Vgl. hierzu *Büdenbender,* Die Analyse höchstrichterlicher Entscheidungen, JA 2013, 161 ff.

hilfen daraus, dass die veröffentlichten Stellungnahmen zumeist nicht nur Argumente zur Begründung der jeweils für richtig gehaltenen Auffassung, sondern auch solche zur Widerlegung entgegenstehender Ansichten enthalten. Mitunter ergibt sich, dass zu konkreten Problemstellungen vertretene Ansichten sich nicht für eine allgemeine Diskussion der zugrundeliegenden Rechtsfrage eignen, weil die Prämissen der Argumentation im Sonderfall nicht verallgemeinerungsfähig sind.

Beispiel: Im Rahmen der Lösung des „Megaphonfalles" (Rn. 296f.) müsste sich der Bearbeiter beispielsweise bei der Prüfung der Vereinbarkeit von § 10 LImSchG NRW mit Art. 8 GG sowohl mit der zahlenmäßig überwiegenden Meinung auseinandersetzen, die das grundsätzliche Verbot (mit Erlaubnisvorbehalt) des Lautsprechereinsatzes bei Versammlungen für zulässig hält,[527] als auch (insbesondere) mit der abweichenden Meinung,[528] wonach der Betrieb eines Lautsprechers als adäquates Verständigungsmittel bei Veranstaltungen unter freiem Himmel erlaubnisfrei ist.

Das Erfassen der erstgenannten Ansicht dürfte nicht schwerfallen. Es bietet sich wegen der Wirkungen auf Unbeteiligte an, den Lautsprechereinsatz nur dann zuzulassen, wenn die Versammlungsteilnehmer wegen der Größe der Veranstaltung anders nicht zu erreichen sind. Bei Versammlungen mit nur wenigen Teilnehmern jedoch ist ein Verbot bzw. eine Einschränkung des Lautsprechereinsatzes (über die grundsätzlich abschließende Regelung des Versammlungsgesetzes hinaus) als verfassungsgemäß anzusehen.[529] Bei der Beschäftigung mit der weitergehenden Auffassung *Otts*, wonach der Einsatz von Lautsprechern immer ohne Genehmigung zulässig ist, sollte dem Bearbeiter auffallen, dass sich dessen Argumentation nur auf das straßenverkehrsrechtliche Verbot des Lautsprechereinsatzes (§ 33 I Nr. 1 StVO) bezieht: Das Grundrecht der Versammlungsfreiheit könne schon deswegen nicht durch die Straßenverkehrsordnung eingeschränkt werden, weil es sich bei ihr nicht um ein förmliches Gesetz i. S. von Art. 8 II GG, sondern nur um eine Verordnung handele. Dieses Ergebnis ändere sich auch nicht dadurch, dass die Straßenverkehrsordnung auf Grund eines Gesetzes (§ 6 I StVG) ergangen sei, da die gesetzliche Ermächtigung nur den Erlass von Rechtsverordnungen und allgemeinen Verwaltungsvorschriften zu den dort (§ 6 I StVG) näher bezeichneten straßenverkehrsrechtlichen Regelungen zulasse, nicht aber Regelungen des Versammlungswesens. Mit der Richtigkeit dieser Argumentation braucht der Bearbeiter sich nicht näher auseinanderzusetzen, da sich die Behörde im „Megaphonfall" nicht auf die straßenverkehrsrechtliche Ermächtigungsgrundlage (§ 49 I Nr. 28 i. V. m. § 33 I Nr. 1 StVO) beruft. Für die Vereinbarkeit des § 10 LImSchG NRW mit Art. 8 GG geht die Argumentation *Otts* daher ins Leere.

Der Bearbeiter muss sich bei der Beschäftigung mit einer Rechtsansicht darüber hinaus immer vergegenwärtigen, zu welchen Konsequenzen die Auffassung führt. Insbesondere dürfen bei aller spitzfindigen Argumentation die Rahmenvorgaben von Gesetzeswortlaut und Normzweck nicht aus dem Blickfeld geraten.

Im Idealfall sollte der Bearbeiter versuchen, die geäußerten Argumente auf der Basis seines methodischen Vorwissens kritisch zu bewerten und nicht nur autoritätsgläubig zu wiederholen. Mitunter offenbart sich nämlich, dass auch den obersten Gerichten ein logischer Fehler unterlaufen kann. 308

Beispiel: Im Fall der strittigen Wahlkampfkostenerstattung für einen parteilosen Wahlbewerber (Rn. 272) kam es für die Beantwortung der Frage, ob eine analoge Anwendung des § 18 I PartG auch auf parteiunabhängige Bewerber möglich war, seinerzeit entscheidend darauf an, ob überhaupt eine Regelungslücke bestand, ob also die fehlende Regelung vom Gesetzgeber als bewusste Beschränkung des Kreises der Erstattungsberechtigten gewollt war oder nicht (zu den Voraussetzungen der Analogie Rn. 273ff.). Eines der präsentierten Argumente bezog sich auf die Entstehungsgeschichte der Norm (dazu allg. Rn. 237ff.). BVerfG[530] und BVerwG[531] bezogen sich insoweit auf den § 17 II des von einer interfraktionellen Arbeitsgruppe eingebrachten

---

[527] Vgl. schon Rn. 299.
[528] *Ott*, Gesetz über Versammlungen und Aufzüge, 7. Aufl. 2010, Einf. Rn. 31.
[529] Vgl. *BVerfG* EuGRZ 1979, 299.
[530] BVerfGE 41, 399 (411).
[531] BVerwGE 44, 187 (189).

Entwurfes des Parteiengesetzes.[532] Dort war eine Erstattung der Wahlkampfkosten (berechnet nach den gültigen Erststimmen) auch dann vorgesehen, „wenn ein Abgeordneter als Wahlkreisbewerber für eine Wählergruppe oder Partei, für die keine Landesliste zugelassen war, aufgetreten war". Aus der Tatsache, dass in der endgültigen Gesetzesfassung des damaligen § 18 II Nr. 2 PartG die „Wählergruppe" keine Erwähnung mehr fand, haben die beiden Gerichte geschlossen, der federführende Innenausschuss habe gerade durch diese Streichung eine Wahlkampfkostenerstattung für Einzelkandidaten ausschließen wollen. Mithin läge keine Regelungslücke, sondern eine bewusste Nichtregelung vor. Die Stringenz dieser Schlussfolgerung ist aber nicht unbedingt einsichtig: Wenn von Parteien und Wählergruppen die Rede war, spricht einiges dafür, dass die Erstattung der Kosten von Einzelkandidaten bei den Beratungen gerade keine Rolle spielte, also eine analogiefähige unbewusste Lücke hätte angenommen werden müssen.[533]

309 Stellt sich, nachdem die zu einer kontroversen Rechtsfrage vertretenen Ansichten gesammelt und die diesen jeweils zugrundeliegenden Argumente nachvollzogen wurden, heraus, dass diese vom Ausgangspunkt her unterschiedlichen Auffassungen im konkret zu begutachtenden Fall zum gleichen Ergebnis kommen, so erübrigt sich eine definitive Entscheidung für eine der Meinungen. Streitfragen dürfen nicht um ihrer selbst willen dargestellt werden. Nur wenn sich ergeben hat, dass es zur Falllösung darauf ankommt, welcher Ansicht man folgt, sind weitere Arbeitsschritte erforderlich. Ansonsten genügt der Hinweis auf die unterschiedlichen Ansätze, ihre wesentliche Argumentationsbasis und die in concreto gleichlautenden Konsequenzen.[534]

Beispiel: „Die dargestellten Ansichten kommen trotz ihres unterschiedlichen dogmatischen Ansatzpunktes mithin beide zu dem gleichen Ergebnis. Folglich braucht die Frage, ob zur Lösung des Problems auf die subjektiv-individuelle oder auf die abstrakt-generelle Betrachtung abzustellen ist, an dieser Stelle nicht entschieden zu werden."

Entsprechend knapp zu behandeln sind auch längst „erledigte" Streitfragen. Zur allgemeinen Übung gewordene Lehrmeinungen brauchen in ihren dogmatischen Grundlagen nicht mehr ausführlich behandelt, Streitfragen, die seit Jahrzehnten geklärt sind, dürfen als im Sinne der herrschenden Meinung gelöst betrachtet werden, sofern nicht ausnahmsweise gerade Besonderheiten des Sachverhalts Anlass dazu bieten, die Frage erneut gesondert gutachtlich zu überprüfen.

3. Bilden einer eigenen Auffassung

310 Ergeben sich aus den verschiedenen, zu einem Problem vertretenen Ansichten unterschiedliche Konsequenzen, je nachdem welcher Ansicht der Vorzug gegeben wird, so ist der Bearbeiter gezwungen, sich eine eigenständige Auffassung zu bilden. Da das Ergebnis dieser Meinungsbildung den Aufbau des Gutachtens beeinflusst, kann ohne Streitentscheidung mit der Niederschrift nicht begonnen werden. Es verbietet sich von selbst, „ins Blaue hinein" an die schriftliche Ausarbeitung zu gehen und an den verschiedenen Weichenstellungen eines Falles auf die jeweils richtige Eingebung zu hoffen. Das Erfordernis, sich im Gutachten eine eigene Auffassung zu bilden, bedeutet nicht etwa, dass diese Meinung zuvor von niemand anderem vertreten worden sein darf.[535] Vielfach genügt es, wenn der Bearbeiter sich für eine der vertretenen Ansichten entscheidet, die ihm eine sachgerechte Lösung seiner Aufgabe ermöglicht.

---

[532] Vom 26.1.1967, BT-Drucks. V/1339.

[533] Darauf hat seinerzeit *Versteyl*, ZParl 1975, 341 (345) aufmerksam gemacht.

[534] Die von den juristischen Fakultäten herausgegebenen Merkblätter für die Anfertigung häuslicher Arbeiten weisen regelmäßig auf dieses Erfordernis hin.

[535] *Schwerdtfeger*, Öffentliches Recht in der Fallbearbeitung, 14. Aufl. 2012, Rn. 27.

Beispiel: So wäre es im „Megaphonfall“ (Rn. 296), wo sich die zutreffende Lösung ohne übermäßige Mühen aus der Kommentarliteratur und Rechtsprechung ersehen lässt, verfehlt, krampfhaft noch eigene Gedanken entwickeln zu wollen. Die zu behandelnde Thematik ist weitgehend ausdiskutiert und wird ganz überwiegend nicht mehr kontrovers behandelt. Diejenigen Bearbeiter, die den auf diesen Fall zugeschnittenen Beschluss des BVerfG[536] gefunden haben, konnten sich demnach damit begnügen, die dort aufgeführten Argumente bezüglich der Vereinbarkeit des § 10 LImSchG NRW mit Art. 5 GG und Art. 8 GG zu übernehmen, zu vertiefen und sodann ihrer Lösung zugrunde zu legen.

Es sollte einen Bearbeiter nachdenklich stimmen und zur nochmaligen Überprüfung seiner Auffassung veranlassen, wenn er zu dem Ergebnis kommt, keine der in Schrifttum und Rechtsprechung vertretenen Meinungen sei zutreffend und deshalb selbst kreativ tätig werden möchte (Begründung einer neuen Theorie). Vor krampfhaftem Bemühen um Originalität kann nur gewarnt werden. Das Vorhandensein anerkannter Lehrmeinungen sollte nicht ohne Grund ignoriert werden, zumal es studentischen Bearbeitern nur in ganz seltenen Fällen gelingen dürfte, Auffassungen, die fachlich ausgewiesene Juristen als zutreffend angesehen haben, umzustoßen. 311

In diesem Zusammenhang ist insbesondere auf die Bedeutung einer gefestigten höchstrichterlichen Rechtsprechung hinzuweisen.[537] Zwar steht es dem Bearbeiter grundsätzlich frei, eine solche Rechtsprechung im Ergebnis abzulehnen; das sklavische Wiederholen einer vorgegebenen Ansicht ist sicher nicht Ausweis wissenschaftlichen Arbeitens und vermag auch oftmals nicht zu befriedigen.[538] Andererseits ist nicht zu verkennen, dass die aus qualifizierten Juristen bestehenden obersten Bundesgerichte angesichts ihrer Spezialisierung und ihres Überblicks über ein Rechtsgebiet durchweg in der Lage sind, gewichtige Gründe für ihre Ansicht vorzubringen. Da die Hausarbeit zudem als „praktische Aufgabe“ verstanden wird, empfiehlt sich eine Orientierung der Falllösung an der höchstrichterlichen Rechtsprechung auch deswegen, weil Rechtsgutachten in der Praxis die Chancen der Parteien bei einem Streitfall vor Gericht aufzuzeigen haben. Der Bearbeiter muss deshalb im Falle seiner Ablehnung der höchstrichterlichen Rechtsprechung schon überzeugende Argumente vorbringen können, für welche eine Chance besteht, die künftige Rechtsprechung beeinflussen zu können. Das kann etwa dann der Fall sein, wenn eine bestimmte Judikatur im Schrifttum ganz überwiegend abgelehnt wird. 312

Beispiel: Über Jahrzehnte hinweg hatte die verwaltungsgerichtliche Rechtsprechung den Standpunkt vertreten, dass die Eingangsbestimmungen zum kommunalen Wirtschaftsrecht, die den Gemeinden eine Errichtung wirtschaftlicher Unternehmen u. a. nur dann erlauben, wenn ein öffentlicher Zweck das Unternehmen rechtfertigt, nicht drittschützend seien, sondern allein dem Selbstschutz der Gemeinden dienten. Hiergegen hatten Vertreter aus der Literatur zunehmend Kritik geübt. Als Reaktion auf diese Kritik und eine entsprechende drittschutzfreundliche Entscheidung des Verfassungsgerichtshofs für das Land Rheinland-Pfalz[539] hat auch das OVG für das Land Nordrhein-Westfalen seine alte Rechtsprechung ausdrücklich aufgegeben und gewährt privaten Konkurrenten nunmehr Rechtsschutzmöglichkeiten, weil es die maßgebliche Vor-

---

[536] *BVerfG* EuGRZ 1979, 299.

[537] Gute Bearbeiter zeichnen sich dadurch aus, dass sie aktuelle Entwicklungen in der höchstrichterlichen Rspr. berücksichtigen und namentlich eine Richtungsänderung in der Rspr. nicht übersehen. So berichtet *Schwertfeger*, Öffentliches Recht in der Fallbearbeitung, 14. Aufl. 2012, Rn. 808, von einer 1991 geschriebenen Examenshausarbeit, in der ein Bearbeiter nicht gesehen hatte, dass die von ihm langatmig dargestellten früheren Enteignungstheorien des BGH („Sonderopfertheorie“) und des BVerwG („Schweretheorie“) zwischenzeitlich überholt waren, weil sich die beiden Obersten Bundesgerichte der 1982 (!) vom BVerfG im „Nassauskiesungsbeschluss“ (BVerfGE 58, 300 ff.) entwickelten Enteignungstheorie angeschlossen hatten.

[538] So schon *Vogel*, Die verwaltungsrechtliche Hausarbeit, 1965, S. 17.

[539] *VerfGH Rh.-Pf.* DVBl. 2000, 992 (995) m. Anm. *Henneke*, DVBl. 2000, 999.

schrift, § 107 I nrw. GO, wie schon länger in der Literatur gefordert, als drittschützend ansieht.[540]

313 In Klausur und Hausarbeit sollten die Bearbeiter nicht zu gering schätzen, dass sich unter den Korrektoren (auch unter den Korrekturassistenten an den Universitäten) viele Praktiker befinden. Beabsichtigt ein Bearbeiter, von der höchstrichterlichen Rechtsprechung abzuweichen, ist auch „klausurtaktisch“ zu bedenken, dass sich diese Praktiker nicht so schnell davon überzeugen lassen werden, dass die ihnen aus der täglichen Arbeit vertraute Argumentation unrichtig sein soll. Die abweichende Argumentation muss also besonders überzeugend sein. Spätestens nach Abschluss des Studiums wird im Referendariat ein besonderer Wert auf die praktische Verwendbarkeit der anzufertigenden Arbeiten gelegt. Mit Blick darauf, dass von den im öffentlichen Dienst Tätigen im Allgemeinen und von Richtern (vgl. Art. 97 I GG) im Besonderen erwartet wird, dass sie sich bei ihrer Tätigkeit an Gesetz und Recht orientieren (Art. 20 III GG), wird die Umsetzung der höchstrichterlichen Rechtsprechung spätestens im Referendariat von entscheidender Bedeutung sein.

Hinweis: Gerichtsurteile bedürfen auch vor diesem Hintergrund der rational nachvollziehbaren Begründung. Dazu BVerfG NJW 1995, 2911 (2911 f.): „Verfassungsrechtlich ist eine Begründung jedenfalls dann geboten, wenn ein Gericht von dem eindeutigen Wortlaut oder von der höchstrichterlichen Auslegung einer Norm abweicht. (…) Das ist gerade deshalb erforderlich, weil die Gerichte nur dem Gesetz unterworfen sind und bei der Auslegung und Anwendung von Normen weder einer vorherrschenden Meinung folgen, noch den von einem übergeordneten Gericht vertretenen Standpunkt zugrunde legen müssen, sondern ihre eigene Rechtsauffassung vertreten können. Mit Rücksicht auf die verfassungsrechtliche Gebundenheit des Richters an Gesetz und Recht (Art. 20 III GG) verlangt das Willkürverbot, dass die eigene Auffassung begründet wird. (…) Jedenfalls muss die Begründung erkennen lassen, dass das Gericht sich mit der Rechtslage eingehend auseinandergesetzt hat; außerdem darf seine Auffassung nicht jedes sachlichen Grundes entbehren.“

Im Amtshaftungsrecht etwa ist seit langem anerkannt, dass der Kreis der zu beachtenden Amtspflichten i. S. v. § 839 BGB i. V. m. Art. 34 GG auch die Beachtung einschlägiger höchstrichterlicher Rechtsprechung umfasst.[541] Ähnliches gilt für die Berufspflichten von Rechtsanwälten im Rahmen der Beratung von Mandanten. Es kann also nicht schaden, sich beizeiten mit einer ständigen Judikatur der Bundesgerichte vertraut zu machen. Ungeachtet dessen ist es stets empfehlenswert, wenn sich der Bearbeiter der von ihm als einleuchtender empfundenen Lösung anschließt.

4. Darlegung, Gruppierung und Gewichtung eines Streitstandes

314 Nach Abschluss der geschilderten Vorarbeiten, insbesondere nach der schwerpunktmäßigen Beschäftigung mit den rechtlichen Streitfragen, kann der Bearbeiter mit der Niederschrift beginnen. Allgemeingültige Angaben, wie viel Zeit im Rahmen der Gesamtbearbeitungsdauer für die Niederschrift zu veranschlagen ist, sind kaum möglich. Im Rahmen der Niederschrift ergeben sich erfahrungsgemäß auch bei einer sehr sorgfältigen klausurmäßigen Lösung und bei gewissenhafter Überprüfung von Literatur und Schrifttum immer noch neue Gedanken, die einen erneuten Einstieg in

---

[540] *OVG NRW* NWVBl. 2003, 462 (463) m. ausführlichem Nachweis der Literatur. Zum Überblick vgl. *Erbguth/Mann/Schubert*, Besonderes Verwaltungsrecht, 12. Aufl. 2015, Rn. 318 ff.; *Burgi*, Kommunalrecht, 4. Aufl. 2012, § 17 Rn. 65. In Niedersachsen statuiert § 136 I 3 NKomVG einen ausdrücklichen Schutz privater Dritter.

[541] Vgl. insoweit nur BGHZ 30, 19 (22); *BGH* NJW 1963, 1453 (1454); *OVG NRW* NJW 1979, 2061 (2063).

die Literatur bedingen können,[542] so dass jedenfalls hierfür noch angemessene Zeit einzukalkulieren ist.[543]

Für die Länge einer Bearbeitung gibt es keine allgemeine Regel. Insoweit kommt es allein auf den konkreten Fall an. Wenn einer Aufgabe allerdings ein Bearbeitungsvermerk über den Höchstumfang einer Niederschrift beigefügt ist, haben sich die Bearbeiter entsprechend zu disziplinieren, auch bei einer „Soll"-Vorgabe ist die vorgegebene Seitenzahl tunlichst nicht zu überschreiten.[544] Schon allein mit Blick auf die geforderte Stringenz eines Rechtsgutachtens ist die Ausarbeitung zudem immer auch kritisch auf Streichungsmöglichkeiten durchzusehen. Möglicherweise hat der Bearbeiter Schwerpunkte nicht richtig gesetzt, Scheinprobleme erörtert oder nicht erforderliche Ausführungen (erfahrungsgemäß regelmäßig in der Zulässigkeit) gemacht.

Beispiel: Beim „Megaphonfall" (Rn. 296) musste im Zusammenhang mit der Frage, ob P in seinem Grundrecht aus Art. 8 GG verletzt worden ist, zunächst der Schutzbereich dieses Grundrechts bestimmt werden. Bereits an dieser Stelle war die Prüfung in Anlehnung an die Rechtsauffassung des BVerfG mangels Eingriffs in den Schutzbereich des Grundrechts abzubrechen. Offensichtlich aus Scheu vor einer zu knappen, jedoch in diesem geringen Umfang korrekten Grundrechtsprüfung erörterten zahlreiche Bearbeiter zunächst die Rechtmäßigkeit des Grundrechtseingriffs, bevor sie auf die logisch vorrangige Frage der Bemessung des Schutzbereichs eingingen. Ein solch fehlerhaftes Vorgehen kann leicht dazu führen, dass sich der Bearbeiter im Rahmen überflüssiger Abhandlungen noch zusätzliche Minuspunkte wegen falscher materiell-rechtlicher Ausführungen „einhandelt".

Viele Bearbeiter erliegen der Gefahr, dass sie insbesondere solchen Fragen zu viel 315
Platz einräumen, zu denen sich ohne großes Nachdenken viel (ab)schreiben lässt.[545] So finden sich regelmäßig in Hausarbeiten immer wieder abstrakte Ausführungen zum Geltungsbereich eines Grundrechts, die an Lehrbücher, Kommentare oder Leitsätze der Judikatur angelehnt sind, ohne dass der Bezug zur oder die Relevanz für die konkrete Falllösung ersichtlich wird. Solchen Fehlern kann nur vorgebeugt werden, indem sich die Bearbeiter stets das bereits angesprochene Gebot[546] klar machen, dass die Erörterung von Scheinproblemen bzw. solcher Fragestellungen, die zur Lösung des Falles überhaupt nichts beitragen, in einem Rechtsgutachten strikt zu unterbleiben hat.[547]

Beispiele: So wäre es verfehlt, in einer Hausarbeit ausführlich den Streit zwischen Rechtsprechung und Literatur darüber, ob die Abzugsfähigkeit von Parteispenden mit dem Recht der Bürger auf gleiche Beteiligung an der politischen Willensbildung vereinbar ist, darzustellen, wenn im konkreten Fall einzelne Spenden einer Privatperson in *Millionenhöhe* zur Diskussion stehen. Denn in einem solchen Fall gehen Rechtsprechung und Gegenmeinung in der Literatur übereinstimmend von der Verfassungswidrigkeit einer entsprechenden privilegierenden Vorschrift aus.

Im „Megaphonfall" (Rn. 296) hielten mehrere Bearbeiter den Gedanken für erwähnenswert, ob nicht die Benutzung des Megaphons und die dadurch bedingte Störung der Anwohner den Rechtsfrieden beeinträchtigt habe, so dass die Demonstration als unfriedliche Versammlung

---

542 Diese bereits von *Vogel*, Die verwaltungsrechtliche Hausarbeit, 1965, S. 11 und *Pappermann/Vesper*, Die öffentlich-rechtliche Hausarbeit im Referendarexamen, 1973, S. 31 in Anm. 48 für Examenshausarbeiten angesprochene Erfahrung gilt, wenngleich in geringerem Maße, auch für Übungshausarbeiten.

543 S. auch *Rollmann*, JuS 1988, S. 42 (47).

544 So enthielt z. B. der in Rn. 296 abgedruckte „Megaphonfall" den Hinweis, dass der Höchstumfang einer Bearbeitung nicht über 25 Seiten hinausgehen sollte.

545 So bereits die Beobachtung von *Pappermann/Vesper*, Die öffentlich-rechtliche Hausarbeit im Referendarexamen, 1973, S. 32 in Anm. 57.

546 Vgl. bereits Rn. 205, 309.

547 Vgl. *Köbele/Zimmermann*, Jura 1990, 436 (437).

angesehen werden könne. Die Erörterung eines derart weit hergeholten Problems bringt die Lösung nicht voran und lässt lediglich Rückschlüsse auf ein mangelndes Judiz der Verfasser zu. Desgleichen wurde erörtert, ob das nordrhein-westfälische Landesimmissionsschutzgesetz ein Einzelfallgesetz i. S. d. Art. 19 I 1 GG ist, obwohl sich auf den ersten Blick erkennen lässt, dass von ihm breite Anwendungsfelder abgedeckt sind. Eine Bearbeiterin glaubte, im Rahmen der Prüfung des Art. 5 I 1 GG dezidiert auf den Unterschied zwischen Werturteilen und Tatsachen eingehen zu müssen. Das war jedoch verfehlt, da sich aus dem Sachverhalt beim besten Willen nicht entnehmen ließ, dass die Äußerungen des P nur einer der beiden Kategorien zuzurechnen waren.

316 Bei wirklich entscheidungsrelevanten Fragen ist der Streitstand demgegenüber genau und unverzerrt darzustellen sowie anschließend kritisch zu würdigen.[548] Verfehlt ist es aber, in der Rechtsprechung oder von einzelnen Autoren vertretene Meinungen nacheinander wörtlich oder sinngemäß zu zitieren und zusammenhanglos aneinanderzureihen

(Negativ-)Beispiel:
a) Auffassung des BGH
b) Auffassung anderer Zivilgerichte
c) Auffassung des BVerwG
d) Auffassung anderer Verwaltungsgerichte
e) Auffassung von Professor Ennuschat
f) Auffassung von Professor Brüning

und sich dann – Krönung der Darstellung – unter

g) Eigene Meinung

mit dürren Worten lediglich einer Auffassung anzuschließen. Die einzelnen Ansichten müssen vielmehr in einer problemorientierten Darstellung sachlich nach dem argumentativen Gehalt ihrer Aussagen geordnet und unter komprimierter Angabe ihrer (literarischen) Vertreter (in der Regel nur in den Fußnoten, s. Rn. 318) aufgeführt werden. Fast immer lässt sich der Meinungsstand auf diese Weise zu zwei oder drei Grundansichten (Meinungsgruppen) zusammenfassen[549] (s. Rn. 384), die nach dem dialektischen Muster „Meinung X – Gegenmeinung Y – vermittelnde Auffassung Z" präsentiert werden kann.

317 Gebräuchlich[550] und argumentativ geschickter ist es, zunächst die abzulehnenden Meinungen und erst im Anschluss daran die für sachgerecht gehaltene Auffassung darzustellen. Die eigene Meinung kann der Bearbeiter freilich von Beginn an durchblicken lassen, sofern dies unter Vermeidung des Urteilsstils möglich ist. Die für zutreffend gehaltenen Argumente können dabei zugleich zur Widerlegung der gerade dargestellten Gegenansicht herangezogen werden.[551] Von großer Wirkung ist es, wenn es gelingt, die Argumente so zu ordnen, dass man mit einem starken Argument beginnt – hierdurch kann das Interesse des Lesers für die zu diskutierende Fragestellung erhöht werden – und mit einem starken Argument schließt, was beim Leser einen überzeugenden, nachhaltigen Eindruck hinterlässt. Zwischen diesen argumentativen Highlights können dann auch schwächere Begründungen eingearbeitet werden.[552]

---

[548] *Th. M. Möllers,* Juristische Arbeitstechniken und wissenschaftliches Arbeiten, 7. Aufl. 2014, Rn. 173.

[549] *Schwerdtfeger,* Öffentliches Recht in der Fallbearbeitung, 14. Aufl. 2012, Rn. 838.

[550] So schon *Vogel*, Die verwaltungsrechtliche Hausarbeit, 1965, S. 16; Hinweise zum Aufbau von Argumentationen finden sich auch bei *Christensen/Pötters*, JA 2010, 566 (567 f.) und *Pilniok*, JuS 2009, 394 (396 f.).

[551] Ähnlich *Valerius*, JA Sonderheft für Erstsemester 2015, 48 (53); *Th. M. Möllers,* Juristische Arbeitstechnik und wissenschaftliches Arbeiten, 7. Aufl. 2014, Rn. 175.

[552] Ebenso *Th. M. Möllers,* Juristische Arbeitstechnik und wissenschaftliches Arbeiten, 7. Aufl. 2014, Rn. 175; *Lahnsteiner*, Jura 2011, 580 (585 f.).

Da die Lösung einer Rechtsfrage nicht personalisiert in der Auseinandersetzung mit Gerichten und Autoren erfolgt, sondern in der Diskussion ihrer Argumente, ist es gebräuchlich, nur die Ansicht als solche mit ihren zentralen Argumenten darzustellen und die entsprechenden Belegstellen in einer Fußnote aufzuführen.[553] Hierzu hatte das Justizprüfungsamt beim OLG Hamm mit Blick auf die seinerzeit in NRW noch zu schreibende Examenshausarbeit in einem Merkblatt eigentlich alles Maßgebliche zutreffend vermerkt: 318

„Die Literatur ist Hilfsmittel für die sachliche Prüfung; sie darf daher in der Darstellung nur insoweit in Erscheinung treten, als sie diesem Zweck dient. Deshalb muss sie unter dem Gesichtspunkt ihrer Bedeutung für die Fallentscheidung gründlich verarbeitet werden. Es genügt nicht, die Äußerungen der einzelnen Autoren nacheinander wörtlich oder sinngemäß zu zitieren und sich dann lediglich einer Argumentation anzuschließen. Der Prüfling sollte vielmehr die Argumente für und gegen eine bestimmte Lösung sachlich ordnen und die eigene Stellungnahme selbständig begründen. Soweit dabei fremde Ansichten herangezogen werden, ist eine wörtliche Wiedergabe möglichst zu vermeiden. Sind Herausgeber und Bearbeiter im Rahmen einer selbständig erschienenen Schrift nicht identisch, so ist der Name des Bearbeiters bei der Zitierung hinzuzufügen (z.B. *Grüneberg,* in: Palandt, BGB, § 249 Rn. 10). Die Quelle ist, am besten in einer Fußnote, so zu bezeichnen, dass sie mit Hilfe des Literaturverzeichnisses aufgefunden werden kann."

Die in der *Gliederung* der Hausarbeit aufgeführten Punkte müssen im Text wortgleich und mit übereinstimmender Kennzeichnung (Buchstaben oder Ziffern) als Überschriften erscheinen.[554] Dabei sind aus Gründen der Übersichtlichkeit jeweils Absätze zu bilden. Um dem Leser die Nachvollziehbarkeit zu erleichtern, sollten nach längeren Passagen wichtige Zwischenergebnisse kurz resümierend zusammengefasst werden. *Vorausverweisungen* („wie unten noch zu zeigen sein wird ...") sind zu unterlassen. Solche Verweisungen sind untrügliche Zeichen für einen nicht logisch strukturierten Aufbau.[555] Auch zum Aufbau selbst sind bei richtigem Vorgehen in der Regel keine Hinweise erforderlich. Der Aufbau eines Rechtsgutachtens ist kein Selbstzweck. Dem Leser muss an Hand der Darstellung bereits klar werden, warum der Bearbeiter die Lösung in der von ihm gewählten Art und nicht anders aufbaut. 319

5. Streitentscheidung mit eigener Begründung

Entscheidungsrelevante Rechtsfragen dürfen niemals alternativ entschieden werden oder überhaupt offenbleiben (Rn. 177).[556] Am Ende des Falles muss immer, ob in der Klausur, Hausarbeit oder in einer gerichtlichen Entscheidung, eine eindeutige Antwort stehen. Eine Maßnahme der Polizei kann nur rechtmäßig oder rechtswidrig sein. Eine Norm nur verfassungsgemäß oder verfassungswidrig.[557] Für den Fall, dass gleichwertige Argumente zwei verschiedene Lösungswege vertretbar erscheinen lassen, ist nach der Darstellung beider Möglichkeiten und ihrer Voraussetzungen eine endgültige Entscheidung zu treffen. Dabei sind vage Formulierungen wie „es dürfte 320

[553] Vgl. auch *Schwerdtfeger,* Öffentliches Recht in der Fallbearbeitung, 14. Aufl. 2012, Rn. 838. Zur Zitierweise bei mehreren Fundstellen s. auch *Byrd/Lehmann,* Zitierfibel für Juristen 2007, S. 83 f.; *Walter,* Kleine Stilkunde für Juristen, 2. Aufl. 2009, S. 251 f. sowie unten Rn. 398.

[554] Allgemein zur Gliederung und zu Überschriften *Walter,* Kleine Stilkunde für Juristen, 2. Aufl. 2009, S. 256 ff.

[555] Ebenso schon *Pappermann/Vesper,* Die öffentlich-rechtliche Hausarbeit im Referendarexamen, 1973, S. 32 in Anm. 61. Zu Vorausverweisungen in Themenarbeiten s. u. Rn. 399.

[556] Vgl. *Schwerdtfeger,* Öffentliches Recht in der Fallbearbeitung, 14. Aufl. 2012, Rn. 827 f. Bzgl. einer (nur äußerst selten erforderlichen) alternativen Lösung bei zweifelhaften *tatsächlichen* Umständen s. Rn. 176 und *Schwerdtfeger,* a. a. O. Rn. 817 ff.

[557] So auch *Lahnsteiner,* Jura 2011, 580 (586); *Pilniok,* JuS 2009, 394.

richtig sein“ oder „man kann wohl annehmen“ nicht ausreichend. Wer „wohl“ sagt, dem ist bei seiner Argumentation meistens unwohl.[558]

Wenn der Leser nach sorgfältiger Darlegung eines Streitstandes dem auf bestimmte Argumente gestützten Vorschlag des Gutachters auch nicht zu folgen vermag, so sind bei solider Prüfung doch immerhin auch die *Argumente* der Gegenmeinung *aufbereitet.* Damit sind die zentralen Anforderungen an eine häusliche Fallbearbeitung jedenfalls erfüllt. Wesentlich für den Wert einer solchen Fallbearbeitung, das ist ausdrücklich zu betonen, ist letztlich nicht so sehr, welches Ergebnis erzielt wird, sondern der Weg, auf dem der Bearbeiter zu seinem Ergebnis gekommen ist. Schließlich lässt sich über die Frage, welches Ergebnis als zutreffend anzusehen ist, oft durchaus trefflich streiten. Manchmal ist auch aus der höchstrichterlichen Rechtsprechung die Unsicherheit erkennbar, ob aus einem konkreten Sachverhalt ein bestimmter Anspruch folgt.[559] Nicht streiten lässt sich dagegen darüber, ob ein Ergebnis logisch begründet ist. Auf der anderen Seite ist eine Lösung, die zufällig das zutreffende Ergebnis getroffen hat, aber in der Begründung mangelhaft ist oder gar keine Begründung erkennen lässt, wertlos.

321 Keine Begründung zu ersetzen vermag, wie bereits betont wurde (Rn. 219), der lapidare *Hinweis auf die herrschende Meinung* (bzw. herrschende Lehre[560]).[561] Die „h.M. ist kein Argument.“[562] Zunächst einmal setzt eine herrschende Ansicht das Vorhandensein mindestens einer weiteren Meinung voraus. Aber selbst wenn ein gespaltenes Meinungslager erkennbar ist, sollte mit solchen Feststellungen zur „h.M.“ vorsichtig umgegangen werden, weil Maßstäbe dafür, wann eine Ansicht als herrschend angesehen werden kann, nicht vorhanden sind und somit erhebliche Manipulationsgefahren bestehen.[563] Vielfach bezeichnen die Vertreter entgegenstehender Auffassungen ihre Meinung jeweils als die herrschende. Darüber hinaus erfordert die Bezugnahme auf die herrschende Meinung auch eine entsprechende Fleißarbeit in den Fußnoten.

Beispiel: Wenn im Text die Auffassung der „herrschenden Meinung“ referiert wird, genügt es nicht, wenn – wie bis in Doktorarbeiten hinein zu lesen ist – in den Fußnoten nur eine Quelle benannt wird. Hier muss die „herrschende Meinung“ auch quantitativ im Fußnotenapparat dominieren und darf nicht gegenüber der Summe der Vertreter der „Mindermeinung“ unterlegen sein. Besonders aufschlussreich sind diejenigen besonders krassen Fälle, in denen als Beleg für die „h.M.“ sogar nur ein Standardlehrbuch genannt wird, das sich seinerseits nur auf eine Darstellung des Streitstandes beschränkt und dabei selbst eine der Meinungen als herrschend bezeichnet. Noch deutlicher können Bearbeiter nicht verraten, dass sie sich wissenschaftlich unlauter verhalten, indem sie sich einen Streitstand nur über eine Sekundärquelle, nicht aber

---

[558] So das Bonmot von *Pappermann/Vesper*, Die öffentlich-rechtliche Hausarbeit im Referendarexamen, 1973, S. 36 Anm. 85.

[559] Zur Bedeutung der höchstrichterlichen Rspr. für die Lösungsfindung vgl. Rn. 312.

[560] Auch hier ist Sorgfalt bei der Verwendung der Begrifflichkeiten geboten: „Herrschende Lehre“ können genau genommen nur Literaturbeiträge sein, nicht jedoch Entscheidungen der Gerichtsbarkeit. Will man zugleich auch die Tendenz in der Rechtsprechung erfassen, wird man von „herrschender Meinung“ sprechen müssen.

[561] *Byrd/Lehmann,* Zitierfibel für Juristen, 2. Aufl. 2015, S. 76; ein engagierter Appell an das „Selbst denken“ findet sich bei *Hufen*, JuS 2013, 1ff: „Lassen sie sich nicht einfangen von Schemata und beherrschen durch „herrschende Lehren“ – lassen Sie nicht denken: Nicht durch erkannte und unerkannte Vormünder, nicht durch Repetitoren, ja nicht einmal durch Professoren und deren Lehrbücher: Denken Sie selbst!“.

[562] S. dazu den gleichlautenden Aufsatz von *Pilniok*, JuS 2009, 394ff.; auch *Valerius,* JA Sonderheft für Erstsemester 2015, 48 (52).

[563] *Byrd/Lehmann,* Zitierfibel für Juristen, 2. Aufl. 2015, S. 76; *Schwerdtfeger*, Öffentliches Recht in der Fallbearbeitung, 14. Aufl. 2012, Rn. 837; s. auch Rn. 134.

über die Originalquellen erschlossen haben. – Ein anderer beliebter Fehler besteht darin, dass zur „h. M." und zur „m. M." zwar viele Quellen genannt werden, darunter aber auch Werke, die sich in beiden Beleggruppen finden. Auch hier wird es sich um Werke handeln, die einen Streitstand lediglich referieren, denn es ist nicht anzunehmen, dass sich ein Autor in einem Beitrag sowohl für die h. M. als auch für die m. M. ausspricht.

Keine überzeugende Begründung stellen auch die häufig zu lesenden lapidaren Hinweise auf die „überzeugenden", „zweifelsfreien" oder „richtigen" Ausführungen in einer Kommentierung oder Gerichtsentscheidung dar. Der Leser will durch Argumente überzeugt werden. Ihm ist nicht damit gedient, dass der Bearbeiter eine Meinung kategorial bewertet.

Mitunter begnügen sich Fallbearbeiter mit der Widerlegung der von ihnen für un- 322
zutreffend gehaltenen Ansichten. Eine solche Vorgehensweise reicht zur Begründung des anderweitigen Ergebnisses nicht aus, denn durch die schlichte Negation haben die Bearbeiter noch keine *positive Begründung* für die eigene Meinung gegeben. Auch einfache Behauptungen vermögen nicht die gebotene Begründung zu ersetzen.

Beispiele (aus einer niedersächsischen Examensklausur): „Nach § 40 I VwGO ist der Verwaltungsrechtsweg in allen öffentlich-rechtlichen Streitigkeiten nichtverfassungsrechtlicher Art gegeben. Das trifft hier zu." Im ersten Satz hat der Bearbeiter nur den Gesetzestext abgeschrieben. Die im zweiten Satz aufgestellte Behauptung war von ihm gerade zu beweisen: Die Begriffe „öffentlich-rechtliche Streitigkeit" und „nichtverfassungsrechtlicher Art" waren inhaltlich zu klären und anschließend zu prüfen, ob ihre Voraussetzungen vorliegen. Die Bearbeitung ist daher in diesem Punkt völlig unbrauchbar. – Nicht wesentlich besser (aus einer niedersächsischen Examensklausur eines anderen Durchgangs): „Der Klageanspruch der B ist aus § 173 NKomVG abgeleitet, also öffentlich-rechtlicher Natur. Der Verwaltungsrechtsweg nach § 40 I VwGO ist daher gegeben, zumal keine Verfassungsstreitigkeit oder abdrängende Sonderzuweisung vorliegt." Sicherlich gilt die Maßgabe, dass unproblematische Fragen knapp behandelt werden können, aber hier ist die Präsentation gutachtentechnisch und methodisch nicht akzeptabel (dazu Rn. 232 ff.); es ist noch nicht einmal der Ansatz eines Obersatzes zu erkennen und die maßgeblichen Tatbestandsmerkmale werden als Prüfprogramm nicht benannt. Dass § 173 NKomVG öffentlich-rechtlicher Natur sei, wird schlicht behauptet, ohne dass auch nur irgendein Kriterium angedeutet wird, wonach das zu entscheiden wäre. Das Ergebnis (Verwaltungsrechtsweg eröffnet) wird präsentiert, noch bevor das zur Findung dieses Ergebnisses notwendige zweite Tatbestandsmerkmal (Streitigkeit nichtverfassungsrechtlicher Art) überhaupt angesprochen worden ist.

Desgleichen ersetzen Zitate keine Begründung.[564] Sie sind nur Belege für die Fund- 323
stelle von Darlegungen (s. auch Rn. 326 ff., 392 ff.). Erschreckend häufig wird zudem der Fehler begangen, ein Zitat in der Weise zu kennzeichnen, als ob der betreffende Schriftsteller oder das betreffende Gericht sich zum zu entscheidenden Fall geäußert hätte.

Beispiel: So wäre es verfehlt, im „Megaphonfall" (Rn. 296) auszuführen: „Durch das Verbot der Benutzung des Megaphons wird *Pieps* in seinem Grundrecht auf Versammlungsfreiheit nicht betroffen, weil an der Versammlung lediglich zehn Personen teilgenommen haben, denen er sich auch ohne Lautsprecher mitteilen konnte." Bezogen auf diese Aussage ist die hierzu gemachte Fußnote „So BVerfG EuGRZ 1979, 299." falsch. Zu der gutachtlich zu würdigenden Frage, ob *Pieps* in seinen Grundrechten verletzt ist, hat sich das BVerfG in der zitierten Entscheidung mit Sicherheit nicht geäußert. Es hätte heißen müssen: „Nehmen an einer Versammlung nur zehn Personen teil, so umfasst das Grundrecht der Versammlungsfreiheit nicht die Benutzung eines Megaphons." Zu dieser Aussage passt dann die genannte Fußnote. „*Pieps* ist daher nicht in seinem Grundrecht aus Art. 8 I GG betroffen." An diesen Konklusionssatz gehört wiederum keine Fußnote.

---

[564] *Schwerdtfeger*, Öffentliches Recht in der Fallbearbeitung, 14. Aufl. 2012, Rn. 837.

324 Die Streitentscheidung erfolgt bei der Hausarbeit ebenso wie bei der Klausur im Gutachtenstil (s. Rn. 204 ff.). Aufzubauen ist also von der Hypothese zum Ergebnis (Schema: Fragestellung – Normbenennung – Subsumtion – Ergebnis).[565] Genau wie bei der Klausur erfüllt dieser Stil aber auch hier keinen Selbstzweck. Vor allem dann, wenn der Schwerpunkt der Fallproblematik erkennbar bei der Behandlung materiellrechtlicher Fragen liegt, muss nicht jede formelle Voraussetzung im Rahmen einer Zulässigkeits- bzw. Zuständigkeitsprüfung bis ins kleinste Detail im Gutachtenstil durchgeprüft werden. Ein solches Vorgehen ist eher ein Zeichen dafür, dass sich die betreffenden Kandidaten nichts zutrauen und sich lieber an einer formalen Reihenfolge abarbeiten, anstatt ihre Kräfte auf die für die Benotung ausschlaggebende Auslegung und Argumentation zu legen.

Beispiel: In einer niedersächsischen Examensklausur, die keine außergewöhnlichen Schwierigkeiten in der Zulässigkeit beinhaltete und – wie fast alle Klausuren im Öffentlichen Recht – ihren Schwerpunkt in der Begründetheit, und hier in den Problemen der materiellen Rechtmäßigkeit hatte, verteilten sich die Ausführungen zur Zulässigkeit und Begründetheit in einer Klausurbearbeitung in einem Verhältnis von 8 : 6 Seiten zugunsten der Zulässigkeitsprüfung. Innerhalb der sechs Seiten Ausführungen zur Begründetheit dominierten wiederum Ausführungen zur formellen Rechtmäßigkeit (Zuständigkeit, Verfahren, Form). Die Prüfung der materiellen Rechtmäßigkeit des angegriffenen Verwaltungsaktes, bei der die drei Kernprobleme des Falles anzusprechen waren, nahm ganze zwei Seiten in Anspruch. Es liegt auf der Hand, dass auf diesen zwei Seiten kein Raum mehr für eine klar geführte Argumentation blieb, die neben einer Aufbereitung aller denkbaren Argumente auch noch die Anhaltspunkte und Hinweise aus dem Sachverhalt aufzunehmen imstande war. Bei Hausarbeiten, in denen die längere Bearbeitungszeit auch zu einem Nachsinnen über den angemessenen Aufbau benutzt werden sollte, wäre eine solche Fehlgewichtung erst recht fatal.

325 Um nicht missverstanden zu werden, ist an dieser Stelle nochmals (vgl. bereits Rn. 311) darauf hinzuweisen, dass die hier eingeforderte und oft mit erheblichen Mühen verbundene *eigene* Begründung nicht mit einer selbstgefundenen, kreativen Begründung gleichzusetzen ist. Es genügt, wenn die Ausarbeitung zeigt, dass der Verfasser einen eigenen Standpunkt vertritt, indem die Argumente anerkannter Autoren oder der Rechtsprechung mit eigenen Worten in der Form einer eigenen Begründung wiedergegeben werden. Alleiniges Ziel ist es, den Leser davon zu überzeugen, warum der Verfasser diese Meinung vertritt.[566]

III. Zur Zitierweise

326 Die Verwendung fremder Erkenntnisse bei der rechtswissenschaftlichen Fallbearbeitung – sowohl bei wörtlichen Zitaten als auch bei nur sinngemäßer Übernahme – ist wie bei jeder wissenschaftlichen Untersuchung durch genaue Quellenangaben deutlich zu machen. Insofern ist auf die ausführlichen, mit Beispielen versehenen Hinweise zur Themenarbeit (Rn. 392 ff.) zu verweisen. An dieser Stelle soll lediglich auf die wichtigsten Grundregeln aufmerksam gemacht werden.[567]

---

[565] Siehe auch *Rollmann*, JuS 1988, S. 42 (47).

[566] Ebenso *Schimmel*, Juristische Klausuren und Hausarbeiten richtig formulieren, 11. Aufl. 2014, Rn. 186 f.

[567] Zu den rechtlichen Anforderungen an Zitate in wissenschaftlichen Arbeiten unlängst auch auch *Bisges*, JURA 2013, 705 ff. Speziell zum Zitieren von elektronischen Dokumenten bzw. Internetquellen vgl. unten Rn. 407 sowie *Butzer/Epping*, Arbeitstechnik im Öffentlichen Recht, 3. Aufl. 2006, S. 132 ff. und *Th. M. Möllers*, Juristische Arbeitstechnik und wissenschaftliches Arbeiten, 7. Aufl. 2014, Rn. 466 ff.

1. Die Notwendigkeit einer Quellenangabe

Werden fremde Gedanken benutzt, so ist dies durch ein Zitat kenntlich zu machen, dessen Herkunft so genau anzugeben ist, dass es ohne Mühe nachgeprüft werden kann. Hieran musste das OVG NRW einmal in einem Rechtsstreit bezüglich einer Habilitationsschrift nachdrücklich erinnern: 327

„Es ist ein grundlegendes, jedermann einsichtiges und allseits anerkanntes Gebot der Redlichkeit, in einer wissenschaftlichen Arbeit Gedanken anderer Autoren, selbst wenn sie nur der Ausgangspunkt eigener Überlegungen sein sollen, als solche kenntlich zu machen, sei es im Text oder in den beigefügten Zitaten. Noch mehr und erst recht gilt dies, wenn eine fremde gedankliche Leistung in weithin nur wiederholender Darstellung aufgegriffen und lediglich in Einzelheiten weitergeführt, vervollkommnet oder von dem einen oder anderen Irrtum befreit werden soll. Unterbleibt in diesem – hier vorliegenden – Fall die Kenntlichmachung der fremden Leistung, so muss der unbefangene Leser in dem selbstverständlichen Vertrauen, dass jene grundlegende Regel wissenschaftlicher Arbeit eingehalten ist, einen falschen Eindruck von Umfang und Wert der eigenen Leistung des Verfassers gewinnen; zumindest aber gerät er in die Gefahr, einem solchen Irrtum zu erliegen."[568]

Wörtliche Zitate sind nur zulässig, wenn es auf den Wortlaut ankommt; gerade in der Hausarbeit sollten aber nicht ganze Absätze abgeschrieben werden (zu Themenarbeiten Rn. 401); die Qualität der Bearbeitung zeigt sich gerade in der Konzentration auf das Wesentliche. Gänzlich *überflüssig sind Zitate*, wenn sich die Aussage aus dem Gesetzestext ergibt oder die geäußerte Rechtsansicht selbstverständlich oder unbestritten ist. Ein bis in Doktorarbeiten hinein anzutreffender Fehler ist es, wenn im Text der Wortlaut einer Rechtsvorschrift wiedergegeben wird, obwohl dieser Satz anschließend mit einer Fußnote belegt wird (s. auch Rn. 402).

Beispiel (aus einer Hausarbeit der Fortgeschrittenenübung): „Die Abgeordneten des Bundestages sind an Aufträge und Weisungen nicht gebunden und nur ihrem Gewissen unterworfen [Fußnote]." – Hier ist ein Fußnotennachweis fehlerhaft, weil sich die Aussage des Satzes bereits aus dem Wortlaut des Art. 38 I 2 GG erschließt. Es ist fehlerhaft, diese Aussage einem Lehrbuchautor oder dem Verfasser eines Aufsatzes zuzuordnen, da es sich nicht um dessen Rechtsansicht oder ein Argument des Autors handelt, sondern schlicht um den Regelungsgehalt einer Rechtsnorm. Anstatt eine Fußnote zu setzen, wäre allein ein Hinweis auf den Verfassungstext, etwa in Gestalt des Klammerhinweises „(Art. 38 I 2 GG)" am Ende des Satzes angezeigt.

Das Gesetz hat vor allen anderen Quellen den Vorrang, es ist im Text zu zitieren. Alle sonstigen Nachweise sind nicht im Text der Arbeit, sondern als Fußnoten am Schluss der betreffenden Seite zu präsentieren.

2. Erforderliche Angaben

In den *Fußnoten* ist stets der Urheber der zitierten Äußerung anzugeben; dabei braucht der Titel des Werkes bei einem entsprechenden ausführlichen Nachweis im Literaturverzeichnis nur schlagwortartig genannt zu werden (s. auch Rn. 403). 328

Beispiel: Wenn das Werk „Rechtsprobleme der Akkreditierung von Studiengängen" von *Daniel Immer* ordnungsgemäß im Literaturverzeichnis aufgelistet ist, genügt es, in der Fußnote etwa „*Immer*, Akkreditierung, S. 40" oder „*Immer*, Rechtsprobleme, S. 40" (natürlich muss der Verfasser konsequent eine der Varianten beibehalten) zu schreiben. Gerade in Hausarbeiten, in denen den Bearbeitern eine Seitenbegrenzung vorgegeben ist, kann man auf diese Weise über die gesamte Arbeit hinweg unter Umständen sogar einige Zeilen mehr für die inhaltlichen Ausführungen gewinnen. – In diesem Buch werden die Buchtitel hingegen ausgeschrieben, da es kein allgemeines Literaturverzeichnis enthält, auf das unterstützend zurückgegriffen werden könnte.

---

[568] OVG NRW NWVBl. 1992, 212 (213).

Bei Namen mit Verwechslungsgefahr ist der Vorname oder ein Vornamenskürzel hinzuzusetzen.

Beispiel: Als Verfassungsrechtler mit dem Namen Kirchhof publizieren u. a. die Brüder Ferdinand und Paul Kirchhof sowie dessen Sohn Gregor Kirchhof. Um eine klare Zuordnung treffen zu können, müssen die Bearbeiter also entweder „*P. Kirchhof*“, „*F. Kirchhof*“ oder „*G. Kirchhof*“ schreiben. – Auch in diesem Buch wird der Autor des Werkes „Juristische Arbeitstechnik und wissenschaftliches Arbeiten“, *Thomas M. J. Möllers*, immer unter Nennung seiner Vornamenskürzel „Th. M. Möllers“ zitiert, um Verwechselungen mit *Christoph Möllers*, Jura-Professor in Berlin, vorzubeugen.

Bei Werken, die von mehreren Autoren herausgegeben oder verfasst worden sind (insbesondere bei Kommentaren) ist zwecks Individualisierung der Zuordnung der Name des jeweiligen *Bearbeiters* hinzuzufügen.

Beispiele: *Mann*, in: Sachs (Hrsg.), GG-Kommentar, 7. Aufl. 2014, Art. 12 Rn. 152; *Ehlers*, in: Mann/Püttner (Hrsg.), Handbuch der kommunalen Wissenschaft und Praxis, Band 1, 3. Aufl. 2007, § 21 Rn. 17.

329 Bei *Loseblattkommentierungen* ist zur Kenntlichmachung der Aktualität der Ausführungen der Stand der letzten Bearbeitung zu der betreffenden Vorschrift (Bearbeitungsstand) zu nennen, nicht hingegen der Stand der letzten Lieferung zu dem Gesamtwerk.

Beispiele: *Scholz*, in: Maunz/Dürig, Grundgesetz, Art. 5 III (Bearb.: 1977), Rn. 79; *Mann*, in: Beckmann/Durner/Mann/Röckinghausen (Hrsg.), Landmann/Rohmer-Umweltrecht, BImSchG, § 12 (Stand: Januar 2014), Rn. 160.

Der Leser erwartet schließlich Auskunft über die genaue zeitliche Einordnung der zitierten Kommentierung, da bei umfänglichen Werken nicht selten erhebliche zeitliche Divergenzen zu konstatieren sind.

Beispiel: Der umfangreiche Bonner Kommentar, ein Großkommentar zum GG, befindet sich im Februar 2015 auf dem Gesamtstand der 170. Ergänzungslieferung von Dezember 2014, gleichwohl sind die Bearbeitungen zu Art. 12 GG (durch *Abraham*) auf dem Stand von Juni 1968 und zu Art. 28 GG (durch *Stern*) sogar noch auf dem Stand von Dezember 1964.

Im Literaturverzeichnis (dazu Rn. 335, 410) ist dagegen der Stand der letzten Lieferung zu dem Gesamtwerk anzugeben.

330 Bei *Erläuterungsbüchern/Kommentaren* sind der Paragraph und die Anmerkung bzw. die Randnummer, bei anderen Werken die Seitenzahl oder das Kapitel, der Abschnitt usw. anzuführen, so dass das Zitat ohne weiteres möglichst präzise aufgefunden werden kann. Dabei ist auf den Unterschied zwischen *Randnummern und Anmerkungen* zu achten: Wenn ein Erläuterungswerk numerisch gegliedert ist (z. B. wenn der zitierte Absatz mit der Gliederungsziffer 3.1.2 beginnt), handelt es sich um Anmerkungen. Randnummern befinden sich – wie in diesem Buch – grundsätzlich außerhalb des Textrandes und werden fortlaufend durchnummeriert. Die *Abkürzung „a. a. O."* sollte nur verwendet werden, wenn die zitierte Schrift in den unmittelbar vorangehenden Fußnoten oder maximal auf derselben Seite angeführt ist. *„Ebda“* als Kürzel für „ebenda“/“ebendaselbst“ sollte nur dann Verwendung finden, wenn auf genau dieselbe Fundstelle wie in der vorherigen Fußnote verwiesen wird. Soweit möglich, ist die aktuelle Auflage eines Werkes zu benutzen. Werden verschiedene Auflagen desselben Werkes herangezogen, muss die jeweilige Auflage bei jedem Zitat angegeben und es müssen beide Werke im Literaturverzeichnis angeführt werden.

331 *Entscheidungen*, die in amtlichen Sammlungen veröffentlicht sind, sollten vorrangig nach diesen zitiert werden. Es sind Band, Anfangsseite der Entscheidung und in Klammern die Seite der konkret herangezogenen Stelle zu vermerken. Handelt es sich

um die Entscheidung des Großen Senats eines Gerichts, so sollte wegen der besonderen Bedeutung solcher Judikate auch dies durch den Hinweis (GS) angegeben werden. Die amtlichen Sammlungen selbst oder gar einzelne Entscheidungen sind nicht in das Literaturverzeichnis (u. Rn. 335, 410) aufzunehmen.

Beispiel: BVerwGE (GS) 70, 356 (359) zur Frist für die Rücknahme begünstigender Verwaltungsakte.

IV. Gliederung/Inhaltsverzeichnis

Die Gliederung, die der Lösung voranzustellen ist, soll in gedrängter Kürze den Aufbau der Arbeit erkennen lassen und dabei übersichtlich die wesentlichen Prüfungsabschnitte und -gesichtspunkte aufzeigen, ohne zugleich eine gekürzte Inhaltsangabe darzustellen.[569] Ihre Bedeutung darf nicht unterschätzt werden: Die Gliederung ist der Ausweis für den Gang der Untersuchung und damit die „Visitenkarte", anhand derer sich der Korrektor einen ersten Eindruck von der Arbeit verschafft.[570] In der Gliederung sind die Seitenzahlen, bei denen in der textlichen Ausarbeitung die entsprechenden Sacherörterungen beginnen, anzugeben. In der Arbeit selbst müssen die Gliederungszeichen und die Überschriften wörtlich wiederholt werden. 332

Als Gliederungsmuster in juristischen Arbeiten wird traditionell folgendes Unterteilungsschema gewählt, das durch die unterschiedliche Bezeichnung mit Groß- oder Kleinbuchstaben und römischen oder arabischen Ziffern sowie durch ein optisches Einrücken in der Gliederung gekennzeichnet ist. 333

Beispiel:

A.
B.
  I.
  II.
    1.
    2.
      a)
      b)
        aa)
        bb)
          (1)
          (2)

Bei besonders ausdifferenzierten Arbeiten können „nach unten" noch die Gliederungsebenen „(a), (b)" und „(aa), (bb)" aufgenommen werden oder aber „nach oben" hin die Gliederungsebenen „Erster Teil, Zweiter Teil" und/oder „Erstes Kapitel, Zweites Kapitel" eröffnet werden. Diese Variabilität fehlt der ursprünglich allein in den Naturwissenschaften gebräuchlichen sog. *numerischen Gliederung (Dezimalklassifikation)*, die in den letzten Jahren aber auch immer mehr in juristischen Arbeiten Verwendung findet, obwohl ihr regelmäßig attestiert wird, dass sie für die Juristen auf den ersten Blick unübersichtlicher erscheine.[571] Die Hauptabschnitte werden hierbei von 1. an fortlaufend nummeriert, jeder Hauptabschnitt kann in beliebig viele Unterabschnitte unterteilt werden, die man ebenfalls fortlaufend nummeriert. Nach

---

[569] *Butzer/Epping*, Arbeitstechnik im Öffentlichen Recht, 3. Aufl. 2006, S. 80.

[570] Zur Bedeutung der Gliederung als „guideline" für die schriftliche Ausarbeitung von Themenarbeiten s. Rn. 378.

[571] Kritisch insoweit *Schwerdtfeger*, Öffentliches Recht in der Fallbearbeitung, 14. Aufl. 2012, Rn. 843; *Butzer/Epping*, Arbeitstechnik im Öffentlichen Recht, 3. Aufl. 2006, S. 80.

jeder Abschnittsnummer in jeder Untergliederungsstufe wird ein Punkt gesetzt, der Schlusspunkt kann entfallen.

Beispiel:
1.
2.
2.1.
2.2.
2.2.1.
2.2.2.
2.2.2.1.
2.2.2.2.
2.2.2.2.1.
2.2.2.2.2.
2.2.2.2.2.1.
2.2.2.2.2.2.

334 Vor der Abgabe einer Haus- oder Themenarbeit sollte die Gliederung noch einmal gewissenhaft auf Fehler überprüft werden, da sich im universitären Alltag immer wieder Arbeiten finden, die – infolge von Umstellungen während der Bearbeitung oder aus schlichter Unwissenheit – neue Gliederungsebenen eröffnen, ohne dass dort mehr als eine Untergliederung getroffen wird.

Beispiel:
A. I.
A. II. 1.
A. III.
B.

Diese Untergliederung ist fehlerhaft, da auf die Gliederungsziffer A. II. 1. unbedingt eine Gliederungsebene A. II. 2. zu folgen hat. („Wer A sagt, muss auch B sagen"). Sofern sich ein solcher Gliederungspunkt sachlich-inhaltlich nicht ergibt, sollte der Punkt A. II.1. auf der nächst höheren Gliederungsebene, hier also als A. II., erfasst werden, bzw. – was aber eine gliederungstechnische Mogelpackung ist – als A. II. 2. ein Zwischenergebnis formuliert werden. In der hier präsentierten Form lässt die Gliederung jedoch vermuten, dass der Verfasser seine inhaltlichen Ausführungen nicht mit der gebotenen Tiefe durchdrungen und strukturiert hat.

V. Literatur- und Abkürzungsverzeichnis

335 Weitere notwendige Bestandteile einer Hausarbeit sind das Literaturverzeichnis und das Abkürzungsverzeichnis.

1. Literaturverzeichnis

In dem einer Hausarbeit voranzustellenden *Literaturverzeichnis* ist die gesamte benutzte Literatur, alphabetisch geordnet nach den Nachnamen der Autoren bzw. Herausgeber, aufzuführen. Zu berücksichtigen ist, dass ein Autor, der z. B. ein „von" im Namen trägt, nicht unter „V", sondern unter dem Anfangsbuchstaben des Nachnamens einzuordnen ist.

Beispiel: Das Literaturverzeichnis nennt also nicht „von Unruh, Georg-Christoph, … unter „V", sondern unter „U" entweder „Unruh, Georg Christoph von, …" oder „von Unruh, Georg-Christoph". Gebräuchlich sind beide Formen.

Dem Nachnamen und Vornamen des Verfassers folgen der vollständige Titel des Werkes, der Band, die Auflage, das Erscheinungsjahr, bei Zeitschriften außerdem die

Seitenzahlen, auf denen der Beitrag zu finden ist. Üblich ist es, die Seitenzahl nicht nur pauschal als „S. 123 ff.“ zu zitieren, sondern die genaue Anfangs- und (vor allem auch) Endseite anzugeben, also „S. 123–127“. Die Bearbeiter einzelner Vorschriften innerhalb von Kommentaren, an denen mehrere Personen mitgewirkt haben, sind, wie bereits betont (Rn. 328 f.), nicht jeweils einzeln im Literaturverzeichnis, sondern nur bei den konkreten Zitaten in den Fußnoten der Arbeit zu nennen. Stattdessen ist das Werk unter dem Herausgebernamen ins Literaturverzeichnis aufzunehmen. Gerichtsentscheidungen sind nicht im Literaturverzeichnis aufzuführen, ebenso wenig wie die von Einzelpersonen betreuten Sammlungen bestimmter Gerichtsentscheidungen (z. B. *v. Mutius*, Rechtsprechung zum Kommunalrecht; *Buchholz*, Sammel- und Nachschlagewerk der Rechtsprechung des Bundesverwaltungsgerichts).

In das Literaturverzeichnis gehören *alle* benutzten Bücher und Aufsätze, sofern sie im Text oder in den Fußnoten der Arbeit wieder auftauchen. Werke, die der Verfasser zwar zur Vorbereitung benutzt, auf die er aber in der endgültigen Fassung der Arbeit nicht mehr Bezug genommen hat, sind hingegen nicht in das Literaturverzeichnis aufzunehmen. Zu weiteren Einzelheiten s. Rn. 410.

2. Abkürzungsverzeichnis

Werden in einer Hausarbeit mehrfach Abkürzungen benutzt, die nicht als bekannt **336** vorausgesetzt werden können, so ist auch ein Abkürzungsverzeichnis geboten. Der Bearbeiter sollte auf diesem Gebiet allerdings nicht gesteigerte Kreativität entfalten[572]; bei Gesetzen sind die amtlichen Abkürzungen zu gebrauchen, im Übrigen sollte auf die bei *Kirchner*, Abkürzungsverzeichnis der Rechtssprache, 7. Aufl. 2013, angeführten Kürzel zurückgegriffen werden. Zu weiteren Einzelheiten s. Rn. 411.

VI. Zur äußeren Form[573]

Die – entweder mit Name oder Matrikelnummer – unterschriebene Hausarbeit ist **337** mit Seitenzahlen zu versehen und soll geheftet bzw. fest gebunden abgeliefert werden. Loseblattsammlungen dagegen, die nur von Büroklammern zusammengehalten werden, laufen stets Gefahr auseinanderzuflattern und so gleich zu Beginn einen schlechten Eindruck beim Korrektor hervorzurufen.[574] Der Hausarbeit ist üblicherweise ein Deckblatt (mit Angabe der Matrikelnummer bzw. des Namens, des Semesters, des Abgabeortes und -datums, des Titels der maßgeblichen Veranstaltung inkl. des betreuenden Professors sowie gegebenenfalls – bei Themenarbeiten – des Themas der Arbeit), eine Abschrift der Aufgabe (Sachverhalt), ein Literaturverzeichnis (Rn. 335, 410), ein Abkürzungsverzeichnis (Rn. 336, 411) sowie eine Gliederung (Rn. 332 ff.) voranzustellen. Die Gliederung und die Verzeichnisse sind als Seitenzahlen mit römischen Ziffern (I–V), die Lösung hingegen mit arabischen Ziffern (1–25) zu versehen.

---

[572] Vertiefend dazu *Höhne*, JA 2014, 737 ff.

[573] Hierzu eingehend *Dietrich*, Jura 1998, 142 ff.; *Th. M. Möllers*, Juristische Arbeitstechnik und wissenschaftliches Arbeiten, 7. Aufl. 2014, Rn. 530 ff.

[574] Die noch in der 3. Aufl. dieses Buches zu findende Ermahnung von *Tettinger*, die Schrift müsse deutlich und leserlich sein, mutet nach dem Siegeszug der Textverarbeitungsprogramme anachronistisch an, doch dürfte auch heutzutage eine handschriftlich erstellte Hausarbeit – sofern keine entgegenstehenden Bearbeiterhinweise bestehen – nicht als unzulässig zurückgewiesen werden.

338 Besonderer Wert ist – mit Blick auf die Aufnahmefähigkeit von Prüfer oder Korrekturassistent – auf die *äußere Gestaltung* der Arbeit zu legen. Dichtbeschriebene Seiten ermüden und fördern Leseunmut. Empfehlenswert ist daher eine durch Absätze und Überschriften aufgelockerte Seitengestaltung. Üblich ist ein Zeilenabstand von 1,5 bei einer Schriftgröße von 12 pt im Text und 10 pt in den Fußnoten sowie ein Korrekturrand von 1/3 der Seite. Außerdem werden die Seiten nur einfach, also nicht auf der Rückseite beschrieben. Wie in der Produktwerbung ist auch die wissenschaftliche Überzeugungskraft durchaus nicht unabhängig von dem Medium der Präsentation.[575] Zum Stil s. bereits Rn. 214 ff. und 386 ff. Die Prüfererwartungen an die inhaltliche Darstellung sind in einem früheren Merkblatt des Justizprüfungsamtes beim OLG Hamm für die Anfertigung von Hausaufgaben[576] wie folgt zusammengefasst worden:

> „Der Prüfling soll in der häuslichen Arbeit zeigen, dass er imstande ist, juristische Gedanken einfach, klar und gewandt auszudrücken. Auf die Form der Darstellung ist daher besonderer Wert zu legen. Dabei sind Wiederholungen sowohl des Sachverhalts als auch bereits entwickelter Gedankengänge tunlichst zu vermeiden. Redewendungen allgemeiner Art (wie z. B.: „Nun wollen wir untersuchen", „Nun müssen wir prüfen" und dergleichen mehr) sind ungeschickt. Es empfiehlt sich im Allgemeinen nicht, das Ergebnis der Ausführungen vorwegzunehmen. Die Regeln der Grammatik und der Rechtschreibung sind sorgfältig zu beachten."

339 Zum *Umfang* einer Hausarbeit lassen sich keine allgemeingültigen fixen Zahlenwerte nennen. Er hängt ab vom jeweiligen Sachgebiet, von der Art, der Menge und dem Schwierigkeitsgrad der anzusprechenden Rechtsprobleme. Bei Hausarbeiten im Rahmen universitärer Übungen werden jedoch in aller Regel Limits gesetzt (i. d. R. 25 Seiten), an die man sich dann auch tunlichst halten sollte. Allgemein gilt, dass der Wert einer Arbeit nicht ohne weiteres mit ihrem Umfang steigt; längst ausgetragene Streitfragen langatmig zu erörtern, mindert ihn eher. Auch sonstige Bearbeitungshinweise, etwa hinsichtlich der Schriftart und Schriftgröße, sollten die Bearbeiter beherzigen. Vermeintlich schlaue Tricks, wie z. B. das Auswählen einer engeren Skalierung, führen eher dazu, dass die Arbeit unleserlicher wird und den Unmut des Korrektors weckt.

---

575 So schon *Rollmann*, JuS 1988, 42 (47).

576 Vollständig abgedruckt bei *Tettinger*, Einführung in die juristische Arbeitstechnik, 3. Aufl. 2003, S. 240 ff.

4. Teil. Hinweise zur Anfertigung von Themenarbeiten (Seminararbeit, Studienarbeit, Dissertation)

Die Themenarbeit unterscheidet sich grundlegend von anderen juristischen Prüfungsleistungen. Während in Hausarbeiten und Klausuren die Lösung eines Falles verlangt wird, steht hier die Bearbeitung einer Sachfrage im Vordergrund. Daraus folgt, dass sich viele studentische Bearbeiter zunächst auf ungewohntem Terrain bewegen. Aufgabe der folgenden Überlegungen soll es demnach sein, Anleitungen und Hilfestellungen zur Anfertigung einer erfolgreichen rechtswissenschaftlichen Themenarbeit zu geben. Viele Schwierigkeiten und Fehler lassen sich entweder vermeiden oder doch immerhin lindern, wenn man sich zunächst mit den abstrakten Grundlagen beschäftigt, die die Lösung einer juristischen Sachfrage aufwirft. Bestand in der Vergangenheit ein gewisses Defizit an allgemeinen Abhandlungen auf diesem Gebiet, so sind in neuerer Zeit einige durchaus lesenswerte Werke erschienen, die dem interessierten Leser weitere Anhaltspunkte vermitteln.[577] Ähnlich wie die juristische Falllösung verlangt auch die rechtswissenschaftliche Themenarbeit hinsichtlich der Vorarbeiten und der Darstellungsweise die Einhaltung gewisser – vielfach übereinstimmender – Grundregeln, die für die mündliche oder schriftliche Auseinandersetzung unter Juristen allgemein prägend sind. 340

§ 8. Besonderheiten der rechtswissenschaftlichen Themenarbeit

Als gängige rechtswissenschaftliche Themenarbeiten sind die Seminararbeit, die Studienarbeit, der zur Publikation bestimmte Aufsatz und die Dissertation zu nennen. Unter einer *Seminararbeit* wird dabei die schriftlich auszuarbeitende und meist – zumindest partiell – auch mündlich vorzutragende Arbeit in dem von einem Hochschullehrer geleiteten Seminar verstanden. Nach den Schwerpunktbereichsprüfungsordnungen mehrerer Juristischer Fakultäten ist Voraussetzung für das Bestehen des universitären Teils der Ersten Juristischen Prüfung, dass die Studierenden erfolgreich eine *Studienarbeit* (Schwerpunktbereichsarbeit) schreiben, deren zentrale Thesen anschließend auch vorzutragen und zu verteidigen sind.[578] In diesen Fällen besteht kein 341

---

[577] Beispielsweise sei verwiesen auf *Butzer/Epping*, Arbeitstechnik im Öffentlichen Recht, 3. Aufl. 2006, S. 97–108; *Gerhards*, Seminar-, Diplom- und Doktorarbeit, 8. Aufl. 1995; *Th. M. Möllers*, Juristische Arbeitstechnik und wissenschaftliches Arbeiten, 7. Aufl. 2014, S. 486 ff.; *von Münch*, Promotion, 4. Aufl. 2013 und *Schimmel/Weinert/Basak*, Juristische Themenarbeiten, 2. Aufl. 2011 – aufschlussreich auch *Umberto Eco*, Wie man eine wissenschaftliche Abschlussarbeit schreibt (dt. Bearbeitung von *W. Schick*), 13. Aufl. 2010; aus der Aufsatzliteratur s. *Lahnsteiner*, JURA 2011, 580 ff.

[578] Vgl. nur § 11 der Ordnung für die Durchführung der Schwerpunktbereichsprüfung für das rechtswissenschaftliche Studium mit dem Abschluss Erste Prüfung an der Juristischen Fakultät der Georg-August-Universität Göttingen (Schwerpunktbereichsprüfungsordnung – SchPrO) vom 5.10.2012, abrufbar unter http://www.uni-goettingen.de/de/schwerpunktbereichsprüfungsordnung/37179.html; §§ 4 I b), 13, 14 der Schwerpunktbereichsprüfungsordnung des Fachbereichs Rechtswissenschaft der Phillips-Universität Marburg vom 17.7.2013.

sachlicher Unterschied zu der klassischen Seminararbeit, doch besitzt eine Studienarbeit einen gesteigerten Stellenwert mit Blick auf den Examenserfolg. Die erfolgreiche Anfertigung einer oder mehrerer Seminararbeiten ist im Übrigen vielfach eine der Voraussetzungen, die trotz Nichterreichens des im Regelfall geforderten Prädikatsexamens ausnahmsweise eine Zulassung zur Promotion ermöglichen. Die – später veröffentlichte – *Dissertation* stellt herkömmlicher Weise das zentrale Element der Promotionsleistungen dar. Kleinere Veröffentlichungen (*Aufsätze* in Fachzeitschriften) sind gelegentlich schon während des Studiums, jedenfalls nach dem Ersten Staatsexamen möglich.[579]

Unterschiede zwischen den genannten juristischen Arbeiten bestehen weniger im methodischen Vorgehen als in funktionaler Hinsicht, etwa in Umfang und Intensität der Bearbeitung sowie in speziellen formellen Anforderungen bei der Dissertation einerseits und spezifischen, durch den späteren Vortrag bedingten Erfordernissen bei der Seminararbeit andererseits.

I. Auswahl des Themas und des betreuenden Hochschullehrers

342 Während die Thematik einer Seminar- oder Studienarbeit dem Bearbeiter regelmäßig vorgegeben wird, zählt bei der Dissertation die Themenwahl zu den schwierigsten Punkten überhaupt. Nach Maßgabe der juristischen Promotionsordnungen muss die Dissertation eine beachtenswerte und selbstständige wissenschaftliche Leistung darstellen.[580] Der Bewerber steht also, sofern ihm nicht von einem Hochschullehrer die Bearbeitung eines geeignet erscheinenden Themas angeraten worden ist, vor der mühsamen Aufgabe, eine Thematik zu finden, welche es ermöglicht, die genannten Kriterien zu erfüllen.[581] Grundsätzlich ist es sicher so, dass der Doktorvater als Hochschullehrer über einen besseren Überblick über sein Fachgebiet und über eine größere Erfahrung mit erfolgreichen und gescheiterten Promotionsvorhaben verfügt. Er wird die Bearbeitungsfähigkeit und Bearbeitungswürdigkeit denkbarer Themen besser abschätzen können, weshalb einiges dafür spricht, dass der Doktorvater das Thema vorschlägt.[582]

343 Dennoch erwarten viele Hochschullehrer von ihren zukünftigen Doktoranden, dass sie zunächst selbst einen Themenvorschlag machen, der ihren juristischen Interessen und Neigungen entspricht. Schließlich ist die Motivation während der Entstehungszeit der Doktorarbeit höher, wenn der Doktorand über einen persönlichen Bezug zu seinem Thema verfügt. Darüber hinaus kann mit einer solchen Aufforderung zum Erstvorschlag auch ein Test auf die Ernsthaftigkeit und Leistungskraft des Promotionsbewerbers verbunden sein, denn es gibt bekanntlich keinen Anspruch auf Promotionsbetreuung und insoweit ist es nur legitim, wenn der Doktorvater einen Anhaltspunkt haben will, ob er seine knappe Zeit in die Betreuung von Doktoranden

[579] Vgl. als Beispiele für studentische Arbeiten *Ennuschat*, Auf dem rechten Auge blind?, NVwZ 1990, 333 ff.; *Schlinker/Hammerschmid*, Nachhaftung des ausgeschiedenen Rechtsanwalts für Sekundäransprüche nach der Verletzung von Schutzpflichten, NJW 2012, 657 ff.

[580] So etwa § 11 der Promotionsordnung der Rechtswissenschaftlichen Fakultät der Universität Göttingen in der Fassung vom 01. Oktober 2009. Die Prüfungsordnungen anderer juristischer Fakultäten in Deutschland enthalten im Großen und Ganzen vergleichbare Regelungen, vgl. z. B. § 9 I der Promotionsordnung der Rechtswissenschaftlichen Fakultät der Universität zu Köln vom 26. Oktober 2010, zul. geänd. durch Ordnung vom 25. Juni 2014 („eine rechtswissenschaftlich beachtliche Abhandlung").

[581] Gelegentlich scheinen manche Kreise in der „Promotion auf Inserentenbasis" eine Abhilfemöglichkeit zu sehen; vgl. dazu *Geck*, JuS 1981, 235.

[582] So *v. Münch*, Promotion, 4. Aufl. 2013, S. 53.

investieren will, die das Promotionsvorhaben möglicherweise nur halbherzig betreiben werden oder ihm methodisch nicht gewachsen sind.

Bei der Suche nach einem geeigneten Thema gilt es, unter Zugrundelegung der 344
vorhandenen Gesetze, der Literatur und der Rechtsprechung ungelöste Streitfragen zu finden, die einer Bearbeitung bedürftig und zugänglich sind. Einen Anhaltspunkt bieten stets aktuelle Gesetzgebungsvorhaben, Beiträge in gängigen juristischen Zeitschriften sowie neue Entwicklungen in der obergerichtlichen Rechtsprechung. Auch Fragestellungen, die bereits Gegenstand eigener Examens- oder Seminar-arbeiten waren oder das Interesse auf andere Weise geweckt haben, lohnen unter Umständen eine vertiefte Auseinandersetzung. Darüber hinaus mag das Gespräch mit Kommilitonen, Praktikern oder früheren Dozenten weitere Aufschlüsse geben. Die Dissertation darf sich jedenfalls nicht in einer Wiedergabe vorhandener Auffassungen erschöpfen. Gefordert sind vielmehr eigenständige neue Gedanken oder zumindest Modifikationen bereits vorgetragener Argumentationsstränge bzw. intensivere Akzentuierungen bislang vernachlässigter Teilaspekte.[583] Zu diesem Aspekt der Themenwahl betont *Oftinger*[584] zu Recht: „Selbst wenn alle Einzelheiten als solche nicht wirklich neu sind, so kann doch die Gesamtbetrachtung verdienstvoll und für außen stehende Leser interessant sein; ergeben sich überdies noch frische Gesichtspunkte, dann ist eine gültige wissenschaftliche Leistung entstanden.“ Dies gilt vor allem, wenn es sich um eine bekannte Problematik handelt, die aus einer neuen Perspektive, etwa mittels eines historischen oder rechtsvergleichenden Ansatzes, untersucht wird. Wäre dem nicht so, dürften etwa im Bereich der Grundrechte oder der Tötungsdelikte des StGB keine neuen Dissertationen mehr geschrieben werden.

Darüber hinaus sollen mit Blick auf die Themenwahl noch drei Anmerkungen zu 345
Fragen getroffen werden, mit denen sich Doktoranden nach der Erfahrung des Verfassers regelmäßig intensiv beschäftigen:

- Zum einen sollten sich Promotionsbewerber nicht allein deshalb scheuen, ein Thema zu bearbeiten, weil sie in Erfahrung gebracht haben oder mutmaßen, dass auch andere Kandidaten – an anderen Hochschulen – *sich thematisch dem gleichen Fragenkreis* widmen. Sofern es sich etwa um eine aktuelle Problematik handelt, die in unterschiedlicher Weise angegangen werden kann und verschiedene Betrachtungsweisen erlaubt, mag es sich durchaus als wissenschaftlich fruchtbar erweisen, wenn mehrere voneinander unabhängige Bearbeitungen vorgelegt werden. Dementsprechend stellt das nahezu zeitgleiche Erscheinen einer Dissertation des gleichen oder eines vergleichbaren Themas nicht zwangsläufig einen zwingenden Grund dar, das eigene, bereits fortgeschritten vertiefte Promotionsvorhaben aufzugeben. Erst recht schließt eine bereits vorliegende Dissertation älteren Datums ein erneutes Aufgreifen des Themas nicht kategorisch aus. Immerhin können sich inzwischen die tatsächlichen oder rechtlichen Rahmenbedingungen geändert haben oder es kann eine Erweiterung des Untersuchungsspektrums, etwa um rechtsvergleichende oder metajuristische Aspekte (z. B. ökonomischer oder soziologischer Art) eine Thematik beachtlich voranbringen. Im Zweifelsfalle sollte diesbezüglich allerdings unbedingt mit dem betreuenden Hochschullehrer Rücksprache genommen und das Problem offen angesprochen werden.

---

[583] So auch *Lahnsteiner*, JURA 2011 580.

[584] *Oftinger*, Vom Handwerkszeug des Juristen und seiner Schriftstellerei, 7. Aufl. 1986 (bearb. von *Forstmoser, Schluep, Bühler*), S. 167.

Beispiel: Eine sachlich eng beieinander liegende Thematik (Gewährleistung der nationalen Sicherheit) behandeln die nahezu zeitlich entstandenen Doktorarbeiten von *Mertins*, Der Spannungsfall – Eine Untersuchung zur Notstandsverfassung des Grundgesetzes unter besonderer Berücksichtigung der Abwehr terroristischer Gefahren, jur. Diss Göttingen 2012 und *Glawe*, Organkompetenzen und Handlungsinstrumente auf dem Gebiet der nationalen Sicherheit, jur. Diss 2011 – beide zudem erscheinen als Band 109 und 112 in der Schriftenreihe „Studien und Materialien zur Verfassungsgerichtsbarkeit – doch sind Prüfungsmaßstabe, Akzentuierungen und Ergebnisse der Verfasser klar unterschiedlich.

346 – Zum Zweiten kommt es vor, dass Promotionsbewerber befürchten, nach dem Stand ihrer Erkenntnisse könne es sich bei einer in Literatur oder Rechtsprechung vieldiskutierten Frage letztlich um ein *Scheinproblem* handeln. Auch diese Hypothese stellt nicht unbedingt einen Grund dar, von einer Behandlung dieser Thematik abzulassen. Auch in der Entlarvung einer juristischen Fragestellung als Scheinproblem kann durchaus ein beachtliches wissenschaftliches Verdienst liegen.[585]

– Als *Drittes* sei schließlich vermerkt, dass ein Aspirant tunlichst ein Dissertationsthema aus einem Rechtsgebiet auswählen sollte, mit dem er sich während des Studiums bereits intensiver beschäftigt hat und dessen allgemeine Fragestellungen ihm schon vertraut sind. Andernfalls setzt die Übernahme einer Thematik auf einem dem Promotionsbewerber bislang mehr oder minder unbekannten Rechtsgebiet häufig erhebliche Vorarbeiten voraus, um die notwendigen allgemeinen Grundkenntnisse zu erlangen, ehe mit der eigentlichen Bearbeitung begonnen werden kann. Der allein hiermit verbundene Zeitaufwand dürfte oft sehr beträchtlich sein. Namentlich bei einem Anknüpfen an das Thema einer bereits erfolgreich bewältigten Seminar- oder Studienarbeit lassen sich demgegenüber vielfach Ansatzpunkte für eine intensivere Behandlung gewinnen. Nicht zuletzt die Diskussionen im Anschluss an ein Seminarreferat können dem Referenten neue Perspektiven aufzeigen, deren Verfolgung im Rahmen einer Dissertation lohnend erscheint.

347 Auch die Auswahl des betreuenden Hochschullehrers sollte in ihrer Bedeutung keinesfalls unterschätzt werden. Es bestehen oftmals erhebliche Unterschiede in der Betreuung, der Erreichbarkeit und der Zeitspanne, die für die Erstellung des Erstgutachtens verstreicht. Es lohnt sich insofern, mit Doktoranden interessanter Lehrstühle über ihre Eindrücke zu sprechen: schnell wird sich dann ein aktuelles Bild bieten, das die sich bietenden Optionen realistisch darstellt. Demgegenüber ist vor einer – freilich vielfach zu beobachtenden – opportunistischen Verfahrensweise zu warnen, bei der Hochschullehrer ohne Rücksicht auf das von ihnen vertretene Fach um Annahme als Doktorand ersucht werden, nur weil die Mundpropaganda besagt, diese seien „wohlwollend" und die von ihnen angelegten Maßstäbe seien „bescheiden". Immerhin besteht ein Unterschied zwischen den letztlich doch nur der Verbesserung der studentischen juristischen Fertigkeiten dienenden universitären Übungen und Seminaren – in denen Kollegen möglicherweise einen wohlwollenden Maßstab bei der Beurteilung der „vergänglichen" studentischen Arbeiten anlegen, um die Studenten nicht zu demotivieren – und ernsthaften wissenschaftlichen Arbeiten, die nach Form und Inhalt auf eine Veröffentlichung angelegt sind, für die der Kollege nicht zuletzt auch mit seinem eigenen guten Namen als Betreuer einzustehen hat. Zudem wird auf die Einhaltung von Mindeststandards im Promotionsverfahren auch die jeweilige Fakultät zu achten haben.

---

[585] So schon *Thieme*, Die Anfertigung von rechtswissenschaftlichen Doktorarbeiten, 2. Aufl. 1963, S. 9.

II. Themenformulierung und Exposé

Unabhängig davon, ob das Thema selbst gewählt oder vorgegeben wurde, bereitet es durchweg Schwierigkeiten, die Thematik hinsichtlich der zu behandelnden Aspekte näher zu strukturieren und nach außen hin abzugrenzen. Bei zu großer Stofffülle besteht die Gefahr oberflächlicher Bearbeitung und des Weglassens wichtiger Gesichtspunkte, bei zu großer Kargheit des Untersuchungsgegenstandes entsteht die Versuchung, durch langatmige Überdehnung das vorhandene Material zu „strecken". In einer solchen Situation ist jedenfalls bei einer Dissertation mit Nachdruck anzuraten, im ersten Falle auf eine *Eingrenzung des Themas*, im anderen Falle auf eine erweiterte Fragestellung zu dringen, so dies möglich ist. Eine klar formulierte Fragestellung, die gleichzeitig deutliche Grenzen der Thematik aufzeigt, eignet sich für die meisten Bearbeiter am ehesten dazu, eine annehmbare Lösung anzubieten.[586] Die Formulierung eines Themas, auf das sich der Doktorand und sein Betreuer verständigen, ist im Übrigen nicht gleichzusetzen mit der endgültigen Festlegung des Titels einer Dissertation, sondern bedeutet zunächst nur die Vorgabe eines vorläufigen, eines Arbeitstitels. Zur Vermeidung von Missverständnissen oder zur Präzisierung und Erläuterung des Inhalts der Abhandlung ist oft die zusätzliche Einfügung eines Untertitels nützlich. 348

Beispiele: *Arne Christian Heindorf*, Die staatliche Aufsicht über Verwertungsgesellschaften – Grundstrukturen, Spezifika, Vergleich zu anderen Aufsichtsformen des Wirtschaftsverwaltungsrechts, Hamburg 2011, zugleich Diss. Göttingen 2010; *Yvonne Kuschminder*, Der sozialrechtliche Schutz von Rentnern im europäischen Sekundärrecht – Rechtliche Analyse des Schutzumfangs des nichterwerbstätigen Rentners und des Rentners im Nebenerwerb in Bezug auf Altersdiskriminierung, Freizügigkeit, Soziale Sicherheit und soziale Vergünstigungen, Frankfurt a. M., 2014, zugl. Diss. Göttingen 2012; *Robert Dix*, Der Schutz von Natura-2000-Gebieten bei Errichtung und Betrieb von Offshore-Windkraftanlagen – Eine Untersuchung der Tragweite des Habitatschutzrechts auf erteilte und zu erteilende Genehmigungen von Offshore-Windparks, Göttingen 2015, zugleich Diss. Göttingen 2014.

Bereits einhergehend mit der Themenbegrenzung und dem genaueren Themenzuschnitt bietet es sich an, ein erstes *Exposé der Arbeit* anzufertigen, auf das man im Verlauf der eigentlichen Bearbeitung des Themas immer weiter verfeinern und ausdifferenzieren kann (s. auch u. Rn. 370). Trotz des Bedürfnisses, sofort los schreiben zu wollen, liegt in der Erstellung eines Exposés eine Form der Selbstkontrolle, die einen Überblick über die Thematik und der mit ihr verbundenen Problemstellungen ebenso vermittelt wie eine Klärung des Standes der rechtswissenschaftlichen Erkenntnisse und Vorarbeiten anderer Autoren. Wer hier schon merkt, dass ein Thema nicht trägt oder einen persönlich nicht hinreichend interessiert, kann mit gutem Gewissen weitersuchen und wird nicht später enttäuscht. 349

III. Thementypen

Art und Ausmaß der zu treffenden Vorarbeiten (dazu unten § 9) und die Darstellungsweise (unten § 10) müssen sich individuell an den jeweiligen Anforderungen der spezifischen Thematik ausrichten. Denn von ihrer Funktion her ist die Themenarbeit notwendigerweise anders strukturiert als die in Klausuren und Hausarbeiten vorrangig geforderten Falllösungen, die sich streng am vorgegebenen Sachverhalt zu 350

[586] In diesem Sinne auch *Th. M. Möllers*, Juristische Arbeitstechnik und wissenschaftliches Arbeiten, 7. Aufl. 2014, Rn. 508 ff. und 555 ff.

orientieren haben und nur Antwort auf die dort vorgegebenen Fragestellungen geben sollen. Sie bietet viel mehr Variationsmöglichkeiten und Raum für originelle Prüfungsansätze. Es ist freilich gefährlich, eine Themenarbeit als Aufforderung zu ausgedehntem Fabulieren zu verstehen. Solche Themenstellungen verlangen vom Kandidaten ein gewisses Maß an Selbstdisziplin und eine rechtswissenschaftlich überzeugende, zielorientiert strukturierte Darstellung. Ohne Anspruch auf Vollständigkeit und ohne trennscharfe Abgrenzung im Detail lassen sich mit *Thieme*[587] zumindest gewisse Thementypen unterscheiden, die freilich vielfache Verbindungslinien aufweisen.

1. Die dogmatische Sachfrage

351 Eine erste Gruppe von Themenarbeiten konzentriert sich auf eine konkrete dogmatische Sachfrage. Beispielsweise kann zu untersuchen sein, ob sich aus einer konkreten Norm eine bestimmte Rechtsfolge ableiten lässt. Gefordert ist dann eine gutachtliche Stellungnahme zu einem speziellen Interpretationsproblem. Diese Art von Themenstellung ähnelt im Ansatz der Leistung, die Studierende bereits bei Einzelproblemen innerhalb von Falllösungen im Rahmen universitärer Übungen erbringen müssen, hier jedoch losgelöst von einem speziellen Fall und konzentriert allein auf die Sachfrage. Diese ist dann – anders als in der von der Gutachtentechnik dominierten Falllösung (dazu Rn. 204 ff.) – sachorientiert umfassend auszuleuchten. Dementsprechend wird derjenige, der sich die Bearbeitung einer konkreten Sachfrage als Thema vorgenommen hat, zunächst das kontextuelle Umfeld und die rechtlichen Rahmenbedingungen darstellen müssen, in die sich das Problem einordnen lässt. Nach der Darstellung bereits vorliegender Lösungsansätze wird es vor allem darum gehen, argumentativ die Antwort auf die Frage aus Vergleichen, Übertragungen und Differenzierungen abzuleiten.

Beispiel: In der Dissertation von *Stefan Arenz*, Der Schutz der öffentlichen Sicherheit in Next Generation Networks am Beispiel von Internet-Telefonie-Diensten (VoIP), Berlin 2010 (Schriften zu Kommunikationsfragen Band 49), zugleich Diss. Göttingen 2009, war zu klären, welche Pflichten aus den §§ 108 ff. Telekommunikationsgesetz (TKG) für neue Internet-Telefonieanbieter erwachsen. Hierzu waren u. a. ein Blick auf die technischen Grundlagen der Internet-Telefonie (Voice over IP, IP-Telefonie) und eine Einordnung von Internet-Telefonie-Diensten in die Grundbegriffe des TKG notwendig, bevor eine intensive Auseinandersetzung mit den gesetzlichen Pflichten der Anbieter und den betroffenen Rechten der Bürger (Fernmeldegeheimnis, Schutz personenbezogener Daten) erfolgen konnte.

2. Die Frage nach Grenzziehungen

352 Innerhalb einer weiteren Themengruppe geht es um die Abgrenzung eines normativ bestimmten Wertes oder Prinzips gegenüber anderen, also um eine Abgrenzung nach verschiedenen Seiten hin, beziehungsweise um das Verhältnis zweier bestimmter Werte oder Prinzipien zueinander. In dieser Themengruppe werden Güter- und Interessenabwägungen (zu ihnen Rn. 262 ff.) im Vordergrund stehen.

Beispiel: Einer Seminar- oder Schwerpunktbereichsarbeit zum Thema „Pressefreiheit und Persönlichkeitsschutz im Grundgesetz" wird vornehmlich die Aufgabe zufallen, die beiden genannten Rechtsgüter nach Maßgabe der Verfassungsaussagen inhaltlich zu kennzeichnen, Konfliktfälle aufzuzeigen und typisierende Abschichtungen zu treffen. Aus Gründen der Anschaulichkeit

[587] *Thieme,* Die Anfertigung von rechtswissenschaftlichen Doktorarbeiten, 2. Aufl. 1963, S. 14 f.; eine breitere, freilich ebenfalls nicht abschließende Typologie bieten *Schimmel/Weinert/Basak*, Juristische Themenarbeiten, 2. Aufl. 2011, Rn. 501 ff.

und der regelmäßig bestehenden Seitenbegrenzung wird eine entsprechende studentische Themenarbeit dabei angesichts der Stofffülle sinnvoller Weise einen bestimmten Fall, eine gerichtliche Entscheidung oder eine typische Fallgruppe zum Ausgangspunkt der Erörterungen nehmen. Insoweit bieten sich etwa an: das Verhältnis von Pressefreiheit und Persönlichkeitsschutz im Grundgesetz unter besonderer Berücksichtigung der Rechtsprechung zum Fall Böll./.Walden,[588] mit Blick auf die Caroline von Monaco-Rechtsprechung[589] oder in Ansehung der Probleme der Schockwerbung, dargelegt anhand der Benetton-Rechtsprechung.[590]

Demgegenüber wird eine Dissertation zu diesem Themenkreis in einem weiter gesteckten Rahmen auch die von konkreten Fallgestaltungen gelösten Diskussionen, beispielsweise hinsichtlich des Grundrechtsschutzes für das postmortale Persönlichkeitsrecht, einzubeziehen haben, sofern davon ein Erkenntnisgewinn zu erwarten ist.

3. Die Frage nach einem Sach- oder Rechtskomplex

Eine dritte Gruppe von Themenarbeiten fokussiert die rechtliche Ausgestaltung eines bestimmten Sach- oder Rechtskomplexes. Hier sind zunächst Ausführungen zur näheren Kennzeichnung des betreffenden Sachbereichs oder Rechtsinstituts zu treffen, prägende Strukturelemente herauszuarbeiten und gegebenenfalls vertiefend einzelne spezielle Fragestellungen zu behandeln. Demgemäß liegt häufig die Untergliederung in einen allgemeinen und einen besonderen Teil nahe. 353

Beispiele: In der Dissertation von *Anna Perchermeier*, „Landwirtschaftskammern als Modell funktionaler Selbstverwaltung", Baden-Baden 2014 (zugl. Diss Göttingen 2013) geht es zentral um die Darstellung der Organisation, des Aufgabenspektrums und der Finanzierung der landwirtschaftlichen Selbstverwaltung in Landwirtschaftskammern unter dem Aspekt ihrer Einordnung als Träger funktionaler Selbstverwaltung. Hierzu war u. a. ein kurzer historischer Überblick zugeben, um die Landwirtschaftskammern sodann in das herkömmliche Verwaltungsgefüge einzuordnen und ihre Binnenstruktur zu beleuchten.

Zu dieser Themenkategorie gehören auch Darstellungen zur Rechtsgeschichte[591] und *rechtsvergleichende* Untersuchungen, also Arbeiten, die normative Regelungen oder Lösungsansätze zu einer Rechtsfrage durch vergleichende Darstellung zu analysieren suchen – sei es, dass ausländische Rechtsordnungen einbezogen werden (eine Themenstellung, die sich für ausländische Doktoranden oder diejenigen eignet, die durch eine Tätigkeit im Ausland besondere Sachkenntnis erworben haben[592]) oder auch nur divergierende landesrechtliche Regelungsmodelle verglichen werden.[593]

Beispiele: *Christian Ackermann,* Bedeutung der Rechtsprechung des Preußischen Oberverwaltungsgerichts zum Kommunalrecht für unsere heutige Dogmatik, Baden-Baden 2012 (zugleich Diss. Göttingen 2011); *Jenifer Odile Grunwald,* Inverkehrbringen und Überwachung von Schönheitsnahrungs-Ergänzungsmitteln (Nutricosmetics) nach deutschem und US-Amerikanischem Recht, Frankfurt a. M. 2015 (zugleich Diss. Göttingen 2014).

---

[588] BVerfGE 54, 208 ff.; *BGH* NJW 1978, 1797.

[589] BVerfGE 101, 361; *BGH* NJW 1996, 622; NJW 1996, 1128;.

[590] Vgl. einerseits BVerfGE 102, 347 ff.; andererseits *BGH* NJW 2002, 1200 ff.

[591] Hinweise hierzu bei *Maßmer/Wittemann*, Die verfassungsgeschichtliche Exegese, 1999; *Wimmer*, Digestenexegese, 2. Aufl. 2007; *Schimmel/Weinert/Basak*, Juristische Themenarbeiten, 2. Aufl. 2011, Rn. 523 ff.; *Steiner/Forscher,* Zur Methode römischrechtlicher Abschlussarbeiten, Jura 2008, 340 ff.

[592] Vgl. dazu auch *v. Münch*, Promotion, 4. Aufl. 2013, S. 65.

[593] Zur Bedeutung solcher Themen vor allem mit Blick auf den europäischen Integrationsprozess siehe *J. Schwarze* (Hrsg.), Verfassungsrecht und Verfassungsgerichtsbarkeit im Zeichen Europas, 1998. – Zur Methodik der Rechtsvergleichung allg. *Kötz/Zweigert*, Einführung in die Rechtsvergleichung auf dem Gebiete des Privatrechts, 3. Aufl. 1996, S. 31 ff.; *Coester-Waltjen/Mäsch*, Übungen in Internationalem Privatrecht und Rechtsvergleichung, 4. Aufl. 2012; *Kischel,* Vorsicht Rechtsvergleichung!, ZVglRWiss 104 (2005), 10 ff.

§ 9. Die Vorarbeiten

354 Ebenso wie bei einer Fallbearbeitung ist bei der Erstellung einer Themenarbeit ein möglichst effizientes und zugleich ökonomisches Vorgehen angebracht. Schließlich liegt insbesondere bei Seminar- und Schwerpunktbereichsarbeiten regelmäßig ein konkreter Abgabetermin fest. Eine Themenarbeit sollte daher bewusst in verschiedenen Arbeitsschritten entwickelt werden, die von der ersten Orientierung bis zur Endkontrolle der Niederschrift den iterativen Entstehungsprozess in seinen diversen Phasen abbilden.

I. Allgemeine Hinweise

355 Bei klassischen Seminararbeiten und Dissertationen empfiehlt es sich gleichermaßen, im *Vorgespräch* mit dem Hochschullehrer bzw. dem betreuenden Assistenten um ergänzende Informationen nachzusuchen, ob etwa bestimmte Fragestellungen, die sich aus der Thematik ergeben, im Vordergrund stehen sollen, inwieweit bestimmten Rechtsauffassungen beim gegenwärtigen Streitstand zentrales Gewicht zukommt und dergleichen. Oft können Studierende in einem solchen vorbereitenden Gespräch auch nützliche Literatur- und Rechtsprechungshinweise entgegennehmen. Eine solche Möglichkeit ist bei Studienarbeiten im Schwerpunktbereich verschlossen, soweit diese eine Examensleistung darstellen und als solche eine vollkommen eigenständige Leistung abbilden müssen. In diesen Fällen wird sich der die Aufgabe stellende Hochschullehrer allerdings bereits im Vorfeld intensive Gedanken gemacht und mit der Formulierung der Aufgabenstellung versucht haben, konkretisierende Eingrenzungen des Themas und entsprechende Fingerzeige vorweg zu nehmen.

356 Für Doktoranden bietet dieses klärende Vorgespräch zudem die Möglichkeit, sich noch einmal selbst Rechenschaft über den Grund für die Aufnahme des Promotionsvorhabens abzulegen. Erfahrungsgemäß entscheiden sich nicht alle Doktoranden ausschließlich aus wissenschaftlichem Eifer für eine Dissertation. Ohne jeden Zweifel übt nämlich auch die juristische Doktorwürde eine magische Anziehungskraft auf viele Kandidaten aus. Wem allerdings erst nach langwierigen Bemühungen klar wird, dass seine eigene Motivation nicht die bevorstehenden Schwierigkeiten des Promotionsstudiums überwinden wird, steht vor der Gefahr, dass diesem letztendlich der Erfolg versagt bleibt. Andererseits kann aber auch eine Arbeit, die primär zur Überbrückung von Übergangszeiten vor dem Referendariat oder zur vermeintlichen Verbesserung der Einstellungschancen in Angriff genommen wurde, durchaus ein gutes Ergebnis bringen, solange es dem Bearbeiter nur nicht an den übrigen Gradmessern wie wissenschaftlicher Gründlichkeit und strikter Arbeitsdisziplin mangelt.

Bevor mit der eigentlichen Arbeit begonnen werden kann, sollte auch die Frage nach der *Finanzierung* des Forschungsvorhabens beantwortet werden. Ob dies durch Arbeit an einem Lehrstuhl, familiäre Unterstützung oder in sonstiger Weise geschieht, ist ausschließlich dem Bearbeiter überlassen. Hinzuweisen ist in diesem Zusammenhang allerdings auf die von vielen Studenten leichtfertig verkannte Möglichkeit, Studium und Promotion mit Hilfe eines Stipendiums zu finanzieren. Keinesfalls liegen die Anforderungen jenseits des Erreichbaren, so dass sich eine Auseinandersetzung durchaus lohnen kann. Erste Anhaltspunkte bietet beispielsweise die Internetseite der Universität Göttingen unter www.uni-goettingen.de/de/50637.html.

II. Erste Orientierung

Auf der Grundlage der Themenformulierung und der erhaltenen Hinweise bildet die eigene *Themenreflexion* den ersten Arbeitsschritt, um hinsichtlich der Thematik eine erste Orientierung zu gewinnen. Hilfreich erscheint insoweit eine Annäherung mit Hilfe der verschiedenen Methoden zur kreativen Entwicklung wissenschaftlicher Überlegungen. Dazu zählen etwa das sog. Clustering, Mindmapping, Freewriting aber auch klassische Arbeitstechniken wie die Bildung von Vergleichsfällen.[594] Die Erfahrung vieler Doktoranden lehrt, dass hier der Schlüssel zur ersten Strukturierung des Untersuchungsfeldes liegen kann. **357**

Als Einstieg wird zu Recht eine Art Brainstorming empfohlen, wobei – zunächst noch ohne Literaturstudium – auf einem besonderen Blatt alle Assoziationen zum Thema, rechtliche Institute, normative Regelungen, Begriffe, Argumente, Verbindungslinien, die bei den ersten Überlegungen in den Sinn kommen, stichwortartig notiert werden.[595] Häufig werden dabei auch intuitive unjuristische Überlegungen eine Rolle spielen, die nichtsdestoweniger wertvoll sind, weil sie später, bei ausgeformter und juristisch strukturierter Disposition, möglicherweise nützliche Hinweise auf Aspekte geben, die ansonsten aufgrund einer Verengung des Blickwinkels vernachlässigt worden wären. Es handelt sich hierbei gewissermaßen um eine interne Form der Kontrolle juristischer Ausführungen am Maßstab eines juristisch vorgebildeten Laien. Daneben sollte man sich bereits in diesem frühen Stadium bemühen, den tatsächlichen Hintergrund der zu diskutierenden Rechtsfragen im Auge zu behalten. Die umfassende Würdigung einer juristischen Thematik lässt sich oft nicht ohne Berücksichtigung historischer, politischer, soziologischer, wirtschaftlicher, medizinischer oder naturwissenschaftlich-technischer Aspekte und Daten bewerkstelligen. Es hängt vom konkreten Thema ab, inwieweit solche Zusammenhänge zu reflektieren sind.

Beispiele: Wer eine Arbeit über die rechtlichen Rahmenbedingungen von Auslandseinsätze der Bundeswehr schreibt,[596] wird sich Kenntnisse über die Strukturen und Kapazitäten innerhalb der Bundeswehr und der Nato verschaffen müssen. – Eine Dissertation zur Kalkulation kommunaler Benutzungsgebühren wird nicht ohne Rekurs auf allgemeine betriebswirtschaftliche Erkenntnisse zur Kostenrechung als Disziplin der Betriebswirtschaftlehre auskommen.[597] – Soweit exekutive Vetorechte im deutschen Verfassungssystem zum Gegenstand einer Doktorarbeit gemacht werden, ist eine Darstellung nur vor dem Hintergrund einer tief greifenden rechtsgeschichtlichen Entwicklung möglich.[598] – Eine Untersuchung von Auswirkungen, die Errichtung und Betrieb von Off-Shore-Windkraftanlagen für Natura-2000-Gebiete mit sich bringt, wird nur dann überzeugen können, wenn auch die technischen Rahmenbedingungen und Funktionsweisen der Windenergiegewinnung aufgearbeitet werden.[599]

---

[594] Dazu anschaulich *Th. M. Möllers*, Juristische Arbeitstechnik und wissenschaftliches Arbeiten, 7. Aufl. 2014, Rn. 82ff sowie *Lahnsteiner*, JURA 2011, 580 (582).

[595] Zu dieser Vorgehensweise bei Falllösungen siehe bereits oben Rn. 160 f.

[596] Vgl. dazu etwa *Sigloch*, Auslandseinsätze der Bundeswehr, Hamburg 2006 (zugleich Diss. Tübingen 2004).

[597] Vgl. *Hesshaus*, Kalkulation kommunaler Benutzungsgebühren, Stuttgart, München u. a. 1997 (zugleich Diss. Bochum 1996), S. 60 ff.

[598] Vgl. *Malorny*, Exekutive Vetorechte im deutschen Verfassungssystem, Göttingen 2011 (zugleich Diss. Göttingen 2010).

[599] Vgl. *Dix*, Der Schutz von Natura-2000-Gebieten bei Errichtung und Betrieb von Off-Shore-Windkraftanlagen, 2015 (zugleich Diss. Göttingen 2014).

III. Stoffsammlung

358 Schon bei dieser ersten Orientierung werden jedenfalls eine Reihe von Fragestellungen auftauchen, die eine gezielte Literatursuche erforderlich machen. So stellt dann auch die Erfassung des einschlägigen Materials, die Stoffsammlung, eine weitere wichtige Etappe im Rahmen der Vorarbeiten zur Themenarbeit dar. Berücksichtigungsfähiges Material sind für den Juristen vorwiegend Rechtsnormen, gerichtliche Entscheidungen und literarische Stellungnahmen. Soweit Erkenntnisse der Nachbarwissenschaften, insbesondere wirtschaftliche, soziale und politische Implikationen aufgezeigt werden, wird aber auch auf andere Quellen wie empirische Untersuchungen oder Tabellen und Statistiken zurückzugreifen sein. In jedem Fall wird es das Ziel der Vorarbeiten zu einer Themenarbeit sein, auf praktikable Weise einen möglichst hohen Intensitätsgrad bei der Materialerfassung zu erzielen. Verfehlt ist es jedoch, wahllos alle nützlich erscheinenden Werke zusammenzutragen. Sich hinter Bücherbergen einzugraben, verrät oft eher Unsicherheit als einen souveränen Arbeitsstil. Die Literaturbeschaffung sollte vielmehr von Anfang an gezielt und mit System erfolgen; es kommt darauf an, vorrangig wichtiges und im Lichte des Themas weiterführendes Material zu sichten.

1. Literaturrecherche

359 Den Einstieg sollte die neueste Darstellung zur betreffenden Thematik bilden, sei es nun eine spezielle Monographie, ein Zeitschriftenaufsatz oder ein allgemeineres Werk.[600] Dort findet man regelmäßig zumindest im Literaturverzeichnis oder in Fußnoten weiterführende Hinweise auf andere Stellungnahmen zum anvisierten Problemkreis, so dass schon ein gewisser Grundstock für die weitere Arbeit vorhanden ist, der nach dem Schneeballsystem seine sukzessive Erweiterung findet.

360 Die Suche nach einschlägiger Literatur wird unterstützt durch den (elektronischen) Katalog der jeweils benutzten Universitäts-, Seminar- oder Institutsbibliothek. Grundkenntnisse der Bibliotheksbenutzung sollten sich Studierende möglichst frühzeitig zu Beginn des Studiums aneignen (dazu bereits Rn. 13 ff.). Entsprechende Möglichkeiten werden allerorten geboten (Bibliotheksführungen, Einführungsveranstaltungen, Merkblätter etc.). Spätestens beim Seminarreferat oder bei einer Hausarbeit in den universitären Übungen tragen diesbezügliche Fertigkeiten Früchte. Die PC-gestützte Literatursuche entbindet nämlich nicht von dieser Notwendigkeit, da die von Datenbanken und elektronischen Katalogen ausgeworfenen Signaturen nicht von dem Erfordernis befreien, der Bücher physisch habhaft zu werden. Regelmäßig zur Verfügung stehen dürften ein alphabetischer Katalog (nach Verfassernamen und Buchtiteln), ein systematischer Katalog (nach Sachgebieten) und ein Schlagwortkatalog (nach häufig auftauchenden juristischen Stichworten geordnet), sei es nun „klassisch" in gedruckter Form (Zettel-Kästen) und/oder in elektronischer Fassung. Namentlich die beiden letztgenannten Kataloge werden in diesem detektivischen Stadium der Vorarbeiten zu einer Themenarbeit hilfreich sein. Vervollständigen lässt sich der erste Überblick zudem durch die Inanspruchnahme juristischer Datenbanken (z. B. Juris, beck-online, Jurion dazu oben Rn. 50 ff.).

361 Sodann ist auf die vorhandenen *Standardlehrbücher* zu dem entsprechenden Rechtsgebiet zurückzugreifen. Zu Recht forderte schon *Thieme* vor mehr als fünfzig Jahren, dass anerkannte Werke dabei sämtlich zu berücksichtigen sind, was freilich nicht

---

[600] Vgl. zur Recherche auch *Schimmel/Weinert/Basak*, Juristische Themenarbeiten, 2. Aufl. 2011, Rn. 84 ff.

heißen soll, dass alle im Text der Arbeit eine Rolle spielen oder zitiert werden müssen; es ist lediglich sicherzustellen, dass dortige Aussagen überhaupt zur Kenntnis genommen worden sind.[601] Auch wenn sich die Zahl der Lehrbücher in jedem Fachgebiet zwischenzeitlich vervielfacht hat, ist an dieser Forderung weiterhin festzuhalten. Heranzuziehen ist dabei stets die neueste Auflage, sofern nicht, was freilich erst eine intensivere Lektüre erweist, eine Rechtsauffassung, auf die Studierende rekurrieren wollen, nur in älteren Auflagen vertreten wurde. Soweit es um Rechtsprobleme im Zusammenhang mit der Interpretation bestimmter Rechtsnormen geht, bieten des weiteren Kommentare einen detaillierten Überblick über Schrifttum und Rechtsprechung. Leider nur äußerst selten machen Studenten von der Möglichkeit Gebrauch, bei Fragestellungen aus dem Besonderen Verwaltungsrecht auf *Kommentierungen* zu entsprechenden Gesetzen *aus anderen deutschen Ländern* zurückzugreifen. Da sich die verwaltungsrechtlichen Landesgesetze nicht selten an Musterentwürfen oder anderen Vorbildern ausrichten,[602] weisen die einschlägigen Vorschriften oftmals einen identischen oder zumindest ähnlichen Wortlaut auf, was auch die Kommentierung zur Rechtslage im Bundesland A für eine Vorschrift im Land B nützlich macht.[603] Entsprechend hilfreich kann der Blick über die Grenzen des eigenen Bundeslandes hinaus mitunter auch im Landesverfassungsrecht sein.[604] Schließlich können, was von Studierenden viel zu wenig beachtet wird, auch Artikel in Lexika, Handbüchern und Festschriften für Themenarbeiten eine nützliche Informationsbasis bieten.[605]

Beispiele: *Chr. Möllers*, Bundesgebiet, in: Heun/Honecker/Morlok/Wieland (Hrsg.), Evangelisches Staatslexikon, Neuauflage 2006, S. 251f.; *Pewestorf*, Verordnungen zur Gefahrenabwehr, in: Pewestorf/Söllner/Tölle (Hrsg.), Praxishandbuch Polizei- und Ordnungsrecht, 2013, S. 435 ff.; *Mann*, Erweiterung der Feldes- und Förderabgabenpflicht auf grundeigene Bodenschätze?, in: Kment (Hrsg.), Das Zusammenwirken von deutschem und europäischem Öffentlichen Recht – Festschrift für Hans D. Jarass, München 2015, S. 127 ff.

Die interessantesten *Nachschlagewerke* dürften für den Juristen neben dem Deutschen Rechtslexikon (3 Bände, 3. Aufl. 2001 sowie dem Ergänzungsband zur 3. Aufl., 2003) und dem Ergänzbaren Lexikon des Rechts (Loseblattsammlung, hrsg. v. Luchterhand-Verlag) das Evangelische Staatslexikon (Neuausgabe 2006) und das Staatslexikon der Görres-Gesellschaft (7. Aufl., 7 Bände, 1995), das Handwörterbuch der Sozialwissenschaften (HDSW, 12 Bände, 1956–1968), das Rechtswörterbuch von *Creifelds* (21. Aufl. 2014) und das Staatsbürgertaschenbuch von *Model/Creifelds* (33. Aufl. 2012) darstellen. 362

Zur Ermittlung potentiell einschlägiger *Gerichtsentscheidungen* und Aufsatzliteratur empfiehlt sich die Durchsicht der Register und der Generalregister von amtlichen Entscheidungssammlungen und Fachzeitschriften, sowie die Inanspruchnahme einer 363

[601] *Thieme*, Die Anfertigung rechtswissenschaftlicher Doktorarbeiten, 2. Aufl. 1963, S. 20.

[602] Vgl. *Erbguth/Mann/Schubert*, Besonderes Verwaltungsrecht, 12. Aufl. 2015 in Rn. 375 zum Musterentwurf eines einheitlichen Polizeigesetzes des Bundes und der Länder, in Rn. 1213 zur Musterbauordnung von 1960 und 2002 (zul. geändert 2008), sowie in den Rn. 5 und 289 zum Weinheimer Entwurf einer Gemeindeordnung und zur Vorbildfunktion des § 67 der Deutschen Gemeindeordnung (DGO) von 1935 für das heutige kommunale Wirtschaftsrecht.

[603] So wird etwa von Praktikern im Bereich des Bauordnungsrechts auch in anderen deutschen Ländern häufig auf die mit 1175 Seiten äußerst umfang- und detailreiche Kommentierung zur Niedersächsischen Bauordnung *Große-Suchsdorf*, NBauO, 9. Aufl. 2013, zurückgegriffen.

[604] Beispielhaft sei verwiesen auf den rund 1213 Seiten umfassenden Hannoverschen Kommentar von *Epping* u. a. zur Niedersächsischen Verfassung, 2012, und den rund 1180 Seiten umfassenden Kommentar von *Lindner/Möstl/Wolff* zur Bayerischen Verfassung, 2014.

[605] Zu den Literaturgattungen im juristischen Schrifttum ausführlicher Rn. 119 ff.

juristischen Datenbank. Hilfreich können auch die Internetseiten der einzelnen Gerichte sein.[606]

364 Um einen vollständigen Überblick über Stellungnahmen zu einem bestimmten Problemkreis zu gewinnen, wie dies insbesondere für eine Dissertation zu fordern ist, sind einschlägige *Bibliographien* zu Hilfe zu nehmen. Umfassende Informationen über Neuerscheinungen bietet dem Juristen dabei die 2015 im 51. Jahrgang monatlich (mit Jahresregister) erscheinende Karlsruher Juristische Bibliographie (KJB, dazu bereits Rn. 147), deren letzte Hefte auch der Seminarreferent, jedenfalls bei einer aktuellen Thematik, einsehen sollte, um sicherzugehen, dass etwaige wichtige Neuerscheinungen nicht unberücksichtigt geblieben sind.[607] Lohnen kann auch der Besuch von Spezialbibliotheken und die Durchsicht der dort vorhandenen Schlagwort- und/oder systematischen Kataloge.

Namentlich bei Dissertationen wird alsbald das Problem auftauchen, ob und inwieweit älteres Schrifttum, das unter Inanspruchnahme der aufgeführten Hilfsmittel ermittelt wurde, bei der Bearbeitung einzubeziehen ist. Diese Frage kann kaum generell beantwortet werden.[608] Während manche Bearbeitungen den Eindruck hinterlassen, als ob ältere Literatur nur dankbar als „Füllmasse“ einbezogen wurde, ohne dass dies für die Gedankenführung fruchtbar gewesen wäre, erweist sich teilweise gerade das Zurückgehen zu ursprünglichen Fragestellungen als lohnend, denen sich die Literatur vor oder nach Inkrafttreten bestimmter gesetzlicher Regelungen gewidmet hatte, die dann aber – etwa infolge einer anders strukturierten Rechtsprechung – in Vergessenheit gerieten.

2. Erste Lektüre

365 Ist das im ersten Anlauf als potentiell juristisch relevant ermittelte Material beschafft, wozu nicht selten auch die Instrumente der Fernleihe[609] und des Internets in Anspruch genommen werden müssen, so sollte die Lektüre beginnen. Es hängt weitgehend von der Themenstellung und der präsenten Literatur ab, ob man sich zunächst allgemeineren Darstellungen zur Gewinnung abstrakter Grundeinsichten widmet oder bereits einzelnen Spezialfragen, die im Rahmen der Gesamtthematik zu erörtern sind, zuwendet. Zutreffend weist jedoch *Thieme* auf den Erfahrungssatz hin, dass das Verständnis für abstraktere Gedankengänge wächst, wenn bereits konkrete Vorstellungen zu Teilfragen vorhanden sind, und dass – anders gewendet – die Gefahr des Übersehens wichtiger Einzelheiten besteht, wenn man sich zu früh auf ein hohes Abstraktionsniveau begibt.[610]

366 Es wäre allerdings eine überflüssige Fleißarbeit, wollte man die gesamte gesammelte Literatur von A bis Z durcharbeiten.[611] Notwendig ist vielmehr eine *selektive Lektüre*. Soweit nicht schon infolge anderer Stellungnahmen Hinweise auf Charakter und wissenschaftliche Bedeutung einer herangezogenen Schrift vorliegen, sollte man zunächst den Titel, das Vorwort und das Inhaltsverzeichnis genauer unter die Lupe nehmen. Schon daraus sowie aus dem Verlag, dem Erscheinungsjahr oder der Schriftenreihe, innerhalb derer das Werk erschienen ist, lässt sich hin und wieder entneh-

---

[606] Dazu bereits oben Rn. 45; siehe z. B. die Homepages www.bundesverfassungsgericht.de; www.bverwg.de; www.bundesgerichtshof.de; www.bundesarbeitsgericht.de; www.bsg.bund.de.

[607] Der hiervon zu unterscheidende Karlsruher-Virtuelle-Katalog (KVK) wurde bereits in den Rn. 24 und 47 behandelt.

[608] Bei rechtshistorischen Arbeiten ist die Einbeziehung freilich selbstverständlich.

[609] Über ihre Verfahrensweisen und Tücken sind bei den Beratungsstellen der Universitätsbibliotheken nähere Auskünfte zu erhalten; siehe dazu auch oben Rn. 32.

[610] *Thieme*, Die Anfertigung rechtswissenschaftlicher Doktorarbeiten, 2. Aufl. 1963, S. 26 f.

[611] Ähnlich *Lahnsteiner*, Jura 2011, 580 (584) mit dem Hinweis, dass „Lesen für eine wissenschaftliche Arbeit ein aktiver Prozess ist“ und nicht nur eine passive Aufnahme ist.

men, ob es sich um eine für die Thematik zentrale Studie handelt, die vollständig zu lesen ist, um eine nur mittelbar oder in Randbereichen hilfreiche Stellungnahme, bei der die Lektüre einzelner Passagen angezeigt ist, oder um einen rechtswissenschaftlich eher wenig ertragreichen Beitrag, den man allenfalls „diagonal lesen" sollte. Nur bei den als wertvoll erkannten Ausführungen ist eine intensivere, dann auch zum Teil mehrmalige Lektüre angeraten.

Ein anderes Vorgehen empfiehlt sich freilich bei Gerichtsentscheidungen, soweit nicht ein bloßes Auslegungs*ergebnis* interessiert, sondern der entschiedene Fall eine für die zu behandelnde Thematik bedeutsame Sach- und Rechtslage widerspiegelt. Solche Judikate sind tunlichst vollständig zu lesen, um einerseits sicherzugehen, dass die für die rechtlichen Folgerungen maßgeblichen tatsächlichen Umstände, der spezielle Sachverhalt, ausreichend beachtet werden, und um andererseits die genaue Entwicklung der Gedankenfolge, die zu bestimmten Interpretationsergebnissen führt, nachvollziehen zu können. Vor dem gerade auch bei Studierenden beliebten „Leitsatz-Kult" kann nicht nachdrücklich genug gewarnt werden.

IV. Systematisieren

Bei der Stoffsammlung sollte man sich von Beginn an bemühen, systematisch vorzugehen. So ist es kaum anzuraten, zunächst einen umfangreichen Literaturbestand zusammenzustellen, um dann erst die Lektüre zu beginnen. Die den Einstieg bildenden Monographien, Standardlehrbücher, ggf. Kommentierungen und neuere Aufsätze sollten in einer ersten Phase (gewissermaßen einem Schnelldurchgang) vorab auf inhaltliche Schwerpunkte und Verweisungen auf weiterführendes Material hin durchgesehen werden. 367

1. Sicherung der bibliographischen Angaben

Zur Vermeidung späteren mühsamen Nachsuchens ist es empfehlenswert, bereits in diesem ersten Stadium für jedes Werk eine Karteikarte oder eine Notiz in einer PC-Datei anzulegen, um dort die bei der Ausarbeitung später benötigten bibliographischen Angaben zu vermerken (wie Name, Vorname, Titel, Auflage, Erscheinungsjahr und Seitenangabe, ggf. auch die Bibliothekssignatur). Auch erste Eindrücke über Sachinhalte und Verwendbarkeit der Schrift, die dann bei späteren Arbeitsgängen ergänzt werden können, sowie Angaben über das Bearbeitungsdatum sollten auf der Karteikarte oder in der entsprechenden Datei nicht fehlen; letzteres verhindert dann falsche Schlüsse, wenn Studierende zu einem späteren Zeitpunkt einen neuen Gesichtspunkt als wichtig erkannt haben und überprüfen wollen, ob in der bereits verwendeten Literatur diesbezügliche Aussagen zu finden sind. 368

Beispiel: „*Di Fabio, Udo*, Der Ausstieg aus der wirtschaftlichen Nutzung der Kernenergie, Schriftenreihe Recht-Technik-Wirtschaft Bd. 79, Berlin, Bonn, München 1999 (aus einem Rechtsgutachten für die Bayernwerk AG hervorgegangene Darstellung im Hinblick auf europarechtliche und verfassungsrechtliche Vorgaben): Grundrechtsfähigkeit der Betreiber kerntechnischer Anlagen: S. 84 ff.; Legislativausstieg als Legislativenteignung: S. 127 ff.; 1. Durchsicht: 19.4.2015. Signatur: XXXI 9020"

Es gibt Bücher, die bis ins Detail ausgefeilte Kartotheken mit diffizilen Einordnungskriterien entwerfen.[612] Darauf sei hier verzichtet; es sollte vielmehr dem individuellen Arbeitsstil und der Zielsetzung – bei einer Dissertation werden hier umfassendere Anstrengungen zu fordern sein – überlassen bleiben, ob und in welcher Form eine

---

[612] Siehe etwa die Beispiele bei *Eco*, Wie man eine wissenschaftliche Abschlussarbeit schreibt, 13. Aufl. 2010, S. 150 ff.

solche Kartei oder Datei geführt wird. Für umfangreiche Ausarbeitungen besteht an einem Großteil der Universitäten die Möglichkeit hierfür auf Literaturverwaltungsprogramme wie beispielsweise Citavi oder Endnote unentgeltlich zurückzugreifen (Rn. 55).

2. Vormerken zentraler Textpassagen

369 Bei der ersten Lektüre wird der Bearbeiter in der von ihm durchgesehenen Literatur Passagen entdecken, die für seine Gedankenführung wichtig erscheinen und auf die er sich später bei der Ausarbeitung stützen will. Anstatt Lesezeichen (Klebezettel) zu setzen oder eine entsprechende Notiz auf der soeben erwähnten Karteikarte oder in der entsprechenden Datei anzubringen, werden einer verbreiteten Unsitte folgend in Büchern häufig Randvermerke und sonstige Kennzeichnungen angebracht, schlimmer noch: vermeintlich wichtige Seiten werden kurzerhand herausgerissen. Solch ein wenig bibliophiles Verhalten verstößt nicht nur formal gegen einschlägige Benutzungsordnungen – man riskiert damit empfindliche Sanktionen –, sondern zeugt zugleich von mangelnder Kollegialität gegenüber denjenigen, die zu einem späteren Zeitpunkt das gleiche Buch zur Hand nehmen. Wenn freilich bestimmte Ausführungen als so bedeutsam erscheinen, dass man auf sie mit Sicherheit zurückgreifen wird, ist eine *Fotokopie* angeraten. Empfohlen wird demnach nicht wahlloser und exzessiver, sondern dosierter Einsatz dieses technischen Hilfsmittels. Ansonsten droht man gerade bei Themenarbeiten „in Kopien zu ersticken". Auf der Kopie können dann nach Belieben mehrfarbige Kennzeichnungen angebracht werden, was eine weitere Bearbeitung vereinfachen kann, sofern einzelnen Farben bestimmte Funktionen zugeordnet werden, also beispielsweise „grün" für Definitionen etc. Sinnvoll kann es sein, eine kritische Auseinandersetzung mit einem bestimmten Text bereits vorab schriftlich zu fixieren. Zu diesem Zweck werden die wesentlichen Aussagen einer Schrift in knapper Zusammenfassung und die Stellungnahme des Bearbeiters hierzu sofort zu Papier gebracht. Solche Passagen sind dann später bei der Abfassung der Themenarbeit in den Text zu integrieren.

3. Aufstellen eines Arbeitsplans

370 Systematisches Vorgehen lässt des Weiteren die Aufstellung eines Arbeitsplans als ratsam erscheinen. Der Bearbeiter sollte sich schon frühzeitig bemühen, den ihm vorgegebenen oder bei Dissertationen sinnvoller Weise selbstgesetzten Zeitraum in Abschnitte einzuteilen und Zielvorgaben zu fixieren. Zwar wird es häufig vorkommen, im Verlaufe der Bearbeitung aus Sachnotwendigkeiten heraus Verschiebungen oder Umstellungen vornehmen zu müssen, doch dient die Orientierung an einem Arbeitsplan der ständigen Selbstkontrolle und verhindert unliebsame Überraschungen im Gewande starker Zeitnot für die Niederschrift. Es muss genügend Zeit verbleiben für die erste Niederschrift, eine sich daran anschließende kritische Reflexion (u. U. verbunden mit rigorosen Streichungen oder Neuformulierungen) und die Reinschrift einschließlich des Korrekturlesens. Daraus ist abzuleiten, dass die Ermittlungs- und die reine Lesephase nicht übermäßig lang sein sollten und dass bereits frühzeitig mit ersten Formulierungsarbeiten zu beginnen ist.

Oft wird die Bedeutung einer realistischen *Zeiteinteilung* unterschätzt. Selbst kleinere Vorarbeiten nehmen nicht selten viel mehr Zeit in Anspruch, als zunächst einkalkuliert wurde. Man kommt somit kaum an der Erstellung eines Zeitplanes vorbei. Die Einteilung der kommenden Wochen und Monate hat sicher sein Für und Wider und sollte dementsprechend gründlich überdacht und anhand der persönlichen Arbeitsweise individuell entschieden werden. Ähnlich verhält es sich mit der Erstellung eines

Exposés. Nicht nur die klassischen Studienförderwerke, sondern auch verschiedene Professoren verlangen dies entweder von jedem Doktoranden oder zumindest in Ausnahmefällen (Rn. 349). Jenseits davon stellt sich die Frage nach dessen freiwilligen Erstellung. Sie kann entfallen, wenn dem Zweck eines Exposés auch mit einer überlegten Gliederung entsprochen werden kann.

V. Erstellen einer Disposition

Sobald der Bearbeiter nähere Vorstellungen über die Thematik, die wichtigsten Fragestellungen und den jeweiligen Streitstand besitzt, empfiehlt es sich, eine *systematische Gliederung* zu entwerfen. Zunächst geht es ganz einfach darum, festzuhalten, welche Fragestellungen sich aus der Thematik ableiten lassen, ob diese in Teilprobleme aufgegliedert werden können und in welcher Reihenfolge (logisch zwingend oder lediglich darstellungstechnisch naheliegend) diese erörtert werden sollen. Hieraus entwickelt sich eine Disposition mit selbständigen Abschnitten und Untergliederungen. Es gibt jedoch kein global passendes Schema für Gliederungen von Themenarbeiten. Es hängt von der jeweiligen Thematik ab, ob ein historischer Aufbau, 371

Beispiel: Die Stellung der Bundeswehr nach dem Grundgesetz der Bundesrepublik Deutschland. – Hier empfiehlt sich eine historische Betrachtungsweise in Anlehnung an die ursprünglichen Textfassungen und die jeweiligen Novellierungen der einschlägigen Artikel, wie insbes. Art. 12a, 17a, 24, 26, 35, 65a, 73 Nr. 1, 87a, 87b, 115b GG.[613]

eine von der Methodenlehre bestimmte Abfolge

Beispiel: Die Kalkulation kommunaler Benutzungsgebühren – Zu den betriebswirtschaftlichen Grundsätzen im Kommunalabgabenrecht. – Bei diesem Thema sind zunächst methodische Aussagen zur Verwendung nicht juristischer Begriffe in Gesetzestexten, namentlich solche wirtschaftswissenschaftlicher Herkunft, angebracht.[614]

oder – wie üblich – eine argumentativ-problemgeprägte Darstellung gewählt wird.

Beispiel: Europäische Versammlungsfreiheit – Hier sind zunächst die Herkunft und Entwicklung der Versammlungsfreiheit in der anglo-amerikanischen und der französisch-belgischen Entwicklungslinie zu eruieren und die normativen Grundlagen einer unionsrechtlichen Versammlungsfreiheit (Art. 52 III, 53 GRC, Art. 11 EMRK) aufzubereiten, bevor im Detail auf die Versammlungsfreiheit als ungeschriebenes Unionsgrundrecht und die dogmatischen Spezifika in den Verfassungstraditionen der Mitgliedstaaten eingegangen werden kann.[615]

Da die ursprüngliche, noch skelettartige Gliederung bereits zu Beginn der Themenbearbeitung entworfen wurde, ist sie im Laufe der weiteren Arbeit ständig zu verfeinern, zu verändern, zu ergänzen. Neue Erkenntnisse zu Einzelfragen zwingen vielfach zu einer Umstellung im Aufbau der Darstellung sowie fast immer zu einer Ausdifferenzierung der Gliederung. Die strenge Orientierung an der Gliederung verhindert aber, dass der Bearbeiter seine kostbare Zeit überflüssigen Nebenpfaden widmet und dass über den Einzelpunkt die Arbeit in ihrer Gesamtheit verloren geht. 372

[613] Dazu beispielhaft *Stern*, Staatsrecht, Band II, 1980, S. 855 ff.; siehe dazu auch die Synopse von *Bauer/Jestaedt*, Das Grundgesetz im Wortlaut, 1997.

[614] Vgl. *Hesshaus*, Die Kalkulation kommunaler Benutzungsgebühren, Stuttgart u. a. 1997 (zugl. Diss. Bochum 1997), S. 57ff. Ebenso zur Verwendung der Rechtsbegriffe „Markt“ und „Kosten“ im Abfallrecht *Mann*, Abfallverwertung als Rechtspflicht, Stuttgart u. a. 1992 (zugl. Diss. Bochum 1991), S. 108 ff.

[615] Vgl. *Ripke*, Europäische Versammlungsfreiheit, Tübingen 2012 (zugl. Diss. Göttingen 2011).

Wenn die Gliederung so weit gediehen ist, dass der Bearbeiter in Orientierung an ihr die Niederschrift beginnen kann, empfiehlt es sich sowohl bei einer Seminararbeit als auch bei der Dissertation, dem Hochschullehrer bzw. dem betreuenden Assistenten die Disposition vorzulegen und eventuelle Zweifelsfragen zu besprechen. Zu diesem Zeitpunkt lassen sich auch ohne größeren Zeitverlust noch Fehler oder Missverständnisse ausräumen, was in einem späteren Stadium schon mit erheblichen Schwierigkeiten verbunden sein kann. Bei Studienarbeiten, die für den Schwerpunktbereich relevant sind, stellt dieser Durchgang eventuell eine unzulässige Hilfeleistung dar; letztendlich handelt es sich hierbei um eine Frage des Einzelfalles, für deren Beantwortung auch die Intensität der Beratung durch den Hochschullehrer oder seinen Assistenten maßgeblich ist.

VI. Angemessene Proportionierung

373 Wie auch bei der Falllösung (s. Rn. 221) wächst der Wert einer Themenbearbeitung mit der angemessenen Proportionierung auf der Grundlage einer klaren und ausgefeilten Disposition. Die wesentlichen Streitfragen müssen präzise und umfassend dargestellt werden, während Nebensächliches nur auf engem Raum abgehandelt sein sollte. Diesem Erfordernis für die Darstellung ist bereits bei den Vorarbeiten Rechnung zu tragen. Bei zentralen Rechtsproblemen, die streitig sind, kommt es darauf an, sorgfältig alle Argumente pro und contra zu sammeln, sie zu gewichten und am Ende eine eigene Stellungnahme auf der Grundlage der vorgenommenen Abwägung abzugeben. Entsprechend genau müssen die Recherchen sein und entsprechend akribisch sollte auch die Umsetzung des Gelesenen in die Bearbeitung erfolgen. Dabei ist darauf zu achten, dass größere Sachkomplexe tunlichst nicht auf zu hohem Abstraktionsniveau abgehandelt werden, sondern sich vielfach in mehrere Teilaspekte zerlegen lassen, die jeweils einzeln und danach in ihren jeweiligen Querbezügen zueinander zu prüfen sind. Soweit möglich, ist hier ein kasuistisches Vorgehen zu empfehlen.

Gerade im Hinblick auf diese Anforderungen, die meist über das jeweils erreichbare Prädikat entscheiden, ist es mitunter ratsam, wenn der Bearbeiter – sinnvoller Weise schon, bevor er in seine Themenarbeit „einsteigt" – sich die gelungene Bearbeitung eines Kollegen zu einer anderen Thematik des gleichen Rechtsgebietes vornimmt und in Ruhe daraufhin durchsieht.

§ 10. Zur Darstellungsweise

374 Nach Beendigung der Vorarbeiten beginnt die für viele schwierigste Phase der Themenarbeit, nämlich die eigenständige schriftliche Formulierung der zuvor mühsam erarbeiteten Erkenntnisse.

I. Etappen der Niederschrift

In den Büchern zur Arbeitsmethodik finden sich diesbezüglich die verschiedensten Vorschläge, etwa der, einerseits nicht „zu früh" mit der Niederschrift zu beginnen – unter Hinweis auf später noch gewonnene neue Erkenntnisse und das Gesetz der Trägheit, welches dazu verführt, am einmal Geschriebenen möglichst festzuhalten –, andererseits aber auch nicht „zu spät“ zu formulieren, um die Lesephase nicht über Gebühr auszudehnen und nicht die Chance zu versäumen, bei der Niederschrift noch Auslassungen, Unklarheiten der Argumentation oder weitere interessante Fragestellungen zu entdecken, die dann ohne Zeitdruck durch weiteres Lesen, Ergänzungen oder Änderung der Gedankenführung bereinigt bzw. eingearbeitet werden können.[616] Andere wiederum raten zu einer möglichst raschen Niederschrift erster Ideen, auch wenn die frühe Textversion noch zahlreiche Leerstellen und Lücken aufweist.[617] Allgemeinverbindliche Hinweise lassen sich in diesem Zusammenhang nur schwer geben. Die Erfahrung lehrt aber, dass komplizierte Gedanken zeitnah fixiert werden müssen. Anderenfalls riskiert man, dass sie unrettbar verloren gehen. Die Niederschrift ermöglicht es weiterhin, zügig ein Fundament zu legen und dem Autor überdies das kaum zu unterschätzende Gefühl zu vermitteln, bereits greifbare Fortschritte erzielt zu haben.

Anzuraten ist ferner, die Niederschrift in Etappen vorzunehmen. Der erste Entwurf 375
wird niemals zugleich die Endfassung sein. Kein Autor schreibt druckreif.[618] Man sollte bei der Themenarbeit wie bei einer Fallbearbeitung versuchen, den Leser von der Fragestellung über die Diskussion der einzelnen Teilaspekte bis hin zum überzeugenden Ergebnis zu führen. Dies bedingt zum einen, dass die Gedankenführung straff und systematisch zu sein hat, des Weiteren aber auch, dass die schriftliche Abfassung dem gedanklichen Gerüst zu folgen hat. Die jeweils erörterten Gedankenfolgen müssen sich nahtlos an die vorherigen Passagen anschließen und dürfen keine Argumentationsbrüche oder gar Widersprüche enthalten. Dies erfordert mehrfaches selbstkritisches Überarbeiten, aber auch eine sukzessive Abfassung des Textes in der von der Gliederung vorgegebenen Reihenfolge, beginnend mit den Einleitungssätzen und endend mit der zusammenfassenden Formulierung des Ergebnisses. So lässt sich auch ein häufiger Fehler vermeiden, dass nämlich beim Leser die Kenntnis spezieller Ausführungen vorausgesetzt wird, die im Text erst später folgen, vom Bearbeiter aber bereits zu einem früheren Zeitpunkt geschrieben worden waren.[619]

Sollten bereits Ausführungen zu einem Spezialproblem vorab schriftlich fixiert worden sein, so ist darauf zu achten, dass sie sachgerecht in den Text integriert werden, was regelmäßig einige Änderungen oder Umstellungen (insbesondere auch bei Verweisungen im Text oder in den Fußnoten) bedingt. Insgesamt sollte man um eine flüssige und kontinuierliche, nicht von anderen Arbeiten unterbrochene Niederschrift des Textes bemüht sein; die für notwendig gehaltenen Anmerkungen zum Text und ausführliche Literaturangaben sollten lediglich kurz vorgemerkt, aber erst später (sukzessive, jeweils nach Abfassung einer zusammenhängenden Passage) im Detail formuliert werden.

II. Systematische Bearbeitung

Wenn auch die materiellen Inhalte von Themenarbeiten vielgestaltig sind, gibt es doch 376
gewisse Grundanforderungen, die bei der Bearbeitung solcher Arbeiten regelmäßig beachtet werden müssen.[620]

---

616 So *Thieme,* Die Anfertigung rechtswissenschaftlicher Doktorarbeiten, 2. Aufl. 1963, S. 31 f.

617 *Schimmel/Weinert/Basak*, Juristische Themenarbeiten, 2. Aufl. 2011, Rn. 46.

618 *Lahnsteiner*, Jura 2011, 580 (585).

619 Häufig wird bei solcher Vorgehensweise nicht zu vermeiden sein, dann nach unten auf die noch folgenden Ausführungen zu verweisen; dazu Rn. 399.

620 Überblicksartige Darstellung der „No-Go’s“ in schriftl. Ausarbeitungen bei *Herold/Müller*, JA 2013, 808 ff.

1. Allgemeine Aufbauregeln

Die in den Anleitungsbüchern für juristische Falllösungen regelmäßig ausgesprochene Warnung vor allgemeinen Vorbemerkungen oder Hinweisen zum Aufbau der Bearbeitung gilt prinzipiell auch für die Themenarbeit. Ob systematische Grundsätze, rechtlich oder logisch zwingend vorgegebene Abstufungen beachtet wurden, soll aus der Bearbeitung selbst hervorgehen, ohne dass diesbezügliche Erläuterungen des Autors vorweggeschickt werden müssten. Bei umfassenden monographischen Darstellungen wie etwa einer Habilitationsschrift hat es allerdings seinen guten Sinn, wenn vorab grundsätzliche Aussagen zum Anlass der Schrift, zur thematischen Einordnung der Arbeit in ein dogmatisches Gerüst, zum angesprochenen Adressatenkreis oder zum Zeitpunkt des Abschlusses der Bearbeitung gemacht werden. Bei einer Studien- oder Seminararbeit wird erwartet, dass sie auf dem neuesten Stand von Literatur und Rechtsprechung basiert, ebenso bei einer Dissertation. Lediglich wenn sich aus drucktechnischen Gründen die Publikation einer Dissertation verzögert und sich zwischenzeitlich bedeutsame neue Entwicklungen ergeben haben, etwa durch ein höchstrichterliches Urteil, das nicht mehr einbezogen werden kann, ist ein entsprechender Hinweis im Rahmen eines Vorworts gerechtfertigt.[621]

377 Sinnvoll ist es, zunächst einmal den Stand der rechtswissenschaftlichen Erkenntnis darzustellen, wie er sich aus den einschlägigen Normen sowie deren Auslegung und Anwendung in Rechtsprechung und Literatur darstellt.[622] Allein darin darf sich eine Themenarbeit, insbesondere eine Doktorarbeit, allerdings nicht erschöpfen. Darauf aufbauend kommt es nun darauf an, sich kritisch mit den aufgeworfenen Rechtsfragen auseinanderzusetzen, diese argumentativ zu beantworten und die gewonnenen Ergebnisse in die bekannte Systematik einzuordnen. Dies stellt regelmäßig auch quantitativ den Hauptteil der Bearbeitung dar. Im Schlussteil sind die wesentlichen Ergebnisse und Konsequenzen thesenartig zu veranschaulichen.

2. Gliederung

378 Die schriftliche Ausarbeitung hat sich strikt an die ihr Gerüst bildende, vorher entworfene und im Laufe von Vorarbeiten und Niederschrift abgeänderte *Gliederung* zu halten.[623] Auf diese Weise werden weitschweifige Erörterungen zu Nebensächlichkeiten vermieden und logische Zusammenhänge übersichtlich zum Ausdruck gebracht. Die Gliederung sollte insbesondere bei der Dissertation im Text durch Aufteilung in Abschnitte, Kapitel und/oder Paragraphen deutlich hervortreten. Die unterschiedlichen Möglichkeiten der Bezifferung der Gliederungsebenen mit Gliederungssymbolen (A, I, 1, a, aa, α) oder einer numerischen Gliederung (Dezimalklassifikation) ist bereits unter Rn. 333 thematisiert worden.

Jeweils neue Gedanken sollten durch Absätze und Einrückungen auch im Schriftbild zum Ausdruck kommen. Dabei ist die Übernahme der Gliederungssymbole (A, I, 1, a, aa – s. Rn. 333) in die Ausarbeitung hilfreich, weil sie die Wichtigkeit der Ebene (Hauptteil, Kapitel, Abschnitt, Unterabschnitt) schnell und gut erkennen lässt. Vor allem aber ist auf die Verwendung geeigneter, aussagekräftiger Überschriften zu achten (nicht: I. Allgemeines, II. Besondere Fragen). Solche Über-

---

[621] Zu den Nacharbeiten bei einer Dissertation s. § 12.

[622] *Th. M. Möllers*, Juristische Arbeitstechnik und wissenschaftliches Arbeiten, 7. Aufl. 2014, Rn. 505 f.

[623] Lesenswerte Überlegungen zur Gliederungsstruktur einer juristischen Themenarbeit finden sich bei *Schimmel/Weinert/Basak*, Juristische Themenarbeiten, 2. Aufl. 2011, Rn. 223 ff., 40 ff.

schriften sollten *durchgängig* bei allen Abschnitten der Arbeit gesetzt werden und nicht nur vereinzelt.

3. Historische Einleitung

Wie bereits betont, bedarf nicht jede Themenarbeit, auch nicht jede Dissertation, 379
eines historischen Teils als Einleitung und Grundlegung für aktuelle Probleme. Zwar trifft es zu, dass der Autor nach der Präzisierung des von ihm zu behandelnden Problemkreises tunlichst darlegen sollte, wie es in der historischen Entwicklung zu dieser aktuellen Problematik gekommen ist und auf welche Weise die rechtswissenschaftliche Lehre bislang bemüht war, die aufgeworfenen Fragen zu beantworten. Aber:

„Bei der Wiedergabe wissenschaftlich bekannter und bereits an anzugebendem Ort zusammengestellter Tatsachen und Lehrmeinungen ist jedoch nicht weit auszuholen. Viele Dissertanden machen den Fehler, dass sie in einer zu breiten historischen Einleitung das zusammenschreiben, was sie im Schrifttum zum Thema gefunden haben. Fast immer ist dies ein Zeichen geistiger Bequemlichkeit und der Angst des Verfassers, das Thema könnte nicht hinreichend ergiebig sein. Noch ärger ist es, wenn der Dissertand mangels ausreichender Literaturkenntnisse Gedankengänge, die längst Gemeingut der Wissenschaft sind, breit auswalzt. Umfangreiche historische Einleitungen rechtfertigen sich nur bei eigener Quellenforschung.“[624]

4. Methodische Grundfragen

Sofern eine Thematik methodische Fragen aufwirft, hat der Autor über seine Vor- 380
gehensweise Rechenschaft abzulegen. Stehen etwa die Möglichkeiten einer Sozialisierung nach Art. 15 GG zur Diskussion, so sind im Hinblick auf den Verfassungsbegriff „Produktionsmittel“ auch der volkswirtschaftliche Sprachgebrauch und die Nomenklatur der marxistischen Wirtschaftstheorie zu beleuchten, vor deren Hintergrund dann die Auslegung nach Maßgabe der anerkannten juristischen Auslegungselemente vorzunehmen ist.

Beispiel: Ist etwa im Rahmen der Interpretation einer Rechtsvorschrift auf das Tatbestandsmerkmal „Markt“ oder „Kosten“ einzugehen, stellt sich die methodische Vorfrage, in welcher Intensität die Rezeption ökonomischer Begrifflichkeiten durch den Gesetzgeber erfolgen kann, vgl. in dieser Hinsicht das Stufenmodell bei *Mann*, Abfallverwertung als Rechtspflicht, 1992, S. 108 f. und daran anschließend *Hesshaus*, Kalkulation kommunaler Benutzungsgebühren, 1997, S. 52 ff.

5. Eindeutige Begrifflichkeiten

Bei der Niederschrift sollte darauf geachtet werden, dass die verwendeten *Begriffe* 381
klar und eindeutig sind. Jede für die Thematik wichtige und nicht als allgemein bekannt voraussetzbare Bezeichnung ist zu definieren. Im Falle der Mehrdeutigkeit oder eines bewussten Abweichens von einem allgemeinen oder juristisch üblichen Sprachgebrauch – was nicht ohne Not lediglich zur (vermeintlichen) Profilierung geschehen sollte – bedarf es der begründeten Klarstellung. Diese einmal erfolgte Festlegung ist dann aber auch im gesamten Text durchzuhalten.

---

[624] An dieser Beobachtung von *Wolff/Spitaler*, Ratschläge für die Anfertigung rechts- und wirtschaftswissenschaftlicher Dissertationen, 3. Aufl. 1957, S. 12 hat sich bis heute nichts geändert.

6. Exkurse

382 Eine kurze Bemerkung sei noch angefügt zu den gerade bei Themenarbeiten beliebten *Exkursen* (lt. Duden: Abschweifung; einer Abhandlung beigefügte kürzere Ausarbeitung; Anhang). Im Regelfall sollte auf solche Exkurse verzichtet werden. Entweder wird ein für das Thema maßgeblicher Umstand behandelt, so dass nichts dagegen spricht, dies im Rahmen der regulären Gliederung zu tun. Oder es stellt sich – unter Umständen auch erst später – heraus, dass eine Passage nicht in ein schlüssiges Gesamtkonzept integriert werden kann. In diesem Fall sollte sie aus der Arbeit entfernt werden. Gegebenenfalls lassen sich diese Gedanken dann als Aufsatz veröffentlichen oder an anderer Stelle verarbeiten. Exkurse sind allenfalls dann angebracht, wenn der Verfasser auf eine vergleichbare Problematik hinweisen will, aus deren Lösung (positive oder negative) Ansätze für die von ihm zu behandelnde Thematik entnommen werden, wenn eine Ergänzung zur Abrundung sinnvoll erscheint,

Beispiel: *H. Weber*, Der Rechtsschutz der Kirchen und Religionsgemeinschaften durch die staatlichen Gerichte, in: Handbuch des Staatskirchenrechts der Bundesrepublik Deutschland, Bd. II, 2. Aufl. 1995, S. 1047 ff. (Exkurs: Rechtsschutz im internationalen Bereich, S. 1076 ff.).

oder wenn übergreifende (rechtliche, politische, wirtschaftliche) Zusammenhänge dargelegt werden, die bei der Behandlung der konkreten Thematik nicht unberücksichtigt bleiben sollten.

Beispiel: Die Thematik der Justitiabilität des Art. 112 GG („unvorhergesehenes und unabweisbares Bedürfnis“) und allgemeine Ausführungen zur Stellung des BVerfG zwischen Recht und Politik.

Aber selbst solche Darlegungen lassen sich oft unschwer in den Text integrieren, ohne eine Zuflucht zu verselbständigten Exkursen nehmen zu müssen.

III. Die Darstellung von Streitständen

383 Eine qualitativ hochstehende Themenarbeit ist insbesondere daran erkennbar, dass alle einschlägigen Sachfragen auf der Grundlage einer klaren und überzeugenden Gedankenführung mit vertretbaren Ergebnissen abgehandelt werden. Das Schwergewicht sollte dabei auf eine sorgfältige Argumentation bei den zentralen Streitpunkten einer Thematik gelegt werden. Im Rahmen der Beurteilung einer Themenarbeit erweist sich daher auch eine angemessene Proportionierung der Ausführungen für die Erzielung eines Prädikats als unabdingbare Voraussetzung.

384 Für die Darlegung von Streitständen sollten bei Themenarbeiten, die von einer höheren Wissenschaftlichkeit als eine Fallbearbeitung geprägt sein sollen, erst recht die Hinweise gelten, die bereits mit Blick auf juristische Hausarbeiten angemerkt worden sind (Rn. 316 ff.). So ist es wissenschaftlich wenig ertragreich, die verschiedensten Rechtsansichten unkoordiniert (etwa alphabetisch oder in zeitlicher Abfolge) nebeneinander auszubreiten, um dann als krönenden Abschluss seine eigene Meinung kundzutun, sei es, dass man einer der zitierten Stimmen beitritt, eine vermittelnde Lösung propagiert oder mit Verve für eine völlig neue Sicht der Dinge plädiert. Nur wenn sich ein Rechtsproblem in verschiedenen Zeitabschnitten unterschiedlich darstellt, etwa wenn der Gesetzgeber oder die Judikatur mehrfach Korrekturen vorgenommen haben, empfiehlt sich eine historisch angelegte Darstellung des Streitstandes. Ansonsten sind nicht jeweils Einzelmeinungen in mehr oder minder willkürlicher Reihenfolge nachzuformulieren, sondern sachorientierte Meinungsgruppen

zu bilden, soweit sich die Aussagen von Autoren im Wesentlichen decken. Diese sind sodann einander gegenüberzustellen und hinsichtlich der Argumentationsstärke zu gewichten. Entscheidend ist die Auseinandersetzung mit Argumenten, nicht mit Personen oder Institutionen. In dieser Phase kommen dann die eigenständigen Überlegungen des Verfassers zum Tragen, ohne dass es des hochtrabenden Gliederungsabschnittes: „Eigene Meinung" bedürfte.

Soweit in der juristischen Argumentation zu einer rechtlichen Streitfrage an einer 385
bestimmten Meinung *Kritik* geübt wird, sollte Zurückhaltung in der Form (nicht in der Sache!) und Fairness geübt werden. Es ist sogar bei eigener fachlicher Reputation ein Zeichen von Überheblichkeit und wissenschaftlicher Stillosigkeit, Auffassungen verdienter und vielfach als Sachkenner ausgewiesener Autoren als „unsinnig", „völlig abwegig" oder „unverständlich" abzustempeln. Überzeugender wirkt die Kritik, wenn der Vorzug einer Argumentation im Gegenüber zu anderen Auffassungen, denen man nicht folgen will, sachlich dargelegt wird. Überzogene Kritik fällt vor allem dann auf den Kritiker zurück, wenn sich herausstellen sollte, dass die kritisierte Auffassung mit ihren Implikationen von ihm nicht vollständig erfasst und somit fehl gedeutet wurde.

IV. Stilistische Fragen

Der stilistische Minimalkonsens verlangt, dass ein wissenschaftlicher Text in ver- 386
ständlicher Sprache, sachlich und unter zutreffender Verwendung von Orthographie und Fachtermini verfasst wird.[625] Allen Verfassern von Seminar- und Studienarbeiten sowie von Dissertationen ist daher anzuraten, ihr besonderes Augenmerk auf Rechtschreibung, Grammatik und Zeichensetzung zu legen. Dabei ist es keineswegs als Zeichen von Schwäche oder Unsicherheit, sondern vielmehr als ein Gebot der Sorgfalt zu betrachten, wenn in Zweifelsfällen der Rechtschreibungs-Duden oder ein Fremdwörterbuch zu Rate gezogen werden. Des Weiteren ist eine durchgängige Kontrolle auf stilistische Unebenheiten (wie ständige Wiederholungen der gleichen Worte, Substantivsucht, Schachtelsätze etc.; dazu bereits Rn. 213 ff.) hin angebracht. Ein Erfahrungssatz lehrt allerdings, dass man in eigenen Texten selbst bei konzentriertem Lesen oftmals unzutreffende Formulierungen und etwaige Widersprüche nicht entdeckt. Vor der Abgabe der Themenarbeit sollte man daher am besten einen Korrekturdurchgang durch dritte Personen durchführen lassen, die einem als zuverlässig und gründlich bekannt sind. Ohne hier nochmals (vgl. bereits Rn. 213 ff.) umfänglich auf Details eingehen zu wollen, sei nur auf einzelne Punkte hingewiesen:

1. Präzise Formulierungen

Sich zu präzisen Formulierungen durchzuringen, erweckt bei manchem Autor erheb- 387
liches Unbehagen. Stattdessen findet man häufig eine Aneinanderreihung von Füllwörtern und Leerformeln.

Extrem-Beispiel aus einer Seminararbeit: „Will man nunmehr hieraus gewissermaßen ein vorsichtiges Resümee ziehen, so scheint es in der Tat durchaus möglich, die im Folgenden näher umschriebene Aussage mit der gebotenen Zurückhaltung hier treffen zu können." *Gegenvorschlag*: „Als Konsequenz hieraus ergibt sich, dass ..."

---

[625] Zutreffend: *Schimmel/Weinert/Basak,* Juristische Themenarbeiten, 2. Aufl. 2011, S. 185 ff.

2. Die Ich-Form

388 Unnötig in einer Abhandlung sind regelmäßig auch Formulierungen, mit denen der Verfasser seine Person in den Vordergrund rückt („ich meine aber …", „nach meiner Überzeugung …"). In denjenigen Teilen der Arbeit, die nur deskriptiv von der Rechtslage, einer Rechtsprechungslinie oder diversen Literaturmeinungen berichten, hat sich der Verfasser zurück zu halten. Hier ist es nicht erforderlich, dem Leser als Person entgegenzutreten; im Gegenteil, jede subjektive Färbung dieser Teile

Beispiele: „In einer nicht nachvollziehbaren Weise geht das BVerwG von der Prämisse aus …"; „mit seiner widersprüchlichen und handwerklich äußerst mangelhaften Gesetzesnovellierung hat der Gesetzgeber im Jahr 2015 …").

nährt den Verdacht, dass der Verfasser Darstellung und Analyse zu vermischen neigt und es mit dem Gebot wissenschaftlicher Objektivität nicht allzu ernst nimmt.

389 Nur in denjenigen Teilen der Arbeit, in denen es um die Analyse, um eigene Schlussfolgerungen, Argumente und Bewertungen geht, darf der Verfasser dem Leser entgegentreten. Aber auch dann ist es in rechtswissenschaftlichen Untersuchungen eher üblich, sich im Hintergrund zu halten. Denn was die Auffassung des Verfassers ist, ergibt sich regelmäßig aus dem Text selbst. Ein gutes Beispiel hierfür sind die Ausführungen in den Gründen von Gerichtsentscheidungen. Die Gerichte begründen ihre Entscheidungen durch die Abfolge von Argumenten, regelmäßig aber nicht, indem sich die Richter in den Vordergrund stellen („Wir sind der Auffassung …"). Auch in den Themenarbeiten sollten daher Argumente im Vordergrund stehen. Die Lösung einer Rechtsfrage nur durch Akzentuierung der eigenen Person hat keine Überzeugungskraft.

Beispiel (aus einer Examensklausur): „Es fragt sich, wie das Tatbestandsmerkmal der ‚Dringlichkeit' zu verstehen ist. Man kann mit den Verwaltungsgerichten einen objektiven Maßstab wählen und … Andererseits ist es aber auch möglich, versubjektivierend danach zu fragen, ob es für den einzelnen Adressaten der Norm … Ich finde, man sollte es anhand des objektiven Maßstabs machen." (Es folgt keine weitere Begründung).

390 In der juristischen Literatur gibt es aber auch vereinzelte Ausnahmen, die mit der Konvention brechen und sich als Person bei der argumentativen Auseinandersetzung in den Vordergrund stellen.[626] Das mag bei anerkannten Koryphäen der Rechtswissenschaft, die mit ihren Überlegungen eingefahrenen Diskussionen eine neue Richtung verliehen haben, unverdächtig sein, doch dürfte es bei Studien- und Seminararbeiten in der Regel unehrlich wirken, wenn sich der Bearbeiter als Erfinder eines völlig neuen Gedankens positioniert („… ich aber halte dem entgegen, dass …"). Das kann bei Dissertationen hingegen anders sein, aber auch hier ist die „Ich"-Form, der insbesondere ältere Hochschullehrer noch äußerst reserviert begegnen, letztlich eine Frage des juristischen Stils.[627]

3. Die Wir-Form

391 Vielfach finden sich in Bearbeitungen Sätze wie: „Wir wollen uns nun mit diesem Zentralproblem einmal etwas näher befassen". „Wir werden jetzt erkennen, dass …". Derartige Regieanweisungen sowie die Verwendung des Plurals – sei es als Pluralis Majestatis oder als anbiedernde Verbrüderung mit dem Leser – verursachen in einer juristischen Themenarbeit eher Unbehagen. Demgegenüber kann es als Stilmittel im mündlichen Seminarvortrag durchaus sinnvoll sein, auf diese – Gemeinsamkeiten von

---

[626] Siehe etwa *Medicus*, Bürgerliches Recht, 24. Aufl. 2013, Rn. 140, 396, 685.

[627] Ein Plädoyer zugunsten des „Ich"-Stils findet sich bei *Walter*, Kleine Stilkunde für Juristen, 2. Aufl. 2009, S. 210 ff.

Vortragendem und Zuhörer bei dem Gang der Erörterung beschwörenden – Formulierungen zurückzugreifen (s. Rn. 414 ff.).

V. Der Anmerkungsapparat

Bei Durchsicht des deutschen rechtswissenschaftlichen Schrifttums muss man den Eindruck gewinnen, als ob die Dimensionierung des Anmerkungsapparates ein erstrangiges Kennzeichen für die Qualität der Bearbeitung sei. Es lassen sich sogar Beträge finden, bei denen auf mancher Seite gar kein Text, sondern nur Fußnoten Platz gefunden haben.[628] Der Autor vermag auf diese Weise seine Belesenheit und seine Übersicht über den Gesamtstoff eines Rechtsgebietes zu demonstrieren. In der Tat gehört ein entsprechender „Apparat" zu jeder wissenschaftlichen Schrift. Über den angemessenen Umfang lässt sich jedoch vielfach streiten. In einer studentischen Themenarbeit wird es aber regelmäßig eher als bei Fallbearbeitungen nötig sein, Ausführungen in einer Anmerkung unterzubringen. Als Grundregel gilt dabei, dass der Sinn und Zweck von Zitaten in der Nachvollziehbarkeit und Überprüfbarkeit der entsprechenden Passagen liegt. Zusätzlich zu den bereits dargestellten Grundregeln (Rn. 326 ff.) gilt: 392

1. Zur Verortung von Sachaussagen

Zunächst ist zu überlegen, ob bestimmte *Sachaussagen* in den Text integriert oder in einer Anmerkung niedergelegt werden sollen. Hierfür sind folgende Grundregeln zu beachten: 393

- In erster Linie sind in den Anmerkungen Nachweise zu im Text verwendeten wörtlichen Zitaten oder sonstigen Anlehnungen an Äußerungen anderer Autoren unterzubringen, also *Quellenangaben*.
- Längere *wörtliche Zitate*, die zwar das Verständnis der Darlegungen fördern, aber zur Gedankenführung nicht unbedingt notwendig sind, sondern den Fluss der Erörterungen eher stören würden, sollten, wenn der Autor auf sie nicht verzichten will, in einer Anmerkung erscheinen. Tendenziell sollte man von wörtlich zitierten Passagen nur restriktiv Gebrauch machen.
- Komplette Streitfragen, die für die konkrete Thematik nur nebensächlichen Charakters sind, auf die der Verfasser aber hinweisen will, sollten unter Angabe des Streitstandes in einer Anmerkung behandelt werden.

Beispiele:
- Im Text werden aus grundrechtsdogmatischem Blickwinkel die vom BVerfG an die Organisation öffentlich-rechtlicher Träger beim Rundfunk gestellten Anforderungen erläutert. Dazu in *Anmerkung*: „Ob diesen Grundsätzen in der Rundfunkpraxis überall Rechnung getragen wird, ist strittig; vgl. etwa zur früheren Zusammensetzung des Rundfunkrates des NDR OVG Lüneburg, DÖV 1979, 170 (m. Anm. *Kewenig*)."
- Auf Literaturauffassungen zum Thema „Grundrechtstypische Gefährdungslage" wird in einer Kölner Dissertation wie folgt eingegangen: „Es existieren diverse mehr oder minder stark abweichende Meinungen in der Literatur, deren Darstellung und Erörterung aber den Rahmen dieser Arbeit sprengen würde; vgl. dazu die ausführlichen Darstellungen bei *Zimmermann*, Der grundrechtliche Schutzanspruch juristischer Personen des öffentlichen Rechts, S. 23 ff., 29 ff.; *Bethge*, Die Grundrechtsberechtigung juristischer Personen nach Art. 19 Abs. 3 GG, S. 61 ff.; *Stern*, Das Staatrecht der Bundesrepublik Deutschland, Bd. III/1, § 71 (S. 1077 ff.), insb. § 71 VII 4 (S. 1157 ff.)".[629]

---

[628] Vgl. *Gärditz*, VVDStRL 72 (2012), 49 (80, 110).

[629] Vgl. *Lux*, Rechtsfragen der Kooperation zwischen Hochschulen und Wirtschaft, 2002, S. 48 in Fn. 164.

– Soweit im Text getroffene Aussagen nach Auffassung des Autors einer näheren Erläuterung bedürfen, ohne dass eine solche für die weitere Gedankenführung unabdingbar ist – andernfalls gehört sie in den Text! –, empfiehlt sich ein kurzer Hinweis in einer Anmerkung.

Beispiel: Im Text werden die prägenden Merkmale des Pressebegriffs abgehandelt. In *Anmerkung* dazu: „Zu der historischen Entwicklung, die zu diesem Pressebegriff geführt hat, näher *F. Schneider*, Presse- und Meinungsfreiheit nach dem Grundgesetz, 1962, S. 58 ff.; *Löffler/Ricker*, Handbuch des Presserechts, 6. Aufl. 2012, S. 23 ff.; *Bullinger*, in: Löffler, Presserecht, 6. Aufl. 2012, § 1 LPG Rn. 30 ff."

2. Zur Gestaltung der Fußnoten

394 Die vorbezeichneten Quellenangaben, Ergänzungen und Erläuterungen des Textes werden in *Fußnoten* platziert, die unten[630] auf die jeweils zugehörige Seite gesetzt werden.[631] In der Regel werden zur Kennzeichnung hochgestellte oder in Klammern eingeschlossene Zahlen verwendet. Die Nummerierung der Fußnoten kann auf jeder Seite neu erfolgen oder für die gesamte Arbeit fortgeführt werden. Letzteres hat den Nachteil, dass bei längeren Arbeiten drei- oder vierstellige Zahlen vorkommen können. In solchen Fällen empfiehlt es sich, jeweils mit Beginn eines neuen Kapitels auch mit der Zählung der Fußnoten neu zu beginnen.

a) Der Umgang mit Sekundärliteratur

395 Im Rahmen einer wissenschaftlichen Themenarbeit sind in erster Linie Originalquellen (sog. Primärliteratur), die eigenständige Lösungsansätze zu Rechtsproblemen enthalten, zu verwenden. Auf Sekundärliteratur, die sich lediglich auf die Wiedergabe, Erläuterung und Kommentierung andernorts gefundener grundlegender Aussagen beschränkt, kann allenfalls ergänzend zurückgegriffen werden. Wird jedoch ausnahmsweise, weil der Originalquelle nicht mehr habhaft zu werden ist, *aus zweiter Hand zitiert*, so ist in der Fußnote zuerst die Quellenangabe zu nennen; mit dem Vermerk „zitiert nach …" wird dann zusätzlich die benutzte Hilfsquelle angegeben.

Beispiel: „*Kuhlmann*, Das Recht der gesetzlichen Berufsvertretungen, 1907, S. 5 f. – zitiert nach *Mann*, Berufliche Selbstverwaltung, in: Isensee/Kirchhof (Hrsg.), Handbuch des Staatsrechts der Bundesrepublik Deutschland, 3. Aufl., Bd. VI, 2008, § 146 Rn. 11."

b) Zitate aus der Rechtsprechung

396 Bei Zitaten aus der Rechtsprechung wird dem Leser das Auffinden und die Auswertung der zitierten Quellen dadurch erleichtert, dass nach Möglichkeit gängige Zeitschriften oder amtliche Sammlungen in der Fußnote erscheinen, derer man ohne weiteres habhaft werden kann.

Beispiel: Das Urteil des Nds. OVG v. 21. April 2005 – 7 LC 41/03 zum Einbau von Asbestmaterial in einen Braunkohletagebau ist abgedruckt in: ZUR 2005, 537–540, ZfB 2005, 287–294, UPR 2006, 37–39, LKV 2006, 174–178 und AbfallR 2005, 232–235. Hiervon dürften die Zeit-

---

[630] Manchmal werden Anmerkungen auch innerhalb einer Klammer in den Textteil gestellt. Darunter leidet allerdings die Lesbarkeit in nicht unerheblicher Weise, so dass man auf diese Technik allenfalls bei ganz kurzen Angaben zurückgreifen sollte. *Beispiel:* „Das geltende Verwaltungsverfahrensgesetz (VwVfG) kennt als besondere Formen der Aufhebung von Verwaltungsakten die Rechtsinstitute Rücknahme (§ 48 VwVfG) und Widerruf (§ 49 VwVfG) …".

[631] Im rechtswissenschaftlichen Schrifttum findet man freilich auch Werke, bei denen sich die Anmerkungen gesammelt am Ende eines Kapitels bzw. der gesamten Schrift (sog. Endnoten) befinden. Dadurch wird ein ständiges Umblättern provoziert, so dass in Themenarbeiten im Sinne der Übersichtlichkeit tunlichst auf solches Vorgehen verzichten werden sollte.

schriften ZUR, UPR und LKV den größten Verbreitungsgrad haben, während die Zeitschrift für Bergrecht (ZfB) und die Zeitschrift Abfallrecht (AbfallR) nicht in allen Bibliotheken vorhanden sein dürfte.

Vorsicht ist insbesondere geboten, wenn Entscheidungen mit einer Fundstelle aus der JuS, JURA oder JA zitiert werden. Dort sind die Entscheidungen in aller Regel nicht im Originalwortlaut abgedruckt, sondern in einer redaktionell überarbeiteten Weise, die lediglich über deren Inhalte berichtet. Derartige Fundstellen sind mithin kein ausreichend authentischer Beleg für Aussagen der Rechtsprechung, sondern allenfalls für die zustimmende oder kritische Sicht des jeweiligen Redakteurs.

Beispiel: BVerfG, NVwZ 2014, 1652 m. Anm. *Sachs*, Jus 2015, 87ff.; BVerfG, NJW 2014, 2706 m. Anm. *Muckel*, JA 2015, 237 ff.; BVerfG, NVwZ 2014, 211 m. Anm. *Kingreen*, K 5/14, GG Art. 11/3.

c) Ordnung der Nachweise

Will der Verfasser in einer Fußnote eine Vielzahl von Schrifttumsangaben unterbringen, so sollten diese in eine sinnvolle Ordnung gebracht werden. Vieles spricht hier für eine chronologische Reihenfolge, weil damit die Entwicklung des Diskussionsstandes nachvollziehbar wird. Sinnvoll ist aber auch eine Gewichtung nach argumentativer Überzeugungskraft, weil die chronologisch früheren Arbeiten nicht unbedingt bereits alle Facetten des Problems ausgeleuchtet haben müssen. Schließlich lassen sich auch einzelne Titel durch Beifügung eines akzentuierenden Zusatzes hervorheben. 397

Beispiele: „Dazu grundlegend …; siehe ferner …"; „Vgl. … sowie – besonders instruktiv – …".

Sofern konträre Auffassungen bestehen, auf die im Text nicht näher argumentativ eingegangen werden kann, sind sie zu sammeln und einander in den Fußnoten gegenüberzustellen.

Beispiele: „So …; a. A. …; vermittelnd …"; „Vgl. einerseits …, andererseits …".

Will man bei einer in der Literatur stark umstrittenen Frage, die nur als Randproblem auftaucht, darauf verzichten, dem Leser umfangreiche Schrifttumsnachweise zu geben, so empfiehlt es sich, eine jüngere Schrift zu zitieren, bei deren Durchsicht man sich sofort die Gesamtpalette des vorherigen Schrifttums erschließen kann und dies durch den Hinweis m. w. N. (mit weiteren Nachweisen) zu kennzeichnen.

Beispiel: „Zur Diskussion um das Erfordernis der Urkundeneinheit beim Verwaltungsvertrag siehe nur *Mann*, in: Ders./Sennekamp/Uechtritz (Hrsg.), VwVfG, 2014, § 57 Rn. 21 ff. m. w. N."

Erscheinen in einer Fußnote sowohl Rechtsprechungsnachweise als auch Literaturstimmen, ist es üblich, mit den *Gerichtsentscheidungen* zu beginnen. Innerhalb der Rechtsprechungsnachweise kann wie bei der Literatur chronologisch oder aber, was zugleich ein Gespür für die Wertigkeit der Sentenzen ausdrückt, nach Instanzen geordnet werden, wobei die höherrangigen Gerichte zuerst genannt werden. Innerhalb der Entscheidungen desselben Gerichts gilt dann wieder die zeitliche Reihenfolge der richterlichen Erkenntnisse.

3. Querverweise

Um überflüssige Wiederholungen zu vermeiden und auf bestehende Zusammenhänge aufmerksam zu machen, ist es durchaus legitim, auf frühere („siehe oben …") Ausführungen zu verweisen, sei es im Text oder in den Fußnoten. Vorsicht ist freilich bei der Verweisung auf spätere Ausführungen („siehe unten …") geboten, da den Verfasser hier leicht der Vorwurf fehlerhafter Gedankenführung und damit eines ver- 398 fehlten Aufbaus seiner Darstellung treffen kann. Anders als in einem Gutachten, sei es in der Klausur oder der Hausarbeit (Rn. 319), lässt sich in Themenarbeiten jedoch eine solche Verweisung nach unten manchmal nicht vermeiden, namentlich wenn bei der systematischen Einordnung einer Rechtsfrage Teilaspekte in mehrfacher Verzahnung auftauchen. Insgesamt verdeutlichen solche inhaltlichen Querverweise innerhalb des Textkörpers, dass in der Themenarbeit Gedanken nicht zusammenhanglos nebeneinander stehen, sondern Zusammenhänge zwischen den einzelnen Abschnitten intendiert sind und daher auch dargestellt werden müssen. Derartige Verweisungen müssen aber stets so genau sein, dass die betreffende Passage ohne Mühe aufzufinden ist.

Beispiele: „Dazu näher bereits oben S. 28 (mit Fußnote 37)"; „Zu deren Grenzen noch ausführlich unten B III 2a bb."

4. Zeitpunkt der Detailarbeiten

399 Die Detailarbeiten am Anmerkungsapparat sollten tunlichst erst nach Abschluss der Niederschrift eines Textabschnittes erfolgen. Würde der Verfasser an jeder Stelle, wo ein Nachweis oder eine Erläuterung in einer Fußnote angebracht ist, stoppen, um in allen verfügbaren Büchern oder Notizen nach den betreffenden Sachausführungen zu suchen oder die notwendigen Angaben aufzufüllen und zu kontrollieren, wäre der Gedankenfluss dahin. Allenfalls kurze Randnotizen, welche die spätere Arbeit mit dem Anmerkungsapparat erleichtern, sind bei der Niederschrift anzuraten.[632]

Sofern bestimmte Fundstellen, auf die etwa in Kommentaren hingewiesen wird, vom Verfasser mangels Verfügbarkeit noch nicht überprüft werden können, kann dies zunächst durch Fetten oder Unterstreichen in der Fußnote kenntlich gemacht werden. Dadurch stechen sie optisch als „noch nicht geprüft" hervor und können bei nächster sich bietender Gelegenheit überprüft werden.[633]

5. Präzision der Quellenangabe

400 Bei jeder rechtswissenschaftlichen Arbeit ist die Verwendung fremden geistigen Eigentums – sowohl bei wörtlichen Zitaten als auch bei nur sinngemäßer Übernahme – durch eine genaue *Quellenangabe* deutlich zu machen. Diese muss so ausführlich sein, dass sie jederzeit nachprüfbar ist. Sie hat also auch Auflage, Erscheinungsjahr und genaue Seitenzahl zu umfassen, sofern sich diese Angaben nicht aus einem allgemeinen Literaturverzeichnis zur Themenarbeit (s. dazu Rn. 335, 410) erschließen.

Beispiel: „So *Mann*, Interventionsrechte der Landesregierung gegen Gesetze – Gestaltungsmittel einer Minderheitsregierung?, in: Sachs/Siekmann (Hrsg.), Der grundrechtsgeprägte Verfassungsstaat – Festschrift für K. Stern, 2012, S. 81 (90)."

a) Wortlautzitate

401 Bei einem wörtlich wiedergegebenen Zitat muss für die völlige Identität Sorge getragen werden (z. B. auch Übernahme von veralteter Rechtschreibung oder Interpunktion!). Die Auslassung von Worten ist durch Punkte anzudeuten. Eigene Hinzufügungen sind durch eckige Einklammerungen nachzuweisen.

---

[632] S. dazu bereits Rn. 374.

[633] Wenn man in einer Word-Datei bei der Funktion „Format>Zeichen" entweder „Fett" oder „Unterstrichen" einstellt, können solche Seiten auch in größeren Dokumenten leicht gefunden werden.

Beispiele: „Staatliche Hilfeleistung darf ... nur subsidiär und nur dann gegeben werden, wenn Aussicht besteht, damit die Wettbewerbsfähigkeit des betroffenen Wirtschafts- oder Produktionszweiges ... zu erreichen" (BT-Drucks. V/2469, S. 4). – BVerfGE 4, 7 (26): „Auch wenn man mit der herrschenden Meinung annimmt, dass Art. 2 I oder 9 I GG einen verfassungsrechtlichen Schutz vor Zwangsinkorporierungen in *bestimmte* Vereine oder Gesellschaften gewähren [Hervorhebung im Original], würde dieses Grundrecht der ‚negativen Vereinsfreiheit' durch die Zwangszuteilung von Aktien nicht verletzt [werden]."

Wörtliche Zitate sind grundsätzlich nur angebracht, wenn es auf den konkreten Wortlaut einer Äußerung ankommt; das mag bei einer Themenarbeit häufiger vorkommen als bei einer Hausarbeit (Rn. 327). Anfang und Ende des Zitats markieren Anführungsstriche („..."). Zitate innerhalb des Zitats stehen in einfachen bzw. halben Anführungsstrichen (‚...').

Beispiel: BVerfGE 11, 126 (129 f.) zu den „anerkannten Grundsätzen" der Gesetzesauslegung: „Während die ‚subjektive' Theorie auf den historischen Willen des ‚Gesetzgebers' = Gesetzesverfassers, auf dessen Motive in ihrem geschichtlichen Zusammenhang abstellt, ist nach der ‚objektiven' Theorie, die in Rechtsprechung und Lehre immer stärkere Anerkennung gefunden hat, Gegenstand der Auslegung das Gesetz selbst, der im Gesetz objektivierte Wille des Gesetzgebers. ‚Der Staat spricht nicht in den persönlichen Äußerungen der an der Entstehung des Gesetzes Beteiligten, sondern nur im Gesetz selbst. Der Wille des Gesetzgebers fällt zusammen mit dem Willen des Gesetzes' (*Radbruch*, Rechtsphilosophie, 4. Aufl. 1950, S. 210 f.)."

b) Fehlerhafte Fußnotentechnik

Die nur sinngemäße Wiedergabe fremder Gedanken wird nicht durch Anführungsstriche gekennzeichnet, doch hat die Quellenangabe in gleich detaillierter Weise wie beim wörtlichen Zitat zu erfolgen. Quellenangaben in *Fußnoten* sind allerdings immer dann *überflüssig*, wenn sich eine Aussage bereits dem Gesetzestext entnehmen lässt. Das Gesetz hat Vorrang vor allen anderen Quellen; es ist auch in Themenarbeiten (zu Falllösungen in Hausarbeiten s. Rn. 327) in aller Regel im Text selbst zu benennen. Nicht nur in studentischen Themenarbeiten, sondern auch in publizierten Texten ist immer wieder zu beobachten, dass hiergegen verstoßen wird. 402

Negativbeispiel: (aus einem Zeitschriftenaufsatz:) „Neben der Pressefreiheit wird auch die Freiheit der Berichterstattung durch Rundfunk von Art. 5 Abs. 1 Satz 2 GG geschützt [Fußnote: *Jarass,* in: Jarass/Pieroth, GG, Art. 5 Rn. 34 ff.]." – Hier ist eine Fußnote überflüssig, weil sich die Aussage des Satzes unmittelbar aus Art. 5 Abs. 1 Satz 2 GG selbst erschließt.

Ebenso entbehrlich sind Fußnoten an Sätzen, deren Aussage Allgemeingut oder unbestritten ist.

Negativbeispiel : „Die Klage hat Aussicht auf Erfolg, soweit sie zulässig und begründet ist (Fußnote: eine Quelle aus einem Buch mit Übungsfällen)" – hier ist eine Fußnote überflüssig, weil der betreffende Satz die allgemeine und unbestrittene Prämisse für die Erfolgsaussichten einer Klage darstellt, deren Kenntnis zum Grundwissen aller Examenskandidaten gehört.

Darüber hinaus sind Fußnoten nicht nur unangebracht, sondern schlicht falsch, wenn es um konkrete Subsumtionen unter Rechtsvorschriften geht.[634] Welche Quellen dort auch immer zitiert werden, die Autoren oder Gerichte werden keine Aussage zum konkreten Fall getroffen haben. Hierbei handelt es sich um einen Fehlertyp, der besonders gerne in Strafrechtsarbeiten zu finden ist, aber ebenso gut auch im Zivil- oder Öffentlichen Recht auftritt, wenn es um die Benennung konkreter Subsumtionsergebnisse geht.

---

[634] Gleiches gilt für den Obersatz eines Subsumtionsvorgangs, vgl. *Schoch*, Übungen im Öffentlichen Recht II – Verwaltungsrecht und Verwaltungsprozessrecht, 1992, S. 66; *Dietrich*, Jura 1998, 142 (148 f.).

Negativbeispiele: (aus Examensarbeiten) „Die von A benutzte Heckenschere ist mithin ein gefährliches Werkzeug im Sinne des § 224 Abs. 1 Nr. 2 StGB [Fußnote]." – „Infolge des kaufmännischen Bestätigungsschreibens ist am 12. Februar 2015 ein Vertrag zwischen B und C zustande gekommen [Fußnote]" – „Der bissige Hund des D stellt folglich eine Gefahr für die Öffentliche Sicherheit dar [Fußnote]" – In all diesen Fällen dürfte es sehr unwahrscheinlich sein, dass sich die in den jeweiligen Fußnoten nachgewiesenen Gerichte und Literaturstimmen zur Heckenschere des A, dem Vertrag von B und C oder dem Hund des D geäußert haben.

In Themenarbeiten wird sich das Problem „Keine Fußnote an Subsumtionen" in der Regel nicht so zentral stellen, da in ihnen keine konkreten Fälle zu lösen sind. Gleichwohl kommt es aber auch in Themenarbeiten durchaus vor, dass die Verfasser ihre Thesen mit Beispielen belegen oder an Beispielen überprüfen wollen. In diesen Konstellationen kann es dann zu ähnlichen konkret schlussfolgernden Sätzen kommen, für die das soeben Gesagte entsprechend gilt.

6. Grundlegende Zitierregeln

403 Hinsichtlich der konkreten Gestaltung der Fußnoten haben sich die folgenden *Zitierregeln* in der Praxis bewährt und werden daher auch hier empfohlen:

a) Akademische Grade und (Adels-)Titel

Akademische Grade und sonstige Titel der zitierten Verfasser werden weder in den Text noch in die Fußnote aufgenommen. Das gilt jedoch nicht für *Adelstitel*, die als Bestandteil des Namens[635] selbstverständlich mit angegeben werden.

Beispiel: Ein Aufsatz von Staatssekretär a.D. Prof. Dr. Dr. theol. h.c. Dr. iur. utr. h.c. Axel Freiherr von Campenhausen ist also als „*Campenhausen, Axel Freiherr von*, 100 Jahre Trennung von Staat und Kirche in Frankreich, in: Grote/Härtel/Hain u.a., FS für Christian Starck, 2007, S. 1075 (1081)" zu zitieren.

b) Buchzitate

Bei *Büchern* enthält eine Fußnote folgende Angaben: Name (weithin üblich mit Vorname – zumindest dessen Anfangsbuchstabe, bei Verwechslungsgefahr ausgeschrieben [etwa: *Werner Weber*]), vollständiger Titel des Buches, Auflage, Erscheinungsjahr, Band, Seite oder Spalte; der Erscheinungsort kann unmittelbar vor dem Erscheinungsjahr eingefügt werden.[636] Für das Zitat maßgebend ist der innere Titel des Buches (Haupttitel), nicht der – u.U. verkürzte – Titel des Schutzumschlages oder der des Einbandes. Sofern ein Werk (noch) nicht in Folgeauflagen erschienen ist, wird mangels Verwechselungsgefahr üblicherweise auf die Nennung „1. Aufl." verzichtet und stattdessen nur das Erscheinungsjahr benannt.

Beispiele:
- *Pieroth, Bodo von/Schlink, Bernhard; Kniesel, Michael,* Polizei- und Ordnungsrecht mit Versammlungsrecht, 8. Aufl., München 2014, § 7 Rn. 1.
- *Mann, Thomas*, Rechtsfragen der Elektrizitätsmengenübertragung nach § 7 Abs. 1b Satz 2 Atomgesetz, Baden-Baden 2009, S. 105.

c) Dissertationen

Bei *Dissertationen* ist, wenn nicht entsprechend ausführlich im Literaturverzeichnis erwähnt, außer dem Namen, Vornamen und dem vollständigen Titel noch aufzufüh-

---

[635] Vgl. Art. 109 III Weimarer Reichsverfassung, der als einfaches Bundesrecht fort gilt, dazu statt vieler: *Ellenberger*, in: Palandt, Bürgerliches Gesetzbuch, 74. Aufl. 2015, § 12 Rn. 6.

[636] Zur vereinfachten Zitierweise bei gleichzeitiger Erstellung eines Literaturverzeichnisses s. Rn. 328 und Rn. 401.

ren: Diss., Hochschulort, Jahr, Seite. Ist die Dissertation nicht nur als Hochschulschrift im Offset-Druckverfahren, sondern in einer wissenschaftlichen Reihe in Buchform erschienen, empfiehlt sich die Bezugnahme auf diese Publikation.

Beispiele: *Alexandra Schindehütte,* Das Schengener-Informationssystem – unter besonderer Berücksichtigung der Vereinbarkeit einer verdeckten Registrierung nach Art. 99 SDÜ mit Art. 8 der Charta der Grundrechte der Europäischen Union, jur. Diss., Göttingen 2013, S. 133; *Daniel Immer,* Rechtsprobleme der Akkreditierung von Studiengängen, Göttinger Schriften zum Öffentlichen Recht – Band 2, Göttingen 2013 (zugl. jur. Diss. Göttingen 2012), S. 99; *Stefan Ripke,* Europäische Versammlungsfreiheit, Jus Internationale et Europaeum Band 67, Tübingen 2012 (zugl. jur. Diss. Göttingen 2012), S. 584.

d) Beiträge in Zeitschriften und Sammelbänden

Bei Zeitschriftenaufsätzen oder Beiträgen aus einem Sammelband muss die Fußnote 404
enthalten: Name, Titel des Beitrages,[637] vollständiger Titel der Zeitschrift, Erscheinungsjahr (gegebenenfalls auch Band oder Jahrgang), Seite. Ein abgekürzter Titel darf verwendet werden, wenn ein Abkürzungsverzeichnis mit entsprechenden Hinweisen der Arbeit vorangestellt wird oder der abgekürzte Titel – wie z. B. NJW, NVwZ, JZ oder BB – als allgemein bekannt gelten kann. Während es bei Zeitschriftenbeiträgen nicht üblich ist, sie mit „in:" zu zitieren und ein „S." vor die Seitenangabe zu setzen, findet beides bei Beiträgen aus Sammelbänden und bei Vierteljahresschriften (Rn. 140) hingegen regelmäßig Verwendung. Wer von dieser Übung abweichen will, sollte es dann aber auch konsequent durch die ganze Themenarbeit hindurch tun.

Beispiele: *Mann, Th.,* Interventionsrechte der Landesregierung gegen Gesetze – Gestaltungsmittel einer Minderheitsregierung?, in: Sachs/Siekmann (Hrsg.), Der grundrechtsgeprägte Verfassungsstaat – Festschrift für K. Stern, 2012, S. 81 (90); *Mann, Th.*, Die Rechtsprechungsentwicklung zu gewerblichen Abfallsammlungen nach §§ 17, 18 KrWG, KommJur 2014, 321–326; *Mann, Th./Fontana, S.*, Entwicklungslinien des Polizeirechts im 21. Jahrhundert, JA 2013, 734–741; *Mann, Th.*, Großvorhaben als Herausforderung für den demokratischen Rechtsstaat, Veröffentlichungen der Vereinigung Deutscher Staatsrechtslehrer 72 (2012), S. 544 (580); *Mann, Th./Sieven, R.,* Der Atomausstieg und seine Folgen im Kontext der Energiewende, VerwArch 106 (2015), S. 184 (219).

e) Beiträge ohne Verfasserangabe/Jahresangabe

Ist der Verfasser einer Schrift nicht angeführt oder nicht in Erfahrung zu bringen, so ist vor dem Sachtitel die Abkürzung o. V. zu vermerken.[638] Dies ist häufiger etwa bei Verbandspublikationen der Fall.

Beispiel: *o. V.*, Justiziabilität der landesverfassungsrechtlichen Finanzgarantien, in: Deutscher Landkreistag (Hrsg.), Geschäftsbericht des Deutschen Landkreistages 2004/2005, 2005, S. 73.

Wenn hingegen das Erscheinungsjahr nicht angegeben ist, wird an dessen Stelle der Vermerk o. J. empfohlen.

Beispiel: Verband kommunaler Städtereinigungsbetriebe (VKS), Wertstoffe aus Siedlungsabfällen, Möglichkeiten der Wiederverwertung, Köln o. J.

f) Gerichtsentscheidungen

Auch bei Gerichtsentscheidungen empfiehlt es sich, sowohl den Beginn der Ausfüh- 405
rungen als auch die konkrete Fundstelle (diese dann in Klammern) aufzuzeigen. Das

---

[637] Auf die Nennung des Titels kann verzichtet werden, wenn er aus dem Literaturverzeichnis zur Themenarbeit ersichtlich ist.

[638] *Butzer/Epping*, Arbeitstechnik im Öffenlichen Recht, 3. Aufl. 2006, S. 83.

gilt unabhängig davon, ob die Entscheidungen in der amtlichen Sammlung (Rn. 110, 396) oder in einer Fachzeitschrift publiziert sind.

Beispiele: BVerfGE 102, 147 (157); Nds. OVG, DVBl. 2014, 1464 (1465).

Mitunter kommt es selbst in Dissertationen vor, dass in einer Fußnote zweimal die gleiche Entscheidung zitiert wird, dies dem Verfasser aber verborgen geblieben ist, weil er sie aus unterschiedlichen Zeitschriften zitiert hat. Unabhängig von der naheliegenden Feststellung, dass der Verfasser in diesem Fall die Entscheidungen vielleicht doch nicht nachgelesen hat, belegt dieses Beispiel, dass es auch in Themenarbeiten sinnvoll sein kann, Gerichtsentscheidungen immer zugleich auch nach ihrem Datum und ihrem Aktenzeichen zu zitieren, wie es bei den Verwaltungsgerichten üblich ist. Damit müsste die Gefahr solcher Dopplungen eigentlich ausgeschlossen sein.

g) Die Angaben „f.", „ff." und „passim"

Sofern die zitierte Fundstelle erst auf der Seite endet, die auf die angegebene Seite folgt, ist auf die folgende Seite hinzuweisen, indem man der Seitenangabe ein „f." hinzuzufügt. Erstreckt sich die angeführte Stelle auf mehrere nachfolgende Seiten, dann ist der Fußnote „ff." zuzusetzen. Die Fundstelle sollte möglichst genau nachgewiesen werden. Dieser Mühe entziehen sich Autoren vielfach durch globale Zitate („S. 115 ff." oder „passim"), die dem Leser zumuten, ganze Passagen zu lesen, um die genaue Fundstelle zu ermitteln. Ein derart pauschaler Verweis weckt zudem nicht selten den Verdacht, der Verfasser habe die angegebene Quelle selbst nicht intensiv gelesen, sondern nur wegen vorgeblich thematischer Einschlägigkeit lediglich „auf ersten Anschein hin" zitiert.[639]

h) Seitenangabe, Gliederungsziffer oder Randnummer?

Ist bei Werken in regelmäßigen Abständen eine Neuauflage zu erwarten, was vor allem bei Lehrbüchern der Fall ist, so sollte – um spätere Missverständnisse und umständliches Suchen zu vermeiden – statt einer Seitenangabe die Fundstelle mit den Gliederungssymbolen der betreffenden Schrift oder – soweit vorhanden – eine entsprechende Randnummer vermerkt werden.

Beispiel: Zu den Ermessensfehlern sollte statt *Maurer,* Allgemeines Verwaltungsrecht, 18. Aufl. 2011, S. 140 f. besser *Maurer,* Allgemeines Verwaltungsrecht, 18. Aufl. 2011, § 7 Rn. 19 ff. angegeben werden.

i) Die Angabe „a. a. O."

406 Wenn eine Literaturangabe sich auf eine bereits unmittelbar vorher genannte Quelle bezieht, kann in der Fußnote „a. a. O." (= am angegebenen Ort) oder, wenn das Zitat sogar genau die gleiche Fundstelle betrifft oder zwei Autoren aus demselben Sammelband zitiert werden, „ebda." (= ebenda) verwendet werden.

Beispiele: [1]*Detterbeck*, Allgemeines Verwaltungsrecht, 12. Aufl. 2014, Rn. 276.

[2]*Ders.*, a. a. O., Rn. 957.

[3]*Ders.*, ebda.

[4]*Oebbecke*, Kommunalrechtliche Voraussetzungen der wirtschaftlichen Betätigung, in: Mann/Püttner (Hrsg.), Handbuch der kommunalen Wissenschaft und Praxis (HKWP), Bd. II: Kommunale Wirtschaft, Heidelberg 2011, § 41 Rn. 19; *Pielow*, Kommunale Energiewirtschaft, ebda., § 54 Rn. 8.

---

[639] Für genaue Angaben auch *Spona*, JuS 1996, 367 (368).

Es ist hingegen unzumutbar, den Leser mit diesen Angaben auf eine Quelle zu verweisen, die mehrere Seiten vorher genannt wurde. Die Abkürzungen „a. a. O.“ und „ebda.“ sollten daher nur Verwendung finden, wenn das Vorzitat zumindest auf der gleichen Seite zu finden ist.[640] Möglich wird ein umfassender Rückverweis allerdings, wenn gleichzeitig in einem erläuternden Zusatz auf den Fundort der Quelle verwiesen wird.

Beispiel: *Detterbeck*, a. a. O. (o. Fußn. 1), Rn. 1136.

j) Auflagenaktualität

Es ist, wenn keine besonderen Gründe vorliegen, stets die *aktuelle Auflage* eines Werkes heranzuziehen. Ein Grund, auf eine frühere Auflage zurück zu greifen, könnte vorliegen, wenn bestimmte inhaltliche Passagen in der Neuauflage nicht mehr enthalten sind oder sich die Auffassung des Autors zwischenzeitlich gewandelt hat. Werden innerhalb einer Themenarbeit verschiedene Auflagen des gleichen Werkes benutzt, so muss bei jedem Zitat angegeben werden, auf welche Auflage sich die Fußnote jeweils bezieht.

k) Belege für die herrschende Meinung

Als Beleg für eine angeblich herrschende Meinung genügt es nicht, wenn nur eine Quelle, möglicherweise sogar ein Autor, der seinerseits nur behauptet, es handele sich um eine herrschende Meinung, zitiert wird. Der Verfasser muss in der Fußnote belegen, dass er sich mit dem Meinungsspektrum auseinander gesetzt hat.[641] Je nachdem, wie zentral die Thematik für die Themenarbeit ist, sind also mehrere Quellen, mindestens drei, zu benennen. Auf die Vertreter der abweichenden Ansicht ist ebenfalls hinzuweisen, es sei denn, ihnen gilt ohnehin die nächste Fußnote.[642]

l) Fremdsprachige Quellen

Zitate in englischer und französischer Sprache werden nicht übersetzt, sofern sie auch 407
für den ungeübten Leser als allgemeinverständlich gelten können. Bei komplizierteren Wendungen empfiehlt sich eine Übersetzung. Wortlautzitate aus anderen Sprachräumen sind im Text in deutscher Übersetzung wiederzugeben. In der Fußnote wird dann der fremdsprachige Urtext vermerkt.

m) Internetquellen

Stellen *Datenbanken* Zeitschriften oder Kommentare nur digital zur Verfügung oder handelt es sich um eine freie Onlinezeitschrift, werden die betreffenden Quellen entsprechend den allgemeinen Regeln zitiert. Bislang nur noch nicht in traditionellen Printmedien erschienene aktuelle Dokumente, wie beispielsweise aktuelle Urteile, sollten unter Angabe der Merkmale, die eine eindeutige Zuordnung ermöglichen zitiert werden: Für Urteile wären also Gericht, Entscheidungsdatum, Aktenzeichen und gegebenenfalls die Datenbank oder Datenbanknummer bzw. Internetquelle (z. B. BeckRS) zu nennen. Auch wenn sich eine allgemein verbindliche Zitierweise noch nicht herausgebildet hat, geht die Tendenz dahin, bei der Angabe von Internetfund-

---

[640] Ähnlich *Garcia-Scholz*, JA 2000, 956 (960).
[641] So auch *Pilniok*, JuS 2009, 394 (395).
[642] Ebenso *Schwerdtfeger*, Öffentliches Recht in der Fallbearbeitung, 14. Aufl. 2012, Rn. 845.

stellen wie unter Rn. 41 beschrieben zu verfahren. Erforderlich ist also eine Angabe von Autor, Titel, URL (Internetadresse), Datum des Abrufes.[643]

Beispiele: *Mann,* Finanzausstattung und wirtschaftliche Betätigung der „örtlichen Selbstverwaltungen" in Ungarn, Recht der Osteuropäischen Staaten (ReOS) 2015, S. 64 (70), abrufbar unter www.reos.uni-goettingen.de (Abruf vom 30.5.2015) – Das Energie-Forschungszentrum Niedersachsen am Energie-Campus Goslar, Festschrift anlässlich der Einweihung des EFZN-Hauptgebäudes am 17. Juni 2010, www.efzn.de/uploads/media/EFZN_Festschrift_web.pdf (Abruf vom 2.3.2015).

o) Ältere Gesetzesfundstellen

Insb. in Dissertationen kommt es häufig vor, dass Fundstellen aus eher unbekannteren Gesetzen oder inzwischen überholten Gesetzesfassungen zu zitieren sind. Vor allem dann, wenn man auf einen bestimmten Stand der Gesetzgebung Bezug nimmt oder im Text Vorschriften behandelt, die es heute in dieser Fassung nicht mehr gibt, ist eine genaue Angabe nach der BGBl.- Fundstelle erforderlich.

Beispiel: „Vgl. § 3 der Verordnung über die Vermeidung von Verpackungsabfällen (VerpackV) v. 12.6.1991 (BGBl. I S. 1234), seinerzeit zul. geänd. d. VO v. 12.2.1993 (BGBl. I S. 47).

Darüber hinaus ist bei publizierten Dissertationen ohnehin nicht mehr auf den ersten Blick ersichtlich, welche Fassung der gedruckten Arbeit zugrunde liegt. So können verschiedene Zeitpunkte – Abgabe der Dissertation bei der Fakultät, Erstellung der Druckfassung, Abgabe der Druckfassung beim Verlag, Erscheinen des Drucks (u. U. brauchen Verlage für den Druck ein Jahr) – relevant sein. Aus Gründen der wissenschaftlichen Präzision ist es für den Verfasser der Doktorarbeit daher unumgänglich, den Leser an einer geeigneten Stelle auf den Stand der in Bezug genommenen Gesetzesfassungen zu verweisen. Das kann im Vorwort („Die Bearbeitung ist auf einem Stand…") oder – vorzugswürdig – im Abkürzungsverzeichnis („VwGO – Verwaltungsgerichtsordnung vom …") erfolgen. Nicht falsch, aber für den Benutzer eher unpraktisch ist es, den allgemeinen Gesetzesstand jeweils bei der erstmaligen Erwähnung von Gesetzen in einer Fußnote zu nennen, denn der Leser wird, wenn das Gesetz einige Seiten weiter noch einmal Bedeutung erlangt, mühsam nach der ersten Fußnote zu diesem Gesetz fahnden müssen. Ein Blick in das Abkürzungsverzeichnis ist daher einfacher und schneller.

VI. Zusammenfassungen

408 Zur Erleichterung der Lektüre ist es bei umfangreichen Themenarbeiten, insbesondere bei Dissertationen, angebracht, im Anschluss an konsistente Abschnitte der Arbeit den bisherigen Gedankengang zusammenfassend kurz zu skizzieren und Zwischenergebnisse zu formulieren.

Beispiel: „Es ist zusammenfassend festzustellen, dass der Schutz des nichterwerbstätigen Rentners und des Rentners im Nebenerwerb im europäischen Sekundärrecht eher fragmentarisch und minimalistisch geregelt ist. Es existieren noch viele Kritikpunkte und rechtliche Lücken … ."[644]

---

[643] Vgl. auch *Th. M. Möllers*, Juristische Arbeitstechnik und wissenschaftliches Arbeiten, 7. Aufl. 2014, Rn. 460 ff.; *Butzer/Epping*, Arbeitstechnik im Öffenlichen Recht, 3. Aufl. 2006, S. 132.

[644] Beispiel aus *Kuschminder,* Der sozialrechtliche Schutz von Rentnern im europäischen Sekundärrecht, 2014, S. 615.

Vor allem aber am Ende einer Dissertation sollte stets eine Zusammenfassung der wichtigsten Ergebnisse, die erarbeitet wurden, stehen und Hinweise auf die jeweiligen Detailausführungen im vorangegangenen Text gegeben werden.

Beispiel: „Die Initiative zur Feststellung des Spannungsfalles kann im Sinne des Art. 76 Abs. 1 GG von der Bundesregierung, aus der Mitte des Bundestages und vom Bundesrat ausgehen. (Siehe näher unter C. III. 1).“[645]

Abgesehen von der mit dem Zwang zur konzisen Zusammenfassung der Ergebnisse verbundenen Möglichkeit einer Selbstkontrolle hinsichtlich der Stringenz der Gedankenführung erlaubt eine solche Zusammenfassung dem eiligen Leser eine rasche Vorabinformation darüber,
- ob die Schrift für den von ihm anvisierten Problemkreis überhaupt einschlägig ist,
- welche Rechtsfragen ausführlicher behandelt wurden und
- welche Ergebnisse erzielt wurden.

Ein solcher „Service“ bietet dem interessierten Leser zugleich eine zeitsparende Möglichkeit, seine Lektüre auf die für sein Untersuchungsinteresse wesentlichen Passagen zu beschränken.[646]

VII. Inhaltsübersicht, Literatur- und Abkürzungsverzeichnis

Wie bei einer Hausarbeit (Rn. 335 f.) wird auch bei einer Themenarbeit die Kern- 409
untersuchung durch die Bestandteile Inhaltsübersicht (Gliederung), Literaturverzeichnis und Abkürzungsverzeichnis flankiert.

1. Inhaltsübersicht

Wie bei einer Hausarbeit (s. Rn. 332 ff.) ist auch jeder Themenarbeit eine Inhaltsübersicht (Gliederung) voranzustellen, die auf der Basis der Gliederungspunkte die genaue Gedankenfolge (mit Seitenangaben) aufzeigt. Die in der Inhaltsübersicht verwandten Formulierungen müssen mit den im Textkorpus gewählten Überschriften identisch sein; darüber hinaus sollten auch zu kleinen Gliederungsebenen, die im Text der Arbeit nicht mit gesonderten Überschriften versehen sind, inhaltsbezogene Angaben erfolgen. Es ist darauf zu achten, dass die Überschriften und die weiteren für das Inhaltsverzeichnis bestimmten Angaben aussagekräftig sind. Die diesbezüglichen Empfehlungen *Werner Thiemes*[647] sind nach wie vor zu beherzigen:

„Die Überschriften sollen möglichst kurz und treffend sein. Das journalistische Kunstmittel, Überschriften geheimnisvoll, vieldeutig oder unklar zu gestalten, um beim Leser eine gewisse Spannung zu erzeugen und ihn in das Buch hineinzulocken, ist der wissenschaftlichen Abhandlung nicht gemäß; es sollte daher vermieden werden. Zuweilen wird es nicht möglich sein, eine Überschrift knapp zu fassen. Dann sollte man sich ... nicht scheuen, auch eine längere Überschrift zu bilden, unter Umständen auch statt einer Überschrift eine genau formulierte Frage zu verwenden.“

2. Literaturverzeichnis

Die im Text und in den Fußnoten angegebenen Quellen sind in einem *Literatur-* 410
verzeichnis gesammelt aufzuführen. Je nach Inhalt der Themenarbeit kann die Ord-

---

645 Beispiel aus *Mertins*, Der Spannungsfall, 2013, S. 186.

646 Ähnliche Zwecke erfüllt ein Sachregister, dessen zusätzliche Erstellung insbesondere bei umfangreichen Dissertationen zum wissenschaftlichen Standard gehören sollte.

647 *Thieme*, Die Anfertigung von rechtswissenschaftlichen Doktorarbeiten, 2. Aufl. 1963, S. 46.

nung der Literatur nach verschiedenen Gesichtspunkten vorgenommen werden. Die gebräuchlichsten sind dabei:

- alphabetische Gliederung nach Verfassernamen;
- Ordnung nach Literaturgattungen (Lehrbücher, Kommentare, Monographien, Dissertationen, Zeitschriftenaufsätze u. ä.) und innerhalb dieser Gruppen in alphabetischer Reihenfolge.

Ein solches Literaturverzeichnis dient zum einen der Dokumentation, zum anderen erlaubt es dem kritischen und sachverständigen Leser die Feststellung, ob und inwieweit vorhandenes Schrifttum berücksichtigt worden ist. Es ist freilich davor zu warnen, aus Prestigegründen ein Literaturverzeichnis „aufzubauschen" und um klangvolle Namen und Schriften anzureichern, ohne dass diese in der Arbeit berücksichtigt wurden; dies ist unredlich und wird selten unbemerkt bleiben. Im Übrigen aber erleichtert ein sorgfältig zusammengestelltes Literaturverzeichnis die Zitierweise, da in den Fußnoten dann vereinfachte Angaben möglich sind.

Beispiel: Im Literaturverzeichnis *Mann, Thomas/Fontana, Sina,* Entwicklungslinien im Polizeirecht des 21. Jahrhunderts, JA 2013, S. 734–741. – In den Fußnoten steht nur noch: *Mann/ Fontana,* JA 2013, S. 734 (739).

Handelt es sich um Werke, die innerhalb einer Schriftenreihe erschienen sind, so sollten im Literaturverzeichnis auch diesbezüglich umfassende Nachweise angegeben werden.

Beispiel: *Höffler, Katrin,* Graffiti – Prävention durch Wiedergutmachung. Implementation und Evaluation eines Münchner Modellprojekts, Kriminalwissenschaftliche Schriftenreihe Band 21, Berlin 2008 (zugl. Diss. München 2008).

Im Übrigen sind die bereits in Rn. 328 und 403 ff. dargelegten Zitierregeln auch hier zu beherzigen. Ist die Angabe zum Titel des Werkes im Literaturverzeichnis so ausführlich wie vorstehend beschrieben, genügt also in der Fußnote nur noch eine schlagwortartige Auflistung.

Beispiel: *Höffler*, Graffiti, S. 120.

Bearbeiter von Kommentaren sind nicht als eigener Posten im alphabetisch geordneten Literaturverzeichnis aufzulisten, wohl aber bei den einzelnen Zitaten in der Arbeit zu nennen.

Beispiel: Im Literaturverzeichnis: *Maunz, Theodor/Dürig, Günter (Begr.),* Grundgesetz: Kommentar, München, Stand: 72. Lieferung Juli 2014; im Anmerkungsapparat: *Herzog,* in: Maunz/ Dürig, GG, Art. 98 Rn. 10.

Gesetze, Gesetzessammlungen und Gerichtsentscheidungen sind nicht im Literaturverzeichnis aufzuführen, wohl aber Anmerkungen zu Gerichtsentscheidungen.

Beispiel: *Mann, Thomas,* Anmerkung zum Urteil des OVG Schleswig-Holstein vom 16.1.2008 – 4 KS 6/07, DVBl. 2008, S. 466–468.

3. Abkürzungsverzeichnis

411 Das Abkürzungsverzeichnis sollte alle die in der Arbeit benutzten fachspezifischen und umgangssprachlichen Abkürzungen aufführen, die beim Leserkreis nicht als allgemein bekannt vorausgesetzt werden können (wie etwa BGB, GG, NJW, sog., z. B., Rn., etc.).[648] Bei Gesetzen sind stets die amtlichen bzw. allgemein üblichen Abkürzungen zu verwenden, wie sie im betreffenden Gesetz- und Verordnungsblatt

[648] Speziell zu Abkürzungen in Fußnoten *Höhne*, JA 2014, 737 ff.

vorzufinden sind und in der Regel auch von den bekannten Gesetzessammlungen wie Schönfelder, Sartorius usw. übernommen werden.

Beispiele: GWB – Gesetz gegen Wettbewerbsbeschränkungen; BImSchG – Gesetz zum Schutz vor schädlichen Umwelteinwirkungen durch Luftverunreinigungen, Geräusche, Erschütterungen und ähnliche Vorgänge (Bundes-Immissionsschutzgesetz).

Die individualistische Kreation ausgefallener Abkürzungen fördert gewiss nicht die Lesbarkeit.[649] Insbesondere sollte man sich davor hüten, im Text eine Vielzahl von Abkürzungen aneinanderzureihen. Der Leser wird nicht begeistert sein, wenn er ständig das Abkürzungsverzeichnis zu Rate ziehen muss.

Negativbeispiel: „Für die GrRe im GrR-Teil des GG sind die f. gem. Krit. maßgeblich: ..."

Tauchen hingegen einzelne Werke, zu denen stets voluminöse Angaben notwendig wären, innerhalb einer Arbeit mehrfach auf, so ist die durchgängige Verwendung eines im Abkürzungsverzeichnis vermerkten Kürzels durchaus legitim.

Beispiele: HStR – Handbuch des Staatsrechts der Bundesrepublik Deutschland, hrsg. von *Josef Isensee* und *Paul Kirchhof*. – HKWP – Handbuch der Kommunalen Wissenschaft und Praxis, hrsg. von *Thomas Mann* und *Günter Püttner*.

Wenn vom Autor oder Herausgeber eines Werkes selbst eine Abkürzung vorgeschlagen wird,[650] sollte man dies tunlichst beherzigen. Im Übrigen sei auf die Angaben bei *Kirchner/Butz*, Abkürzungsverzeichnis der Rechtssprache, 7. Aufl. 2013, verwiesen.

VIII. Sonstige Formalia

Dass die Seiten einer Themenarbeit fortlaufend mit arabischen Ziffern durchnum- 412
meriert werden, sollte eine Selbstverständlichkeit sein. Inhalts-, Literatur- und Abkürzungsverzeichnis erhalten angesichts ihrer Ergänzungsfunktion zweckmäßigerweise römische Seitenzahlen. Es empfiehlt sich, die Seiten nur einseitig zu beschreiben. Zur Korrektur ist dabei ein angemessener Rand von etwa einem Drittel der Seite frei zu lassen.

Für die Gestaltung des Titelblattes bestehen bei Dissertationen und Schwerpunktbereichsarbeiten mitunter von den Fakultäten erlassene Vorschriften. Bei Seminararbeiten ist der Autor diesbezüglich in der Regel freier gestellt. Nicht fehlen sollten auf der Titelseite jedoch die folgenden Angaben:
- Name des Verfassers (bzw. Matrikelnummer)
- Angaben zur Person (Semesteranzahl und Adresse)
- Thematik
- Genaue Bezeichnung der Lehrveranstaltung
- Dozent
- Aktuelles Semester

Bei Dissertationen sind im Übrigen nach Maßgabe der jeweiligen Promotionsordnung weitere Formvorschriften zu beachten, etwa die mit eigenhändiger Unterschrift versehene Erklärung über die selbständige Anfertigung der Arbeit sowie Beifügung eines Lebenslaufes.[651]

---

[649] So auch *Herold/Müller*, JA 2013, 808 (810).

[650] Diese Zitiervorschläge finden sich in der Regel auf den Mantelseiten der Werke, vgl. etwa beim HStR XII, 3. Aufl. 2014, S. IV.

[651] Vgl. in diesem Sinne etwa die §§ 7 und 8 Promotionsordnung der Juristischen Fakultät der Universität Göttingen in d. Fassung der Bekanntmachung v. 2.8.1999 (Amtliche Mitteilungen

§ 11. Der Seminarvortrag

413 Seminararbeiten werden regelmäßig – zumindest auszugsweise – auch mündlich vorgetragen. An den meisten juristischen Fakultäten ist darüber hinaus auch eine mündliche Prüfungsleistung im Schwerpunktbereich erforderlich, die freilich oftmals mit einem Seminarvortrag deckungsgleich sein kann. Besondere Bedeutung gewinnt der Seminarvortrag heutzutage zusätzlich im Hinblick auf den nunmehr generell üblichen Aktenvortrag in der mündlichen Prüfung des Assessorexamens.[652] Außerdem ist in den Promotionsordnungen verschiedener juristischer Fakultäten ein etwa 15–20 minütiger Vortrag im Rahmen des Rigorosums vorgeschrieben.[653] Darüber hinaus ist es aber auch mit Blick auf das „normale" Prüfungsgespräch im Rahmen des Ersten und Zweiten Juristischen Staatsexamens sinnvoll, möglichst früh seine Gestaltungsfähigkeiten im mündlichen Vortrag zu testen sowie stetig zu verbessern, ganz abgesehen davon, dass eine geschickte mündliche Ausdrucksweise für das spätere berufliche Fortkommen eines Juristen unabdingbar ist.

Für eine entsprechende praktische Einübung bietet sich im Rahmen des Hochschulstudiums vorzugsweise ein Seminarreferat[654] an, für dessen Vortrag hier einige zusätzliche Hinweise gegeben werden sollen:

I. Zur Vortragsweise

414 Mitunter zu beobachtende Praxis ist, dass die Seminarreferenten aus Nervosität dazu neigen, den Text ihrer schriftlichen Ausarbeitung schlicht mehr oder minder monoton vorzulesen. Dass ein solches Verhalten weder den Dozenten noch die Kommilitonen begeistert, liegt auf der Hand und ist insbesondere eines Juristen nicht angemessen. Abgesehen davon, dass für einen vollständigen Vortrag der schriftlichen Ausarbeitung nur in den seltensten Fällen genügend Zeit zur Verfügung stehen wird, ist gerade die Auswahl und Schwerpunktbildung ein herausragendes Merkmal guter Vorträge. Immerhin richtet sich der Vortrag an den Empfängerhorizont der übrigen Seminarteilnehmer, die zumeist weder über einen Gesamtüberblick über das vorzutragende Spezialthema verfügen, noch über die Erkenntnismöglichkeiten gebieten können, die sich mit Blick auf die schriftliche Ausarbeitung aus Fußnoten, Querverweisen oder schlicht aus der Möglichkeit ergeben, schwierige Passagen mehrfach lesen zu können. Das Seminarreferat muss also anderen Anforderungen gerecht werden, als die schriftliche Ausarbeitung. Es kann nur dann als wirklich eigenständige Seminarleistung

Nr. 8/1999, Anlage IV), zuletzt geändert durch Beschluss des Fakultätsrates v. 14.1.2009 (Amtliche Mitteilungen Nr. 34b vom 1.10.2009), abrufbar unter http://www.uni-goettingen.de/de/promotionsordnung/112710.html.

[652] Der Vortrag als Teil der mündlichen Prüfung im staatlichen Teil der 1. Juristischen Staatsprüfung ist derzeit nur in wenigen Bundesländern vorgesehen (z. B. Hamburg – § 20 JAG –, Nordrhein-Westfalen – §§ 10 III, 15 IV JAG –, Sachsen – §§ 26 I, 2 JAPO –). Niedersachsen hatte zwischenzeitlich ebenfalls einen Vortrag eingeführt, hat diesen aber 2009 wieder gestrichen.

[653] Vgl. nur § 17 II der Promotionsordnung der Juristischen Fakultät der LMU München in der Fassung v. 20.2.2004; § 13 II 2 der Promotionsordnung der Juristischen Fakultät der Leibniz Universität Hannover in der Fassung vom 9.1.2013; § 22 der Promotionsordnung der Juristischen Fakultät der Universität Göttingen (a.a.O. Fn. 659).

[654] Zur Einübung juristischer Artikulation in ergänzenden (privaten) Arbeitsgruppen s. bereits Rn. 12.

gegenüber der schriftlichen Arbeit anerkannt werden, wenn es dem Vortragenden gelingt, auf der Basis seines Textes eine neue Struktur zu finden, um dessen Inhalte gegenüber anwesenden Zuhörern lebendig und interessant präsentieren zu können. Letztlich wird er für das Referat eine eigenständige Vortragsfassung erarbeiten müssen.[655]

Ohne rhetorische Meisterleistungen zu verlangen, sollten doch zumindest einige Grundanforderungen zur Vortragsweise beherzigt werden. Auch wenn die schriftliche Ausarbeitung als Grundlage für den mündlichen Vortrag dient, sind einige Veränderungen zwingend notwendig: **415**

- Der Vortrag bedingt noch stärker einen Verzicht auf umständliche Schachtelsätze.
- Die Verwendung von Beispielen macht den Gedankengang plastischer.
- Bei komplizierten Gedankengängen sind knappe Zusammenfassungen und Erläuterungen zum gegenwärtigen Standort in der Abfolge der Ausführungen angebracht.
- Im Anmerkungsapparat enthaltene Aussagen können die textlichen Ausführungen erläutern und sind gegebenenfalls in den Vortrag zu übernehmen.
- Wörtliche Zitate sind auch beim Vortrag ausdrücklich kenntlich zu machen.
- Ohne gesondert nachfragen zu müssen erhält man durch regelmäßigen Blickkontakt ein Feedback aus dem Zuhörerkreis und kann seinen Vortrag anpassen, falls die Ausführungen noch nicht überzeugt haben oder unklar geblieben sind.
- Das Auditorium kann daher beim Vortrag durchaus unmittelbar in die Gedankenführung einbezogen werden.

Beispiel: „Daraus ergibt sich für uns nunmehr die folgende Konsequenz: …"

Der Vortrag sollte lebendig gehalten sein. Dies wird umso eher gelingen, je mehr der Referent in der Lage ist, sich vom Vortragsmanuskript zu lösen.[656] Gedankenstützen, etwa in Form von Karteikarten oder Power-Point-Präsentationen sind durchaus empfehlenswerte Hilfsmittel und inzwischen auch gängiger Standard. Bei Folien und Power-Point-Präsentationen ist es aber gleichermaßen unumgänglich, bestimmten Gegebenheiten, die mit der Wahrnehmbarkeit und der Lesbarkeit visualisierter Informationen zusammenhängen, Rechnung zu tragen, etwa indem keine zu kleine Schriftgröße gewählt wird. Dringend anzuraten ist dem Vortragenden eine Generalprobe, um die Einsatzbereitschaft der Technik zu prüfen. Bei Vorträgen zu rechtswissenschaftlichen Themen ist im Übrigen andererseits aber auch Vorsicht gegenüber allzu massivem Medieneinsatz angebracht; zum einen, damit nicht das fachliche Interesse der Zuhörer durch Show- und Animationseffekte überstrapaziert wird, zum anderen, weil ansonsten präzise strukturierte Redebeiträge leicht zu bloßen Erläuterungen von Schaubildern mutieren. Jeder, der über Erfahrungen mit Tagungen und Konferenzen verfügt, wird bestätigen können, dass es immer wieder auch von professionellen Sprechern Vorträge gibt, bei denen der Medieneinsatz weniger der Verdeutlichung des gesprochenen Wortes dient als allein der Gedächtnisstütze des Vortragenden, der seine eigenen Folien mehr oder weniger abliest. **416**

---

[655] In diesem Sinne auch *Butzer/Epping*, Arbeitstechnik im Öffentlichen Recht, 3. Aufl. 2006, S. 105.

[656] Zur zusätzlichen Bedeutung der nonverbalen Kommunikation vgl. *Th. M. Möllers*, Juristische Arbeitstechnik und wissenschaftliches Arbeiten, 6. Aufl. 2012, Rn. 602.

II. Das Thesenpapier

417 Um die sich üblicherweise an ein Seminarreferat anschließende Diskussion vorzubereiten, empfiehlt es sich, den übrigen Seminarteilnehmern zusätzliches Begleitmaterial an die Hand zu geben. Auf diese Weise wird es möglich, allen Beteiligten vorab Informationen über den Inhalt, die wesentlichen Streitfragen und die Ergebnisse eines Referates zu übermitteln. Das eröffnet allen Teilnehmern am Seminar die Chance, sich vorab in die anstehenden Themenfelder einzulesen. Zu nennen sind hier insbesondere Thesenpapier, Literaturhinweise und Datenzusammenstellungen.

1. Sachlicher Inhalt

418 Das vom Referenten angefertigte Thesenpapier sollte eine angemessene Zeit vor dem Termin des Referates – am besten bereits bei der vorherigen Seminarsitzung – verteilt werden. Inhaltlich sollte es in prägnanter Kürze (möglichst auf nicht mehr als einer Seite) die wesentlichen Ergebnisse des Referenten und dezidierte Positionen zu den zur Diskussion stehenden Streitfragen aufzeigen. Aus seiner Zwecksetzung, der Förderung der Diskussion, ergibt sich bereits, dass weder langatmige Formulierungen noch eine Wiedergabe der Gliederung, sondern vielmehr knappe, pointierte, u. U. sogar provozierende Aussagen gefragt sind.

2. Literaturhinweise

419 Am Ende des Thesenpapiers sollten knappe Hinweise auf zentrale Aufsätze oder Entscheidungen zu finden sein, damit den anderen Seminarteilnehmern eine gezielte Vor- oder Nachbereitung möglich wird. Sinn dieses Literaturhinweises ist nur, die Teilnehmer des Seminars mit den Grundproblemen der jeweiligen Thematik vertrauter zu machen und ihr Informationsniveau dadurch anzuheben, dass sie die Möglichkeit erhalten, ohne aufwändige zeitliche Anstrengungen in der Diskussion verwertbare Argumente vorab selbst kennenzulernen. Auch hier gilt also: Weniger ist mehr! Den Kommilitonen ist mit dem Hinweis auf einen Überblicksaufsatz mehr geholfen, als durch ein Konvolut an Nachweisen, insbesondere auf umfangreiche Kommentierungen.

3. Datenzusammenstellungen

420 Je nach Themenstellung kann es sich als fruchtbar erweisen, ergänzend zum sachlichen Inhalt des Thesenpapiers auch eine Sammlung von Daten, eine Synopse von Parallelvorschriften oder ein Schaubild vorzulegen, wenn dadurch die Darlegungen des Referenten transparenter werden oder Anreize für die anschließende Diskussion gesetzt werden.

Beispiel: Für die Bearbeitung des Themas „Die Auswirkungen der Föderalismusreform auf die Gesetzgebungskompetenz des Bundes" empfiehlt sich die Anfertigung einer Synopse der wesentlichen Vorschriften des Grundgesetzes vor und nach Inkrafttreten des Gesetzes zur Änderung des Grundgesetzes vom 28. August 2006, BGBl. 2006, Teil 1 Nr. 41, S. 2034.

Namentlich bei historischen oder rechtsvergleichenden Themen kann es sich anbieten, alte Originalquellen, zentrale Urkunden oder ausländische Rechtsvorschriften, soweit diese nicht ohne weiteres zugänglich sind, zu kopieren bzw. abzuschreiben und dem Thesenpapier als Anhang beizufügen.

Beispiel: Art. 18 I der Verfassung der Republik Portugal v. 2.4.1976, zuletzt geändert am 25.11.1992, enthält folgende Aussage zur Grundrechtsgeltung: „Die Verfassungsbestimmungen über die Rechte, Freiheiten und Garantien finden unmittelbare Anwendung und binden die öffentlich-rechtlichen und privatrechtlichen Einrichtungen."

§ 12. Nacharbeiten

Ebenso wie bei Dissertationen vor der Drucklegung ist auch bei anderen Themenarbeiten, soweit diese – etwa als Zeitschriftenaufsatz – zur Publikation bestimmt sind, ein weiterer Arbeitsgang erforderlich: Abgesehen von den ohnehin notwendigen sorgfältigen Korrekturen in sachlicher und sprachlicher Hinsicht ist darauf zu achten, inwieweit inhaltliche Aussagen von der zwischenzeitlichen Rechtsentwicklung (Erlass von Gesetzen, Veröffentlichung von Gerichtsentscheidungen oder literarischen Stellungnahmen) überholt wurden und einer Erläuterung, Vertiefung oder Modifizierung bedürfen. Eine Aktualisierung bis zur Drucklegung ist also regelmäßig auch verlagsseitig erwünscht, sofern nicht eine Berücksichtigung neuerer Geschehnisse dazu führt, dass eine ganze Arbeit umzuschreiben wäre. Ist die Bearbeitung auch auf ihrem alten zeitlichen Stand noch von wissenschaftlichem Wert, so erscheint ausnahmsweise eine unveränderte Drucklegung als zulässig, doch sollte ein zusätzlicher Vermerk des genauen Abschlusses der Arbeiten gemacht werden (s. bereits Rn. 407). 421

Beispiel: Rechtsprechung und Literatur konnten nur bis zum 1. März 2015 berücksichtigt werden.

Bei Dissertationen ist vor der Drucklegung durchweg eine vorherige Druckerlaubnis des Dekans erforderlich, die auf der Basis der Erklärung der Druckreife seitens der Berichterstatter (sog. *Revisionsschein*) erteilt wird.[657] Zweck dieser Maßgabe ist die Kontrolle, ob der Doktorand etwaigen Änderungswünschen und Auflagen, die die Gutachter in ihren Voten formuliert haben (inhaltliche Korrektur, Ergänzung einzelner Punkte, Umstellen der Gliederung), bei der Überarbeitung seines Manuskripts Rechnung getragen hat. Die Verlage verlangen üblicherweise die Vorlage dieses Revisionsscheins, bevor sie das Manuskript der Dissertation in die technische Herstellung geben.

---

[657] Vgl. z. B. § 31 der Promotionsordnung der Juristischen Fakultät der Universität Göttingen (a.a.O., Fn. 654).

Anhang

A. Merkblatt des Niedersächsischen Justizministeriums – Landesjustizprüfungsamt – für die Anfertigung der Aufsichtsarbeiten

(NJAG/NJAVO 2003 – Neurecht), Stand: August 2013

1. Termine

Die Aufsichtsarbeiten eines Prüfungsdurchgangs werden an sechs Vormittagen nach dem jeweiligen Terminplan angefertigt. Aus diesem ergeben sich die Daten und die Reihenfolge der Rechtsgebiete. 422

2. Bearbeitungszeit

Die Aufgaben werden jeweils spätestens um 08.30 Uhr ausgegeben. Die Prüflinge werden gebeten, bereits um 08.00 Uhr anwesend zu sein, damit die Ausgabe der Aufgaben rechtzeitig durchgeführt werden kann. Ein amtlicher Lichtbildausweis ist mitzubringen.

Die Bearbeitungszeit beträgt 5 Stunden. Sie beginnt mit der Festsetzung durch die Klausurenaufsicht (Bearbeitungsbeginn) und endet genau 5 Stunden danach (Bearbeitungsende); ab diesem Zeitpunkt ist keine weitere schriftliche Bearbeitung (wie z. B. Foliierungen, Kennziffern) zulässig.

Verspätet eintreffende Prüflinge erhalten keine verlängerte Bearbeitungszeit.

Ist ein Prüfling prüfungsunabhängig beeinträchtigt, kann das Landesjustizprüfungsamt nach Vorlage eines amtsärztlichen Zeugnisses auf Antrag die Bearbeitungszeit angemessen verlängern oder persönliche sowie sächliche Hilfsmittel zulassen. Bei nur vorübergehender Beeinträchtigung ist nach Vorlage eines amtsärztlichen Zeugnisses auf Antrag zu entscheiden, ob die genannten Maßnahmen getroffen oder der Prüfling auf einen späteren Termin zur Fertigung der Aufsichtsarbeit oder Aufsichtsarbeiten verwiesen wird. Da diese Entscheidungen nicht von der Klausurenaufsicht getroffen werden können, muss ein entsprechender Antrag rechtzeitig vor dem Termin unter Angabe des Aktenzeichens und Beifügung einer amtsärztlichen Bescheinigung an das Landesjustizprüfungsamt gerichtet werden.

Nach Ablauf der Bearbeitungszeit ist die Aufsichtsarbeit mit Aufgabentext, Konzeptpapier und Umschlagbogen umgehend abzugeben. Ein Weiterschreiben nach Ende der Bearbeitungszeit ist nicht gestattet und wird im Protokoll vermerkt; die Arbeit gilt dann als verspätet abgeliefert. Eine verspätet abgelieferte Arbeit wird mit „ungenügend“ (0 Punkte) bewertet.

3. Einzelheiten des Terminablaufs

3.1 Es ist untersagt, andere Gegenstände als die zugelassenen Hilfsmittel, Schreibzeug und Verpflegung in den Prüfungsraum mitzunehmen. Mobiltelefone oder ähnliche elektronische Geräte sind im Prüfungsraum nicht zugelassen; dieses wird mit nicht gesundheitsschädlichen Metalldetektoren kontrolliert.

3.2 Reinschrift- und Konzeptpapier ist in hinreichender Menge vorhanden; eigenes Papier darf nicht verwendet werden.

3.3 Die Aufgaben werden in einem Umschlagbogen jeweils zu Beginn des Termins ausgegeben. Es ist darauf zu achten, dass die Kennziffer in der Liste, in der der Empfang der Aufgabe bestätigt wird, mit der auf dem Umschlagbogen übereinstimmt.

3.4 Es empfiehlt sich, den Aufgabentext zu Beginn der Bearbeitungszeit auf Vollständigkeit zu prüfen. Das Aufgabenblatt kann beidseitig bedruckt sein.

3.5 Die Klausurenaufsicht war mit der Erarbeitung der Aufgabe nicht befasst; Fragen zum Aufgabentext sollen ihr deshalb nur bei formalen Unklarheiten (wie z. B. widersprüchlichen Daten) gestellt werden. Die Klausurenaufsicht setzt sich dann mit dem Landesjustizprüfungsamt in Verbindung.

3.6 Die Klausurenaufsicht teilt Toilettenmarken aus. Der Klausurensaal darf nur nach Empfang dieser Marke verlassen werden. Die Toilettenmarke berechtigt nur zum Gang auf die Toilette.

Rauchen ist nicht gestattet.

3.7 Jede Kontaktaufnahme der Prüflinge untereinander oder mit Dritten ist strikt untersagt und kann als Täuschungsversuch angesehen werden.

3.8 Um Störungen anderer Prüflinge zu vermeiden, dürfen in den letzten 15 Minuten vor Ablauf der Bearbeitungszeit Prüflinge, die die Bearbeitung bereits beendet haben, weder die von ihnen in den Prüfungsraum mitgebrachten Gegenstände einpacken noch den Prüfungsraum verlassen.

3.9 Den Anordnungen der Bediensteten ist unbedingt Folge zu leisten. Sie sind gehalten, jede Unregelmäßigkeit der Klausurenaufsicht mitzuteilen, die hierüber einen Protokollvermerk fertigt.

4. Hilfsmittel

4.1 Die zulässigen Hilfsmittel sind dem Merkblatt „Liste der zugelassenen Hilfsmittel für die Pflichtfachprüfung" zu entnehmen.

4.2 Der Prüfling hat auf dem Deckblatt der Aufsichtsarbeiten die benutzten Hilfsmittel sowie insbesondere den Stand bzw. die Auflage der benutzten Gesetzestexte anzugeben.

5. Abgabe der Aufsichtsarbeit

Die Arbeit ist nicht zu unterschreiben, sondern am Schluss der Bearbeitung (anstelle einer Unterschrift) mit der Kennziffer zu versehen. Die Kennziffer wird dem Prüfling mit der Zuteilung der Aufgabe mitgeteilt. **Sie ist auf dem Umschlagbogen aufgeführt.**

Es empfiehlt sich dringend, die Blätter der Arbeit zu nummerieren, um die Korrektur der vollständigen Bearbeitung sicherzustellen.

Die Arbeit ist zusammen mit allen Konzeptblättern, dem Aufgabentext und dem Umschlagbogen abzugeben. Dies gilt auch dann, wenn der Prüfling die Bearbeitung abbricht und vorzeitig den Klausurensaal verlässt.

Die Anfertigung von Abschriften oder Durchschriften der Klausur ist nicht gestattet. Es wird ausdrücklich darauf hingewiesen, dass die Veröffentlichung oder gewerbsmäßige Nutzung der Aufgaben sowie die Weitergabe an Dritte zwecks Veröffentlichung oder gewerbsmäßiger Nutzung unzulässig ist.

6. Versäumnis und Unterbrechung

Der Prüfling kann die Staatsprüfung nach dem Zugang der Ladung zu den Aufsichtsarbeiten nur aus wichtigem Grund unterbrechen. Ein wichtiger Grund liegt nur vor, wenn der Prüfling nicht prüfungsfähig oder ihm das Erbringen der Prüfungsleistung nicht zumutbar ist. Der Grund ist dem Landesjustizprüfungsamt unverzüglich anzuzeigen und unverzüglich glaubhaft zu machen. Prüfungsunfähigkeit ist unverzüglich durch ein amtsärztliches Attest nachzuweisen.

Wird die Pflichtfachprüfung aus wichtigem Grund unterbrochen, so wird sie

a) mit der Neuanfertigung aller Aufsichtsarbeiten fortgesetzt, wenn noch nicht alle Aufsichtsarbeiten angefertigt worden sind;
b) mit der Neuanfertigung aller Aufsichtsarbeiten des zweiten Prüfungsdurchgangs fortgesetzt, wenn bei einer frühzeitigen Zulassung alle Aufsichtsarbeiten des ersten Prüfungsdurchgangs angefertigt worden sind.

Erkrankt der Prüfling im Klausurentermin, so hat er dies der Aufsicht unverzüglich anzuzeigen, die es im Protokoll vermerkt. Die Aufgabe ist mit der bis dahin erfolgten Bearbeitung abzugeben (Abbruch). Erbringt ein Prüfling trotz krankheitsbedingter Prüfungsunfähigkeit Prüfungsleistungen, obwohl er seine Erkrankung erkannt hat oder hätte erkennen können, kann er sich nachträglich auf eine Leistungsminderung infolge Krankheit nicht mehr berufen.

7. Täuschungsversuche – Ordnungsverstöße

Versucht ein Prüfling, das Ergebnis einer Aufsichtsarbeit durch Benutzung nicht zugelassener Hilfsmittel, unzulässige Hilfe Dritter oder sonstige Täuschung zu beeinflussen, so ist diese Arbeit in der Regel mit der Note „ungenügend" (0 Punkte) zu bewerten. In leichten Fällen kann Nachsicht gewährt werden. In schweren Fällen ist die gesamte Prüfung für nicht bestanden zu erklären; der wiederholte Täuschungsversuch steht in der Regel einem schweren Täuschungsversuch gleich. Die Entscheidung darüber trifft das Landesjustizprüfungsamt.

Das vorzeitige Öffnen des Klausurenbogens stellt ebenfalls einen solchen Täuschungsversuch und Ordnungsverstoß dar.

Versucht ein Prüfling das Ergebnis des Freiversuches durch Benutzung nicht zugelassener Hilfsmittel, unzulässige Hilfe Dritter oder sonstige Täuschung zu beeinflussen, so gilt die Prüfung als unternommen (§ 18 Abs. 2 NJAG).

Die Aufsichtführenden können Prüflinge, die erheblich gegen die Ordnung verstoßen, in eigener Verantwortung von der Fortsetzung der Anfertigung der Aufsichtsarbeiten ausschließen. Die betroffene Prüfungsleistung wird mit der Note „ungenügend" (0 Punkte) bewertet. Bei wiederholten Verstößen gilt die Prüfung als nicht bestanden.

B. Merkblatt der Juristischen Fakultät der Universität Göttingen für die Anfertigung der Seminar- und Studienarbeiten (Auszug)

(NJAG i. d. F. d. Neubek. vom 15.1.2004, Neue SchwPrO 2012, Stand: 31.1.2013)

1. Aus- und Abgabe der Studienarbeit

423 Die Arbeit muss zweifach in Reinschrift, d. h. grundsätzlich maschinenschriftlich, angefertigt werden. Jedes Blatt ist einseitig in einer gängigen Schriftart (z. B. Times New Roman, Arial, keine „narrow"-Schriften) mit Schriftgröße 12 und einem Zeilenabstand von 1,5 zu beschreiben. Der Zeichenabstand muss genügend groß sein. Der rechtsseitige Korrekturrand muss mindestens 1/3 der Seite betragen. Die Arbeit ist mit einem festen Einband (gebunden oder Ringbindung) versehen abzuliefern. Sie soll in der Regel einen Umfang von max. 30 Seiten haben (§ 22 Abs. 1 SchPrO). Die Arbeit ist nicht zu unterschreiben, sondern lediglich am Ende mit der Matrikel-Nr. zu versehen.

2. Aufbau der Arbeit

Der Arbeit sind als deren Bestandteil voranzustellen:
- ein mit der Matrikelnummer versehenes Blatt (Name und Anschrift bitte nicht angeben!!)
- die Themenstellung
- ein Literaturverzeichnis
- ein Abkürzungsverzeichnis
- eine Gliederung.
- Die dafür benötigten Seiten werden mit römischen Ziffern, die der eigentlichen Bearbeitung mit arabischen Ziffern durchnummeriert.

2.1 Literaturverzeichnis

Das Literaturverzeichnis muss sämtliche im Text der Bearbeitung zitierten Schriften enthalten. Die Schriften sind alphabetisch nach ihren Verfassern (i. d. R. Monographien und Zeitschriftenaufsätze) bzw. nach Herausgeber oder Sachtitel (i. d. R. Handbücher und Kommentare) zu ordnen. Eine Unterteilung nach Kommentaren, Lehrbüchern, Monographien und Zeitschriftenaufsätzen ist nicht vorzunehmen. Entscheidungen erscheinen im Literaturverzeichnis nicht. Kommentare, Lehrbücher und Monographien sind mit Verfasser, Herausgeber bzw. Bearbeiter (Name, Vorname), Titel, Auflage, Erscheinungsort und -jahr anzugeben. Bei Dissertationen müssen Name und Vorname der Verfasserin oder des Verfassers, der Titel der Dissertation, der Zusatz: „Jur. Diss.", die Universität und das Promotionsjahr der Verfasserin oder des Verfassers angegeben werden. Wenn Sie Quellen aus dem Internet verwenden, geben Sie bitte zusätzlich die entsprechende URL mit Datum an. Hinweise auf die Zitierweise der angeführten Schriften sind in der Regel entbehrlich und sollen im Literaturverzeichnis nur gegeben werden, wenn die Zitierweise nicht aus sich heraus verständlich ist und auch mit Hilfe des Abkürzungsverzeichnisses nicht deutlich wird. Es empfiehlt sich in diesem Fall eher, die gewählte Zitatform zu überprüfen.

2.2 Abkürzungsverzeichnis

Es empfiehlt sich, nur solche Abkürzungen zu verwenden, die in einem der gebräuchlichen Verzeichnisse aufgeführt und erläutert sind. In diesem Fall ist ein gesondertes Abkürzungsverzeichnis entbehrlich und kann durch einen Hinweis auf die verwendete Abkürzungssammlung ersetzt werden. Es genügt, diesen Hinweis am Ende des Literaturverzeichnisses zu geben. Darüber hinaus verwendete Abkürzungen sind in dem vom Prüfling dann zu erstellenden Abkürzungsverzeichnis alphabetisch geordnet anzuführen und zu erläutern.

2.3 Gliederung

Die Gliederung muss den Aufbau der Arbeit mit Hauptteilen und Unterteilen deutlich erkennen lassen. Die in der Gliederung angegebenen Teile der Arbeit müssen der Untergliederung im Text der Arbeit entsprechen und mit der zutreffenden Seitenzahl gekennzeichnet sein. Die Gliederung darf keine Inhaltsangabe und kein Auszug aus der Bearbeitung sein. Es bleibt dem Prüfling überlassen, die einzelnen Gliederungspunkte mit Ziffern und Buchstaben zu bezeichnen oder die dem Merkblatt zu Grunde liegenden Gliederungsprinzipien zu verwenden.

3. Zitierweise in der Bearbeitung

Soweit die verwendeten Schriften Zitiervorschläge enthalten, ist entsprechend den Vorschlägen zu verfahren. Ist eine Schrift von mehreren Bearbeiterinnen oder Bearbeitern erstellt worden, so ist der Name der Bearbeiterin oder des Bearbeiters des Teiles der Schrift, der verwendet worden ist, anzugeben (z. B. Palandt/*Heinrichs*). Die Benutzung des juristischen Informationssystems JURIS ist zulässig, es ist aber bei anderweitig veröffentlichten Entscheidungen vorrangig die betreffende Fachzeitschrift oder Entscheidungssammlung zu zitieren. Anderweitig nicht veröffentlichte Entscheidungen können aus JURIS entsprechend den Regeln wissenschaftlicher Methodik wie folgt zitiert werden: Gericht, Entscheidungsdatum, Aktenzeichen, JURIS (ohne Angabe der JURIS-Dokumentennummer). Die Zitierweise von Informationen aus dem Internet erfolgt unter Angabe von Autor, Titel, URL (Internetadresse), Datum des Abrufes. Bis 20 Seiten ist ein Ausdruck der Informationen als Anlage beizufügen. Bei mehr als 20 Seiten speichern Sie bitte die Informationen auf eine CD-Rom und legen diese mit Matrikel-Nr. versehen Ihrer Studienarbeit bei.

4. Bearbeitung und Abgabe der Studienarbeit

Nach entsprechender Ankündigung und unter Beachtung des Gleichbehandlungsgebotes kann die jeweilige Prüferin/der jeweilige Prüfer mit den Prüflingen in der ersten Woche der Bearbeitungszeit Gespräche zur Klärung des Themas führen. Die Bearbeitung muss frei von Verstößen gegen Rechtschreibung und Grammatik sein. Es empfiehlt sich, die Arbeit vor Abgabe sorgfältig auf derartige Fehler durchzusehen. Die Verantwortung dafür trifft auch dann den Prüfling, wenn er die Hilfe einer Schreibkraft in Anspruch genommen hat. Der Ausgabetermin wird durch die Prüferin/den Prüfer im Einvernehmen mit dem Prüfungsamt festgesetzt. Die Bearbeitungszeit beträgt 6 Wochen. Auf § 17 SchPrO (Beeinträchtigungen) wird verwiesen. Eine verspätete Entgegennahme durch den Prüfling führt nicht zu einer

Verlängerung der Bearbeitungszeit. Die Arbeit muss also spätestens am letzten Tag der Bearbeitungszeit bei der Deutschen Post AG, dem Landgericht Göttingen (nur Briefkasten) oder direkt beim Studienbüro/Prüfungsamt der Juristischen Fakultät eingeliefert sein. Es gelten die Regeln des bürgerlichen Rechts (§§ 187–193 BGB). Das Frist auslösende Ereignis ist hier die Ausgabe des Bearbeitungsthemas. Die Bearbeitungsfrist endet demgemäß nach 6 Wochen mit dem gleichen Wochentag, an dem das Bearbeitungsthema ausgehändigt worden ist, um 24.00 Uhr. Ist der Ausgabetermin also z. B. auf einen Montag festgesetzt worden, so endet die Bearbeitungsfrist ebenfalls an einem Montag. Wird die Arbeit durch die Post übersandt, so muss die fristgerechte Aufgabe der Sendung bei der Post durch Poststempel oder durch einen Einlieferungsbeleg der Post nachgewiesen werden. Allerdings ist der Poststempel seit der Privatisierung der Deutschen Bundespost im Zweifelsfall kein Beweis mehr für die rechtzeitige Absendung der Hausarbeit, da er seitdem lediglich der Entwertung der Postwertzeichen dient. Die Arbeit ist nur rechtzeitig abgeliefert, wenn der Einlieferungsbeleg bis 24.00 Uhr des letzten Bearbeitungstages ausgestellt worden ist. Da in Zweifelsfällen (z. B. Unlesbarkeit oder falsches Datum des Poststempels) der Nachweis der rechtzeitigen Ablieferung der Hausarbeit vom Prüfling zu erbringen ist, empfiehlt es sich, die Arbeit als Einschreiben bei der Post aufzugeben. Die Abgabe beim Studienbüro/Prüfungsamt ist grundsätzlich während der üblichen Sprechzeiten vorzunehmen. Es besteht außerdem die Möglichkeit, die Arbeit beim Landgericht Göttingen, Berliner Str. 8, 37073 Göttingen in den Gerichtsbriefkasten zu werfen.

Da dieser Briefkasten zur Fristwahrung mit einer Zeitkontrolle versehen ist, können Sie Ihre Arbeit bis 24.00 Uhr dort einwerfen. Gibt der Prüfling die Aufgabe, die er zu bearbeiten hat, nicht oder nicht rechtzeitig ab, so wird diese Prüfungsleistung mit „ungenügend" (0 Punkte) bewertet. Stellt der Prüfling fest, dass die Aufgabe durch Gesetzesänderung überholt ist, oder findet er eine Besprechung der Aufgabe in einem Studienbuch, Repetitorium usw., so hat er das Studienbüro/Prüfungsamt unverzüglich davon in Kenntnis zu setzen, jedoch die Bearbeitung fortzusetzen, bis eine Entscheidung des Studienbüros/Prüfungsamtes ergangen ist. Gegebenenfalls wird die Aufgabe zurückgezogen und der Prüfling erhält unverzüglich eine neue Aufgabe. Teilt der Prüfling seine Kenntnis von der aufgefundenen Bearbeitung der Aufgabe nicht mit, setzt er sich dem Verdacht einer Täuschung aus. Stellt der Prüfling im Aufgabentext einen auch durch Auslegung nicht zu beseitigenden Widerspruch fest, sollte er durch Anfrage beim Studienbüro/Prüfungsamt eine Klärung herbeiführen. Bei bloßen Unklarheiten im Sachverhalt ist von Rückfragen abzusehen. Ob eine Auslegung oder eine alternative Entscheidung angezeigt ist, gehört zu der vom Prüfling zu erbringenden Leistung.

5. Schlussversicherung

Der Prüfling hat der Arbeit die nachfolgende Schlussversicherung unterschrieben auf einem gesonderten Blatt lose (nicht mit in die Arbeit eingebunden!!) beizufügen. Die Versicherung ist mit dem Namen zu unterschreiben und mit der Arbeit abzugeben. Der Prüfling verstößt gegen seine Schlussversicherung und begeht einen Täuschungsversuch, wenn er frühere Bearbeitungen der Aufgabe heranzieht, die Aufgabe mit früheren Bearbeitern bespricht oder andere als die in der Bearbeitung und dem Literaturverzeichnis angegebenen Quellen benutzt.

Schlussversicherung
über die Einhaltung der Grundsätze guter wissenschaftlicher Praxis

Studierende der Georg-August-Universität Göttingen müssen bei der Erbringung von Leistungen in Studium und Examen die Grundsätze guter wissenschaftlicher Praxis beachten. Es gilt die Ordnung der Georg-August-Universität Göttingen zur Sicherung guter wissenschaftlicher Praxis vom 16.03.2012 in Amtliche Mitteilungen Nr. 8/2012, S. 156 (http://www.uni-goettingen.de/de/316421.html).

Ein Verstoß gegen diese Grundsätze – und damit keine anerkennenswerte wissenschaftliche Leistung – ist insbesondere im Falle eines Plagiats gegeben. Von Plagiat spricht man, wenn Ideen oder Worte anderer als eigene ausgegeben werden, ohne dies durch entsprechende Zitierung kenntlich zu machen. Dabei spielt es keine Rolle, aus welcher Quelle (Buch, Zeitschrift, Internet, Arbeit eines anderen Studierenden usw.) die fremden Ideen und Worte stammen, ebenso wenig, ob es sich um größere oder kleinere Übernahmen handelt oder ob die Entlehnungen wörtlich oder übersetzt oder sinngemäß sind. ***Werden (ausnahmsweise) Textpassagen wörtlich übernommen, so sind diese im Text zusätzlich zur Quellenangabe mit An- und Ausführungsstrichen als solche zu kennzeichnen. Werden fremde Auffassungen wiedergegeben, so sind diese in indirekter Rede als solche kenntlich zu machen. Eine nur allgemeine Anführung der benutzten Quellen im Literaturverzeichnis ist nicht ausreichend. Entscheidend ist, dass die Quelle im Text angegeben ist. Wird sie verschwiegen, liegt ein Plagiat und damit ein Täuschungsversuch vor.***

Die Fakultät macht Gebrauch von allen technischen Möglichkeiten, Vorlagen im Internet aufzuspüren. Die einschlägigen Downloadseiten und Foren sind bekannt. Um der Fakultät eine Texterfassung durch Einscannen zu ersparen und dadurch unnötige Verzögerungen bei Bewertung und Rückgabe zu vermeiden, sind wissenschaftliche Arbeiten (Seminar- und Studienarbeiten) zusätzlich zur ausgedruckten Fassung auch in elektronischer Fassung abzugeben. Für die Wahrung der Abgabefristen ist allein die Abgabe der Papierfassung ausschlaggebend.

Die Abgabe eines Plagiats stellt einen Täuschungsversuch gemäß § 18 SchwPrO dar und wird mit 0 Punkten (ungenügend) bewertet. Im Studium wird der Studierende von der betreffenden Lehrveranstaltung ausgeschlossen. Es wird weder ein Leistungsnachweis noch eine Anwesenheitsbescheinigung ausgestellt Dies folgt – unabhängig von der Unterzeichnung dieser Erklärung – bereits aus den einschlägigen Prüfungsbestimmungen.

Die gestellte Aufgabe ist geistiges Eigentum des Aufgabenstellers und darf nicht ohne dessen Zustimmung in Druckmedien oder elektronischen Medien wie dem Internet veröffentlicht werden.

Hiermit versichere ich, dass ich den oben stehenden Text zur Kenntnis genommen und in der beigefügten Arbeit die Grundsätze guter wissenschaftlicher Praxis – insbesondere das Plagiatverbot – beachtet und die Arbeit eigenständig, nur unter Benutzung der ausgewiesenen Literatur und ohne fremde Hilfe angefertigt habe. Ich verpflichte mich, Aufgabe und Lösung nicht ohne Zustimmung des Aufgabenstellers zu veröffentlichen.

____________________ ____________________

Ort, Datum *Unterschrift (Vorname, Nachname)*

6. Täuschungsversuche

Versucht ein Prüfling, das Ergebnis seiner Hausarbeit durch Benutzung nicht zugelassener Hilfsmittel, unzulässige Hilfe Dritter oder sonstige Täuschung zu beeinflussen, so ist die Arbeit in der Regel mit der Note „ungenügend“ (0 Punkte) zu bewerten. Die Entscheidung hierüber trifft die Prüferin/der Prüfer. In schweren Fällen kann die gesamte Prüfung für nicht bestanden erklärt werden. Die Entscheidung darüber trifft der Prüfungsausschuss für die Schwerpunktbereichsprüfung nach Anhörung der Beteiligten.

7. Rückfragen

Rückfragen, Mitteilungen und die fertig gestellte Arbeit sind an folgende Adresse zu senden: Juristische Fakultät der Georg-August-Universität, – Studienbüro/Prüfungsamt –, Platz der Göttinger Sieben 6, 37073 Göttingen. Bei allen Anfragen und Anschreiben ist unbedingt die Matrikel-Nr. anzugeben!! In dringenden Fällen können Rückfragen und Mitteilungen auch telefonisch oder per E-Mail erfolgen.

Eidesstattliche Versicherung (bitte einfach und lose beifügen):

Hiermit versichere ich, dass ich die vorliegende Studienarbeit selbstständig und ohne fremde Hilfe angefertigt und mich keiner anderen als der von mir angegebenen Hilfsmittel bedient habe. (Ort, Datum, Unterschrift)

C. Internetadressen

424 Die nachstehende, bewusst kurz gehaltene Auflistung von Internetadressen versteht sich als Einstiegshilfe für die Suche nach juristischen Informationen im Internet (weitere Adressen und Links Rn. 41–49).[658] Viele Informationen lassen sich in den JURIS-Datenbanken finden. Tagesaktuelle Informationen zu Gerichtsentscheidungen befinden sich auf den Homepages der jeweiligen Gerichte. Informationen zu Spezialthemen sind oft auf den Homepages entsprechend ausgerichteter Universitätslehrstühle oder Anwaltskanzleien erhältlich. Obwohl das Angebot kostenloser juristischer Information im Internet recht groß ist, erzielt man befriedigende Suchergebnisse oft nur mit einer gewissen Erfahrung bei der Recherche, die man sich schon vor dem Antritt der Studien- oder Schwerpunktbereichsarbeiten erarbeiten sollte.

I. Startportale, Suchmaschinen, Kataloge

www.jura.uni-saarland.de

Umfangreiche Linksammlung deutscher Behörden und Gerichte, juristische Suchmaschine, Lernportal mit Studienmaterialien.

www.bmj.bund.de

Bundesrecht und Gesetzgebungsvorhaben.

www.ubka.uni-karlsruhe.de/kvk.html

500 Mio. Bücher und Zeitschriften in weltweiten Bibliotheks- und Buchhandelskatalogen.

www.internat-recht.uni-kiel.de/links

Umfangreiche Sammlung von Links zum internationalen Recht (Organisationen, Verträge, etc.).

II. Gerichte

www.bundesverfassungsgericht.de

Pressemitteilungen und Entscheidungen des BVerfG im Volltext.

---

[658] Ausführliche Angaben etwa auch bei *Kröger/Kuner*, Internet für Juristen, 3. Aufl. 2001 oder *Diringshofen*, Internet für Juristen, 4. Aufl. 2003.

www.curia.europa.eu

Homepage des EuGH und des EuG.

www.bundesverwaltungsgericht.de

Pressemitteilungen und Entscheidungen des BVerwG im Volltext.

www.bundesgerichtshof.de

Pressemitteilungen und Entscheidungen des BGH im Volltext.

www.bundesfinanzhof.de

Pressemitteilungen und Entscheidungen des BFH im Volltext.

www.bundessozialgericht.de

Pressemitteilungen und Entscheidungen des BSG im Volltext.

www.bundesarbeitsgericht.de

Pressemitteilungen und Entscheidungen des BAG im Volltext.

www.egmr.org

Urteile und Entscheidungen des EGMR.

www.lexetius.com

Zugriff auf höchstrichterliche nationale Rechtsprechung sowie die des EuGH und des EuG.

III. Institutionen und Gesetzgebung

www.bundestag.de

Diese Website bietet u. a. Zugang zu Gesetzesmaterialien.

www.bundesregierung.de

Auf dieser Seite finden sich u. a. Links zu den Bundesministerien; dort findet man Zugang zu Gesetzestexten und Gesetzesentwürfen.

www.bundesrat.de

Diese Seite bietet alle wichtigen Informationen u. a. zu Struktur und Aufgaben des Bundesrats und alle Gesetzesmaterialien.

www.europa.eu

Internetseiten der Europäischen Union.

www.parlamentsspiegel.de

Diese Seite bietet umfassende Information über die Politik in den deutschen Landesparlamenten einschließlich der Gesetzesmaterialien.

www.bgbl.de

Dort finden sich sämtliche Bundesgesetzblätter seit 1949.

http://dip.bundestag.de

Suchmaske für alle im Bundestag und Bundesrat eingebrachten Gesetzesvorhaben und deren weitere Behandlung (alle Parlamentsdrucksachen incl. der stenographischen Berichte).

www.ec.europa.eu

Der Zugang zum gesamten Unionsrecht, u. a. zum Amtsblatt der EU und zu aktuellen unionsrechtlichen Rechtsetzungsverfahren.

IV. Diskussionsforen

www.juracafe.de
Einführung und Tipps zum Jurastudium und zum Berufseinstieg etc.
www.jurawelt.com
Studentenwelt mit Tipps für den Studienanfänger.
www.recht.de
Forum Deutsches Recht, allgemeine Informationen zu Rechtsthemen und Foren zu allen Rechtsbereichen.
www.facebook.de
Nahezu jede Universität hat heute „Facebookgruppen" von Studierenden der jeweiligen Universität, in denen sich über Vorlesungen, das Studium und Klausuren ausgetauscht wird.

V. Gesetze

http://www.gesetze-im-internet.de/
Auf dieser gemeinsam vom Bundesministerium der Justiz und für Verbraucherschutz sowie der juris GmbH bereit gestellten Seite findet sich nahezu das gesamte aktuell geltende Bundesrecht.
www.eur-lex.europa.eu/
Das Portal zum Recht der Europäischen Union.
www.rechtliches.de
Seite mit Links zu im Internet vorhandenen Gesetzestexten.
www.dejure.org
Umfassende Sammlung, wahlweise nach Rechtsgebieten oder alphabetisch geordnet mit Verlinkungen zu relevanten Rechtsprechungen in den jeweiligen Paragraphen.

Sachregister

Die Zahlen verweisen auf Randnummern des Buches.